평생 읽는 이야기

論語해설

下篇

유순근 해설

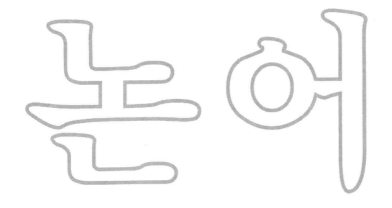

진리를 찾다.
정의를 찾다.
조화를 찾다.
창의를 찾다.
기회를 찾다.

박문사

서 문

멀리 생각하지 않으면 반드시 가까운 데서 근심이 생기는 법이다.

세상은 어디로 가고 있는가? 공자 시대는 진실, 정의와 도덕이 무너지고 혼란스런 탈진실의 시대였다. 우리가 살고 있는 시대는 과연 진실, 정의와 도덕이 살아있는가? 진실을 진실이라 하고 거짓을 거짓이라 하지 못하는 시대는 영혼이 혼란한 시대이다. 진실, 정의와 도덕이 무너진 시대를 살아있는 영혼의 시대로 한 걸음 옮길 수 있는 통찰, 삶의 가치와 사회의 조화를 이룰 수 있는 지혜를 다행히도 논어에서 찾을 수 있을 것이다.

인간의 정도(正道)를 안내해 주는 논어(論語)는 철학, 문학, 역사와 논리를 제시한 삶의 지혜로 시대를 초월한 인류의 교훈서이다. 논어는 일생 동안 읽는 동양의 고전인데, 번역된 논어만을 읽는다면 공자(孔子)의 심오한 교훈을 놓치기 쉽다. 본문에 등장하는 역사적, 정치적, 사회적, 문화적 배경을 알고 논어를 읽을 때 논어의 오묘한 진리까지 터득할 수 있다. 그래서 본 「평생 읽는 이야기 論語 해설」은 논어의 문장을 해석하고, 시대적 배경을 설명하고, 단문과 비유를 풀이하고, 특히 생략된 표현을 본문에 적합하게 보충하여 논어의 완벽한 이해를 돕는 이야기 있는 유일한 논어 해설서이다.

본 「평생 읽는 이야기 論語 해설」은 기존 번역본에서 자주 볼 수 있었던 논어의 오류를 많이 바로 잡았고, 특히 번역 위주의 책을 탈피하여 배경 이야기, 심오한 은유와 비유를 해설하였다. 예를 들면, 요임금, 순임금과 우임금 간의 왕위 선양, 과외, 남자와 출공 간의 왕위 찬탈 과정의 배경 이야기가 있다. 또한, 얼룩소의 새끼는 출신 성분이 미천한 사람, 옥은 학문과 도, 궤에 넣어 보관한다는 것은 출사하지 않는다는 것, 천리마의 힘은 사람의 외모, 물과 불은 소인들이 바라는 재물과 이익, 조롱박은 쓸모 없는 사람으로 비유하였다.

본 「평생 읽는 이야기 論語 해설」은 논어의 편집 순서대로 편성하되, 편은 다섯 줄, 장은 한 줄 개괄, 본문 해석, 논어 원문, 역사적 배경 설명과 해설, 단문 해석과 문법 설명의 순서로 구성된다. 각 편을 다섯 줄로 요약하고, 각 절은 한 문장으로 개괄하여 편과 절을 읽기 전에 미리 내용을 파악하고 이해할 수 있게 편집하였다. 또한 본 「평생 읽는 이야기 論語 해설」은 상하 두 편으로 나누어 일 편에서 십 편까지는 상편, 나머지는 하편으로 편집하였다.

3

학습 방법은 독자의 학습 목적과 수준에 따라서 다를 것이다. 본「평생 읽는 이야기 論語 해설」은 두 가지 독서 방법을 상정하고 집필한 것이다. 입문 학습자는 논어의 한글 해석과 배경 설명을 독서하면 좋을 것이다. 한편 심화 학습자는 해석, 원문, 배경 설명, 단문 해석과 문법 설명까지 독서한다면 훌륭한 독서가 될 것으로 본다. 초기에 입문 학습자는 논어에 담긴 공자의 사상과 철학을 이해하고, 심화 학습자로 발전하면 충분한 독서가 될 것이다. 특히 상편 부록에 게재한 한문 문법과 하편 부록에 게재한 주요 인물은 논어를 이해하는데 유용할 것이다.

공자 시대는 주(周)나라의 질서가 무너져 매우 극심하게 혼란스러웠던 춘추시대였다. 공자(孔子)(B.C.551~B.C.479)는 노(魯)나라 사람으로 사상가·학자이고, 이름은 구(丘), 자는 중니(仲尼)이다. 공자는 숙량흘(叔梁紇)과 세 번째 부인 안징재(顔徵在)의 소생이다. 숙량흘은 60세, 어머니는 16세에 공자를 낳았으며, 3세 때에 아버지가 돌아가시고 또한 24세에 어머니마저 돌아가셨으니 어린 시절은 극히 어려운 생활을 할 수밖에 없었다.

공자는 어린 시절을 가난하게 보냈고 성장해서 창고지기로 지내거나 목장에서 일하기도 하면서 근면하게 공부하였고, 드디어 주나라에 유학하여 예를 배워 스승이 되었다. 공자는 30세에 교육을 시작하고 35세에 자신의 정치이념을 실현하기 위해 노나라에서 제나라에 갔다가 다시 노나라로 돌아와 이십여 년 동안 제자들을 가르쳤다. 51세에 출사하여 재상에 올랐으나 55세에 벼슬에서 물러나고 노나라를 떠나 정치이념의 실현을 위해 14년 간 70여 나라를 주유했다. 그러나 공자는 많은 군주들에게 정치에 대해 자문을 해주었지만, 애석하게도 제대로 정치할 기회를 얻지 못하였다. 결국 68세에 고국으로 다시 돌아와 시경과 서경 등의 중국 고전을 정리하였고 후진양성에 전념하다 73세로 세상을 떠나셨으니, 성인의 서거는 인류에게 크나 큰 슬픔이었으나 성인의 업적은 후세에 길이 남을 영광이었다.

공자의 사상은 한 마디로 인(仁)인데 인(仁)은 사람에 대한 사랑[愛]과 예(禮)의 실천이다. 사랑은 부모에 대한 효(孝)와 형제에 대한 우애(弟)를 널리 하여 천하를 다스리는 덕치주의(德治主義)이다. 공자는 대부가 제후를, 제후가 천자를 위협하는 하극상을 목격하고 군주와 신하가 명목과 실제가 일치하는 세상, 즉 이름과 실제가 일치해야 한다는 正名論을 주장하였다.

공문사교(公門四敎)를 수양해야 인을 실천할 수 있다. 공문사교는 문행충신(文行忠信)이다. 문(文)은 학문으로 시경과 서경을 배우는 것이다. 학문은 지식을 쌓고 인격을 수양하는 것, 행(行)은 효제를 행하는 것으로 예의 실천, 충(忠)은 진심으로 자신이나 남을 속이지 않는 것, 신(信)은 남을 진실하게 대하는 것으로 약속을 하면 반드시 지키는 것이다.

인(仁)과 예(禮)에 근거한 논어(論語)는 제자들이 질문하고 공자가 대답한 것을 제자들이 기록한 언행록이다. 논어는 노론(魯論), 제론(齊論)과 고론(古論)이 있었으나 원본은 전한말(前漢末)에 이미 유실되어 현재의 논어는 전한말(前漢末) 안창후(安昌侯)·장우(張禹) 등이 노론과 제론을 비교하여 이십 편(篇)을 선택하여 편집한 것이다.

논어를 편찬한 이후에 논어를 주해한 훌륭한 논어 주해서들이 많이 등장하였다. 위나라 하안(何晏)은 논어집해를 편집하였고, 송나라 형병(邢昺)은 논어집해에 주석을 추가하여 논어주소를 편집하였다. 특히 주자(朱子)는 송유십일가(宋儒十一家)의 주석에서 좋은 점을 추출하고, 이를 해설하여 논어집주(論語集註)를 편찬하였다. 이 논어집주는 해박한 자구 해석으로 논어의 대표적인 주석서이다. 주(朱子)자의 제자인 진순(陳淳)은 문장이 분명하고 간결하며 해석이 친절하고, 이치는 풍부하고 의미가 심장하다고 논어집주를 평하였다. 본「평생 읽는 이야기 論語 해설」은 주자(朱子)의 논어집주(論語集註)와 정약용(丁若鏞)의 논어고금주(論語古今註)를 참고하였고, 저자의 해석과 해설을 곁들여 편집한 논어 해설서이다.

본「평생 읽는 이야기 論語 해설」은 정의와 신뢰가 상실된 사회와 창의성을 요구하는 현대사회에서 논어를 통하여 정의, 아이디어, 배움, 지혜를 찾을 수 있는 지침서가 될 것으로 기대한다. 앞으로도 저자는 동양 고전의 정확한 번역과 해설을 통하여 독자들에게 삶의 가치와 성공적인 학습 지침서를 소개할 것이며, 아울러 독자제현들의 많은 조언과 충고를 부탁드린다. 끝으로 평생 어진 벗으로 지혜와 격려를 아끼지 않았던 이민석 사장님과 유흥준 사장님, 그리고 본서를 출판해주신 도서출판 박문사의 모든 선생님들께 감사를 드린다.

2023년 7월
유순근

목 차

下篇

第十一篇

先進(선진)

지나침은 미치지 못함과 같다.

先進篇(선진편)은 공자가 제자들의 성격, 덕행, 총명과 학당의 분위기를 평한 것이다. 주요 내용은 예악의 변화, 제자의 분류, 민자건, 안회, 자로, 고시, 증삼, 자장, 자로, 염유와 공서화에 대한 인물평이다. 민자건의 언행을 기록한 것이 네 장이나 되는데 이는 민자건의 문인들이 기록했을 것이다. 도로써 나라를 다스리되 행실은 신중하게 해야 한다. 지나침은 미치지 못함과 같고, 넘치면 자제시키고 미치지 못하면 격려하여 제자들의 자질과 수준에 맞게 가르친다. 아직도 삶을 모르면서 어찌 죽음을 알겠는가?

1. 선배들의 예악은 질박하였으나 후배들의 예악은 화사하였다.
2. 제자들을 덕행, 언어, 정사, 문학으로 분류하셨다.
3. 안회를 칭찬하신 것은 공자의 겸손한 덕이다.
4. 민자건의 효도와 우애를 감탄하시고 찬미하셨다.
5. 말과 행실을 신중하게 해야 한다.
6. 배우기를 좋아하고 도를 실천했던 안회의 죽음을 애도하였다
7. 사적인 정으로 예에 어긋나는 일을 할 수는 없다.
8. 안연이 먼저 죽어 도를 전할 수 없으니 매우 슬퍼했다.
9. 공자께서는 제자 안연의 죽음에 대해 비통하셨다.
10. 이치와 예에 맞게 안회의 장례를 치르지 못했음을 탄식하였다.
11. 삶을 알아야 죽음을 알 수 있다.
12. 공자께서 영재를 교육하시는 것을 즐거워하셨다.
13. 백성을 수고롭게 하니 옛것을 그대로 따른다.
14. 인격과 학문은 고명하나 아직은 정미하지는 못하다.
15. 지나침은 미치지 못함과 같다.
16. 성인께서 악한 사람과 무리가 되어 백성을 해친 사람을 미워하셨다.
17. 시는 우직하고, 삼은 미련하고, 사는 편향되고, 유는 거칠다.
18. 안회는 궁핍한데도 도에 가까웠고, 자공은 판단력과 재화증식에 뛰어났다.
19. 성인의 자취를 밟지 않고서는 성인의 경지에 들어가지 못한다.
20. 말이나 외모만으로 사람을 판단할 수 없다.
21. 제자들의 자질과 수준에 맞게 가르친다.
22. 공자는 안연을 걱정하고, 안연은 스승을 걱정하였다.
23. 대신은 군주의 지나친 행위를 말려야 한다.
24. 학문을 이룬 후에 벼슬해야 그 배움을 실행할 수 있다.
25.1. 연장자라고 해서 대답하는데 어려움을 갖지 말라.
25.2. 천승지국을 다스린다면 삼 년이면 나라다운 나라를 만들 수 있다.
25.3. 염유는 능력을 벗어난 일에 대하여 포부를 겸손하게 밝혔다.
25.4. 다스리는 일을 할 수 있다는 말씀이 아니오라 배우기를 원합니다.
25.5. 세속적인 인욕에 유혹되지 않고 학문을 실천하겠다.
25.6. 예로써 나라를 다스리고, 말은 겸양해야 한다.
25.7. 적(赤)의 벼슬이 작다고 한다면 누구의 벼슬이 크겠는가?

1. 선배들의 예악은 질박하였으나 후배들의 예악은 화사하였다.

[해석 본문]

공자께서 말씀하셨다. "선배들은 예악에 있어서 질박하였으나 후배들은 예악에 있어서 화사하였다. (내가) 예악을 사용한다면 나는 선배를 따르겠다."

_{자왈 선진 어례악 야인야 후진 어례악 군자야 여용지}
子曰 先進이 於禮樂에 野人也오 後進이 於禮樂에 君子也로다 如用之
_{즉오종선진}
則吾從先進이니라

[배경 설명]

나라와 사회를 유지하고 즐거움과 결속력을 주는 예악(禮樂)에 관한 평이다. 先進(선진)은 선배, 野人(야인)은 질박하다, 後進(후진)은 후배, 君子(군자)는 화사하다를 뜻한다.

예악(禮樂)은 예법(禮法)과 음악(音樂)으로 사람들을 도덕적으로 교화하여 인을 실현하고 조화로운 사회를 이룰 수 있다는 사상이다. 예(禮)는 국가와 사회를 유지하는 질서로 법과 관습에 의해서 다스리고, 악(樂)은 백성들에게 즐거움과 연대감을 주는 음악이다.

야인(野人)과 군자(君子)는 은유적 표현으로 야인은 질박하고 소박하나 군자는 세련되고 화사하다를 뜻한다. 質(질)은 질박하고 소박한 것이 내용, 바탕과 본질에 충실하나 文(문)은 세련되고 화사한 것이 형식과 꾸밈에 충실하다.

선배들의 예악이 질박한 것은 질(質: 바탕)을 중시한 결과이나 후배들의 예악이 세련된 것은 문(文: 꾸밈)을 중시한 결과이다. 그러나 꾸밈(형식)이 바탕(본질)을 이길 수 없으므로 공자께서는 선배의 예악을 선택하겠다고 하신 것이다. 따라서 공자께서 문화가 발달함에 따라 예악이 형식과 겉치레로 변한 것을 개탄하신 것이다.

[단문 설명]

▶ **先進 於禮樂 野人也** 선진 어례악 야인야 선배들은 예악에 있어서 질박하였다. 先進: 선배. 於: ~에 있어서. 野人: 질박하다, 소박하다, 백성. 也: 서술종결사, ~이다.

▶ **後進 於禮樂 君子也** 후진 어례악 군자야 후배들은 예악에 있어서 화사하였다. 後進: 후배. 君

子: 화사하다, 세련되다, 섬세하다, 권세가.

▸ **如用之 則吾從先進** 여용지 즉오종선진 (내가) 예악을 사용한다면 나는 선배를 따르겠다. 如: 만약 ~하면. 用: 사용하다, 등용하다. 之: 예악. 則: ~하면, 곧. 從: 따르다.

 2. **제자들을 덕행, 언어, 정사, 문학으로 분류하셨다.**

[해석 본문]

공자께서 말씀하셨다. "진나라와 채나라에서 나를 따르던 자들이 (지금) 모두 문하에 있지 않구나." 덕행에는 안연·민자건·염백우·중궁이었고, 언어에는 재아·자공이었고, 정사에는 염유·계로였고, 문학에는 자유·자하였다.

자 왈 종 아 어진채자 개 불 급 문 야   덕 행   안 연   민 자 건   염 백 우   중 궁
子曰 從我於陳蔡者 皆不及門也로다 **德行**엔 **顔淵 閔子騫 冉伯牛 仲弓**이오

언 어   재 아   자 공   정 사   염 유   계 로   문 학   자 유   자 하
言語엔 **宰我 子貢**이오 **政事**엔 **冉有 季路**요 **文學**엔 **子游 子夏**니라

[배경 설명]

공자께서 제자들의 재능을 공문사과(孔門四科)에 따라 분류하셨다. 於(어)는 ~에서, 從(종)은 따르다, 皆(개)는 모두, 及(급)은 있다, 門(문)은 문하, 政(정)은 正(바를 정)과 攴(칠 복)을 더하여 바르게 하는 행동으로 나라를 다스리는 일, 행정을 뜻한다.

공자가 초나라의 초대를 받고 가던 중 진나라와 채나라의 국경에서 포위를 당하여 칠일 동안이나 갇히고, 양식이 떨어져 굶어 죽을 지경에 이르렀는데, 이 사건을 진채절량(陳蔡絕糧) 또는 액어진채(厄於陳蔡)라고 한다. 이런 환난 속에서도 공자를 꿋꿋하게 지킨 제자들이 많았다. 그런데 이들이 지금은 모두 문하에 있지 않았으므로 공자께서 그들을 생각하신 것이니, 이는 그 환난 속에서 따르던 제자들을 잊지 않으신 것이다.

공자께서 제자들의 재능을 4科(덕행·언어·정사·문학)로 분류하였고, 제자들을 가르치는 데에는 각각 그 재능을 따르셨다. 4과(科)에 지목된 사람들은 바로 부자(夫子)를 진(陳)나라와 채(蔡)나라에서 따르던 자들이었다. 따라서 공자께서 문하의 삼천 제자 가운데 가장 뛰어난 공문십철(孔門十哲)을 회상하신 것이다.

[단문 설명]

▶ 從我於陳蔡者 종아어진채자 진나라와 채나라에서 나를 따르던 자들. 從: 따르다. 於: ~에서. 陳蔡: 진나라와 채나라.

▶ 皆不及門也 개불급문야 (지금) 모두 문하에 있지 않구나! 皆: 모두. 及: 함께하다, 있다. 門: 문하.

▶ 德行 顔淵·閔子騫·冉伯牛·仲弓 덕행 안연·민자건·염백우·중궁 덕행에는 안연·민자건·염백우·중궁이었다.

▶ 言語 宰我·子貢 언어 재아·자공 언어에는 재아·자공이었고.

▶ 政事 冉有·季路 정사 염유·계로 정사에는 염유·계로였고.

▶ 文學 子游·子夏 문학 자유·자하 문학에는 자유·자하였다.

 3. 안회를 칭찬하신 것은 공자의 겸손한 덕이다.

[해석 본문]

공자께서 말씀하셨다. "안회는 나를 돕는 자가 아니구나. (그는) 내 말에 대해 기뻐하지 않는 바가 없구나!"

　자 왈　회 야　　비 조 아 자 야　　어 오 언　　무 소 불 열
子曰 回也는 非助我者也로다 於吾言에 無所不說이로다!

[배경 설명]

덕행에 뛰어났던 안회(顔回)에 대한 인물평이다. 非(비)는 아니다, 그르다, 나쁘다, 옳지 않다, 我(아)는 나, 說(열)은 기뻐하다를 뜻한다.

안회(顔回)는 노나라 사람으로 이름은 회(回)요, 자는 연(淵)이다. 그는 공문십철(孔門十哲)의 한 사람으로 덕행이 매우 뛰어나 공자가 가장 총애했던 제자였다. 그는 경제적으로 가난하고 성품이 어질고 학문을 좋아하였으나 서른 둘에 요절하였으니 공자는 그가 열매를 맺지 못한 것을 안타깝게 생각했다.

안회는 성인(聖人)의 말씀에 대해 묵묵히 이해하고 마음으로 통하여 의문이 없었다. 안회가 공자의 말씀에 의문을 제기하지 않아 공자의 발전에는 도움이 안 되었으나, 공자께서는 안회를

13

칭찬하신 말씀이다. 따라서 공자께서는 안회의 성품과 학문을 칭찬하셨다.

[단문 설명]

▷ 回也 非助我者也 회야 비조아자야 안회는 나를 돕는 자가 아니구나. 回: 안회. 也: 주격후치사.
　　非: 명사류를 부정하는 부정사. 助: 돕다. 我: 나. 者: 사람. 也: 서술종결사.

▷ 於吾言 無所不說! 어오언 무소불열! (그는) 내 말에 대해 기뻐하지 않는 바가 없구나! 於: ~에.
　　吾: 나. 言: 말. 無: 없다. 所: ~하는 바. 說(열): 기뻐하다, 좋아하다. 悅(열)과 같다.

 4. 민자건의 효도와 우애를 감탄하시고 찬미하셨다.

[해석 본문]

　공자께서 말씀하셨다. "효성스럽도다! 민자건이여! 사람들이 그의 부모 형제가 (칭찬하는) 말을 비방하지 못하는구나!"

　　　　자 왈　효 재　　민 자 건　　　인 불 간　어 기 부 모 곤 제 지 언
　　　　子曰 孝哉라! **閔子騫**이여! **人不間 於其父母昆弟之言**이로다!

[배경 설명]

　효도와 우애가 깊었던 민자건에 대한 인물평이다. 間(간)은 비방하다, 昆弟(곤제)는 형제를 뜻한다. 민자건(閔子騫)은 공문십철(孔門十哲)의 한 사람으로 이름은 손(損), 자는 자건(子騫)이고, 효행과 우애가 뛰어났다. 민자건은 아버지의 후처와 그의 형제로부터 냉대를 받았으나 불평하지 않고 부모에게 효도하고 형제를 아꼈다. 부모와 형제가 민자건의 효도와 우애를 칭찬하는 말을 비방하지 않았으니 이는 그의 효도와 우애가 실로 깊었기 때문이었다. 따라서 공자께서 민자건의 효도와 우애를 칭찬하신 것이다.

[단문 설명]

▷ 孝哉! 閔子騫! 효재! 민자건! 효성스럽도다! 민자건이여!
▷ 人不間 於其父母昆弟之言! 인불간 어기부모곤제지언! 사람들이 그의 부모 형제가 (칭찬하는)

14

말을 비방하지 못하는구나! 間: 비방하다, 헐뜯다. 於: 목적격 조사, 을. 其: 민자건. 昆弟: 형제. 之: 주격후치사. 言: 閔子騫의 효행을 칭찬하는 말.

 5. **말과 행실을 신중하게 해야 한다.**

[해석 본문]

남용이 백규의 (시를) (하루에) 세 번 반복하자 공자께서 자기 형의 딸을 그에게 시집보내셨다.

$$\underset{\text{남 용}}{南容} \text{이} \ \underset{\text{삼 복 백 규}}{三復白圭} \text{어늘} \ \underset{\text{공 자}}{孔子} \ \underset{\text{이 기 형 지 자}}{以其兄之子} \text{로} \ \underset{\text{처 지}}{妻之} \text{하시다}$$

[배경 설명]

말과 행실이 신중한 남용에 대한 인물평이다. 白圭(백규)는 백옥(白玉)으로 만든 옥, 復(복)은 반복하다, 妻(처)는 시집보내다를 뜻한다. 南容(남용)은 공자의 조카 사위이자 공문칠십이현(孔門七十二賢) 중 한 사람으로 성은 남궁(南宮)이고 이름은 괄(括)이다.

백규(白圭)는 「시경(詩經)」 대아(大雅) 억편(抑篇)에 나오는 시로 말을 신중히 하여야 한다는 내용이다. "옥의 흠은 갈 수 있지만, 말의 흠은 갈아 없앨 수 없다(白圭之玷 尙可磨也 斯言之玷 不可爲也)."는 시를 남용은 하루에 세 번 반복하였다. 공자께서 말을 삼가고 매사를 신중하게 처리하는 남용에게 형의 딸을 시집보내신 것이다. 따라서 공자께서는 말을 삼가고 행실을 신중해야 한다는 것을 강조하셨다.

[단문 설명]

▸ 三復白圭 삼복백규 백규의 (시를) (하루에) 세 번 반복하다. 三: 세 번, 자주. 復: 반복하다.

▸ 以其兄之子 妻之 이기형지자 처지 자기 형의 딸을 그에게 시집보내셨다. 以: 목적격 조사, 을. 子: 딸. 妻: 시집보내다. 之: 南容.

6. **배우기를 좋아하고 도를 실천했던 안회의 죽음을 애도하였다**

[해석 본문]

계강자가 "제자들 중에 누가 배우기를 좋아합니까?" 묻자, 공자께서 대답하셨다. "안회라는 자가 배우기를 좋아했는데 불행히도 명이 짧아 죽었습니다. 지금은 없습니다."

계강자 문제자 숙위호학   공자 대왈 유안회자 호학   불행단명사 의
季康子 問弟子 孰爲好學하리오? 孔子 對曰 有顔回者 好學한데 不幸短命死矣라
금 야 즉 무
今也則亡이니라

[배경 설명]

학문과 덕이 뛰어나고 공자의 도를 실천했던 안회의 죽음을 애도하는 글이다. 춘추시대는 봉건제도가 시행되던 시대로 신분이 존재했던 농업사회였다. 지배계급은 天子(천자), 公(공), 卿(경), 大夫(대부)가 있었고, 행정관리는 士(사), 하층관리는 人(인), 노동력 신분은 民(민)이 있었다. 천자는 천하를 지배하는 황제, 제후는 국가를 다스리는 왕, 대부는 제후의 가신이다. 당시는 농업사회였기에 백성의 대부분은 농민이었다.

季康子(계강자)는 노나라의 대부로 삼환(三桓) 중에서 가장 큰 세력을 가지고 있던 계손씨(季孫氏)의 가주(家主)이다. 제(齊)나라가 여러 차례 노나라를 공격했는데, 계강자는 염유(冉有)를 가신의 장으로 등용하고 좌사(左師)를 이끌고 나가 싸워 큰 공을 세웠다. 계강자는 나중에 공자를 등용하려 했지만 결국 등용하지는 못했다.

공자는 안회가 학문과 덕이 뛰어났고 학문을 좋아하고 가난한 생활을 이겨내고 도를 즐긴 것을 칭찬하였다, 안회는 진정으로 학문을 연구하고 수양하고, 공자의 가르침을 안내하고 따르는 제자였다. 따라서 공자께서는 안회가 죽어 지금 세상에는 없다는 것을 말씀하시면서 제자 안회의 죽음을 진심으로 애도하셨다.

[단문 설명]

▷ 有顔回者 好學? 유안회자 호학? 안회라는 자가 배우기를 좋아합니까? 有: 단음절 명사 앞에 붙어서 어조를 고르는 접두사. 者: ~이라는 자.

16

▶ 不幸 短命死矣 불행 단명사의 불행히도 명이 짧아 죽었습니다.

▶ 今也 則亡 금야 즉무 지금은 없습니다. 今也: 지금은. 則: 곧. 亡: 없다.

 7. 사적인 정으로 예에 어긋나는 일을 할 수는 없다.

[해석 본문]

안연이 죽자 (그의 부친) 안로가 (공자께) 공자의 수레를 (팔아) (안연의) 곽을 만들 것을 청하였다. 공자께서 말씀하셨다. "재주가 있든 재주가 없든 또한 각자 자기의 아들에 관하여 (훌륭한 점을) 말할 것이다. (내 아들) 리(鯉)가 죽었을 때에 관만 있었으나 곽은 없었다. 내가 (수레를 팔아) 걸어 다니면서 그에게 곽을 만들어 주지 않았네. 내가 대부의 뒤를 따르기 때문에 걸어 다닐 수가 없기 때문이었다."

안 연 사　　안 로 청 자 지 거　　이 위 지 곽　　자 왈 재 부 재　　역 각 언 기 자 야
顔淵死하니 顔路 請子之車하여 以爲之槨하니라 子曰 才不才에 亦各言其子也니
리 야 사　　유 관 이 무 곽　　오 불 도 행　　이 위 지 곽　　이 오 종 대 부 지 후
鯉也死할새 有棺而無槨하니라 吾不徒行하여 以爲之槨하니라 以吾 從大夫之後라
불 가 도 행 야
不可徒行也니라

[배경 설명]

안연이 세상을 떠나 곽(槨)을 만들어 달라는 안로의 요청을 거절하는 내용이다. 爲(위)는 만들다, 棺(관)은 관, 槨(곽)은 외관, 徒(도)는 걸어 다니다를 뜻한다.

안로(顔路)는 안연의 아버지로 공자께서 처음 교육할 적에 가르침을 받으셨다. 안연은 공자가 가장 총애하던 제자인데, 그가 서른 둘의 젊은 나이에 죽자 공자는 매우 애통했다. 안연이 죽자 안로가 안연은 훌륭했으므로 공자의 수레를 팔아 곽을 만들자고 요청한 것인데, 공자는 자기가 걸어 다니면서까지 곽을 만들 수 없다고 거절한 것이다.

리(鯉)는 공자의 아들 백어(伯魚)인데 역시 공자보다 먼저 죽었다. 리(鯉)의 재주가 비록 안연에게 미치지 못하나 아버지의 입장에서 본다면 자식이다. 리(鯉)가 죽었을 때에도 곽을 마련하지 않았었다. 안연이 죽었을 때 공자는 이미 벼슬을 내놓고 있었지만, 대부의 뒤라고 말씀한 것은 공자가 과거에 하대부였기 때문에 겸손하게 말한 것이다.

대부는 품위가 있어서 걸어 다닐 수 없고, 임금께서 하사하신 명거(命車)는 시장에 팔 수 없다. 군자는 재물을 쓸 때에 의리와 시비로 판단할 일인지라 안로의 요청에 따라 곽을 만들어 주는 것은 올바른 도리가 아니다. 따라서 공자는 사적인 정으로 예에 어긋나는 일을 할 수 없어 안로의 요청을 허락하지 않는 엄격한 태도를 유지한 것이다.

[단문 설명]

▶ 顔路 請子之車以爲之槨 안로 청자지거이위지곽 (그의 부친) 안로가 (공자께) 공자의 수레를 (팔아) (안연의) 곽을 만들 것을 청하였다. 顔路: 안연의 부친. 請: 청하다. 子之車以: 以子之車의 도치. 爲: 만들다. 之: 안연. 槨: 외관.

▶ 才不才 재부재 재주가 있든 재주가 없든. 才: 재주, 재능.

▶ 各言其子也 각언기자야 각자 자기의 아들에 관하여 (훌륭한 점을) 말할 것이다. 各: 각자. 言: 말하다. 其子: 자기의 아들.

▶ 鯉也死 리야사 (내 아들) 리가 죽다. 鯉(잉어 리): 공자의 아들, 노나라 임금이던 소공(昭公)이 잉어를 하사했기 때문에 지은 이름. 也: 주격후치사.

▶ 有棺而無槨 유관이무곽 관만 있었으나 곽은 없었다. 棺: 관. 而: 역접, ~이나. 槨: 곽, 외관.

▶ 吾不 徒行以爲之槨 오불 도행이위지곽 내가 (수레를 팔아) 걸어 다니면서 그에게 곽을 만들어 주지 않았다. 徒: 걸어 다니다. 行: 가다. 以: 순접, ~하여. 爲: 만들다. 不: 爲之槨을 부정.

▶ 以 吾從大夫之後 이 오종대부지후 내가 대부의 뒤를 따르기 때문에 以: 때문에. 從: 따르다.

▶ 不可徒行也 불가도행야 걸어 다닐 수가 없었다.

 8. 안연이 먼저 죽어 도를 전할 수 없으니 매우 슬퍼했다.

[해석 본문]

안연이 (일찍) 죽자 공자께서 말씀하셨다. "아! 슬프구나! 하늘이 나를 버렸구나! 하늘이 나를 버렸구나!"

안 연　　사　　　자 왈　희　　　천 상 여　　　천 상 여
顔淵이 死거늘 子曰 噫라! 天喪予로다! 天喪予로다!

[배경 설명]

　안연의 요절에 대한 탄식이다. 噫(희)는 슬퍼서 내는 '아아'라는 소리를 옮긴 말이다. 喪(상)은 버리다는 뜻이다. 하늘이 버렸다는 말을 반복해서 비탄의 감정을 더욱 드러냈다.

　공자는 안연이 죽자 도를 전할 수 없게 됐음을 슬퍼했다. 안연은 공자가 아끼는 제자였는데 서른 둘에 세상을 떠났다. 안연은 공자의 뜻을 거스르지 않아 마치 어리석은 자와 같았고, 질문을 통해 스승을 자극시켜 주지도 않았다. 그러나 안연은 배운 점을 실천했으므로 공자는 감탄했는데, 그가 일찍 죽어 애통해 한 것이다. 따라서 공자는 도가 행해지지 않고, 가장 총애하던 안연이 먼저 죽어 도를 전할 수 없게 되어 매우 슬퍼했다.

[단문 설명]

▷ 顔淵死 안연사 안연(顔淵)이 (일찍) 죽다.

▷ 噫! 天喪予! 희! 천상여! 아! 슬프구나! 하늘이 나를 버렸구나! 噫: 탄식감탄사, 아아. 喪: 버리다.

 9. **공자께서는 제자 안연의 죽음에 대해 비통하셨다.**

[해석 본문]

　안연이 죽자 공자께서 (그를 위해) 곡하시다가 애통하셨다. 따라갔던 사람이 "선생님께서 애통하십니다."라고 말하였다. 이에 공자께서 말씀하셨다. "(이처럼) 애통한 적이 있었느냐? 그를 위해 애통하지 않는다면 누구를 위해 애통하겠는가?"

안 연　　사　　　자 곡 지 통　　　　종 자 왈　자 통 의　　　왈　유 통 호
顔淵이 死거늘 子哭之慟하시다 從者曰 子慟矣하이다 曰 有慟乎아?
비 부 인 지 위 통　　　이 수 위
非夫人之爲慟이오 而誰爲리오?

[배경 설명]

　학문에 뛰어났던 안연의 죽음을 보고 공자가 애통하는 장면이다. 哭(곡)은 죽은 사람을 애도

하여 소리내어 우는 것이다. 慟(통)은 애통하는 것이다. 夫人(부인)은 안연(顏淵)이다.

안연의 죽음이 애석하여 곡하는 것이 마땅하니, 다른 사람에 견줄 수 없다고 말씀한 것이다. 공자는 슬픔도 절제해야 한다고 가르쳤는데, 자신이 안연의 죽음을 애통하였다. 함께 따라간 제자들이 이를 지적하자 "내가 안연을 위해 애통하지 않으면 누구를 위해 애통하겠느냐?"고 하였다. 따라서 공자께서는 꽃을 피우지 못한 제자 안연의 죽음에 대해 애통하셨다.

[단문 설명]

▶ 子哭之慟 자곡지통 안연이 죽자 공자께서 (그를 위해) 곡하시다가 애통하셨다. 子: 공자. 哭: 곡하다, 죽은 사람을 애도하여 소리내어 울다. 之: 안연. 慟: 애통하다.

▶ 從者曰 종자왈 따라갔던 사람이 말하였다. 從者: 따라갔던 사람, 수행원.

▶ 子慟矣 자통의 선생님께서 애통하십니다.

▶ 有慟乎? 유통호? (이처럼) 애통한 적이 있었느냐? 乎: 의문종결사.

▶ 非夫人之爲慟 비부인지위통 그를 위해 애통하지 않는다면. 夫人之爲慟: 爲夫人慟의 도치. 夫人: 저 사람, 안연.

▶ 而誰爲? 이수위? 누구를 위해 애통하겠는가? 慟: 애통하다.

 10. **이치와 예에 맞게 안회의 장례를 치르지 못했음을 탄식하였다.**

[해석 본문]

안연이 죽자, 문인들이 그를 성대하게 장사지내려 하니, 공자께서 "옳지 않다." 하셨다. 그러나 문인들이 성대하게 장사지내자, 공자께서 말씀하셨다. "안회는 나를 아버지처럼 대했는데, 나는 (안회를) 자식처럼 대할 수 없었으니, (이것은) 나의 (탓)이 아니라 너희들의 (탓)이다."

안연 사 문인 욕후장지 자왈 불가 문인후장지 자왈 회야
顏淵이 死하자 門人이 欲厚葬之하니 子曰 不可하니라 門人厚葬之하자 子曰 回也는

시 여유부야 여부득시유자야 비아야 부이삼자야
視予猶父也인데 予不得視猶子也이니 非我也라 夫二三子也니라

[배경 설명]

　이치와 예에 맞게 안회의 장례를 치르지 못한 것에 대한 탄식이다. 厚(후)는 지극하게, 葬(장)은 장사지내다, 視(시)는 대하다, 二三子(이삼자)는 너희들을 뜻한다.

　안연의 높은 덕행과 재능은 문인들로부터도 존경받고 있어, 그들은 안연의 장례를 성대히 치르기를 원했으나 공자는 가난하면서 성대하게 장사지내는 것은 이치가 아니므로 만류하신 것이다. 그러나 문인들은 안연의 아버지인 안로의 뜻에 따라 성대히 장례를 치렀다.

　공자가 안연을 자식처럼 대했다면 분에 넘친 장례는 막았어야 했다. 그런데도 안연의 아버지인 안로의 뜻을 따랐으니 안연의 장례가 성대하게 치르고 말았다는데 대한 탄식이다. 따라서 공자는 자신의 아들처럼 이치와 예에 맞게 안회의 장례를 치르지 못했음을 탄식하였다.

[단문 설명]

▶ 門人欲厚葬之 문인욕후장지 문인들이 그를 성대하게 장사지내려 하다. 欲: 하고자 하다. 厚: 지극하게, 성대하게. 葬: 장사지내다. 之: 그를, 안연.

▶ 不可 불가 옳지 않다. 可: 옳다, 좋다.

▶ 回也 視予猶父也 회야 시여유부야 안회는 나를 아버지처럼 대했다. 也: 주격후치사. 視: 대하다, 대우하다. 予: 나. 猶: 같다.

▶ 予不得視猶子也 여부득시유여야 나는 (안회를) 아들처럼 대할 수 없었다. 不得: 할 수 없다. 視: 대하다, 대우하다. 視 다음에 回 생략.

▶ 非我也 夫二三子也 비아야 부이삼자야 (이것은) 나의 (탓)이 아니라 너희들의 (탓)이다. 也: 서술종결사, 이다. 夫: 발어사, 저, 대개. 二三子: 너희들.

11. 삶을 알아야 죽음을 알 수 있다.

[해석 본문]

　계로가 귀신을 섬기는 일을 묻자, 공자께서 "사람을 잘 섬기지 못하면서 어찌 귀신을 섬길 수 있겠는가?" 하셨다. "감히 죽음에 관하여 여쭈어 보겠습니다." 계로가 다시 묻자, 공자께서 말씀하셨다. "아직도 삶을 모르면서 어찌 죽음을 알겠는가?"

계로 문사귀신   자왈   미능사인   언능사귀   감문사   왈
季路 問事鬼神하자 子曰 未能事人이면 焉能事鬼리오? 敢問死하니이다 曰

미 지 생   언 지 사
未知生이면 焉知死리오?

[배경 설명]

사람이 하는 일을 잘 알아야 귀신도 알 수 있고, 삶을 잘 알아야 죽음도 알 수 있다는 교훈이다. 事(사)는 섬기다, 敢(감)은 감히, 焉(언)은 어찌를 뜻한다.

子路(자로)는 공문십철의 한 사람으로 성은 仲(중), 이름은 由(유), 자는 子路(자로) 또는 季路(계로)이다. 그는 노나라의 경대부 가문인 삼환의 하나인 계씨(季氏)의 읍재(邑宰)를 지냈으며, 성격이 거칠고 용맹스러운 일과 힘쓰는 일을 좋아하고 의지가 강하고 정직하였다.

공자는 종교적 문제에는 거의 관심이 없었지만 귀신이나 조상을 모시는 제사를 부정하지는 않았다. 공자는 제사의 중요성을 강조하면서 제사를 격식에 맞게 지낼 것을 주장하였다. 귀신을 섬기는 일을 묻는 것은 제사지내는 뜻을 물은 것이다. 죽음은 사람에게 반드시 있는 것이니, 알지 않으면 안 된다. 사람을 섬기듯이 귀신을 섬기고 생을 알면 죽음을 알 수 있다. 따라서 공자께서는 귀신의 존재를 부인하지는 않았지만 귀신보다 사람을 더 존중하셨다.

[단문 설명]

▷ **問事鬼神** 문사귀신 귀신을 섬기는 일을 묻다. 問: 묻다. 事: 섬기다.
▷ **未能事人 焉能事鬼?** 미능사인 언능사귀? 사람을 잘 섬기지 못하면서 어찌 귀신을 섬길 수 있겠는가? 未能: 할 수 없다. 事: 섬기다. 焉: 어찌.
▷ **敢問死** 감문사 감히 죽음에 관하여 여쭈어 보겠습니다. 敢: 감히.
▷ **未知生 焉知死?** 미지생 언지사? 아직도 삶을 모르면서 어찌 죽음을 알겠는가? 焉: 어찌.

 12. 공자께서 영재를 교육하시는 것을 즐거워하셨다.

[해석 본문]

민자건은 (공자를) 옆에서 모시는데 태도가 온화한 듯하고, 자로는 매우 강직하였고, 염유ㆍ

자공은 매우 화락하였으니, 공자께서 (그것을) 즐거워하셨다. "유와 같은 사람은 제명에 죽지 못할 듯 하구나."

　　민자　　시측　　은은여야　　　자로　　항항여야　　　염유 자공　간간여야
　閔子는 侍側에 誾誾如也하고 子路는 行行如也하고 冉有 子貢은 侃侃如也이니
　자락　　　　약유야　　부득기사연
　子樂하시다 若由也는 不得其死然이로다

[배경 설명]

　공자가 민자건과 자로의 성품을 평한 글이다. 侍(시)는 모시다, 誾誾(은은)은 온화하고 기쁘다, 行行(항항)은 매우 강직하다, 侃侃(간간)은 매우 화락하다를 뜻한다. 不得其死然(부득기사연)은 제명(命)대로 살지 못하는 것을 의미한다.

　민자(閔子)는 이름은 손(損), 자는 자건(子騫)으로 그는 온화했다. 유(由)는 자로(子路)로 그는 강직하고, 염유(冉有)·자공(子貢)은 화락하다. 공자는 자로가 급하고, 강직한 성격 때문에 제명대로 살지 못할 것을 근심하였다. 자로는 결국 위나라 출공(出公) 때 난(難)에 연루되어 죽었다. 자로는 "군자는 죽을 때에도 관을 벗지 않는다"고 하며 관의 끈을 고쳐 매고 죽었다 한다 따라서 공자께서는 영재를 교육하시는 것을 즐거워하셨으나 자로를 걱정하셨다.

[단문 설명]

▶ 閔子侍側 민자시측 민자건이 (공자를) 옆에서 모시다. 侍: 모시다. 側: (於)側, 於 생략.

▶ 誾誾如也 은은여야 태도가 온화한 듯하다. 誾: 온화하다. 如: 접미사. 如也: 듯하다. 같다.

▶ 行行如也 항항여야 매우 강직하다. 行行: 매우 강직하다, 의지가 군세다.

▶ 侃侃如也 간간여야 매우 화락(和樂)하다. 侃侃: 매우 화락하다.

▶ 子樂 자락 공자께서는 (그것을) 즐거워하셨다.

▶ 若由也 不得其死然 약유야 부득기사연 유와 같은 사람은 제명에 죽지 못할 듯 하구나. 若: 같다. 也: 주격후치사. 不得: 할 수 없다. 其死: 제명에 죽다. 然: 듯하다.

13. 백성을 수고롭게 하니 옛것을 그대로 따른다.

[해석 본문]

노나라 사람들이 장부(長府)라는 (창고를) 새로 짓자 민자건이 말하였다. "옛것을 (그대로) 따르는 것이 어떠한가? 어째서 다시 짓는가?" 이에 공자께서 말씀하셨다. "저 사람(민자건)은 말을 하지 않으나 말을 하면 반드시 이치에 맞는다."

노인   위장부   민자건   왈   잉구관여지하   하필개작   자왈 부인
魯人이 爲長府하자 閔子騫이 曰 仍舊貫如之何오? 何必改作이오? 子曰 夫人이
불언   언필유중
不言하나 言必有中이니라

[배경 설명]

옛것을 이용하자는 민자건에 대한 평이다. 爲(위)는 짓다, 長府(장부)는 창고 이름, 仍(잉)은 따르다, 舊貫(관구)는 옛것, 改(개)는 다시, 作(작)은 짓다를 뜻한다.

소공이 계씨를 칠 때 그 거점으로 삼으려고 노나라 사람이 장부를 다시 짓는데, 이것은 백성들에게 큰 부담이 되니, 민자건이 옛것을 그대로 쓰자고 주장한 것이다. 다시 짓는 것은 백성을 수고롭게 하고 재물을 낭비시키니, 고쳐 쓸 수 있다면 옛것을 그대로 쓰는 것이 좋다. 덕이 있는 자가 일단 말을 하면 반드시 이치에 맞는 말을 한다. 따라서 다시 짓는 것은 백성을 수고롭게 하니, 옛것을 그대로 쓰고, 말을 할 때에는 반드시 이치에 맞는 말을 한다.

[단문 설명]

▶ 魯人爲長府 노인위장부 노나라 사람들이 장부라는 (창고를) 새로 짓다. 爲: 만들다, 짓다. 長府: 창고의 이름.

▶ 仍舊貫 如之何? 잉구관 여지하? 옛것을 (그대로) 따르는 것이 어떠한가? 仍: 따르다, 인습하다. 舊貫: 옛것. 如之何: 어떠한가?

▶ 何必改作? 하필개작? 어째서 다시 짓는가? 何: 어째서. 改: 다시. 作: 짓다.

▶ 夫人不言 부인불언 저 사람(민자건)이 말을 하지 않다. 夫人: 저 사람, 민자건.

▶ 言必有中 언필유중 말을 하면 반드시 이치에 맞는다. 中: 합당하다. 이치에 맞다.

14. 인격과 학문은 고명하나 아직은 정미하지는 못하다.

[해석 본문]

공자께서 말씀하셨다. "유가 비파를 연주하는데, 어찌 내 문에서 연주하는가?" 문인들이 자로를 공경하지 않자, 공자께서 말씀하셨다. "유는 (학문에서) 대청에는 올랐으나 방 안에 아직 들어오지 못하였다."

　자　왈　유　지　슬　　　　해　위　어　구　지　문　　　　문　인　　　불　경　자　로　　　　자　왈　유　야　　　승　당　의
子曰 由之瑟한데 **奚爲於丘之門**고? **門人**이 **不敬子路**하자 **子曰 由也**는 **升堂矣**이나
　미　입　어　실　야
未入於室也니라

[배경 설명]

자로의 인격과 학문은 고명한 경지에는 이르렀으나 아직은 정미하지는 못하다는 것을 대청과 방으로 비유했다. 由(유)는 자로(子路), 瑟(슬)은 현(弦)이 여럿 있는 큰 거문고, 즉 비파, 爲(위)는 연주하다, 堂(당)은 대청, 室(실)은 안방을 뜻한다.

실(室)과 당(堂)은 음악이나 학문의 경지를 비유한 것이다. 실(室)은 음악의 깊고 오묘한 최고의 경지까지 이른 것이나 당(堂)은 상당한 수준이긴 해도 최고의 경지에는 아직 이르지 못한 단계로 비유했다. 이처럼 배우는 자들이 대청에 오르고 방에 들어가는 것은 음악이나 학문에 들어가는 차례를 비유한 것이다.

음악은 각각 소리의 조화가 중요하나 자로는 성격이 급하고 강하여 그의 비파 소리는 전혀 조화를 이루지 못해 공자가 자로를 꾸짖자, 이를 본 문인들이 자로를 공경하지 않았으므로, 공자께서 음악의 경지에 대해 비유해 주신 것이다. 자로의 학문이 이미 고명한 경지에 이르렀으나 다만 정미(精微)하지는 못했을 뿐이니, 비파를 연주한 일로 자로를 경솔하게 대해서는 안 된다고 말씀하신 것이다. 따라서 공자께서는 자로가 인격과 학문이 최고의 경지는 아직 이르지 못했지만 상당한 수준이라고 평하신 것이다.

[단문 설명]

▷ **由之瑟** 유지슬 유가 비파를 연주하다. 由: 자로. 之: 주격후치사. 瑟: 비파, 鼓瑟의 생략형.

▹ 奚爲 於丘之門? 해위 어구지문? 어찌 내 문에서 연주하는가? 奚: 어찌. 爲: 연주하다. 於: 장소 전치사,~ 에서. 丘: 공자의 이름.

▹ 不敬子路 불경자로 자로를 공경하지 않다. 敬: 공경하다.

▹ 由也 升堂矣 유야 승당의 유는 (학문에서) 대청에는 올랐다. 也: 주격후치사. 升: 오르다. 堂: 대청. 矣: 서술종결사.

▹ 未入於室也 미입어실야 방 안에 아직 들어오지 못하였다. 未: 아직 ~하지 않다. 室: 방, 최고의 경지.

 ## 15. 지나침은 미치지 못함과 같다.

[해석 본문]

자공이 "사(자장)와 상(자하) 중 누가 더 낫습니까?" 하고 묻자, 이에 공자께서 말씀하셨다. "사는 지나치고, 상은 미치지 못한다." 자공이 또 물었다. "그러면 사가 더 낫습니까?" 공자께서 말씀하셨다. "지나침은 미치지 못함과 같다."

　　자공　　　문사여상야　숙현　　　　자왈　사야　　과　　　상야　　불급　　　왈　연즉사
　　子貢이 問師與商也 孰賢이리오? 子曰 師也는 過하고 商也는 不及이라 曰 然則師
　유여　　　　자왈　과유불급
　愈與 이리오? 子曰 過猶不及이라

[배경 설명]

지나침과 모자람은 같다는 중도의 덕을 교훈하면서 제자들에 대하여 평하셨다. 師(사)는 자장(子張)이요, 商(상)은 자하(子夏)이다. 孰(숙)은 누가, 賢(현)은 낫다, 愈(유)는 낫다, 過(과)는 지나치다, 及(급)은 미치다, 猶(유)는 같다를 뜻한다.

　　자장은 재주가 많고 뜻이 넓고 어려운 일을 하기 좋아하여 항상 중용(中庸)의 덕(德)이 지나쳤고, 자하는 독실히 믿고 신중했으나 옹졸하여 항상 중도에 미치지 못하였다. 도는 중용에서 이룰 수 있으므로 지나치게 영리하면 교만에 빠질 수 있고, 지나치게 우매하면 만용에 빠질 수 있다. 지나친 것은 부족한 것과 같아서 도를 얻을 수 없으므로 모두 중도를 잃는 것이다. 따라서 지나침과 미치지 못함은 같으니, 처음에는 조그마한 차이가 종말에는 크게 어긋나게 된다.

[단문 설명]

▶ 師與商也, 孰賢? 사여상야 숙현? 사와 상 중 누가 더 낫습니까? 師: 자장. 商: 자하. 與: 와. 也: 주격후치사. 孰: 누가. 賢: 낫다.

▶ 師也過 商也不及 사야과 상야불급 사는 지나치고, 상은 미치지 못한다. 也: 주격후치사. 過: 지나치다. 不及: 미치지 못하다. 不(부/불): ㄷ, ㅈ 음 앞에서 부, 이외는 불.

▶ 然則 師愈與? 연즉 사유여? 그러면 사가 더 낫습니까? 然則: 그러면. 愈: 낫다. 與: 의문종결사.

▶ 過猶不及 과유불급 지나침은 미치지 못함과 같다. 過: 지나치다. 猶: 같다.

 16. 성인께서 악한 사람과 무리가 되어 백성을 해친 사람을 미워하셨다.

[해석 본문]

계씨가 주공보다 부유하였는데도 구(염구)가 그를 위해 세금을 가혹하게 걷어 (재산을) 더 늘려주었다. 공자께서 말씀하셨다. "(구는) 내 제자가 아니다. 제자들아! 북을 울려 그를 성토함이 옳다."

계씨 부어주공 이구야 위지취렴 이부익지 자왈 비오도야 소자
季氏 富於周公인데 而求也 爲之聚斂 而附益之로다 子曰 非吾徒也니라 小子아!
명고 이공지가야
鳴鼓 而攻之可也니라

[배경 설명]

계씨(季氏)가 주공(周公)보다 재산이 더 많은 것을 책망하신 것이다. 聚斂(취렴)은 세금을 가혹하게 걷다, 鳴(명)은 울리다, 鼓(고)는 북, 攻(공)은 성토하다를 뜻한다.

주(周)나라 무왕의 동생인 주공(周公)은 노나라의 제후로 부유한 것은 당연하다. 계씨(季氏)는 노나라 소공(昭公) 때의 대부 계손씨(季孫氏)로 재산이 주공보다 지나쳤으니, 임금의 것을 훔쳤거나 백성들에게 혹독하게 긁어 모은 것이 아니겠는가? 계씨가 제후국인 노나라의 대부에 불과한데도 재산이 주공보다 많은 것은 지나친 것이다. 염구가 그런 계씨를 위해 백성으로부터 많은 세금을 거두어, 그의 재산을 더 늘려 준 것은 백성을 착취한 것일 수밖에 없다. 이에 분노

한 공자는 강경한 어조로 염구를 비난했다. 鳴鼓(명고)는 강경한 어조를 뜻한다.

염구(冉求)는 불선(不善)하고 마음이 밝지 못하였으므로 공자께서 그를 제자가 아니라고 하셨다. 제자들에게 북을 울려 성토하라 하신 것은 문인들로 하여금 그 죄를 강경하게 성토하여 꾸짖게 하신 것이다. 따라서 성인께서 계손씨와 같이 악한 사람과 무리가 되어 백성을 해친 사람을 미워하셨다.

[단문 설명]

▶ **季氏富於周公** 계씨부어주공 계씨가 주공보다 부유하였다. 於: 비교 전치사, 보다.

▶ **求也爲之 聚斂而附益之** 구야위지 취렴이부익지 구(염구)가 그(계씨)를 위해 세금을 많이 걷어 (재산을) 더 늘려주었다. 求: 冉求, 계손씨의 가재(家宰). 也: 주격후치사. 爲之: 季氏를 위해. 聚斂: 세금을 가혹하게 걷다. 而: 순접. 附益: 더하다. 之: 富

▶ **非吾徒也** 비오도야 (구는) 내 제자가 아니다. 非: 명사(구)를 부정하는 부정사. 吾徒: 나의 무리, 나의 제자. 也: 서술종결사, 이다.

▶ **小子! 鳴鼓而攻之 可也** 소재! 명고이공지 가야 너희들아! 북을 울려 그를 성토함이 옳다. 小子: 너희들, 제자들. 鳴: 울리다. 鼓: 북. 而: 순접. 攻: 성토하다. 之: 冉求. 可: 옳다.

 17. **시는 우직하고, 삼은 미련하고, 사는 편향되고, 유는 거칠다.**

[해석 본문]

시(柴)는 우직하고, 삼(參)은 미련하고, 사(師)는 편향되고, 유(由)는 거칠다.

시 야   우   삼 야   노   사 야   벽   유 야   언
柴也는 **愚**하고 **參也**는 **魯**하고 **賜也**는 **辟**하고 **由也**는 **喭**이니라

[배경 설명]

네 명의 제자들의 성격을 각각 평하시었다. 愚(우)는 우직하다, 魯(노)는 미련하다, 辟(벽)은 편향되다, 喭(언)은 거칠다는 뜻이다.

고시(高柴)는 작고 못생겼지만 우직하고 성실했던 공문칠십이현(孔門七十二賢)의 일인이고,

성은 고(高), 이름은 시(柴), 자는 자고(子羔)이다. 그는 남의 그림자를 밟지 않았고, 무럭 자라는 초목을 꺾지 않았으며, 부모의 삼년상 동안 피눈물을 흘리고 이를 드러내고 웃은 적이 없었으며, 난리를 피해 갈 때에 지름길로 가지 않고 구멍으로 나가지 않았다.

증삼(曾參)은 효경(孝經)을 지은 공자의 제자이고, 성은 曾(증), 이름은 參(삼)이다. 공자는 증삼을 노둔하다(미련하고 둔함)고 했으나 그는 행동할 때 일정한 격식에 구애받지 않는 광자(狂者)의 기질이 있었다. 그는 노둔함으로써 도를 얻었다고 공자는 평했다.

子張(자장)은 공자의 만년 제자로 성은 전손(顓孫), 이름은 사(師), 자는 子張(자장)이다. 그는 성격이 몹시 너그러워 사람들과 사귀는 것을 좋아했고, 잘생긴 외모와 적극적인 성격이었다. 그는 문학이 뛰어나고, 웅변에도 능하고, 풍채도 좋았으나 편향되고 어질지 못했다.

子路(자로)는 공문십철(孔門十哲)의 한 사람으로 성은 仲(중), 이름은 由(유), 자는 子路(자로) 또는 季路(계로)이다. 그는 노나라의 경대부 가문인 삼환(三桓)의 하나인 계씨(季氏)의 읍재(邑宰)를 지냈다. 그는 성격이 거칠어 용맹스러운 일과 힘쓰는 일을 좋아하고, 의지가 강하고 정직하였다. 따라서 공자께서 시(柴)는 우직하고, 삼(參)은 미련하고, 사(師)는 편향되고, 유(由)는 거칠다고 평하시었다.

[단문 설명]

▶ 柴也愚 시야우 시(柴)는 우직하다. 柴: 고시. 也: 주격후치사. 愚: 우직하다.

▶ 參也魯 삼야노 삼(參)은 미련하다. 參: 증삼. 魯: 미련하다.

▶ 師也辟 사야벽 사(師)는 편향되다. 師: 자장. 辟: 편향되다.

▶ 由也喭 유야언 유(由)는 거칠다. 由: 자로. 喭: 거칠다.

 18. 안회는 궁핍한데도 도에 가까웠고, 자공은 판단력과 재화증식에 뛰어났다.

[해석 본문]

공자께서 말씀하셨다. "안회는 아마 (도에) 가까웠으나 자주 끼니를 굶었다. 사는 천명을 받아들이지 않고 재화를 늘렸으나 추측하면 자주 적중했다."

자왈 회야   기 서 호   누 공   사   불 수 명   이 화 식 언   억 즉 누 중
子曰 回也는 其庶乎나 屢空이라 賜는 不受命이오 而貨殖焉이나 億則屢中이라

[배경 설명]

안회와 자공을 비교한 인물평이다. 庶(서)는 가깝다, 空(공)은 양식을 담을 독이 비다, 貨(화)는 재화, 殖(식)은 늘리다, 億(억)은 헤아리다, 屢(누)는 자주, 中(중)은 적중하다를 뜻한다.

서(庶)는 가까움이니, 도(道)에 가까움을 말한다. 누공(屢空)은 자주 궁핍함에 이르는 것이다. 안회는 부(富)를 구하지 않아 자주 궁핍하였으나 도(道)에 가까웠고 또 가난을 편안하게 여겼다. 자공은 재주와 학식이 명철하여 또한 일을 헤아리면 적중함이 많았다.

공자께서는 궁핍하신데도 도에 가까운 안회의 인품은 극도로 칭찬했다. 그러나 천명을 따르지 않고 장사를 하여 부유했던 자공의 재주와 능력을 인정했으면서도 그의 인품을 높이 평가하지는 않으셨다. 따라서 공자께서 안회는 도에 가까웠고, 자공은 판단력과 재화증식에 뛰어났다고 평하시었다.

[단문 설명]

▶ 回也 其庶乎 회야 기서호 안회는 아마 (도에) 가까웠다. 回: 顔回. 也: 주격후치사. 其: 추측부사, 아마. 庶: 가깝다, 거의. 乎: 其와 함께 쓰이는 경우 추측종결사.

▶ 屢空 누공 자주 끼니를 굶었다. 屢: 자주. 空: 독이 비다, 끼니를 굶다.

▶ 賜不受命 而貨殖焉 사불수명 이화식언 사는 천명을 받아들이지 않고 재화를 늘렸다. 賜: 子貢. 而: 순접접속사. 貨: 재화, 재물. 殖: 늘리다. 焉: 서술종결사.

▶ 億則屢中 억즉누중 추측하면 자주 적중했다. 億: 헤아리다. 屢: 자주. 中: 적중하다, 맞다.

 19. **성인의 자취를 밟지 않고서는 성인의 경지에 들어가지 못한다.**

[해석 본문]

자장이 선인의 도를 묻자, 공자께서 말씀하셨다. "(성인의) 자취를 밟지 않고서는 또한 방(성인의 경지)까지는 들어가지 못한다."

^{자 장} ^{문 선 인 지 도} ^{자 왈} ^{불 천 적} ^{역 불 입 어 실}
子張이 問善人之道하자 子曰 不踐迹이나 亦不入於室이니라

[배경 설명]

자질이 아름답다고 하더라도 배우지 않고서는 성인의 경지에 들어가지 못한다는 학문의 중요성을 교훈하셨다. 踐(천)은 밟다, 迹(적)은 자취, 室(실)은 성인의 깊숙한 경지를 뜻한다.

子張(자장)은 공자의 만년 제자로 성은 전손(顓孫), 이름은 사(師), 자는 子張(자장)이다. 그는 성격이 매우 너그러워 사람들과 사귀는 것을 좋아했고, 잘생긴 외모와 적극적인 성격에 걸맞은 출세와 명성을 누리고 싶어 했다.

천적(踐迹)은 성인의 길을 따르고 성인의 훌륭한 업적을 지킨다는 뜻이다. 적(迹)은 성인의 발자취이니, 성인의 훌륭한 업적이다. 방에 들어가지 못한다는 것은 성인의 경지에 이르지 못하는 것을 말한다. 선인(善人)은 타고난 성품이 아름답고 배우지 못한 자이나 학문적 자질과는 무관하다. 선인은 성인의 자취를 밟지 않더라도 스스로 악한 짓을 하지 않는다. 그러나 배우지 않았기 때문에 성인의 경지에 들어가지는 못한다. 따라서 비록 선인이라 하더라도 성인의 학문과 도를 배우는데 온 힘을 기울여야 한다.

[단문 설명]

▷ 問善人之道 문선인지도 선인의 도를 묻다. 問: 묻다.
▷ 不踐迹 불천적 (성인의) 자취를 밟지 않는다. 踐: 밟다. 迹: 자취, 행적, 업적.
▷ 亦不入於室 역불입어실 또한 방(성인의 경지)까지는 들어가지 못한다. 성인의 깊숙한 도의 경지에 이르지 못한다. 室: 성인의 깊숙한 도의 경지.

 20. 말이나 외모만으로 사람을 판단할 수 없다.

[해석 본문]

공자께서 말씀하셨다. "말이 독실한 (사람을) 옳게 여긴다면 군자다운 사람인가? 외모만 엄숙하게 꾸미는 사람인가?"

자 왈 논 독　시 여　군 자 자 호　색 장 자 호
子曰 論篤을 **是與**면 **君子者乎**아? **色莊者乎**아?

[배경 설명]

언어와 문장에만 능하고 도를 실천하지 않는 사람을 비평하신 것이다. 論(논)은 말, 篤(독)은 독실하다, 是(시)는 옳게 여기다, 君子(군자)는 군자답다, 色(색)은 외모, 與(여)는 ~ 이라면, 莊(장)은 엄숙하게 꾸미다를 뜻한다.

논(論)은 말이나 글로 자신의 생각을 표현하는 것이다. 공자께서는 선인(善人)은 세 가지 유형으로 구분하셨다. 말이 독실한 사람, 군자다운 사람과 외모만 장엄하게 꾸미는 사람이다. 이는 말과 외모로 사람을 평해서는 안 된다고 말씀하신 것이다. 공자께서 말을 교묘하게 잘하시고, 얼굴빛을 좋게 꾸미고, 공손을 지나치게 하는 것을 부끄럽게 여기셨다. 따라서 말이나 외모만으로 사람을 판단해서는 안 된다.

[단문 설명]

▶ **論篤是與** 논독시여　말이 독실한 (사람을) 옳게 여긴다면. 論: 말. 篤: 독실하다. 是: 옳게 여기다. 與: 가정 접속사, ~이라면.

▶ **君子者乎?** 군자자호?　군자다운 사람인가? 君子: 군자답다. 者: 사람. 乎: 의문종결사.

▶ **色莊者乎?** 색장자호?　외모만 엄숙하게 꾸미는 사람인가? 色: 외모. 莊: 엄숙하게 꾸미다.

 21. 제자들의 자질과 수준에 맞게 가르친다.

[해석 본문]

자로가 물었다. "(도를) 들으면 곧 행합니까?" 이에 공자께서 대답하셨다. "부형이 있으니, 어찌 도를 들었다고 곧 행할 수 있는가?" 염유가 물었다. "도를 들으면 곧 행합니까?" 공자께서 대답하셨다. "도를 들으면 곧 행하거라."

자 로 문　문 사 행 저　　　자 왈　유 부 형 재　　여 지 하 기 문 사 행 지　　염 유 문
子路問 聞斯行諸리오? **子曰 有父兄在**하니 **如之何其聞斯行之**오? **冉有問**

^{문사행저} ^{자왈 문사행지}
聞斯行諸리오? 子曰 聞斯行之니라

공서화가 물었다. "유가 '(도를) 들으면 곧 행합니까?' 선생님께서 '부형이 있다.' 하시고, 염구가 '(도를) 들으면 곧 행합니까?' 하고 물으니, 선생님께서 '도를 들으면 곧 행하거라.'고 대답하시니, 공서화(적)는 의혹이 생겨 감히 그 까닭을 묻습니다."

^{공서화왈 유야문 문사행저} ^{자왈 유부형재} ^{구야문 문사행저} ^{자왈}
公西華曰 由也問 聞斯行諸리오? 子曰 有父兄在하시다 求也問 聞斯行諸어늘 子曰
^{문사행지} ^{적야 혹} ^{감문}
聞斯行之하니라 赤也 惑하여 敢問하리다

공자께서 말씀하셨다. "염구는 망설여 그를 격려한 것이요, 자로는 남의 일까지 하려 해서 자제시킨 것이다."

^{자왈 구야퇴 고진지} ^{유야 겸인 고퇴지}
子曰 求也退 故進之하고 由也는 兼人 故退之하라

[배경 설명]

제자들의 자질과 수준에 맞는 교육방법을 교훈한다. 行(행)은 행하다, 惑(혹)은 의혹이 생기다, 退(퇴)는 망설이다, 故(고)는 따라서, 進(진)은 격려하다를 뜻한다.

子路(자로)는 성은 仲(중), 이름은 由(유), 자는 子路(자로) 또는 季路(계로)이다. 그는 성격이 거칠어 용맹스러운 일과 힘쓰는 일을 좋아하고, 의지가 강하고 정직하였다. 염구(冉求)는 이름은 구(求), 자는 자유(子有)이고, 염유(冉有)라고도 한다. 그는 재예가 뛰어났으나 성격은 나약하고 소극적이며 소심했다. 공서화(公西華)는 성은 공서(公西), 이름은 적(赤), 자는 화(華)이다. 그는 예의가 바르고 우수한 외교적 수완을 지니고 있었다.

공자는 제자들이 지나치면 저지하고 미치지 못하면 격려하여, 도를 이룰 수 있도록 교육하였다. 두 사람의 같은 질문에 대답이 다른 것은 두 사람의 자질과 수준이 같지 않기 때문이다. 겸인(兼人)은 남의 일까지 겸하는 것으로 너무 적극적으로 나선다는 뜻이다. 자로는 행하려는 뜻이 너무 지나치고 남의 일까지 하려 하여 저지하여 물러가게 하였다. 이에 비하여 염구는 성품이 나약하여 결함이 있으니, 마땅히 행해야 할 일에 있어 망설여 도를 실행하는 데 용감하지 못하다. 그래서 공자께서는 염구를 격려하여 도를 행하도록 하셨다. 공서화는 의혹이 생겨 그 까닭을 물었다. 성인(聖人)께서 염구는 격려하시고, 자로는 자제하게 하셨으니, 그들로 하여금 지나치거나 미치지 못하는 병통이 없게 하려고 하신 것이다. 따라서 공자께서는 배우는 사람의 기질을 살펴, 지나친 것은 저지하고 부족한 것은 격려해 주셨다.

[단문 설명]

▷ 聞斯行諸? 문사행저? (도를) 들으면 곧 행합니까? 聞: 듣다. 斯: ~하면. 조건접속사. 行: 행하다. 諸: 之乎와 같다, 도를 ~? 之: 聞道. 乎: 의문종결사.

▷ 有父兄在 유부형재 부형이 있다. 有: 어조를 고르는 접두사. 父: 부형. 在: 있다.

▷ 如之何其聞 斯行之? 여지하기문 사행지? 어찌 도를 들었다고 곧 행할 수 있는가? 如之何: 어찌 ~하겠는가? 其: 도. 聞: 듣다. 斯: 가정접속사, ~하면. 之: 들은 것.

▷ 由也問 유야문 유가 묻다. 由: 자로. 也: 주격후치사. 問: 묻다.

▷ 求也問 구야문 염구가 묻다. 求: 염구.

▷ 赤也惑 敢問 적야감 감문 공서화(적)는 의혹이 생겨 감히 (그 까닭을) 묻습니다. 赤: 公西華. 也: 주격후치사. 惑: 의혹이 생기다. 敢: 감히.

▷ 求也退 故進之 구야퇴 고진지 염구는 망설여 그를 격려한 것이다. 也: 주격후치사. 退: 망설이다, 겸손하다. 故: 따라서. 進: 격려하다. 之: 염구.

▷ 由也兼人 故退之 유야겸인 고퇴지 유는 남의 일까지 하려 해서 자제시킨 것이다. 兼: 남의 일까지 하다. 退: 물러나다, 자제시키다.

 22. **공자는 안연을 걱정하고, 안연은 스승을 걱정하였다.**

[해석 본문]

공자께서 광(匡)읍에서 난을 당하시어 안연이 늦게 (도착하자) 공자께서 "나는 네가 죽은 줄로 생각했다." 하고 말씀하시니, 안연이 대답하였다. "선생님께서 계신데 제가 어찌 감히 죽겠습니까?"

子畏於匡하실새 顔淵이 後하니 子曰 吾以女爲死矣하시다 曰 子在이시니

회 하 감 사
回何敢死리오?

[배경 설명]

　광읍에서 난을 당하고 난 후 겪었던 공자와 안연 간의 감회를 기록한 글이다. 畏(외)는 난을 당하다, 後(후)는 늦게 도착하다는 뜻이다.

　공자께서 광(匡)에서 난(難)을 당하시어 위험을 가까스로 모면하고 나니 사랑하는 제자 안연이 보이지 않았다. 안연은 공자에 대한 은혜와 의(義)가 극진하였다. 어찌 감히 죽겠느냐는 것은 싸움에 달려가 반드시 죽지 않을 것이라는 말이다. 안연은 하늘의 뜻을 실천하는 것이 공자의 도이고, 공자의 뜻을 돕는 것이 제자의 사명이라고 생각하여 공자보다 먼저 죽을 수 없다는 생각이다. 따라서 공자는 안연의 신변을 걱정하고, 안연은 경거망동하지 않았다.

[단문 설명]

▶ **子畏於匡** 자외어광　공자가 광읍에서 난을 당하다. 畏: 두려운 일을 당하다. 난을 당하다. 於: ~에서. 匡(광): 위나라 읍 이름.

▶ **顔淵後** 안연후　안연이 늦게 (도착하다). 안연(顔淵): 안회(顔回). 後: 늦게 도착하다.

▶ **吾以女爲死矣** 오이여위사의　나는 네가 죽은 줄로 생각했다. 以 ~爲~: ~을 ~라고 생각하다. ~을 ~라고 여기다. 女: 너. 矣: 동작 완료종결사.

▶ **子在 回何敢死** 자재 회하감사　선생님께서 계신데 제가 어찌 감히 죽겠습니까? 何: 어찌 ~하다.

 23. 대신은 군주의 지나친 행위를 말려야 한다.

[해석 본문]

　계자연이 물었다. "중유와 염구는 대신이라고 할 수 있습니까?" 공자께서 말씀하셨다. "나는 그대가 특이한 질문을 하리라고 생각했었는데, 마침내 중유와 염구에 대한 질문이로군요. 이른바 대신이란 자는 도로써 군주를 섬기다가 불가능하면 그만두는 것입니다. 지금 중유와 염구는 숫자만 채우는 신하라고 할 수 있습니다."

계 자 연 문　중 유 염 구　　하 위 대 신 여　　자 왈 오 이 자 위 이 지 문
季子然問 仲由冉求는 **可爲大臣與**리오? **子曰 吾以子爲異之問**인데

증 유 여 구 지 문　　　소 위 대 신 자　　이 도 사 군　　　불 가 즉 지　　　금 유 여 구 야
曾由與求之問이로다 **所謂大臣者**는 **以道事君**하다가 **不可則止**하시다 **今由與求也**는

가 위 구 신 의
可謂具臣矣니라

계자연이 물었다. "그렇다면 그를 따르기만 하는 자들입니까?" 공자께서 말씀하셨다. "아버지와 임금을 시해하는 일은 또한 (그들도) 따르지 않을 것입니다."

왈　연 즉 종 지 자 여　　자 왈 시 부 여 군　　역 부 종 야
曰 然則從之者與리오? **子曰 弑父與君**은 **亦不從也**니라

[배경 설명]

　중유와 염구에 대한 인물평이다. 대신(大臣)은 훌륭한 신하, 구신(具臣)은 자리나 차지하고 있는 쓸모 없는 신하, 異(이)는 특이하다, 曾(증)은 마침내, 弑(시)는 시해하다를 뜻한다.

　季子然(계자연)은 노나라의 세도가 삼환(三桓)의 하나인 계손씨의 자제이다. 子路(자로)는 공문십철의 한 사람으로 성은 仲(중), 이름은 由(유), 자는 子路(자로)이다. 염구(冉求)는 공문십철의 한 사람으로 이름은 구(求), 자는 자유(子有)이고, 염유(冉有)라고도 한다.

　중유와 염구는 계씨(季氏)의 가신을 지낸 적이 있다. 계씨가 이미 임금을 무시하는 마음이 있었고, 중유와 염구를 신하로 삼은 것을 스스로 자랑스럽게 여겼으므로 공자께 물은 것이다. 훌륭한 신하라면 마땅히 계씨의 지나친 행위를 말려야 했고, 그것이 불가능하다면 벼슬에서 물러났어야 했는데도 자로와 염구는 그렇게 하지 못했으니, 숫자만 채운 신하라고 공자께서 말씀하셨다. 그러자 계자연이 그러면 시키는 대로 따라 하기는 하겠느냐고 물었다. 그러자 윗사람을 시해하고 역적질을 하는 큰 잘못은 반드시 따르지 않을 것이라고 공자가 대답한 것이다. 따라서 공자께서는 두 사람이 절개가 있음을 깊이 인정하시었으나 계씨의 신하 노릇은 하지 않을 것이라는 마음을 은근히 나타내시었다.

[단문 설명]

▶ **仲由冉求 可謂大臣與?** 중유염구 가위대신여? 중유와 염구는 대신이라고 할 수 있습니까? 可謂: 말할 수 있다. 大臣: 훌륭한 신하. 與: 의문종결사.

▶ **吾以子爲異之問** 오이자위이지문 나는 그대가 특이한 질문을 하리라고 생각했었다. 以 ~爲~: ~

이 ~하다고 생각하다. 異之問: 특이한 질문. 之: ~한, ~하는.

▶ **曾由與求之問** 증유여구지문 마침내 중유와 염구에 대한 질문이다. 曾: 마침내. 由: 仲由. 與: 와. 求: 冉求.

▶ **所謂大臣者** 소위대신자 이른바 대신이란 자는. 所謂: 이른바. 大臣: 대신. 者: ~이라는 사람.

▶ **以道事君 不可則止** 이도사군 불가즉지 도로써 군주를 섬기다가 불가능하면 그만두는 것입니다. 以道: 도로써. 事君: 임금을 섬기다. 止: 그만두다.

▶ **今由與求也** 금유여구야 지금 중유와 염구는. 今: 지금. 也: 주격후치사.

▶ **可謂具臣矣** 가위구신의 숫자만 채우는 신하라고 할 수 있다. 可謂: 할 수 있다. 具: 갖추다, 채우다. 具臣: 쓸모 없는 신하. 矣: 서술종결사.

▶ **然則從之者與?** 연즉종지자여? 그렇다면 그를 따르기만 하는 자들입니까? 然則: 그렇다면. 從之者: 그를 따르는 자. 之: 계씨. 與: 의문종결사.

▶ **弑父與君 亦不從也** 시부여군 역부종야 아버지와 임금을 시해하는 일은 또한 (그들도) 따르지 않을 것입니다. 弑: 시해하다. 父與君: 아버지와 임금. 從: 따르다. 也: 서술종결사.

 24. 학문을 이룬 후에 벼슬해야 그 배움을 실행할 수 있다.

[해석 본문]

자로가 자고를 비읍의 읍재로 삼자, 공자께서 말씀하셨다. "남의 아들을 해치는구나!" 자로가 말하였다. "백성이 있고 사직이 있으니, 어째서 글을 읽은 뒤에야 배움이라고 하겠습니까?" 공자께서 말씀하셨다. "이런 까닭에 나는 말재주 있는 자를 싫어하는 것이다."

자로 사자고 위비재 자왈 적부인지자 자로왈 유민인언
子路 使子羔로 **爲費宰**하자 **子曰 賊夫人之子**로다! **子路曰 有民人焉**하며
유사직언 하필독서연후 위학 자왈 시고 오부녕자
有社稷焉하니 **何必讀書然後**에 **爲學**하리오? **子曰 是故**로 **惡夫佞者**하노라

[배경 설명]

학문을 이룬 후에 벼슬하여 그 배움을 실행할 수 있다는 교훈이다. 賊(적)은 해치다, 社(사)는 토지신(土地神), 稷(직)은 곡식신(穀食神)을 뜻한다. 사직(社稷)은 토지신과 곡식신으로 국가이

고, 邑宰(읍재)는 한 읍을 다스리는 수장이다.

　자로(子路)가 계씨(季氏)의 가신이 되어 자고를 비읍(費邑)의 읍재(邑宰)로 추천했다. 자고(子羔)는 공자의 제자로 성은 고(高), 이름은 柴(시)이다. 자로는 자고가 비읍의 읍재가 되기에 능력이 충분하다고 보았지만, 공자께서 자고는 자질이 아름다우나 아직 배움이 부족하여, 갑자기 백성을 다스리게 하면 백성을 해칠 수 있다고 말씀한 것이다. 그러기에 "남의 자식을 망치고 있구나!"라고 말한 것이다. 남의 자식이란 바로 자고이다.

　백성을 다스리고 귀신을 섬기는 것이 모두 학문을 하는 것이다. 도의 근본은 수양인데, 도를 수양한 후에 사람을 다스리는 것이다. 학문이 이미 이루어진 뒤에 벼슬하여 그 배움을 실행할 수 있는 것이니, 학문을 하지 않고서 벼슬을 한다면 귀신을 소홀히 하고 백성을 학대할 수 있다. 공자가 자고를 비읍의 읍재가 되는 것을 말린 이유이다. 따라서 자로가 궤변을 늘어놓자, 공자께서 자로가 망령되이 궤변만 늘어놓는다고 평하신 것이다.

[단문 설명]

▸ **使子羔爲費宰** 사자고위비재　자고를 비읍의 읍재로 삼다. 費: 계손씨의 식읍(食邑). 爲: 삼다.

▸ **賊夫人之子!** 적부인지자!　남의 아들을 해치는구나! 賊: 해치다, 잘못된 방향으로 이끈다. 夫: 감탄사, 참으로 ~하는구나. 人之子: 남의 아들.

▸ **有民人焉 有社稷焉** 유민인언 유사직언　백성이 있고 사직이 있다. 民人: 백성. 焉: 서술종결사. 社稷: 토지신과 곡식신, 나라.

▸ **何必 讀書然後 爲學?** 하필 독서연후 위학?　어째서 글을 읽은 뒤에야 배움이라고 하겠습니까? 何必: 어째서. 讀書: 책을 읽다. 然後: 한 후에. 爲: 하다.

▸ **是故 惡夫佞者** 시고 오부녕자　이런 까닭에 나는 말재주 있는 자를 싫어하는 것이다. 是故: 이런 까닭에. 惡: 싫어하다. 夫: 저. 佞者: 말재주 있는 자.

25.1. 연장자라고 해서 대답하는데 어려움을 갖지 말라.

[해석 본문]

　자로·증석·염유·공서화가 (공자를) 모시고 앉아 있을 때 공자께서 말씀하셨다. "내가 너희들보다 나이가 조금 많다고 해서 나 때문에 (말하기를 어려워) 말라. (너희들은) 평소에 '나를 알아주지 않는다'고 말하는데, 만일 제후들이 너희들을 알아준다면 어찌하겠느냐?"

자로 증석 염유 공서화 시좌 자왈 이오일일장호이 무오이야 거즉왈
子路 曾晳 冉有 公西華 侍坐에 **子曰 以吾一日長乎爾**나 **毋吾以也**하라 **居則曰**
불오지야 여혹지이 즉하이재
不吾知也한데 **如或知爾**면 **則何以哉**오?

[배경 설명]

제자들에게 연장자라고 해서 대답하는데 어려움을 갖지 말라는 말씀이다. 侍(시)는 모시다, 坐(좌)는 앉다, 一日(일일)은 하루라도, 조금, 長(장)은 나이가 많다, 或(혹)은 어떤 사람들, 제후들, 爾(이)는 너희들, 居則(거즉)은 평소에를 뜻한다.

공자가 자로·증석·염유·공서화에게 평소 자신들이 추구하는 의견을 말하도록 요청했다. 공자는 비록 나이가 그들보다 조금 많으나 그들은 나이가 조금 많다고 해서 대답하기를 어려워하지 말라고 말씀한 것이다. 제자들에게 솔직하게 대답하도록 유도하셨는데, 여기에 성인(聖人)의 온화한 기운과 겸손한 덕이 내포되어 있다. 너희들이 평소에 말하기를 "사람들이 나를 알아주지 못한다."고 하는데, 만일 제후들이 너희들을 등용한다면 너희들은 장차 어떻게 정사를 하겠느냐고 말씀한 것이다. 따라서 대답하는데 망설이지 말라는 훈계이다.

[단문 설명]

▸ **侍坐** 시좌 (공자를) 모시고 앉아 있었다. 侍: 모시다. 坐: 앉다.
▸ **以吾一日長 乎爾** 이오일일장 호이 내가 너희들보다 나이가 조금 많다고 해서. 以: 원인전치사, ~으로 해서. 一日: 하루라도, 조금. 長: 나이가 많다. 乎: 비교 전치사, 보다. 爾: 너희들.
▸ **毋吾以也** 무오이야 나 때문에 (말하기를 어려워) 말라. 毋: 말라. 吾以: 나 때문에, 부정문에서 목적어와 동사 도치(以吾). 也: 명령종결사.
▸ **居則曰** 거즉왈 (너희들은) 평소에 말하기를. 居則: 평소에.
▸ **不吾知也** 불오지야 나를 알아주지 않는다. 吾知: 부정문에서 목적어와 동사 도치(知吾).
▸ **如或知爾** 여혹지이 만일 제후들이 너희들을 알아준다면. 如: 만일. 或: 제후들. 爾: 너.
▸ **則何以哉?** 즉하이재? 어찌하겠느냐? 則: 곧. 何以: 어찌하다. 의문문에서 목적어와 동사 도치(以何). 哉: 의문종결사.

25.2. 천승지국을 다스린다면 삼 년이면 나라다운 나라를 만들 수 있다.

[해석 본문]

자로가 경솔하게 대답하였다. "천승지국이 대국의 사이에 끼어서 군사적 침략에 잇달아 기근이 발생해도 제(由)가 다스린다면 삼 년이면 (백성들을) 용감하게 할 수 있고, 또 법도를 알게 할 수 있습니다." 공자께서 (자로의 대답을 들으시고) 빙긋이 웃으셨다.

자로 솔이이대왈 천승지국　섭호대국지간　가지이사려　인지이기근
子路 率爾而對曰 千乘之國이 攝乎大國之間하여 加之以師旅오 因之以饑饉이어든

유야위지　　비급삼년　　가사유용　　차지방야　　부자신지
由也爲之면 比及三年이면 可使有勇이오 且知方也리이다 夫子哂之하시다

[배경 설명]

자로의 나라 경영에 대한 포부와 유세이다. 率爾(솔이)는 경솔하게, 攝(섭)은 끼이다, 加(더)는 더하다, 師旅(사려)는 군사적 침략, 因(인)은 따라서, 饑饉(기근)은 굶주림, 爲(위)는 다스리다, 比及(비급)은 이르다, 方(방)은 법도, 哂(신)은 미소를 짓다를 뜻한다.

자로(子路)는 천승지국을 다스린다면 삼 년이면 나라다운 나라를 만들 수 있다고 경솔하게 말하니, 공자께서 웃으셨다. 자로는 백성이 용감하고 법도를 알게 하고, 윗사람을 친애하고, 나라를 위해 죽을 수 있게 할 수 있다는 포부를 밝힌다. 따라서 공자께서는 자로의 포부를 인정하나 자신의 생각과는 다소 달랐기 때문에 빙긋이 웃으신 것이다.

[단문 설명]

▷ **率爾而對** 솔이이대 경솔하게 대답하였다. 率爾: 경솔하게. 爾: 용언의 뒤에 붙어서 부사로 만드는 부사형 접미사, 부사어와 동사를 연결해주는 접속사 而를 함께 쓴다.

▷ **千乘之國** 천승지국 천승지국. 千乘之國: 전차 천대를 낼 수 있는 제후의 나라(노, 위, 정나라)

▷ **攝乎大國之間** 섭호대국지간 대국의 사이에 끼어서. 攝: 끼이다. 乎: ~에.

▷ **加之以師旅** 가지이사려 군사적 침략에 더하다. 加: 더하다. 師旅: 군사적 침략.

▷ **因之以饑饉** 인지이기근 잇달아 기근이 발생해도. 因: 잇닿다. 之: 군사적 침략.

▷ **由也爲之** 유야위지 제가(由) 그것을 다스리다. 由: 자로. 也: 주격후치사. 爲: 다스리다(治).

▷ 比及三年 비급삼년 삼 년이 되다. 比及: 이르다.

▷ 可使有勇 가사유용 (백성들을) 용감하게 할 수 있다. 使: 하게 하다. 使 뒤에 民 생략.

▷ 且知方也 차지방야 또 법도를 알게 할 수 있다. 方: 법도.

▷ 哂之 신지 (자로의 대답을 들으시고) 빙긋이 웃으셨다. 哂: 빙긋이 웃다. 之: 자로의 대답.

25.3. 염유는 능력을 벗어난 일에 대하여 포부를 겸손하게 밝혔다.

[해석 본문]

공자께서 물으셨다. "구(염유)야! 너는 어떻게 하겠느냐?" 이에 구(염유)가 대답하였다. "작은 나라를 제(구)가 다스리면 삼 년이 되어야 백성들을 풍족하게 할 수 있습니다. (그러나) 예악과 같은 (큰) 일은 (제가 감당하기 어려워) 다른 군자를 기다리겠습니다."

　　구　　이　　하여　　대왈　방육칠십　　여오륙십　　구야위지　　비급삼년
　求아 爾는 何如오? 對曰 方六七十과 如五六十에 求也爲之면 比及三年하야
　가사족민　　　여기예약　　이사군자
　可使足民하니다 如其禮樂은 以俟君子하리다

[배경 설명]

공자의 질문에 대한 염유의 답변이다. 方六七十(방육칠십)은 작은 나라, 五六十(오륙십)은 더 작은 나라이다. 如(여)는 또는, 爲(위)는 다스리다, 足(족)은 풍족하다를 뜻한다.

구(求)는 염유(冉有)이다. 염유는 자신의 능력으로 할 수 있는 일에 대한 포부를 겸손하게 밝혔다. 군자를 기다린다는 것은 학식과 덕이 높은 지도자가 나타날 것이라는 생각이다. 염유는 작은 나라는 다스릴 수 있으나 예악(禮樂)과 같은 큰 일은 감당할 능력이 부족하니, 예악을 진흥시키고 교화하는 현인 군자가 나타나길 기다린다. 따라서 자로가 경솔하게 자만하여 나라 경영을 말하는 것과 달리 염유는 겸손하게 작은 포부를 밝혔다.

[단문 설명]

▷ 求! 爾何如? 구! 이하여? 구(염유)야! 너는 어떻게 하겠느냐? 求: 염유. 爾: 너.

▷ 方六七十 如五六十 방육칠십 여오륙십 작은 나라 또는 더 작은 나라. 如: 또는.

▶ 求也爲之 구야위지 제가 그것을 다스리다. 求: 염유. 也: 주격후치사. 爲: 다스리다(治).

▶ 比及三年 비급삼년 삼 년이 되다. 比及: 이르다.

▶ 可使足民 가사족민 백성을 풍족하게 할 수 있다.

▶ 如其禮樂 以俟君子 여기예악 이사군자 (그러나) 예악과 같은 (큰) 일은 (제가 감당하기 어려워) (다른) 군자를 기다리겠습니다. 如: 같은. 以: ~하면. 俟: 기다리다.

25.4. 다스리는 일을 할 수 있다는 말씀이 아니오라 배우기를 원합니다.

[해석 본문]

공자께서 물으셨다. "적아 너는 어떻게 하겠느냐?" 이에 적이 대답하였다. "제가 (다스리는 일을) 할 수 있다는 말씀이 아니오라 배우기를 원합니다. 가령 종묘의 제사나 제후들의 모임에 현단복(玄端服)을 입고 장보관(章甫冠)을 쓰고 작은 보좌관이 되기를 원하옵니다."

적 이 하여 대왈 비왈능지 원학언 종묘지사 여회동 단장보
赤아 爾는 何如오? 對曰 非曰能之라 願學焉하다 宗廟之事와 如會同에 端章甫로

원 위 소 상 언
願爲小相焉하니이다

[배경 설명]

공서화는 배우기를 원하고, 작은 보좌관이 되기를 원한다고 겸손하게 포부를 밝힌다. 會同(회동)은 종묘의 제사나 제후들의 모임으로 제후가 모여 천자를 알현한다. 端(단)은 현단(玄端)이라는 검은색 예복, 章甫(장보)는 장보관(章甫冠)이라는 유학자의 예모이다. 小相(소상)은 임금의 예(禮)를 돕는 신분이 대단치 않은 보좌관이다.

공서화(公西華)는 노나라 사람으로 공문칠십이현 중의 한 사람으로 성은 공서(公西), 이름은 적(赤), 자는 화(華)이다. 그는 예의가 바르고, 우수한 외교적 수완을 지니고 있었다.

종묘는 임금과 왕비의 위패를 모시는 왕실의 사당, 종묘의 일은 제사를 말한다. 제후는 봉건시대에 일정한 영토를 가지고 그 영내의 백성을 지배하는 권력을 가진 사람이다. 제후가 사시(四時)로 뵙는 것을 회(會)라 하고, 여럿이 뵙는 것을 동(同)이라 한다.

공서화는 예악(禮樂)에 뜻을 두었고, 겸손한 말을 하여 자신이 능하다는 것이 아니라 배우기

를 원한다고 말한 것이다. 따라서 제후들이 회동할 때에 예복을 입고 예모를 쓰고 작은 보좌관이 되기를 원한다고 말한 것은 겸손한 말이다.

[단문 설명]

▶ 赤 爾何如? 적 이하여? 적아! 너는 어떻게 하겠느냐? 赤: 공서화. 爾: 너. 何如: 어떻게 하냐?

▶ 非曰能之 비왈능지 제가 (다스리는 일을) 할 수 있다는 말씀이 아니오라. 非: 부정사. 曰: 말하다. 能: 할 수 있다. 之: 다스리는 일.

▶ 願學焉 원학언 배우기를 원합니다. 焉: 서술종결사.

▶ 宗廟之事 종묘지사 종묘의 제사.

▶ 如會同 여회동 가령 종묘의 제사나 제후들의 모임에. 如: 가령, 예를 들면. 會同: 종묘(宗廟)의 제사나 제후(諸侯)들의 모임,

▶ 端章甫 단장보 현단복(玄端服)을 입고 장보관(章甫冠)을 쓰고. 端: 현단(玄端)이라는 검은색 예복. 章甫: 장보관(章甫冠)이라는 유학자의 예모.

▶ 願爲小相焉 원위소상언 작은 보좌관이 되기를 원하옵니다. 小相: 의식의 진행을 도와주는 신분이 대단치 않은 보좌관.

25.5. 세속적인 인욕에 유혹되지 않고 학문을 실천하겠다.

[해석 본문]

공자께서 물으셨다. "점아 너는 어떻게 하겠느냐?" (그는) 비파를 드문드문 타더니, 비파를 쨍그랑 내려놓고 일어나서 대답하였다. "(저는) 세 사람들의 의견과는 다릅니다." 공자께서 "무엇을 근심하는가? 또한 각자 자기의 의견을 말한 것이다."라고 하셨다. 이에 점이 "늦봄에 봄 옷이 갖추어지면 관을 쓴 (어른) 오륙 명과 동자 육칠 명과 함께 기수에서 몸을 씻고, 무우에서 바람을 쐬고 노래하면서 돌아오겠습니다."라고 말하였다. 공자께서 깊이 감탄하시면서 "나는 점과 함께 하겠다."고 말씀하셨다.

點아 爾는 何如오? 鼓瑟希하더니 鏗爾舍瑟而作하여 對曰 異乎三子者之撰하리다

43

^{자 왈 하 상 호} ^{역 각 언 기 지 야} ^{왈 모 춘 자} ^{춘 복} ^{기 성} ^{관 자 오 륙 인}
子曰 何傷乎리오? 亦各言其志也니라 曰 莫春者에 春服이 旣成이면 冠者五六人과

^{동 자 육 칠 인} ^{욕 호 기} ^{풍 호 무 우} ^{영 이 귀} ^{부 자 위 연 탄 왈}
童子六七人으로 浴乎沂하여 風乎舞雩하여 詠而歸하리다 夫子 喟然歎曰

^{오 여 점 야}
吾與點也하노라

[배경 설명]

나라를 다스리기보다는 자연과 벗하며 학문을 수양하겠다는 점(點)의 포부에 대한 평이다.
鼓(고)는 타다, 瑟(슬)은 비파, 鏗爾(갱이)는 쨍그랑 소리, 舍(사)는 놓다, 作(작)은 일어나다, 撰
(찬)은 의견, 傷(상)은 근심하다, 莫春(모춘)은 늦봄, 成(성)은 갖추어지다, 浴(욕)은 몸을 씻다,
詠(영)은 노래하다, 歸(귀)는 돌아오다, 歎(탄)은 탄식하다, 喟(위)는 한숨 쉬다, 與(여)는 함께
하다를 뜻한다.

삼짇날은 한 해의 액을 씻어내는 의식을 한다. 기(沂)는 물 이름, 풍(風)은 시원한 바람을 쏘
이다, 무우(舞雩)는 하늘에 제사하고 기우제를 지내는 곳을 말한다.

점(點)이 비파를 타고 있을 때 공자께서 먼저 구(求)와 적(赤)에게 물으신 뒤에 점(點)에게 물
으신 것이다. 다른 세 명의 제자들은 지엽적인 정사에 얽매였으나 점은 가슴속이 한가롭고 자
연스럽게 천지만물과 유유자적하는 모습이었다. 겨울이 가고 새로운 봄이 왔을 때 몸을 씻고,
바람 쐬고, 노래하면서 돌아오겠다는 도덕적 삶이었다. 따라서 명예, 재물, 권력 같은 세속적인
인욕에 유혹되지 않고 학문을 실천하겠다는 증점의 의지에 공자께서도 감탄하신 것이다.

[단문 설명]

▷ 點爾何如? 점이여하? 점아! 너는 어떻게 하겠느냐? 點: 曾點. 爾: 너. 何如: 어떻게 하냐?

▷ 鼓瑟希 고슬희 (그는) 비파를 드문드문 타더니. 鼓: 타다. 瑟: 비파. 希: 드물다.

▷ 鏗爾舍瑟而作 갱이사슬이작 비파를 쨍그랑 내려놓고 일어나서. 鏗爾: 거문고를 땅에 놓을 때
나는 소리를 나타내는 형용사, 쨍그랑. 舍: 놓다. 作: 일어나다.

▷ 異乎三子者之撰 이호삼자자지찬 (저는) 세 사람들의 의견과는 다릅니다. 異: 다르다. 乎: 비교
전치사. 撰: 의견, 志.

▷ 何傷乎? 하상호? 무엇을 근심하는가? 傷: 근심하다. 何傷: 의문문에서 도치(傷何). 乎: 의문종
결사.

▷ 各言其志也 각언기지야 각기 자기의 의견을 말한 것이다. 各: 각자. 言: 말하다. 其: 자기. 志: 의

견, 뜻. 也: 서술종결사.

▸ 莫春者 모춘자 늦은 봄에. 莫: 저물다. 莫春: 늦봄. 者: 때를 가리키는 말 뒤에 붙는 시간접미사.

▸ 春服旣成 춘복기성 봄 옷이 이미 갖추어지면. 成: 갖추어지다.

▸ 冠者五六人 관자오륙인 관을 쓴 어른 오륙 명.

▸ 浴乎沂 욕호기 기수에서 몸을 씻다. 浴: 목욕하다. 몸을 씻다. 沂: 강의 이름.

▸ 風乎舞雩 풍호무우 무우에서 바람을 쐬다. 風: 바람을 쐬다. 乎: 에서. 舞雩: 기우제 지내던 곳.

▸ 詠而歸 영이귀 노래하면서 돌아오겠습니다. 詠: 노래하다. 而: 순접. 歸: 돌아오다.

▸ 喟然歎曰 위연탄왈 깊이 감탄하시면서 말씀하셨다. 喟然: 깊이 감탄하다. 歎 탄식하다.

▸ 吾與點也 오여점야 나는 점과 함께 하겠다. 與: 함께하다.

25.6. 예로써 나라를 다스리고, 말은 겸양해야 한다.

[해석 본문]

세 사람이 나가자 증석이 뒤에 남아 말했다. "저 세 사람의 말은 어떻습니까?" 이에 공자께서 말씀하셨다. "또한 각자가 자기의 의견을 말했을 따름이다." 증석이 또 말하였다. "선생님께서는 어찌하여 유(자로)의 (말을 듣고) 빙그레 웃으셨습니까?" 공자께서 말씀하셨다. "예로써 나라를 다스리는 것인데 그의 말이 겸양하지 않았기 때문에 웃었다."

삼자자출 증석 후 증석 왈 부삼자자지언 하여 자왈
三子者出하자 曾晳이 後하니 曾晳이 曰 夫三子者之言이 何如리오? 子曰
역 각 언 기 지 야 이 의 왈 부자하신유야 왈 위국이례 기언 불양
亦各言其志也已矣니라 曰 夫子何哂由也리오? 曰 爲國以禮어늘 其言이 不讓이라
시 고 신 지
是故로 哂之하니라

[배경 설명]

자로의 능력과 겸손에 대한 평이다. 後(후)는 뒤에 남다, 哂(신)은 빙그레 웃다, 爲(위)는 다스리다, 讓(양)은 겸양하다를 뜻한다.

공자께서는 자로의 능력은 인정하시나 다만 그가 겸손하지 못한 것을 빙긋 웃으신 것이다.

증석은 자로가 그의 포부를 충분하게 말했는데도 불구하고 부자(夫子)께서 들으시고 웃으셨으므로 궁금하여 설명을 요청한 것이다. 공자께서는 나라를 예(禮)로써 다스리라고 하시면서 그의 말이 겸손하지 않아서 웃은 것이라고 말씀해 주셨다. 따라서 나라를 다스리는 것은 예로써 다스려야 하고, 겸손하게 말을 해야 한다고 평하셨다.

[단문 설명]

▸ 三子者出 삼자자출 세 사람이 나가자. 三子者: 세 사람. 出: 나가다.

▸ 曾晳後 曾晳曰 증석후 증석왈 증석이 뒤에 남아 증석이 말했다. 後: 뒤에 남다.

▸ 夫三子者之言 何如? 부삼자자지언 하여? 저 세 사람의 말은 어떻습니까? 夫: 저. 三子者之言: 세 사람의 말. 何如: 어떻습니까?

▸ 各言其志也已矣 각언기지야이의 각자가 자기의 의견을 말했을 따름이다. 各: 각자. 言: 말하다. 其: 자기. 志: 의견, 뜻. 也已矣: 한정종결사, ~일 따름이다.

▸ 夫子 何哂由也? 부자 하신유야? 선생님께서는 어찌하여 유의 (말을 듣고) 빙그레 웃으셨습니까? 夫子: 선생님, 공자. 何: 어찌하여. 哂: 빙그레 웃다. 由: 자로.

▸ 爲國以禮 위국이례 예로써 나라를 다스리는 것인데. 爲: 다스리다.

▸ 其言不讓 是故哂之 기언불양 시고신지 그의 말이 겸양하지 않았기 때문에 웃었다. 讓: 겸양하다. 是故: 때문에. 哂: 빙그레 웃다.

25.7. 적(赤)의 벼슬이 작다고 한다면 누구의 벼슬이 크겠는가?

[해석 본문]

(증점이 물었다.) "오직 구가 (말한 것이) 나라를 다스리는 일이 아닙니까?" (이에 공자께서 말씀하셨다.) "어디서 사방 육칠십 리 또는 오륙십 리이면서 나라가 아닌 것을 보겠는가?" (증점이 다시 물었다.) "오직 적이 (말한 것은) 나라를 다스리는 일이 아닌가요?" (공자께서 대답하셨다.) "종묘와 회동이 제후국의 (일이) 아니면 무엇이겠느냐? 적이 (겸손하여) 작은 재상이 된다면 (과연) 누가 큰 재상이 되겠는가?"

유 구 즉 비 방 야 여 　안 견 방 륙 칠 십　여 오 륙 십 이 비 방 야 자
唯求則非邦也與리오? **安見方六七十**과 **如五六十而非邦也者**오?

유 적 즉 비 방 야 여 　종 묘 회 동　비 제 후 이 하 　적 야 위 지 소 　숙 능 위 지 대
唯赤則非邦也與리오? **宗廟會同**이 **非諸侯而何**오? **赤也 爲之小**면 **孰能爲之大**리오?

[배경 설명]

증점의 뜻을 감탄하시며 칭찬하고, 염구, 공서화를 평하신 글이다. 邦(방)은 나라를 다스리다, 方(방)은 사방, 宗廟(종묘)는 종묘의 제사, 會同(회동)은 종묘의 제사나 제후들의 모임, 小(소)는 작은 벼슬, 大(대)는 큰 벼슬을 뜻한다.

세 사람이 갖고 있는 뜻은 말이 실천을 따르지 못하니, 증점은 진실로 이들과 뜻이 다르다. 나라를 예로써 다스려야 하는데 자로의 말이 겸손하지 않았기 때문에 공자께서 빙긋이 웃으신 것이다. 증점은 공자의 일을 잘하지는 못하지만 공자의 뜻을 알 수 있었다. 공자께서 증점을 칭찬하신 것은 공자의 뜻과 같았으니 이는 바로 요순의 기상이다.

적이 겸손하여 하는 일이 작다면 누구도 큰 일을 할 수 없는 것이다. 공자의 뜻은 노인을 편안하게 해주고, 붕우(朋友)를 미덥게 해주고, 젊은이를 감싸주는 것이다. 따라서 공자께서 증점의 뜻을 감탄하시며 칭찬한다고 말씀하신 것이다.

[단문 설명]

▶ **唯求則 非邦也與** 유구즉 비방야여 오직 구가 (말한 것이) 나라를 다스리는 일이 아닙니까? 唯: 오직. 求: 冉求. 則: 은, 이. 邦: 나라를 다스리다. 與: 의문종결사.

▶ **安見 方六七十 如五六十 而非邦也者?** 안견 방륙칠십 여오륙십 이비방야자? 어디서 사방 육칠십 리 또는 오륙십 리이면서 나라가 아닌 것을 보겠는가? 安: 어디에서. 見: 보다. 方: 사방. 如: 또는. 而: ~이면서. 非邦也: 나라가 아니다. 者: 하는 것(사람).

▶ **唯赤則 非邦也與?** 유적즉 비방야여? 오직 적이 (말한 것만) 나라를 다스리는 일이 아닌가요? 赤: 公西華. 則: 주격조사. 邦: 나라를 다스리다. 與: 의문종결사.

▶ **宗廟會同 非諸侯 而何?** 종묘회동 비제후 이하? 종묘와 회동이 제후국의 (일이) 아니면 무엇이 겠느냐? 宗廟: 종묘. 會同: 종묘나 제후들의 모임, 而: ~이면.

▶ **赤也爲之小** 적야위지소 적이 (겸손하여) 작은 재상이 된다면. 赤: 公西華. 也: 주격후치사. 爲: 하다, 되다. 之: 그. 小: 작은 재상.

▶ **孰能爲之大?** 숙능위지대? (과연) 누가 큰 재상이 되겠는가? 孰: 누가. 大: 큰 재상.

☞ 之의 다양한 용법

- 소유격 후치사: ~의
- 관형격 후치사: ~하는, ~한
- 주격후치사: 은, 는, 이, 가
- 목적격 후치사: ~을, ~를
- 동사: 가다
- 지시대명사: 그, 그것

第十二篇

顔淵(안연)

정치란 바로잡는 것이다.

　　顔淵篇(안연편)은 군자, 교우관계, 정사, 약속, 정의사회, 인간관계, 인재등용과 인재관리에 관한 공자의 가르침이다. 주요 내용으로는 예절, 운명, 부귀, 생사, 비방, 신뢰, 본질, 형식, 민생, 사랑, 역할, 정의, 공직자세, 학문, 정치, 탐욕, 명성과 인재관리가 있다. 예가 아니면 보지 말고, 듣지 말고, 말하지 말라. 자기가 원하지 않는 것을 남에게 시키지 말아라(己所不欲 勿施於人). 풀은 그 위에 바람이 불면 반드시 쏠리니, 백성들이 믿음이 없으면 나라가 존립할 수 없다. 정직한 사람을 등용하여 부정한 사람 위에 두고, 남의 악을 비난하지 않으면 송사가 없는 세상을 될 것이다. 탐욕을 부리지 말고 바로 잡는 것이 정치이다.

1. 예가 아니면 보지 말고, 듣지 말고, 말하지 말고, 행하지 말라.
2. 자기가 원하지 않는 것을 남에게 시키지 말아라.
3. 어진이는 말하는 것이 신중하다.
4. 군자는 걱정하지 않으며 두려워하지 않는다.
5. 死生은 命에 달려 있고 富貴는 하늘에 달려 있다.
6. 비방에 동요되지 않는 사람은 사리에 밝고 원대한 사람이다.
7. 백성들이 믿음이 없으면 나라가 존립할 수 없다.
8. 군자는 바탕도 중요하고 꾸밈도 중요하다.
9. 백성이 부족하면 임금이 누구와 더불어 풍족하겠습니까?
10. 사랑하면 살기를 바라고, 미워하면 죽기를 바란다.
11. 임금답고, 신하답고, 부모답고, 자식다워야 한다.
12. 자로는 승낙한 일은 유보하지 않았다.
13. 송사가 없는 세상을 만들겠다.
14. 관직에 있으면 게으르지 말고 진심으로 정사를 처리한다.
15. 학문을 널리 배우고 예(禮)로써 행동을 절제한다.
16. 군자는 남의 좋은 점을 이루게 하나 남의 나쁜 점을 이루지 못하게 한다.
17. 정치란 바로잡는 것이다.
18. 탐욕을 부리지 말라.
19. 풀은 그 위에 바람이 불면 반드시 쏠린다.
20. 명성을 얻기 위한 배움은 비록 칭찬이 높으나 덕은 병든다.
21. 일을 먼저하고 이득을 뒤로 하라.
22. 정직한 사람을 등용하여 부정한 사람 위에 둔다.
23. 충심으로 말해주고 잘 인도하되 안 되면 그만두어야 한다.
24. 군자는 학문을 통해서 벗을 만나고 벗은 인을 채워준다.

1. 예가 아니면 보지 말고, 듣지 말고, 말하지 말고, 행하지 말라.

[해석 본문]

안연이 인에 관하여 묻자, 공자께서 말씀하셨다. "자기를 이겨 예로 돌아가는 일이 인이니, 하루 동안이라도 자기를 이겨 예로 돌아가면 천하가 인에 돌아갈 것이다. 인을 행하는 것이 자기에게 달려 있지 남에게 달려 있겠느냐?" 안연이 "청컨대 그 조목을 묻겠습니다." 하고 말하자 공자께서 말씀하셨다. "예가 아니면 보지 말며, 예가 아니면 듣지 말며, 예가 아니면 말하지 말며, 예가 아니면 행하지 말라." 안연이 말하였다. "제(회)가 비록 총명하지 못하오나 청컨대 이 말씀을 실천하겠습니다."

안연 문인 자왈 극기복례위인 일일극기복례 천하귀인언
顔淵이 問仁하자 子曰 克己復禮爲仁이니 一日克己復禮면 天下歸仁焉하나라

위인 유기 이유인호재 안연 왈 청문기목 자왈 비례물시
爲仁이 由己니 而由人乎哉아? 顔淵이 曰 請問其目하리다 子曰 非禮勿視하며

비례물청 비례물언 비례물동 안연 왈 회수불민
非禮勿聽하며 非禮勿言하며 非禮勿動이니라 顔淵이 曰 回雖不敏이나

청 사 사 어 의
請事斯語矣리이다

[배경 설명]

천리를 따르고 욕망을 억제하고 사욕을 이겨 예에 맞는 언행으로 돌아가라는 훈계이다. 克(극)은 이기다, 復(복)은 돌아가다, 爲(위)는 이다, 행하다, 由(유)는 ~에 달려 있다, 動(동)은 하다, 請(청)은 청컨대, 敏(민)은 총명하다, 事(사)는 실천하다를 뜻한다.

안연(顔淵)은 이름은 회(回), 자는 연(淵)이고, 공문십철(孔門十哲) 중에서 덕행이 가장 뛰어난 공자의 제자였다. 그는 가난에도 괴로워하지 않고 성품이 어질고 학문을 좋아하였으나 32세에 요절하였다. 공자는 그가 열매를 맺지 못하고 일찍 죽었으니 안타깝게 생각했다.

克己(극기)는 자신의 사적인 욕망을 절제하다, 復禮(복례)는 예에 맞는 언행으로 복귀하다를 뜻한다. 禮는 천리(天理)의 절문(節文: 예절에 관한 규정)이요, 爲仁(위인)이란 마음의 덕을 온전히 하는 것이다. 마음의 온전한 덕은 天理이니, 인욕(人慾: 사람의 육체적, 물질적 욕망)으로 없어질 수 있다. 仁을 하는 자는 반드시 사욕(私慾)을 이겨서 禮로 돌아가면 덕이 몸을 온전하게 한다. 예가 아닌 것은 사의(私意: 자기만의 욕심을 채우려는 마음)이니, 사의를 이겨 예로 돌아가야 비로소 인이 될 수 있는 것이다.

자신의 욕심을 버리고(克己), 사람이 본래 지녀야 할 예의와 법도를 따르는 마음으로 돌아가는 것이다(復禮). 극기복례(克己復禮)란 사욕을 이겨내고 예로 돌아가는 것이다. 따라서 하루 동안이라도 극기복례(克己復禮)하면 인을 따르는 것이다.

목(目)은 법률이나 규정 등의 개별적인 조목(條目)이나 항목이다. 안연은 천리(天理)와 인욕(人慾)의 사이에 대해서 이미 분명히 분별되어 그 조목을 물은 것이다. 천리는 하늘의 바른 도리요, 비례(非禮)는 자기의 사욕이다. 물(勿)이란 금지하는 말이다. 인은 사욕을 이겨 예로 돌아가는 것이다. 따라서 공자의 말씀을 따르면 이치를 알고 자기의 능력으로 충분히 행할 수 있는 것이다.

[단문 설명]

▸ 克己復禮 爲仁 극기복례 위인 자기를 이겨 예로 돌아가는 일이 인이다. 克己: 자기를 이기다. 復: 돌아가다. 復禮: 예에 맞는 언행으로 복귀하다. 爲: 이다.

▸ 一日克己復禮 일일극기복례 하루 동안이라도 자기를 이겨 예로 돌아가면. 一日: 하루 동안이라도.

▸ 天下歸仁焉 천하귀인언 천하가 인에 돌아갈 것이다. 焉: 서술종결사.

▸ 爲仁由己 위인유기 인을 행하는 것이 자기 자신에게 달려 있지. 爲: 행하다. 由: ~에 달려 있다.

▸ 由人乎哉? 유인호재? 남에게 달려 있겠느냐? 爲: 행하다. 乎哉: 반어종결사.

▸ 請問其目 청문기목 청컨대 그 조목을 묻겠습니다. 請: 청컨대(존대어). 目: 조목, 항목.

▸ 非禮勿視 비례물시 예가 아니면 보지 말라. 非: 아니다. 勿: 말라.

▸ 非禮勿聽 비례물청 예가 아니면 듣지 말라. 聽: 듣다.

▸ 非禮勿言 비례물언 예가 아니면 말하지 말라. 言: 말하다.

▸ 非禮勿動 비례물동 예가 아니면 행하지 말라. 動: 움직이다, 하다.

▸ 回雖不敏 회수불민 회가 비록 총명하지 못하다. 回: 顔淵. 敏: 총명하다, 민첩하다.

▸ 請事斯語矣 청사사어의 청컨대 이 말씀을 실천하겠습니다. 事: 실천하다, 힘쓰다. 斯: 이.

 2. 자기가 원하지 않는 것을 남에게 시키지 말아라.

[해석 본문]

중궁이 인에 관하여 묻자, 공자께서 말씀하셨다. "문을 나가서는 귀한 손님을 뵌 듯하며, 백성을 부릴 때에는 큰 제사를 받들 듯이 하고, 자기가 원하지 않는 것을 남에게 시키지 말아라. 그러면 나라에 있어서도 원망이 없을 것이며, 집안에 있어서도 원망이 없을 것이다." 중궁이 말하였다. "제(옹)가 비록 총명하지는 않으나 청컨대 이 말씀을 실천하겠습니다."

仲弓이 問仁하자 子曰 出門如見大賓하며 使民如承大祭하고 己所不欲을
勿施於人이니라 在邦無怨하며 在家無怨이니라 仲弓이 曰 雍雖不敏이나
請事斯語矣로다

[배경 설명]

중궁에게 仁에 대하여 교훈하신 내용이다. 出(출)은 나가다, 如見(여견)은 뵌 듯하다, 大賓(대빈)은 귀한 손님, 承(승)은 받들다, 施(시)는 행하다, 事(사)는 실천하다를 뜻한다.

염옹(冉雍)은 덕행에 뛰어난 공자의 제자로 성은 염(冉), 이름은 옹(雍), 자는 중궁(仲弓)이다. 그는 말재주가 부족하고, 그의 아버지는 비천하고 어질지 않은 미천한 신분이나 학문과 덕행에 뛰어나고 덕망이 높고 어질었다.

안에서나 밖에서나 원망이 없다는 것은 손님이나 백성을 공경하고, 마음의 덕을 베푸는 예에서 저절로 오는 것이다. 자기가 싫은 것(己所不欲: 기소불욕)은 남도 싫어하는 것이니, 남에게 시키지 말라(勿施於人: 물시어인)는 뜻이다. 방(邦)은 제후의 나라, 가(家)는 대부(大夫)의 집안이니, 在邦無怨 在家無怨(재방무원 재가무원)은 제후의 나라나 대부의 집안에서 원망을 듣는 일이 없다는 뜻이다. 따라서 내가 싫은 것을 남에게 시키지 않고, 남을 먼저 배려하고 상대방의 입장을 존중하는 것이 바로 인을 실천하는 것이다.

[단문 설명]

▷ 仲弓問仁 중궁문인 중궁이 인을 묻자. 仲弓: 덕행이 뛰어난 공자의 제자, 염옹(冉雍)의 자.

▷ 出門 如見大賓 출문 여견대빈 문을 나가서는 귀한 손님을 뵌 듯이 하며. 出門: 문을 나가다. 如見: 뵌 듯이. 大賓: 큰 손님, 귀한 손님.

▷ 使民 如承大祭 사민 여승대제 백성을 부릴 때에는 큰 제사를 받들 듯이 하고. 使: 부리다, 시키다. 承: 받들다.

▷ 己所不欲 기소불욕 자기가 원하지 않는 것을. 不欲: 원하지 않다.

▶ **勿施於人** 물시어인 남에게 시키지 말아라. 施: 행하다, 베풀다.

▶ **在邦無怨** 재방무원 나라에 있어서도 원망이 없을 것이며. 在: 있어서도. 怨: 원망하다.

▶ **雍雖不敏** 옹수불민 제가 비록 총명하지는 않으나. 雍: 중궁. 敏: 민첩하다, 총명하다.

▶ **請事斯語矣** 청사사어의 청컨대 이 말씀을 실천하겠습니다. 事: 힘쓰다, 실천하다.

 3. **어진이는 말하는 것이 신중하다.**

[해석 본문]

사마우가 인에 관하여 묻자, 공자께서 말씀하셨다. "어진이는 마땅히 말하는 것이 신중하다."
(사마우가) 또 물었다. "말하는 것이 신중하면 인이라고 할 수 있습니까?" 공자께서 말씀하셨다.
"이것을 행하기는 어려우나 말하는 것이 신중하지 않을 수 있겠는가?"

사 마 우 문 인　　자 왈 인 자　　기 언 야 인　　왈 기 언 야 인　　사 위 지 인 의 호
司馬牛 問仁하자 **子曰 仁者**는 **其言也訒**이니라 **曰 其言也訒**이면 **斯謂之仁矣乎**리오?
자 왈 위 지 난　　언 지 득 무 인 호
子曰 爲之難하나 **言之得無訒乎**아?

[배경 설명]

어진 사람은 말이 신중하다는 교훈이다. 其(기)는 마땅히, 訒(인)은 말이 신중하다, 謂(위)는
이르다, 難(난)은 어렵다, 得(득)은 할 수 있다를 뜻한다.

司馬牛(사마우)는 송나라 사람으로 공자의 제자이고, 이름이 경(耕) 또는 리(犂)이고, 자가
자우(子牛)이다. 그는 나무를 뽑아 공자를 죽이려고 했던 사마환퇴(司馬桓魋)의 동생으로 말이
많고 성질이 조급한 사람이었다.

어진이는 마음이 항상 일정하여 방심하지 않고, 말은 참는 바가 있어서 신중하다. 그러나 사
마우는 조급한 성질로 깊이 생각하지 않고 말을 하여 끝내 덕에 들어갈 수가 없었다. 사마우가
말이 많고 조급하기 때문에 말을 삼가게 하신 것이다. 따라서 공자께서는 말을 신중하게 하는
것이 어진이가 되는 길이라고 말씀하신 것이다.

[단문 설명]

▶ 其言也訒 기언야인 마땅히 말하는 것이 신중하다. 其: 마땅히. 也: 주격후치사. 訒: 말이 신중하다.

▶ 斯 謂之仁矣乎? 사 위지인의호? ~하면 인이라고 할 수 있습니까? 斯: 가정부사, ~하면. 謂: 이르다. 之: 言也訒. 矣: 강조종결사. 乎: 의문종결사.

▶ 爲之難 위지난 이것을 행하기는 어려우니. 爲: 행하다. 之: 仁. 難: 어렵다.

▶ 言之得無訒乎? 언지득무인호? 말하는 것이 신중하지 않을 수 있겠는가? 得: 할 수 있다. 無: 아니다.

 4. 군자는 걱정하지 않으며 두려워하지 않는다.

[해석 본문]

사마우가 군자에 관하여 묻자, 공자께서 말씀하셨다. "군자는 걱정하지 않으며 두려워하지 않는다." (사마우가) 또 물었다. "걱정하지 않으며 두려워하지 않으면, 곧 이를 군자라 할 수 있습니까?" 공자께서 말씀하셨다. "속으로 반성하여 허물이 없다면, 무엇을 근심하며 무엇을 두려워하겠는가?"

사 마 우 문 군 자　　자 왈 군 자　　불 우 불 구　　왈 불 우 불 구
司馬牛 問君子하자 子曰 君子는 不憂不懼니라 曰 不憂不懼면

사 위 지 군 자 의 호　　자 왈 내 성 불 구　　부 하 우 하 구
斯謂之君子矣乎리오? 子曰 內省不疚면 夫何憂何懼리오?

[배경 설명]

사마우가 그의 형이 난을 일으켜 죽음을 두려워하는 것을 위로하는 말이다. 憂(우)는 걱정하다, 懼(구)는 두려워하다, 內(내)는 속으로, 省(성)은 반성하다, 疚(구)는 허물을 뜻한다.

사마우(司馬牛)의 형인 사마환퇴(司馬桓魋)가 난(亂)을 일으키니, 사마우가 항상 근심하고 두려워하였다. 평소의 행동이 마음에 부끄러움이 없고, 안으로 반성하여 아무런 허물이 없으면 스스로 근심과 두려움이 없는 것이니, 사마우가 형의 일로 두려워할 일이 아니다. 따라서 사마우가 늘 두려워하는 모습을 본 공자가 사마우를 위로하기 위하여 한 말씀이다.

[단문 설명]

▷ 不憂不懼 불우불구 걱정하지 않으며 두려워하지 않는다. 憂: 걱정하다. 懼: 두려워하다.

▷ 斯謂之君子矣乎? 사위지군자의호? ~하면 이를 군자라 할 수 있습니까? 斯: ~하면. 謂: 말하다. 矣: 강조종결사. 乎: 의문종결사.

▷ 內省不疚 내성불구 속으로 반성하여 허물이 없다면. 內: 속으로. 省: 반성하다. 疚: 허물.

▷ 夫何憂何懼? 부하우하구? 무엇을 근심하며 무엇을 두려워하겠는가? 夫 청자의 주의를 환기시키는 발어사(發語詞). 何: 무엇, 어찌.

 5. 死生은 命에 달려 있고 富貴는 하늘에 달려 있다.

[해석 본문]

사마우가 걱정하면서 말하였다. "사람들은 모두 형제가 있는데 나(상)만 오직 (형제가) 없구나." 자하가 말하였다. "내가 들으니, 死生은 命에 달려 있고 富貴는 하늘에 달려 있다. 군자가 공손하고 잘못이 없으며, 다른 사람을 대할 때 공손하고 예가 있으면 세상 (사람들이) 다 형제이니, 군자가 어찌 형제가 없는 것을 걱정하겠는가?"

사마우우왈 인개유형제 아독무 자하왈 상 문지의 사생유명
司馬牛憂曰 人皆有兄弟한데 我獨亡로다 子夏曰 商은 聞之矣하니 死生有命이오
부귀재천 군자경이무실 여인공이유례 사해지내 개형제야 군자
富貴在天이라 君子敬而無失하며 與人恭而有禮면 四海之內 皆兄弟也니 君子
하 환 호 무 형 제 야
何患乎無兄弟也리오?

[배경 설명]

사마우가 그의 형인 사마환퇴가 난을 일으키고 공자를 죽이려고 하여 자신이 죽을까 봐 걱정하고 있는 것을 자하가 위로한 내용이다. 憂(우)는 걱정하다, 亡(무)는 없다, 敬(경)은 공손하다, 失(실)은 잘못, 與(여)는 대하다, 也(야)는 이다, 患(환)은 걱정하다를 뜻한다.

사마우는 형제가 있었는데도 형제가 없다고 말한 것은 자신의 형인 사마환퇴가 난(亂)을 일으키고 공자를 죽이려 했으므로 자신이 장차 죽을까 걱정하여 한 말인데, 이를 듣고 자하가 위

로하였다. 명(命)은 태어나는 초기에 받은 것이니, 지금은 이것을 바꿀 수 없는 것이요, 하늘은 만드는 이가 없는데도 저절로 되는 것이다. 그래서 꼭 이루기를 기약할 수 있는 바가 아니고, 다만 순순히 받아들일 뿐이다. 천하 사람들이 모두 다 형제이니, 서로 사랑하고 공경하기를 형제처럼 해야 한다. 자하는 사마우의 근심을 풀어주고자 하여 한 말이다. 따라서 死生은 命에 달려 있고 富貴는 하늘에 달려 있다.

[단문 설명]

▶ 司馬牛憂曰 사마우우왈 사마우가 걱정하면서 말하였다. 憂: 걱정하다.

▶ 人皆有兄弟 인개유형제 사람들은 모두 형제가 있는데,

▶ 我獨亡 아독무 나만 오직 (형제가) 없구나. 獨: 오직. 亡(없을 무): 없다.

▶ 商聞之矣 상문지의 내가 들으니. 商: 子夏 이름. 之: 死生有命 富貴在天.

▶ 死生有命 사생유명 死生은 命에 달려 있고.

▶ 富貴在天 부귀재천 富貴는 하늘에 달려 있다.

▶ 敬而無失 경이무실 공손하고 잘못이 없으며. 敬: 공손하다. 失: 잘못, 실수.

▶ 與人恭 而有禮 여인공 이유례 다른 사람을 대할 때 공손하고 예의 있다. 與: 함께하다. 대하다.

▶ 四海之內 사해지내 세상 (사람들이).

▶ 皆兄弟也 개형제야 다 형제이니. 也: 이다.

▶ 何患乎 無兄弟也? 하환호 무형제야? 어찌 형제가 없는 것을 걱정하겠는가? 何: 어찌. 患: 걱정하다. 乎: 의문종결사.

 6. 비방에 동요되지 않는 사람은 사리에 밝고 원대한 사람이다.

[해석 본문]

자장이 총명에 관하여 묻자, 공자께서 말씀하셨다. "조금씩 스며드는 참소와 느껴지는 (급박한) 비방이 (너에게) 통하지 않는다면 (너는) 총명하다고 할 수 있다. 조금씩 스며드는 참소와 느껴지는 급박한 비방이 (너에게) 통하지 않는다면 (너는) 원대하다고 할 수 있다."

子張^{자장}이 問明^{문명}하자 子曰^{자왈} 浸潤之譖^{침윤지참}과 膚受之愬^{부수지소} 不行焉^{불행언}이면 可謂明也已矣^{가위명야이의}니라
浸潤之譖^{침윤지참}과 膚受之愬^{부수지소} 不行焉^{불행언}이면 可謂遠也已矣^{가위원야이의}니라

[배경 설명]

간접적인 참소나 직접적인 비방에 동요되지 않는 사람은 사리에 밝은 총명한 사람이라는 교훈이다. 明(명)은 총명, 浸(침)은 스며들다, 潤(윤)은 적시다, 譖(참)은 비방하다, 膚(부)는 피부, 受(수)는 받다, 愬(소)는 비방하다를 뜻한다.

浸潤之譖(침윤지참)은 물처럼 조금씩 스며드는 참소(譖訴: 헐뜯어서 죄를 꾸며 고함)는 서서히 비방하는 것으로 간접적인 참소이다. 이러한 참소는 조금씩 비방하기 때문에 알아 차리기 힘들다. 膚受之愬(부수지소)는 피부로 느껴지는 급박한 참소로 직접적인 참소이다. 이것은 단시간 내에 효과를 볼 수 있으며 매우 애통해 하거나 통곡하면서 바로 피부에 닿게 하는 참소이다.

간접적인 참소와 직접적인 참소를 가려서 전혀 통하지 못하게 하는 것이 총명이다. 이러한 총명으로 참소가 통하지 않는다면 멀리 보고 밝은 지혜를 갖고 있으니 원대하다고 할 수 있다. 원대하다는 말은 밝음이 지극하여 멀리까지 생각할 수 있다는 의미이다. 따라서 비방에 동요되지 않는 사람은 사리에 밝고 원대한 사람이다.

[단문 설명]

▶ **子張問明** 자장문명 자장이 총명에 관하여 묻자. 明: 총명, 지혜.
▶ **浸潤之譖** 침윤지참 조금씩 스며드는 참소. 浸: 스며들다. 潤: 적시다. 之: ~하는. 譖: 참소.
▶ **膚受之愬** 부수지소 피부로 느껴지는 (급박한) 비방. 膚: 피부. 受: 받다. 愬: 비방, 하소연.
▶ **不行焉** 불행언 (너이게) 통하지 않는다면. 不: 가정의 부정, ~아니면.
▶ **可謂明也已矣** 가위명야이의 (너는) 총명하다고 할 수 있다. 也已矣: 한정종결사.
▶ **可謂遠也已矣** 가위원야이의 (너는) 원대하다고 할 수 있다.

 7. 백성들이 믿음이 없으면 나라가 존립할 수 없다.

[해석 본문]

자공이 정사에 관하여 묻자, 공자께서 말씀하셨다. "식량을 풍족히 하고, 군비를 풍족히 하면

백성들이 (나라를) 믿을 것이다." 자공이 말하였다. "만약 부득이 (한 가지를) 버린다면 이 세 가지 중에서 무엇을 먼저 (버려야) 합니까?" 공자께서 말씀하셨다. "군비를 버려야 한다." 자공이 말하였다. "만약 부득이 (한 가지를) 버린다면 이 두 가지 중에 무엇을 먼저 (버려야) 합니까?" 공자께서 말씀하셨다. "식량을 버려라. 예로부터 (사람에게는) 모두 죽음이 있으니 백성들이 믿음이 없으면 (나라가) 존립할 수 없다."

子貢이 問政한대 子曰 足食足兵이면 民이 信之矣니라 子貢이 曰 必不得已而去이면 於斯三者에 何先이리오? 曰 去兵이니라 子貢이 曰 必不得已而去이면 於斯二者에 何先이리오? 曰 去食이라 自古로 皆有死이니 民無信不立이니라

[배경 설명]

백성들이 나라를 믿지 않으면 나라가 존립할 수 없다는 교훈이다. 足(족)은 풍족히 하다, 食(식)은 식량, 兵(병)은 군비, 去(거)는 버리다, 信(신)은 믿음을 뜻한다.

나라를 다스리는 데에는 식량·군비·신뢰가 중요하다. 식량을 충분히 준비하고 군사와 병기를 충분히 갖춘 뒤에 백성들을 교화해야 백성들이 위정자를 믿고 민심이 이반(離叛)하지 않는다. 식량이 풍족하고 군비가 풍족하고 백성들이 믿음이 있으면 권력이 견고하나 이중에서 가장 중요한 것은 백성들의 믿음이다. 따라서 나라를 다스리는 데에는 식량·군비·신뢰가 중요하나, 백성들의 믿음이 없으면 나라가 존립할 수 없다는 교훈이다.

[단문 설명]

▷ 足食足兵 족식족병 식량을 풍족히 하고, 군비를 풍족히 하면. 足: 풍족히 하다. 食: 식량. 兵: 군비.

▷ 民信之矣 민신지의 백성들이 (나라를) 믿을 것이다. 之: 나라. 矣: 서술종결사.

▷ 必不得已而去 필부득이이거 만약 부득이 (한 가지를) 버린다면. 必: 만약. 不得已: 부득이, 어쩔 수 없이. 而: ~해서. 去: 버리다.

▷ 於斯三者 何先? 어사삼자 하선? 이 세 가지 중에 무엇을 먼저 (버려야) 합니까? 於: ~에서. 斯: 이. 三者: 세 가지, 食·兵·信. 何先: 何先去의 생략형.

▷ 自古皆有死 자고개유사 예로부터 (사람에게는) 모두 죽음이 있으니. 自古: 예로부터.

▷ 民無信 不立 민무신 불립 백성들이 믿음이 없으면 (나라가) 존립할 수 없다. 立: 존립하다.

8. **군자는 바탕도 중요하고 꾸밈도 중요하다.**

[해석 본문]

극자성이 말하였다. "군자는 바탕일 뿐이니, 꾸밈은 해서 무엇 하리오?" 이에 대해 자공이 말하였다. "애석하군요! 대부의 설명이 군자다우나 네 필의 말이 끄는 마차도 혀를 따라잡지는 못할 것입니다. 꾸밈도 바탕과 같고, 바탕도 꾸밈과 같으니, 호랑이나 표범의 털 없는 가죽이 개나 양의 털 없는 가죽과 같은 것입니다."

극자성 왈 군자 질이이의 하이문위 자공 왈 석호 부자지설
棘子成이 曰 君子는 質而已矣니 何以文爲리오? 子貢이 曰 惜乎래 夫子之說이

군자야 사불급설 문유질야 질유문야 호표지곽 유견양지곽
君子也예! 駟不及舌이로다 文猶質也며 質猶文也니 虎豹之鞹이 猶犬羊之鞹이니라

[배경 설명]

군자는 바탕과 꾸밈이 모두 중요하다는 교훈이다. 質(질)은 바탕, 본질, 내용, 文(문)은 꾸밈, 형식, 문채, 虎(호)는 호랑이, 豹(표)는 표범, 鞹(곽)은 털 없는 가죽, 犬(견)은 개, 羊(양)은 양, 駟(사)는 네 필의 말이 끄는 마차, 及(급)은 뒤쫓아 따라가다를 뜻한다.

극자성(棘子成)은 위(衛)나라 대부(大夫)이다. 당시 사람들은 문(文)에 치우치는 것을 싫어했다. 駟不及舌(사불급설)은 네 필의 말이 끄는 마차도 혀를 따라잡지는 못하다를 뜻한다. 즉, 말은 한번 입에서 나가면 되돌아오게 할 수 없으니 말을 할 때는 신중하게 해야 한다.

꾸밈도 바탕만큼 중요하고, 바탕도 꾸밈만큼 중요하다. 털이 없다면 호랑이, 표범, 개나 양의 가죽을 구별할 수가 없다. 이처럼 털은 꾸밈이고 가죽은 바탕이니, 꾸밈이 없으면 바탕을 구별할 수 없다. 바탕도 중요하지만 꾸밈도 중요하니, 文과 質이 동등하여 서로 없어서는 안 된다.

극자성은 당시의 폐단을 바로잡음에 진실로 지나침이 잘못되었고, 자공은 극자성의 폐단을 바로잡음에 본말(本末)과 경중(輕重)의 차이가 없었으니, 모두 잘못된 것이다. 꾸밈(文)을 무시하고 바탕(質)만 중시하는 극자성의 지나치게 편파적인 견해를 자공이 평해준 것이다. 따라서 군자는 바탕과 꾸밈이 모두 중요하다.

[단문 설명]

▷ 棘子成曰 극자성왈 극자성이 말하였다.

▷ 君子質而已矣 군자질이이의 군자는 바탕일 뿐이니. 質: 바탕, 본질, 내용. 而已矣: 한정종결사.

▷ 何以文爲? 하이문위? 꾸밈은 해서 무엇 하리오? 何以: 의문문에서 도치(以何). 爲: 하다. 文: 꾸밈, 형식, 문채.

▷ 惜乎! 석호! 애석하군요! 惜: 애석하다. 乎: 감탄종결사.

▷ 夫子之說 君子也 부자지설 군자야 대부의 말이 군자다우나. 夫子: 대부. 也: 주격후치사.

▷ 駟不及舌 사불급설 네 필의 말이 끄는 마차도 혀를 따라잡지는 못할 것입니다. 駟: 네 필의 말이 끄는 마차, 아주 빠른 마차. 及: 이르다, 뒤쫓아 따라가다. 舌: 혀

▷ 文猶質也 문유질야 꾸밈도 바탕과 같다. 文: 꾸밈, 문채, 형식. 猶: 같다. 質: 바탕, 내용, 본질.

▷ 質猶文也 질유문야 바탕도 꾸밈과 같다. 바탕도 꾸밈만큼 중요하다.

▷ 虎豹之鞹 호표지곽 호랑이나 표범의 털 없는 가죽이. 虎: 호랑이. 豹: 표범. 鞹: 털 없는 가죽.

▷ 猶犬羊之鞹 유견양지곽 개나 양의 털 없는 가죽과 같은 것입니다. 犬: 개. 羊: 양.

 9. 백성이 부족하면 임금이 누구와 더불어 풍족하겠습니까?

[해석 본문]

애공이 유약에게 물었다. "올해 흉년이 들어서 재정이 부족하니, 어찌하면 좋겠는가?" 이에 유약이 대답하였다. "어찌하여 철세법을 쓰지 않습니까?" 애공이 다시 말하였다. "십분의 이를 (징수하여도) 나는 오히려 부족한데, 어떻게 철세법을 쓸 수 있겠는가?" 유약이 또 다시 말하였다. "백성이 풍족하면 임금이 어찌 부족할 것이며, 백성이 부족하면 임금이 어찌 풍족하겠습니까?"

哀公이 問於有若曰 年饑用不足하니 如之何오? 有若이 對曰 盍徹乎리오? 曰 二도

吾猶不足한데 如之何其徹也리오? 對曰 百姓이 足이면 君孰與不足이며 百姓이

不足이면 君孰與足이리오?

[배경 설명]

　흉년이 들어 백성들의 생활이 어려우면 임금이 재정을 절약하여 백성들의 생활이 나아지도록 해야 한다는 유약의 제언이다. 年(연)은 해, 올해, 때, 나이, 饑(기)는 흉년이 들다, 用(용)은 재정, 盍(합)은 어찌 ~하지 않는가, 徹(철)은 수확의 십분의 일을 징수하는 주나라 조세 제도(徹稅法)를 뜻한다.

　애공(哀公)은 춘추시대 노나라의 왕으로 성은 희(姬), 이름 장(將), 정공(定公)의 아들이다. 그는 위나라에서 노나라로 돌아온 공자를 삼환의 반대로 등용하지 못했다. 국내적으로는 삼환(三桓)의 세력이 강하였고, 대외적으로는 오(吳)・제(齊)나라의 공격으로 나라가 어려웠다. 그리하여 애공은 월(越)나라의 도움으로 삼환을 제거하려다 오히려 왕위에서 쫓겨나 유산지(有山氏)에서 죽었다. 유자(有子)는 노나라 사람으로 공자의 제자이고, 이름은 약(若)이며, 용모가 공자를 닮았다. 그는 제자 중에서 덕망이 높아 존경받았으며, 恭敬(공경)은 예(禮)의 근본, 효제(孝悌)는 인(仁)의 근본으로 여겼다.

　애공의 뜻은 부세(賦稅)를 더 올려 재정을 풍족하고자 한 것이다. 유약은 단지 철세법(徹稅法)을 행하라고 하고, 애공은 재정을 절약하여 백성을 부유하고자 한 것이다. 백성들이 부유하면 임금만이 홀로 가난하지 않을 것이며, 백성들이 가난하면 임금만이 홀로 부유할 수는 없다. 따라서 유약은 군주와 백성이 하나이니, 애공이 세금을 많이 거두려는 것을 만류한 것이다.

[단문 설명]

▶ 問於有若曰 문어유약왈 유약에게 물었다. 於: ~에게.

▶ 年饑用不足 연기용부족 올해 흉년이 들어서 재정이 부족하니. 年: 해. 饑: 흉년이 들다. 用: 재정.

▶ 如之何? 여지하? 이를 어찌하면 좋겠는가? 如何: 어찌하다(何如). 之: 年饑用不足.

▶ 盍徹乎? 합철호? 어찌하여 철세법(徹稅法)을 쓰지 않습니까? 盍(합): 어찌 ~하지 않는가?(何不). 乎: 의문종결사.

▶ 二吾猶不足 이오유부족 십분의 이를 (징수하여도) 나는 오히려 부족한데. 二: 십분의 이.

▶ 如之何 其徹也? 여지하 기철야? 어떻게 철세법을 쓸 수 있겠는가? 如何: 어찌하다. 之: 其徹. 徹: 철세법(徹稅法). 也: 의문종결사.

▶ 百姓足 君孰與不足 백성족 군숙여부족 백성이 풍족하면 임금이 어찌 부족할 것이며. 足: 풍족하다. 孰: 어찌. 與: 의문종결사.

▶ 百姓不足 君孰與足? 백성부족 군숙여족? 백성이 부족하면 임금이 어찌 풍족하겠습니까?

10. 사랑하면 살기를 바라고, 미워하면 죽기를 바란다.

[해석 본문]

자장이 덕을 높이고 의혹을 분별하는 것에 대하여 묻자, 공자께서 말씀하셨다. "충성과 신의에 힘쓰며 정의(定義)로 나아가는 것이 덕을 높이는 것이다. 그를 사랑하면 그가 살기를 바라고, 그를 미워하면 그가 죽기를 바라니, 이미 그가 살기를 바라기도 하고, 또 그가 죽기를 바라기도 하는 것이니, 이것이 의혹이다. (이는 시경에 기록된 바) '진실로 부를 (좋아하기) 때문이 아니라 다만 색다름을 (좋아할) 뿐이다.'와 같구나."

> 자장   문숭덕변혹   자왈   주충신   사 의숭 덕 야   애 지   욕 기 생
> 子張이 問崇德辨惑하자 子曰 主忠信하여 徙義崇德也니라 愛之하면 欲其生하고
> 오지   욕기사   기 욕 기 생   우 욕 기 사   시 혹 야   성 불 이 부
> 惡之하면 欲其死하니 旣欲其生이요 又欲其死 是惑也니라 誠不以富요
> 역 지 이 이
> 亦祇以異로다

[배경 설명]

덕을 숭상하고 의혹을 분별하는 것은 부유함에서 생기는 것이 아니라 좋아하거나 싫어하는 감정에 의해서 생긴다는 교훈이다. 崇(숭)은 높이다, 辨(변)은 분별하다, 惑(혹)은 의혹, 主(주)는 힘쓰다, 徙(사)는 나아가다, 義(의)는 정의, 祇(지)는 다만, 以(이)는 때문을 뜻한다.

사랑과 증오는 사람의 떳떳한 정이다. 그러나 사람의 生死는 천명에 달려 있어서 하고자 한다고 될 수 있는 것이 아니다. 어떤 사람을 사랑하면 그가 오래 살기를 바라지만, 그를 미워하면 일찍 죽기를 바란다. 사랑이나 증오로 인하여 그가 살거나 죽기를 바란다면 의혹이요, 이미 그가 살기를 바라다가 또 그가 죽기를 바란다면 의혹이 심한 것이다.

誠不以富 亦祇以異(성불이부 역지이이)는 「詩經」小雅我行其野(소아아행기야)의 문구이다. 사람들이 좋아한 것은 富에 있지 않고 다만 색다른 행동에 있다. 이 시의 다를 이(異) 자의 뜻을 취하여 사람들의 미혹을 비난한 것이다. 따라서 색다른 것을 취하기 위해 다른 여인에게로 마음을 돌리는 남편을 원망하는 시이다.

[단문 설명]

▶ **問崇德辨惑 문숭덕변혹** 덕을 높이고 의혹을 분별하는 것에 대하여 묻자. 崇: 높이다. 辨: 분별

하다. 惑: 의혹.

▷ **主忠信徙義** 주충신사의 충성과 신의에 힘쓰며 정의로 나아가는 것이. 主: 주로 하다, 힘쓰다. 忠: 충성. 信: 신의. 徙: 나아가다, 옮기다. 義: 정의.

▷ **愛之欲其生** 애지욕기생 그를 사랑하면 그가 살기를 바라고. 愛: 사랑하다. 之: 일반적 사람. 欲: 바라다. 其: 일반적 사람. 生: 살다.

▷ **旣欲其生 又欲其死** 기욕기생 우욕기사 이미 그가 살기를 바라기도 하고, 또 그가 죽기를 바라기도 하는 것이니. 旣 ~又~: 이미 ~하기도 하고 ~하기도 하다.

▷ **是惑也** 시혹야 이것이 의혹이다. 也: 이다.

▷ **誠不以富 亦祇以異** 성불이부 역지이이 (이는 시경에 기록된 바) '진실로 부를 (좋아하기) 때문이 아니라 다만 색다름을 (좋아할) 뿐이다.'와 같구나. 誠: 진실로. 祇: 다만. 異: 다르다.

 11. 임금답고, 신하답고, 부모답고, 자식다워야 한다.

[해석 본문]

　제경공이 공자에게 정사(政事)를 묻자, 공자께서 대답하셨다. "임금은 임금답고, 신하는 신하답고, 아버지는 아버지답고, 자식은 자식다워야 합니다." 이에 제경공이 말하였다. "옳은 말씀입니다! 진실로 임금이 임금답지 못하고, 신하가 신하답지 못하고, 아버지가 아버지답지 못하고, 자식이 자식답지 못하다면, 비록 곡식이 있더라도 내가 그것을 먹을 수 있겠습니까?"

　제경공 문정어공자　공자대왈 군군신신부부자자　공왈 선재
齊景公이 **問政於孔子**한대 **孔子對曰 君君臣臣父父子子**니이다 **公曰 善哉**라!
　신여군불군　신불신　부불부　자부자　수유속　오득이식저
信如君不君하며 **臣不臣**하며 **父不父**하며 **子不子**면 **雖有粟**이나 **吾得而食諸**아?

[배경 설명]

　공자가 노(魯)나라의 내란을 피해 제(齊)나라로 갔을 때 제나라 경공(景公)과 나눈 대화로 각자 본분과 도리를 다하라는 내용이다. 政(정)은 정사, 君(군)은 임금답다, 臣(신)은 신하답다, 父(부)는 아버지답다, 善(선)은 옳다, 粟(속)은 곡식, 得而(득이)는 할 수 있다를 뜻한다.

　제경공(齊景公)은 춘추시대 제나라의 임금으로 이름은 저구(杵臼)이고, 영공(靈公)의 아들이며 장공(莊公)의 이복동생이다. 대부 최저(崔杼)가 장공을 살해하고 경공을 군주로 세웠다. 경공의 재위 중에 대신들은 서로 죽이는 등 조정이 극히 혼란했고, 경공은 궁실 짓기 등 사치를 좋아하고, 세금을 가혹하게 부과하고, 가혹한 형법을 가해 백성들의 고통이 심했다.

노나라 소공(昭公) 말년에 공자께서 제나라에 가셨을 때 제경공(齊景公)이 공자에게 정치에 대하여 묻자, 각자가 자기 역할에 충실하라고 말씀하셨다. 경공은 총애하는 여자가 많아서 태자를 세우지 못하였고, 군신간과 부자간 모두 다 도를 잃었다. 이에 "임금이 임금답고, 아버지가 아버지답고, 자식이 자식다운 데에는 반드시 도가 있는 것이다."고 공자께서 말씀하셨는데, 이것은 인륜의 큰 법이요, 정사(政事)의 근본이다. 경공은 공자의 말씀을 좋게 여겼으나 그를 등용하지 못하였고, 결국 제나라는 난(亂)으로 끝났다. 따라서 군주, 신하, 아버지나 자식은 각자 도리가 있고, 그 도리를 다해야 한다.

[단문 설명]

▷ 問政於孔子 문정어공자 공자에게 정사(政事)를 묻자. 政: 정사. 於: ~에게.
▷ 君君 군군 임금이 임금답고. 君君: 앞의 君은 임금, 뒤의 君은 임금답다.
▷ 臣臣 신신 신하는 신하답고. 臣臣: 앞의 臣은 신하, 뒤의 臣은 신하답다.
▷ 父父 부부 아버지는 아버지답고.
▷ 子子 자자 자식은 자식다워야 합니다.
▷ 善哉! 선재! 옳은 말씀입니다! 善: 좋다, 옳다. 哉: 감탄종결사.
▷ 信如君不君 신여군불군 진실로 임금이 임금답지 못하면. 信: 진실로. 如: 만약. 君: 임금답다.
▷ 臣不臣 신불신 신하가 신하답지 못하고. 不(부/불): ㄷ, ㅈ 음 앞에서 부, 이외는 불.
▷ 父不父 부불부 아버지가 아버지답지 못하고.
▷ 子不子 자부자 자식이 자식답지 못하다면.
▷ 雖有粟 수유속 비록 곡식이 있더라도. 雖: 비록. 粟: 곡식.
▷ 吾得而食諸? 오득이식저? 내가 그것을 먹을 수 있겠습니까? 得而: 할 수 있다(得以). 諸: 之乎. 之는 粟. 乎: 의문종결사.

12. 자로는 승낙한 일은 유보하지 않았다.

[해석 본문]

공자께서 말씀하셨다. "한쪽 말을 (듣고도) 송사(訟事)를 판결할 수 있는 자는 아마 유(자로)일 것이다. 자로는 승낙한 일을 유보하지 않았다."

　　　자왈　편언　　가이절옥자　　기유야여　　　자로　　무숙낙
　　子曰 片言도 **可以折獄者**는 **其由也與**로다 **子路**는 **無宿諾**이니라

[배경 설명]

자로가 성실하고 신의가 있어 사람들로부터 태도와 능력을 칭찬한 것이다. 片言(편언)은 한쪽 말을 듣다, 可以(가이)는 할 수 있다, 折(절)은 판결하다, 獄(송)은 송사(訟事), 宿(숙)은 유보하다, 諾(낙)은 승낙하다를 뜻한다.

由(유)는 자로(子路)이다. 자로는 충성과 신의가 깊었고 판단력이 뛰어났다. 자로는 시비를 가리는 송사에서 당사자들의 말을 듣고, 한쪽에 치우치지 않게 판단할 수 있는 인물이었다. 또한 자기가 한 말에 대하여 신의가 있고 판결에 재능이 있어서 공자의 인정을 받았다.

자로는 한 번 승낙한 일이면 그 승낙한 일에 대해서는 유보하지 않고 반드시 실천했다. 일단 남에게 하겠다고 하면 확실하게 빠르게 지켜 신뢰를 얻었다. 따라서 자로는 빠르고 정확한 판단력과 약속 수행으로 능력과 신뢰를 인정받았다.

[단문 설명]

▷ **片言可以折獄** 편언가이절옥 한쪽 말을 (듣고도) 송사(訟事)를 판결할 수 있는 자는. 片言: 한쪽 말. 可以: 할 수 있다. 折: 판결하다. 獄: 송사(訟事).

▷ **其由也與** 기유야여 아마 유(자로)일 것이다. 其: 아마, 추측부사. 與: 추측종결사.

▷ **無宿諾** 무숙낙 승낙한 일은 유보하지 않았다. 宿: 묵다, 유보하다. 諾: 승낙하다.

13. 송사가 없는 세상을 만들겠다.

[해석 본문]

공자께서 말씀하셨다. "송사를 판결하는 일은 나도 남과 같이 하겠으나 반드시 송사가 없도록 하겠다."

자 왈 청 송　　오 유 인 야　　필 야 사 무 송 호
子曰 聽訟이 吾猶人也나 必也使無訟乎하리라

[배경 설명]

송사가 없고 백성 모두가 화평한 세상을 만들겠다는 공자의 포부이다. 聽(청)은 판결하다, 訟(송)은 송사하다, 猶(유)는 같다를 뜻한다.

송사(訟事)는 남과 분쟁이 있는 백성이 옳고 그름을 판결을 받기 위해 관부(官府)에 호소하던 일이다. 이것은 남과의 분쟁이 발생한 후에 제기하는 것이므로 사후적인 조치에 해당한다. 그러나 송사가 일어날 수 있는 근원을 바로잡고 해결한다면 송사가 일어나지 않을 것이다. 따라서 송사의 근원을 바로잡음으로써 송사가 없는 세상을 만들겠다는 포부이다.

[단문 설명]

▷ **聽訟 吾猶人也** 청송 오유인야 송사를 판결하는 일은 나도 남과 같이 하겠으나. 聽: 판결하다. 訟: 송사하다, 고소하다. 猶: 같다.

▷ **必也 使無訟乎** 필야 사무송호 반드시 송사가 없도록 하겠다. 也: 부사격 후치사. 乎: 서술종결사.

 ### 14. 관직에 있으면 게으르지 말고 진심으로 정사를 처리한다.

[해석 본문]

자장이 정사(政事)에 대해서 묻자, 공자께서 말씀하셨다. "(관직에) 있을 때는 태만하지 않고 (정사를) 집행할 때는 진심으로 해야 한다."

자 장　문 정　　자 왈 거 지 무 권　　행 지 이 충
子張이 問政하자 子曰 居之無倦하며 行之以忠하니라

[배경 설명]

위정자의 관직 수행 자세와 정사 집행의 태도에 관한 가르침이다. 居(거)는 있다, 倦(권)은 태만하다, 行(행)은 집행하다, 忠(충)은 진심을 뜻한다.

관직에 있을 때 한결같이 게으르지 말고, 정사를 집행할 때는 진실된 마음으로 해야 한다. 게으름이 없으면 처음부터 끝까지 한결같다. 자장은 인덕이 부족하여 성심으로 백성을 사랑하지 못했으므로 게으르고 마음을 다하지 않는 태도에 대한 교훈이다. 따라서 관직에 있을 때에는 열정적으로 힘을 다하고, 정사를 집행할 때는 진심으로 한다.

[단문 설명]

▶ 居之無倦 거지무권 (관직에) 있을 때는 태만하지 않고. 居: 있다. 之: 관직. 倦: 태만하다.
▶ 行之以忠 행사이충 (정사를) 집행할 때는 진심으로 해야 한다. 行: 집행하다. 之: 정사

 15. 학문을 널리 배우고 예(禮)로써 행동을 절제한다.

[해석 본문]

공자께서 말씀하셨다. "(군자는) 학문을 널리 배우고 예로써 행동을 다스린다면 또한 (도에) 어긋나지 않을 수 있느니라!"

자 왈　박 학 어 문　　약 지 이 례　　역 가 이 불 반 의 부
子曰 博學於文이오 約之以禮면 亦可以弗畔矣夫니라!

[배경 설명]

군자는 넓게 배우고 행동을 예로 절제해야 한다는 교훈이다. 博(박)은 널리, 約(약)은 다스리다, 可以(가이)는 할 수 있다, 畔(반)은 어긋나다를 뜻한다.

군자(君子)는 배움을 널리 하고 예로써 행동을 다스리고 법도를 따르면 도에 위반되지 않는

다. 군자는 배움이 있어야 나라를 다스릴 수 있고, 예가 있어야 자신의 행동을 절제하여 백성들에게 솔선수범할 수 있다. 군자가 학문이 있고 솔선수범해야 백성들이 본을 받고 따르게 된다. 따라서 군자는 행동을 반드시 예로써 다스리면 도에 위반되지 않을 것이다.

[단문 설명]

▶ 博學於文 박학어문 (군자는) 학문을 널리 배우다. 博: 널리. 於: 직접 목적어 앞에 온 전치사, 을. 文: 학문, 육경에 있는 문물 제도.

▶ 約之以禮 약지이례 예로써 행동을 다스리다. 之: 君子. 約: 절제하다, 다스리다.

▶ 亦可以弗畔矣夫! 역가이불반의부! 또한 (도에) 어긋나지 않을 수 있느니라! 可以: 조동사, ~할 수 있다. 弗: ~하지 않다. 畔: 어긋나다, 위배하다. 夫: 감탄종결사.

16. 군자는 남의 좋은 점을 이루게 하나 남의 나쁜 점을 이루지 못하게 한다.

[해석 본문]

공자께서 말씀하셨다. "군자는 남의 좋은 점을 이루게 하고 남의 나쁜 점을 이루지 못하게 하나 소인은 이와 반대이다."

자왈 군자 성인지미 불성인지악 소인 반시
子曰 君子는 成人之美하고 不成人之惡하나 小人은 反是니라

[배경 설명]

남의 좋은 점과 나쁜 점을 장려하거나 억제하는 데서 군자와 소인의 차이가 있다는 가르침이다. 成(성)은 이루게 하다, 美(미)는 좋은 점, 惡(악)은 나쁜 점을 뜻한다.

성(成)이란 이끌어 주고 권장하여 어떤 목표를 이루는 것이다. 군자와 소인이 마음에 둔 것은 후박(厚薄)의 차이이고, 좋아하는 것은 선악(善惡)의 차이이다. 군자는 좋은 점은 도와주어 이룰 수 있게 해주나 착하지 못하고 바르지 못한 일은 돕는 일이 없다. 군자는 남의 좋은 일은 도와서 이루게 해주고 남의 일을 망치는 법이 없는데, 소인은 이와 반대이다. 따라서 군자는 남의 좋은 점을 장려하나 남의 나쁜 점은 억제한다.

[단문 설명]

▷ 成人之美 성인지미 남의 좋은 점을 이루게 하나. 成: 이루게 하다. 人: 남. 美: 좋은 점.

▷ 不成人之惡 불성인지악 남의 나쁜 점을 이루지 못하게 한다. 惡: 나쁜 점.

▷ 小人反是 소인반시 소인은 이와 반대이다. 反: 반대. 是: 이.

17. 정치란 바로잡는 것이다.

[해석 본문]

계강자가 공자에게 정치에 관하여 묻자, 공자께서 대답하셨다. "정치란 바로잡는 것입니다. 선생이 바르게 통솔한다면 누가 감히 바르지 않겠습니까?"

계 강 자　문 정 어 공 자　　　공 자 대 왈　정 자　　　정 야　　　자 솔 이 정
季康子 問政於孔子한대 **孔子對曰 政者**는 **正也**니이다 **子帥以正**이면
숙 감 부 정
孰敢不正하리오?

[배경 설명]

위정자가 바르게 행동하고 솔선수범하면 백성들도 바르게 행동할 것이라는 교훈이다. 政(정)은 正(바를 정)과 攴(칠 복)을 더하여 바르게 하는 행동으로 나라를 다스리는 일, 행정, 正(정)은 바르게 하다, 帥(솔)은 통솔하다를 뜻한다.

季康子(계강자)는 노(魯)나라의 대부로 삼환(三桓) 중에서 가장 큰 세력을 가지고 있던 계손씨(季孫氏)의 가주(家主)이다. 노나라는 대부가 정사(政事)를 좌지우지하고, 읍(邑)을 점거하고 반란하여 바르지 못함이 극심하였다. 공자께서 계강자가 스스로 과오를 반성하여 옛 버릇을 고치도록 하신 것이었다. 그러나 계강자가 이욕에 빠져서 옛 버릇을 고치지 못하였다. 자신이 바르지 못하고서 남을 바르게 하는 자가 없다. 따라서 공자께서 대부들이 읍(邑)을 점거하고 군주를 배반하여 부정을 저지르고 있는 것을 비판하신 것이다.

[단문 설명]

▷ 政者正也 정자정야 정치란 바로잡는 것입니다. 者: ~이란 것. 正: 바르게 하다.

▷ 子帥以正 자솔이정 선생이 바르게 통솔한다면. 子: 그대, 당신, 선생. 帥(솔): 통솔하다, 거느리다. 以: ~으로써. 正: 바르다. 以正: 바르게.

▷ 孰敢不正? 숙감부정? 누가 감히 바르지 않겠습니까? 孰: 누가. 敢: 감히.

18. 탐욕을 부리지 말라.

[해석 본문]

계강자가 도둑을 걱정하여 공자에게 묻자, 공자께서 대답하셨다. "만일 선생이 욕심을 내지 않는다면 비록 백성들에게 (도둑) 상을 준다고 하더라도 도둑질하지 않을 것입니다."

계강자 환도 문어공자 공자대왈 구자지불욕 수상지 부절
季康子 患盜하여 問於孔子하자 孔子對曰 苟子之不欲이면 雖賞之라도 不竊하리라

[배경 설명]

계강자가 탐욕을 부리지 않는다면 백성들은 부끄러움을 알아서 도둑질하지 않을 것이라고 훈계하신 것이다. 患(환)은 걱정하다, 盜(도)는 도둑, 苟(구)는 만일, 子(자)는 선생, 賞(상)은 상을 주다, 竊(절)은 도둑질을 뜻한다.

계강자(季康子)는 노(魯)나라의 대부로 계손비(季孫肥)라고도 하며, 아버지를 이어 대부(大夫)가 되어 국정을 전담했다. 계환자(季桓子)는 정권을 도둑질하고, 강자(康子)는 적자(嫡子)를 빼앗았으니, 백성들이 도둑질하는 것은 진실로 당연한 것이었다. 어찌 그 근본을 돌이키지 않겠는가? 따라서 공자께서 계강자에게 탐욕을 부리지 말라고 훈계하신 것이다.

[단문 설명]

▷ 季康子患盜 계강자환도 계강자가 도둑을 걱정하여. 患: 걱정하다. 盜: 도둑.

▷ 苟子之不欲 구자지불욕 만일 선생이 욕심을 내지 않는다면. 苟: 만일. 子: 선생, 그대. 之: 주격 후치사. 欲: 욕심을 내다.

▷ 雖賞之不竊 수상지부절 비록 백성들에게 (도둑) 상을 준다고 하더라도 도둑질하지 않을 것입니다. 雖: 비록. 賞: 상을 주다. 之: 백성. 竊: 도둑질.

풀은 그 위에 바람이 불면 반드시 쏠린다.

[해석 본문]

계강자가 공자에게 정치에 관하여 물었다. "만일 무도한 사람을 죽여서 도가 있는 데로 나아가게 하면 어떻습니까?" 공자께서 대답하셨다. "선생이 정치를 하는데 어찌하여 (사람을) 죽이려고 합니까? 선생이 선하고자 하면 백성들이 선해지는 것이니, 군자의 덕은 바람이요, 소인의 덕은 풀입니다. 풀은 그 위에 바람이 불면 반드시 쏠립니다."

계강자 문정어공자왈 여살무도 이취유도 하여 공자대왈 자위정
季康子 問政於孔子曰 如殺無道하여 以就有道하면 何如리오? 孔子對曰 子爲政에

언용살 자욕선 이민 선의 군자지덕 풍 소인지덕 초
焉用殺이오? 子欲善이면 而民이 善矣이니 君子之德은 風이오 小人之德은 草라

초상지풍 필언
草上之風이면 必偃하나니라

[배경 설명]

군자는 바람이요 백성은 풀이니, 바람이 풀 위에 불면 풀은 쓰러지게 된다는 교훈이다. 如(여)는 만일, 殺(살)은 죽이다, 用(용)은 하다, 上(상)은 가하다, 偃(언)은 쏠리다를 뜻한다.

백성들은 정치하는 자를 보고 본받는다. 위정자가 선하고자 하면 백성들이 선해지는 것이다. 위정자가 올바르게 행동하면 명을 내리지 않아도 따를 것이고, 위정자가 올바르지 않으면 명을 내리더라도 백성들은 따르지 않을 것이다. 풀 위로 부는 바람은 군자의 덕이요 쏠리는 풀은 소인의 덕이니, 이것은 군자가 소인을 감화시키는 것을 비유한 것이다. 따라서 장차 군자가 나타나 정치를 바로잡으면 백성들은 선해질 것이라는 교훈이다.

[단문 설명]

▸ 如殺無道 여살무도 만일 무도한 (사람을) 죽여서. 如: 만일. 殺: 죽이다. 無道: 무도한 사람.

▸ 以就有道 何如? 이취유도 하여? 도가 있는 데로 나아가게 하면 어떻습니까? 就: 나아가다. 有道: 도가 있다. 何如: 어떻습니까?

▸ 子爲政 焉用殺? 자위정 언용살? 선생이 정치를 하는데 어찌하여 (사람을) 죽이려고 합니까? 子: 선생. 爲政: 정치를 하다. 焉: 어찌 ~하냐? 用: 하다. 殺: 죽이다.

▶ 子欲善 而民善矣 자욕선 이민선의 선생이 선하고자 하면 백성들이 선해지는 것이니. 欲: 하고자 하다. 而: ~하면 곧, 가정접속사. 矣: ~하게 되다.

▶ 君子之德風 小人之德草 군자지덕풍 소인지덕초 군자의 덕은 바람이요, 소인의 덕은 풀입니다.

▶ 草上之風 必偃 초상지풍 필언 풀은 그 위에 바람이 불면 반드시 쏠립니다. 上: 더하다, 가하다. 之: ~에. 偃: 쓰러지다, 쏠리다.

20. 명성을 얻기 위한 배움은 비록 칭찬이 높으나 덕은 병든다.

[해석 본문]

자장이 물었다. "선비는 어떻게 하면 통달했다고 말할 수 있습니까?" 공자께서 말씀하셨다. "네가 말하는 통달이란 것은 무엇인가?" 자장이 대답하였다. "제후의 나라에서 (일을 해도) 반드시 명성이 나고, 대부의 식읍에서 (일을 해도) 반드시 명성이 나는 것입니다." 공자께서 말씀하셨다. "이것은 명성이지 통달이 아니다."

자장 문사 하여 사 가위지달 의 자왈 하재 이소위달자 자장 대왈
子張이 問士 何如 斯可謂之達矣리요? 子曰 何哉오? 爾所謂達者여 子張이 對曰
재 방 필 문 재 가 필 문 자왈 시 문야 비 달야
在邦必聞하고 在家必聞하나이다 子曰 是는 聞也라 非達也니라

"통달(達)이라는 것은 품행이 정직하고 의를 좋아하며, (남의) 말을 살피고 얼굴빛을 관찰하며, 깊이 생각하고 남에게 몸을 낮추는 것이다. 제후의 나라에서 (일을 해도) 반드시 통달하게 되고, 대부의 식읍에서 (일을 해도) 반드시 통달하게 되는 것이다."

부 달야 자 질 직 이 호 의 찰 언 이 관 색 려 이 하 인 재 방 필 달
夫達也者는 質直而好義하며 察言而觀色하여 慮以下人이니라 在邦必達하며
재 가 필 달
在家必達이니라

"명성(聞)이라는 것은 얼굴빛이 어진 체하나 그 행실은 어긋나고, 인에 있어 의심하지 않는 것이다. (이러한 사람은) 제후의 나라에서 (일을 해도) 반드시 명성이 나며, 대부의 식읍에서

(일을 해도) 반드시 명성이 난다."

부 문 야 자　색 취 인 이 행 위　거 지 불 의　재 방 필 문　재 가 필 문
夫聞也者는 色取仁而行違하고 居之不疑하니라 在邦必聞하며 在家必聞이니라

[배경 설명]

　명성을 얻기 위한 배움은 칭찬이 높더라도 덕은 병든 것이라는 교훈이다. 達(달)은 통달하다, 聞(문)은 명성이 나다, 邦(방)은 제후의 나라, 家(가)는 대부의 식읍, 質(질)은 품행, 察(찰)은 살피다, 觀(관)은 관찰하다, 慮(려)는 생각하다, 下(하)는 몸을 낮추다, 겸양하다, 違(위)는 어기다, 疑(의)는 의심하다를 뜻한다.

　자장이 말하는 達(달)은 제후국이나 읍의 신하로서 명성을 얻는 것을 뜻한다. 자장은 제후가 다스리는 지역에서 얻는 명성을 통달로 생각하고 질문을 했는데, 공자는 통달은 품행이 질박하고 정직하고 의(義)를 좋아하며, 남의 말을 살피고 얼굴빛을 관찰하며 깊이 생각하여 남에게 몸을 낮추는 것이라고 말한다. 남의 말을 살피고 얼굴빛을 관찰하는 것은 타인의 말을 주의 깊게 듣고 그들이 나타내는 것을 헤아리는 것이다. 몸을 낮추는 것은 신하나 백성을 배려하고 걱정해준다는 지도자의 자세이다. 따라서 배우는 자들은 학문에 힘쓰지 않고 오로지 명성을 구하는 것만 힘쓰니 비록 칭찬이 있으나 덕은 병든 것이다.

[단문 설명]

▷ 士何如 斯可謂之達矣? 사하여 사가위지달의? 선비는 어떻게 하면 통달했다고 말할 수 있습니까? 何如: 어떠하다. 斯: ~하면. 可謂: 말할 수 있다. 之: 이를. 達: 통달하다. 矣: 의문종결사.

▷ 何哉? 爾所謂達者 하재? 이소위달자 네가 말하는 통달이란 것은 무엇인가? 哉: 의문종결사. 爾所謂達者何哉의 도치. 爾: 이인칭대명사, 너. 所謂達者: 말하는 통달이란 것은.

▷ 在邦必聞 재방필문 제후의 나라에서 (일을 해도) 반드시 명성이 나고. 在: 있다, ~에서. 邦: 제후의 나라. 聞: 소문이 나다, 명성이 나다.

▷ 在家必聞 재가필문 대부의 식읍에서 (일을 해도) 반드시 명성이 나는 것입니다. 家: 대부의 식읍.

▷ 是聞也 非達也 시문야 비달야 이것은 명성이지 통달이 아니다.

▷ 夫達也者 부달야자 통달이라는 것은. 夫: 문두에서 독자의 주의를 환기시키는 발어사. 也者: 주격후치사, ~라는 것은.

▷ 質直而好義 질직이호의 품행이 정직하고 의를 좋아하며. 質: 품행. 直: 정직하다.

▸ **察言而觀色** 찰언이관색 (남의) 말을 살피고 얼굴빛을 관찰하며. 察: 살피다. 觀: 관찰하다.

▸ **慮以下人** 려이하인 깊이 생각하고 남에게 몸을 낮추는 것이다. 慮: 생각하다. 以: 하고. 下: 자신을 낮추다, 겸양하다.

▸ **色取仁而行違** 색취인이행위 얼굴빛이 어진 체하나 그 행실은 어긋나고. 違: 어기다.

▸ **居之不疑** 거지불의 인에 있어 의심하지 않는 것이다. 居: 있다. 之: 仁. 疑: 의심하다.

 21. 일을 먼저하고 이득을 뒤로 하라.

[해석 본문]

번지가 (공자를) 따라서 무우의 아래에 놀면서 말하였다. "감히 덕을 높이며, 사악을 고치고, 미혹을 분별하는 것을 묻겠습니다." 공자께서 말씀하셨다. "훌륭하구나! 네 질문이여! 일을 먼저하고 소득을 뒤로 하는 것이 덕을 높이는 것이 아니겠는가? 자신의 잘못을 책망하고 남의 잘못을 책망하지 않는 것은 사악을 고치는 것이 아니겠는가? 일시적인 분노로 자신을 잊고 (화가) 부모에게 미치게 하는 것은 미혹이 아니겠는가?"

> 번지 종유어무우지하　　왈 감문숭덕수특변혹　　자왈 선재　문
> **樊遲 從遊於舞雩之下**니라 **曰 敢問崇德脩慝辨惑**하리다 **子曰 善哉**라! **問**이여!
> 선사후득　　비숭덕여　　공기악　　무공인지악　　비수특여　　일조지분
> **先事後得**이 **非崇德與**아? **攻其惡**하고 **無攻人之惡**이 **非脩慝與**아? **一朝之忿**으로
> 망기신　　이급기친　　비혹여
> **忘其身**하고 **以及其親**은 **非惑與**아?

[배경 설명]

미혹을 다스리는 방법에 관한 교훈이다. 從(종)은 따르다, 遊(유)는 놀다, 慝(특)은 사악하다, 脩(수)는 고치다, 辨(변)은 분별하다, 攻(공)은 책망하다, 惡(악)은 잘못을 뜻한다.

樊遲(번지)는 공자의 제자로 이름이 수(須), 자가 자지(子遲)이다. 그는 일찍이 계씨(季氏)에게 벼슬했으나 재치는 없었어도 비교적 성실하고 순박했고, 거칠고 비루하고 이익에 가까웠다.

선사후득(先事後得)은 일을 먼저하고 이득을 뒤로 하라는 말이다. 이것은 의(義)를 숭상하고 이(利)를 아래로 여기는 것이다. 사람은 오직 이롭고자 하는 마음이 있으므로 덕이 높아지지 못

하며, 스스로 자기의 과실을 살피지 않고, 남의 과실을 알기 때문에 사악을 고치지 못한다. 당연히 해야 할 바를 하고, 그 공을 주장하지 않아야 덕이 쌓인다.

일시적 분노를 참지 못하여 화가 그 어버이에게까지 미치는 것을 안다면, 미혹을 분별하여 그 분함을 절제할 수 있을 것이다. 迷惑(미혹)은 마음이 흐려서 무엇에 홀리는 것이다. 따라서 선사후득(先事後得), 자신의 악을 책망하나 남의 악을 책망하지 않는 것과 분노가 부모에게까지 미치지 않게 하는 것이 미혹을 막는 일이다.

[단문 설명]

▷ 從遊 於舞雩之下 종유 어무우지하 (공자를) 따라서 무우의 아래에 놀면서. 從: 따르다. 遊: 놀다. 於: ~에서. 舞雩: 기우제(祈雨祭)를 지내는 곳.

▷ 敢問崇德 감문숭덕 감히 덕을 높이며. 崇: 높이다.

▷ 修慝辨惑 수특변혹 사악을 고치고, 미혹을 분별하는 것. 修: 고치다. 慝: 사악. 辨: 분별하다. 惑: 미혹.

▷ 善哉! 問! 선재! 문! 훌륭하구나! 네 질문이여! 善哉問: 問善哉의 도치. 哉: 감탄종결사.

▷ 先事後得 선사후득 일을 먼저하고 소득을 뒤로 하는 것.

▷ 非崇德與? 비숭덕여? 덕을 높이는 것이 아니겠는가? 與: 의문종결사.

▷ 攻其惡 공기악 자신의 잘못을 책망하다. 其: 자기 자신. 攻: 책망하다. 惡: 잘못.

▷ 無攻人之惡 무공인지악 남의 잘못을 책망하지 않는 것.

▷ 非修慝與? 비수특여? 사악을 고치는 것이 아니겠는가? 修: 고치다. 慝: 사악. 與: 의문종결사.

▷ 一朝之忿 일조지분 일시적인 분노로. 一朝: 하루아침, 일시적. 忿: 분노.

▷ 忘其身 망기신 자신을 잊고. 忘: 잊다. 其身: 자신.

▷ 以及其親 이급기친 (화가) 부모에게 미치게 하는 것은. 以: 一朝之忿의 생략. 及: 미치게 하다.

▷ 非惑與? 비혹여? 미혹이 아니겠는가? 與: 의문종결사.

22. 정직한 사람을 등용하여 부정한 사람 위에 둔다.

[해석 본문]

번지가 인(仁)에 관하여 묻자, 공자께서 말씀하셨다. "사람을 사랑하는 것이다." 지(知)에 관하여 번지가 묻자, 공자께서 말씀하셨다. "사람을 아는 것이다." 번지가 (그 내용을) 깨닫지 못하자 공자께서 다시 말씀하셨다. "정직한 사람을 등용하여 부정한 사람 위에 두면 부정한 사람을 정직하게 할 수 있는 것이다."

번지문인 자왈 애인 문지 자왈 지인 번지미달 자왈
樊遲問仁하자 子曰 愛人이니라 問知하자 子曰 知人이니라 樊遲未達하니 子曰
거 직 조 저 왕 능 사 왕 자 직
擧直錯諸枉이면 能使枉者直이니라

번지가 물러가서 자하를 만나서 물었다. "지난번에 선생님을 뵙고 지(知)에 관하여 물었더니, 선생님께서 '정직한 사람을 등용하고 부정한 사람을 버리면 부정한 사람을 정직하게 할 수 있다.'라고 하셨으니, 무엇을 말씀하시는가요?" 자하가 말하였다. "풍부한 뜻이구나! 그 말씀이! 순임금이 천하를 다스릴 때 사람들 중에서 선발해서 고요를 등용하니, 불인(不仁)한 자들이 멀어졌고, 탕임금이 천하를 다스릴 때 사람들 중에서 선발하여 이윤을 등용하니, 불인(不仁)한 자들이 멀어졌다."

번지퇴 견자하왈 향야 오현어부자이문지 자왈 거직조저왕
樊遲退하여 見子夏曰 鄕也에 吾見於夫子而問知하니 子曰 擧直錯諸枉이면
능사왕자직 하위야 자하왈 부재 언호 순유천하 선어중
能使枉者直하시다 何謂也오? 子夏曰 富哉라! 言乎여! 舜有天下에 選於衆하사
거고요 불인자원의 탕유천하 선어중 거이윤 불인자원의
擧皐陶하시니 不仁者遠矣오 湯有天下에 選於衆하사 擧伊尹하시니 不仁者遠矣니라

[배경 설명]

사람을 사랑하는 인(仁)과 사람을 아는 지(知)에 관한 교훈이다. 未達(미달)은 깨닫지 못하다, 擧(거)는 등용하다, 直(직)은 정직한 사람, 錯(조)는 두다, 枉(왕)은 부정한 사람, 鄕也(향야)는 지난번, 富(부)는 풍부하다, 有(유)는 다스리다를 뜻한다.

皐陶(고요)는 순(舜)임금의 신하로 성은 언(偃)이다. 그는 법리를 통달하여 법을 세워 형벌을 제정하였다. 伊尹(이윤)은 탕임금을 도와 하나라를 물리치고 은나라의 기초를 세운 신하로 伊는 이름이고 尹은 관직 이름이다.

인(仁)은 사람을 사랑하는 것이요, 지(知)는 사람을 아는 것이다. 인재를 알아보고 그 사람을 통하여 백성들을 인도하게 하는 것이 지(知)이다. 번지는 仁과 知가 서로 모순된다고 의심한 것

이다. 정직한 사람을 들어 쓰고 부정한 사람을 버리는 것은 지요, 부정한 사람을 정직하게 하면 이것은 인이다. 이처럼 인과 지는 서로 모순되지 않고 오히려 서로 조화되는 것이다.

불인(不仁)한 자가 멀어졌다는 것은 사람들이 다 변화되어 인을 하여, 불인(不仁)한 자가 있지 않다는 것과 같다. 이것은 부정한 자를 곧게 한다는 것이다. 자하는 부자께서 인과 지를 겸하여 말씀하신 것을 알게 된 것이다. 따라서 번지는 공자께서 말씀하신 인과 지를 깨닫지 못했으나 자하에게 물은 뒤에야 알게 된 것이다.

[단문 설명]

▶ **愛人** 애인 사람을 사랑하는 것이다.

▶ **問知** 문지 지(知)에 관하여 묻자. 知: 智와 같다.

▶ **知人** 지인 사람을 아는 것이다.

▶ **樊遲未達** 번지미달 번지가 (그 내용을) 깨닫지 못하자. 未達: 깨닫지 못하다.

▶ **擧直錯諸枉** 거직조저왕 정직한 사람을 등용하여 부정한 사람 위에 두다. 擧: 등용하다. 直: 정직한 사람. 錯: 두다, 놓다. 諸: 之於. 之: 直. 枉: 부정한 사람.

▶ **能使枉者直** 능사왕자직 부정한 사람을 정직하게 할 수 있는 것이다. 能: 할 수 있다. 使: 하게 하다. 枉者: 부정한 사람. 直: 정직하게.

▶ **鄕也 吾見於夫子 而問知** 향야 오현어부자 이문지 지난번에 나는 선생님을 뵙고 지에 관하여 물었더니. 鄕也: 지난번. 於: 직접목적어 앞에 온 전치사. 夫子: 선생님.

▶ **何謂也?** 하위야? 무엇을 말하는가요? 何謂: 謂何의 도치.

▶ **富哉! 言乎!** 부재! 언호! 풍부한 뜻이구나! 그 말씀이! 富: 풍부하다. 哉: 감탄종결사.

▶ **舜有天下** 순유천하 순임금이 천하를 다스릴 때. 有: 차지하다, 다스리다.

▶ **選於衆 擧皐陶** 선어중 거고요 사람들 중에서 선발해서 고요를 등용하니. 選: 선발하다. 於: ~에서. 衆: 사람들. 擧: 등용하다.

▶ **不仁者遠矣** 불인자원의 불인(不仁)한 자들이 멀어졌고. 遠: 멀다.

▶ **擧伊尹** 거이윤 이윤을 등용하니.

23. 충심으로 말해주고 잘 인도하되 안 되면 그만두어야 한다.

[해석 본문]

자공이 벗에 대하여 묻자, 공자께서 말씀하셨다. "충심으로 말해주고 잘 인도하되 (말을 듣지) 않으면 그만두어야지 스스로 욕보는 일이 없도록 해야 한다."

　　자공　　문우　　자왈　충고이선도지　　　　불가즉지　　　무자욕언
　　子貢이 問友하자 子曰 忠告而善道之하되 不可則止하여 無自辱焉이니라

[배경 설명]

벗의 인도와 충고의 한계에 관한 교훈이다. 忠(충)은 충심으로, 告(고)는 말하다, 道(도)는 인도하다, 不可(불가)는 말을 듣지 않다, 止(지)는 그만두다를 뜻한다.

子貢(자공)은 공문십철의 한 사람으로 성은 단목(端木), 이름은 사(賜), 자는 자공(子貢)이다. 그는 정치와 언어에 뛰어났고, 노나라와 위나라의 재상이 되었다. 그는 경제에 대한 예측 능력이 뛰어나 돈을 많이 벌었고, 경제적으로 공자를 도왔으며, 공문의 번영은 그의 경제적 원조에 의한 바가 컸다고 한다.

벗은 인(仁)을 돕는 사람이므로 마음을 다하여 충심으로 벗에게 말해주고 인도해야 한다. 그러나 우정과 의리로써 맺어진 관계라 하더라도 충고가 불가능하면 그만두어야 하니, 만일 자주 말하다가 소원하게 된다면 스스로 욕된 것이 때문이다. 따라서 충심으로 말하고 인도하되 충고를 받아들이지 않으면 그만두어야 한다.

[단문 설명]

▶ 忠告而善道之 충고이선도지 충심으로 말해주고 벗을 잘 인도하되. 道: 인도하다. 之: 友.

▶ 不可則止 불가즉지 (말을 듣지) 않으면 그만두어야지. 不可: 말을 듣지 않다. 則: ~하면. 止: 그만두다.

▶ 無自辱焉 무자욕언 스스로 욕보는 일이 없도록 해야 한다. 無: 금지부사(毋). 辱: 욕보다. 焉: 於是, 於: 때문에. 是: 忠告而善道之.

24. 군자는 학문을 통해서 벗을 만나고 벗은 인을 채워준다.

[해석 본문]

증자가 말하였다. "군자는 학문으로써 벗을 모으고 벗으로써 인을 돕는다."

<small>증 자 왈　군 자　　이 문 회 우　　　이 우 보 인</small>
曾子曰 君子는 以文會友하고 以友輔仁이니라

[배경 설명]

증자(曾子)는 노(魯)나라 사람으로 효경(孝經)을 지은 공자의 제자이고, 성은 曾(증), 이름은 參(삼)이다. 그는 공자의 충서(忠恕)의 도를 실천하려고 노력했다.

군자는 학문을 통하여 벗을 모으면 도가 더욱 밝아지고, 상대방의 선을 본받아서 인을 돕는다면 덕이 날로 진전된다. 군자는 학문의 연마를 위하여 친구를 만나고, 벗과의 교제가 인을 높여준다. 벗을 재화나 이익을 통해서 만나게 되면 이해관계로 끝나지만, 학문을 통해서 만나게 되면 서로가 부족한 점을 보완해 주어 인이 더욱 많이 채워진다. 따라서 군자는 학문을 통해서 벗을 만나고 벗은 인을 채워준다.

[단문 설명]

▶ 以文會友 이문회우 학문으로써 벗을 모으고. 以文: 학문으로써. 會: 모으다.
▶ 以友輔仁 이우보인 벗으로써 인을 돕는다.

☞ 而의 다양한 용법

- 순접접속사: ~하고, ~하여, ~하면서
- 역접접속사: 그러나, 그런데도
- 가정접속사: ~이면
- 접미사: 시간부사 뒤에 붙는다.
- 자격 신분 접속사: ~로서
- 2인칭대명사: 너, 당신

- 한정종결사: ~뿐

- 주어와 연결 접속사: ~이면서

☞ 合者: 한 개의 글자가 두 가지의 뜻

- 諸(저): 之於, 乎(~에 그것을, 그것을 ~할까, 그것을 ~일까)

- 焉(언): 於之, 於是(여기에, ~이보다, 이것을)

- 盍(합): 何 ~不(어찌 ~하지 않는가?)

第十三篇

子路(자로)

화합하나 뇌동하지 않는다.

子路篇(자로편)은 인재와 위정에 대한 공자의 교훈이다. 주요 내용으로는 위정자의 행실, 인재 등용, 백성 교육, 국부론, 정사 원리, 학문의 실용성과 업무처리 방법이 있다. 통치자는 백성보다 솔선수범하고 몸소 부지런해야 한다. 자신이 바르지 못하면 비록 명령한다 하더라도 백성들이 따르지 않는다. 백성이 많아야 하고, 백성이 부유해야 하고, 백성을 교육해야 한다. 속히 하려고 하면 달성하지 못하고, 작은 이익을 보고자 하면 큰 일을 이루지 못한다. 가까이 있는 사람을 기쁘게 하면 먼 곳에 있는 사람을 오게 된다.

1. 백성보다 먼저 솔선수범하고 백성을 위해 몸소 부지런해야 한다.
2. 네가 아는 현명한 인재를 등용해라.
3. 반드시 명분을 바로잡겠다.
4. 나는 노련한 농부만 못하다.
5. 학문은 실제 생활에 활용될 수 있어야 한다.
6. 위정자 자신이 바르지 못하면 백성들이 따르지 않는다.
7. 노나라와 위나라의 정치가 혼란한 정도가 서로 비슷하구나!
8. 살림이 점차 늘어도 결코 사치하거나 교만하지 않는구나.
9. 백성이 많아야 하고, 백성이 부유해야 하고, 백성을 교육해야 한다.
10. 자신을 등용해 주면 성과를 낼 수 있다.
11. 잔인한 사람을 이기고 사형을 없앨 수 있다.
12. 반드시 한 세대가 지나야 백성들이 어질어질 것이다.
13. 위정자 자신이 바르게 솔선수범해야 남을 바르게 할 수 있다.
14. 자신의 가사를 논의하는 것을 비평하였다.
15. 임금이 본분을 깨닫는다면 나라가 흥할 것이다.
16. 가까이 있는 사람들을 기쁘게 하면, 먼 곳에 있는 사람들이 찾아온다.
17. 작은 이익을 보고자 하면 큰 일을 이루지 못한다.
18. 자식을 위하여 숨겨주고 아버지를 위하여 숨겨주는 것이 정직이다.
19. 공손, 경건과 정성은 오랑캐 땅에 가더라도 버림받지 않을 것이다.
20. 선비의 자질을 세 등급으로 말씀하셨다.
21. 열정적인 자는 진취적이나 고지식한 자는 함부로 나쁜 짓을 하지 않는다.
22. 항심(恒心)이 없으면 무당이나 의원도 될 수 없다.
23. 군자는 화합하나 뇌동하지 않고, 소인은 뇌동하나 화합하지 않는다.
24. 착한 사람이 좋아하나 악한 사람이 싫어하는 사람이다.
25. 군자는 섬기기는 쉬워도 기쁘게 하기는 어렵다.
26. 군자는 태연하되 교만하지 않고, 소인은 교만하되 태연하지 못하다.
27. 강직하고, 의연하고, 질박하고, 어눌하다면 인에 가깝다.
28. 선비는 친구 간에 간절하게 격려하고 형제 간에 화목하다.
29. 백성들을 가르치면 백성들도 전쟁에 나아갈 수 있다.
30. 훈련된 백성을 전쟁에 내보내야 전쟁에서 이길 수 있다.

1. **백성보다 먼저 솔선수범하고 백성을 위해 몸소 부지런해야 한다.**

[해석 본문]

　자로가 정사(政事)에 관하여 묻자, 공자께서 말씀하셨다. "백성보다 먼저 솔선수범하고 백성을 위해 몸소 부지런해야 한다." 더 자세히 말씀해 주시기를 청하자, 공자께서 또 말씀하셨다. "게으르지 말아라."

　　　　　자로문정　　　자왈　선지로지　　　청익　　　왈　무권
　　　子路問政하자 **子曰 先之勞之**니라 **請益**하니 **曰 無倦**이니라

[배경 설명]

　통치자의 태도는 솔선과 근면이라는 교훈이다. 先(선)은 솔선하다, 勞(노)는 부지런하다, 請(청)은 요청하다, 益(익)은 더, 倦(권)은 게으르다를 뜻한다.

　子路(자로)는 계로(季路)라고도 하고, 성은 중(仲), 이름은 유(由)이다. 자로가 정치에 대해 묻자, 공자는 솔선과 근면을 제시했다. 가르침을 더 청하자 공자는 결과가 나타나지 않는다고 낙심하여 게을리해서는 안 된다고 교훈한다. 先之(선지)는 위정자(爲政者)가 백성들보다 먼저 솔선하는 것이다. 勞之(로지)는 위정자가 백성들이 해야 할 일을 자신이 부지런히 하는 것으로 백성들이 비록 수고롭더라도 위정자를 원망하지 않는다. 청익(請益)은 스승이 말씀을 끝내면 다시 한 말씀을 청하는 예법이다. 따라서 위정자의 태도는 솔선과 근면이다.

[단문 설명]

▷ **先之勞之** 선지로지 백성보다 먼저 솔선수범하고 백성을 위해 몸소 부지런해야 한다. 先: 솔선하다. 勞: 부지런하다. 之: 백성.

▷ **請益** 청익 더 자세히 말씀해 주시기를 청하자. 請: 요청하다. 益: 더.

▷ **無倦** 무권 게으르지 말아라. 倦: 게으르다.

2. 네가 아는 현명한 인재를 등용해라.

[해석 본문]

중궁이 계씨의 가신이 되어 정사에 관하여 묻자, 공자께서 말씀하셨다. "유사에게 먼저 (일을) 맡기되 작은 잘못을 용서해주며, 현명한 인재를 등용해야 한다." 중궁이 다시 물었다. "어떻게 현명한 인재를 알아 등용합니까?" 이에 공자께서 말씀하셨다. "네가 아는 (현명한 인재를) 등용해라. 네가 모르는 인재를 남들이 어찌 내버려두겠느냐?"

중궁 위계씨재 문정 자왈 선유사 사소과 거현재 왈
仲弓이 爲季氏宰라 問政하자 子曰 先有司하되 赦小過하며 擧賢才니라 曰
언지현재이거지 왈 거이소지 이소부지 인기사저
焉知賢才而擧之오? 曰 擧爾所知하라 爾所不知를 人其舍諸아?

[배경 설명]

자신이 아는 현명한 인재를 등용하고, 알지 못하는 인재는 남들로부터 추천받아 등용하라는 교훈이다. 爲(위)는 되다, 宰(재)는 가신(家臣), 先(선)은 먼저 일을 맡기다, 有司(유사)는 일을 주관하는 실무자, 赦(사)는 용서하다, 過(과)는 잘못, 擧(거)는 등용하다, 舍(사)는 버리다를 뜻한다. 家臣(가신)은 대부의 집에서 그를 섬기고 받들던 사람이다.

季氏(계씨)는 노나라의 대부로 삼환(三桓) 중에서 가장 큰 세력을 가지고 있던 계환자(季桓子)이다. 중궁(仲弓)은 노나라 사람으로 공자의 제자이며, 이름은 염옹(冉雍)이고, 안연과 더불어 덕행이 높고, 중후하고 소탈하고 과묵한 편이었으나 말재주가 부족했다.

현(賢)은 덕(德)이 있는 자요, 재(才)는 재능이 있는 자이다. 중궁이 현명한 인재를 다 알 수 없을까 염려하였다. 이에 공자께서 모든 일을 유사(有司)에게 먼저 시키고서 그 공적을 살핀다면, 군주가 신하의 일을 행하지 않아도 된다고 가르치신다. 큰 잘못은 해로우니 징계해야 하나 작은 잘못은 용서해 주면 민심이 기뻐할 것이다.

유사에게 먼저 일을 시키면 군주가 신하의 일을 하지 않을 것이요, 작은 잘못을 용서하지 않으면 온전한 사람이 남아 있지 않을 것이다. 현명한 인재를 등용하지 않으면 정사가 마비될 것이다. 아는 인재(所知)는 등용하고, 알지 못하는 인재(所不知)는 남이 추천해 줄 것이다. 남들이 알고 있는 인재들을 등용한다면 버려지는 인재는 없을 것이다. 따라서 현명한 인재를 발굴하여 등용하고, 그의 능력을 발휘할 수 있도록 해야 한다.

[단문 설명]

▸ 仲弓爲季氏宰 중궁위계씨재 중궁이 계씨의 가신이 되어. 爲: 되다. 宰: 가신(家臣).

▸ 先有司 선유사 유사에게 먼저 (일을) 맡기되. 先: 먼저 일을 맡기다. 有司: 일을 주관하는 실무자.

▸ 赦小過 사소과 사소하고 작은 잘못을 용서해주며. 赦: 용서하다. 過: 잘못, 허물.

▸ 擧賢才 거현재 현명한 인재를 등용하다. 擧: 등용하다. 賢才: 현명한 인재.

▸ 焉知賢才而擧之 언지현재이거지 어떻게 현명한 인재를 알아 등용합니까? 焉: 어찌 ~하는가? 知: 알다. 而: 순접, ~해서. 之: 賢才.

▸ 擧爾所知 거이소지 네가 아는 (현명한 인재를) 등용해라. 爾: 이인칭대명사, 너. 所知: 아는 바, 아는 현명한 인재.

▸ 爾所不知 이소부지 네가 모르는 인재. 所不知: 모르는 바, 모르는 현명한 인재.

▸ 人其舍諸? 인기사저? 남들이 어찌 내버려두겠느냐? 즉, 남들이 천거할 것이다. 其: 어찌(豈). 舍: 버리다. 諸: 之乎. 之: 인재. 乎: 의문종결사.

 3. 반드시 명분을 바로잡겠다.

[해석 본문]

자로가 물었다. "위나라 군주가 선생님을 모셔와 정치를 하게 하면 선생님께서는 장차 무엇을 먼저 하시겠습니까?" 이에 공자께서 대답하셨다. "반드시 명분을 바로잡겠다." 이를 듣고 자로가 다시 물었다. "그러시군요. 선생님께서는 세상 물정에 어두우십니다! 어떻게 명분을 바로잡을 수 있겠습니까?"

자로왈 위군 대자이위정 자장해선 자왈 필야정명호 자로왈
子路曰 衛君이 待子而爲政하면 子將奚先이리오? 子曰 必也正名乎니라 子路曰
유시재 자지우야 해기정
有是哉요 子之迂也예! 奚其正이리요?

[단문 설명]

▸ 衛君待子 而爲政 위군대자 이위정 위나라 군주가 선생님을 모셔와 정치를 하게 하면. 待: 모시다. 子: 공자, 선생님. 爲: 하게 하다.

▷ 子將奚先? 자장해선? 선생님께서는 장차 무엇을 먼저 하시겠습니까? 將: 장차. 奚: 무엇을 ~하
겠는가? 先: 먼저 하다. 奚先: 先奚의 도치.

▷ 必也 正名乎 필야 정명호 반드시 명분을 바로잡겠다. 必也: 반드시. 正: 바로잡다. 名: 명분.

▷ 有是哉! 유시재! 그러시군요! 是: 正名.

▷ 子之迂也! 자지우야! 선생님께서는 세상 물정에 어두우시군요! 子: 선생님. 之: 주격후치사. 迂:
세상 물정에 어둡다. 也: 감탄종결사.

▷ 奚其正? 해기정? 어떻게 명분을 바로잡을 수 있겠습니까? 奚: 어떻게 ~하겠는가? 其: 名.

[해석 본문]

공자께서 말씀하셨다. "사리에 어둡구나! 유야! 군자는 자기가 알지 못하는 것에 대해서는 대
개 (자신의 견해를) 제시하지 않는 법이다. 명분이 바르지 못하면 말이 이치에 맞지 않고, 말이
이치에 맞지 않으면 일이 이루어지지 못하고, 일이 이루어지지 못하면 예악이 일어나지 못하
고, 예악이 일어나지 못하면 형벌이 합당하지 않고, 형벌이 합당하지 않으면 백성들은 손발을
둘 곳이 없다. 따라서 군자가 명분을 세우면 반드시 말할 수 있어야 하며, 말을 하면 반드시 실
행할 수 있어야 한다. 군자는 그 말에 대하여 대충하는 것이 없을 뿐이다."

<table>
<tr><td>자 왈 야 재</td><td>유 야</td><td>군 자 어 기 소 부 지</td><td>개 궐 여 야</td><td>명 부 정 즉 언 불 순</td></tr>
<tr><td colspan="5">子曰 野哉라! 由也여! 君子於其所不知에 蓋闕如也니라 名不正則言不順하고</td></tr>
<tr><td>언 불 순 즉 사 불 성</td><td>사 불 성 즉 예 악</td><td>불 흥</td><td>예 악</td><td>불 흥 즉 형 벌 부 중</td></tr>
<tr><td colspan="5">言不順則事不成하고 事不成則禮樂이 不興하고 禮樂이 不興則刑罰이 不中하고</td></tr>
<tr><td>형 벌</td><td>부 중 즉 민 무 소 조 수 족</td><td>고</td><td>군 자 명 지</td><td>필 가 언 야 언 지</td></tr>
<tr><td colspan="5">刑罰이 不中則民無所措手足이니라 故로 君子名之이면 必可言也며 言之이면</td></tr>
<tr><td>필 가 행 야</td><td>군 자 어 기 언</td><td>무 소 구 이 이 의</td><td></td><td></td></tr>
<tr><td colspan="5">必可行也하니라 君子於其言에 無所苟而已矣니라</td></tr>
</table>

[단문 설명]

▷ 野哉! 由也! 야재! 유야 사리에 어둡구나! 유야! 野: 사리에 어둡다, 서투르다. 哉: 감탄종결사.
也: 호격 후치사, 야!

▷ 於其所不知 어기소부지 자기가 알지 못하는 것에 대해서는. 於: ~에.

▷ 蓋闕如也 개궐여야 대개 (자신의 견해를) 제시하지 않는 법이다. 蓋: 대개. 闕: 빼놓다, 제시하
지 않다. 如: 그렇게 여기다.

▷ 名不正 명부정 명분이 바르지 못하면.

▶ 則言不順 즉언불순 말이 이치에 맞지 않고. 則: ~하면. 順: 이치에 맞다.

▶ 則事不成 즉사불성 일이 이루어지지 못하고. 成: 일이 이루어지다.

▶ 則禮樂不興 즉예악불흥 예악이 일어나지 못하고. 興: 일어나다.

▶ 則刑罰不中 즉형벌부중 형벌이 합당하지 않고. 中: 맞다, 합당하다, 이치에 맞다.

▶ 則民無 所措手足 즉민무 소조수족 백성들은 손발을 둘 곳이 없다. 措: 두다. 手足: 손발.

▶ 故君子名之 고군자명지 따라서 군자가 명분을 세우면. 故: 따라서. 名: 명분을 세우다.

▶ 必可言也 필가언야 반드시 말할 수 있어야 하며. 名: 명분을 세우다.

▶ 言之 必可行也 언지 필가행야 말을 하면 반드시 실행할 수 있어야 한다.

▶ 君子 於其言 군자 어기언 군자는 그 말에 대하여. 於: ~에 대해서.

▶ 無所苟已矣 무소구이의 대충하는 것이 없을 뿐이다. 於: ~에 대해서. 苟: 미봉하다, 대충하다. 已矣: 뿐이다, 따름이다.

[배경 설명]

정치는 명분을 바로잡는 것이라는 교훈이다. 待(대)는 모시다, 迂(우)는 현실과 거리가 멀다, 先(선)은 먼저 하다, 正(정)은 바로잡다, 名(명)은 명분, 野(야)는 사리에 어둡다, 闕(궐)은 빼놓다, 興(흥)은 일어나다, 中(중)은 합당하다, 이치에 맞다, 措(조)는 두다, 手足(수족)은 손발, 名(명)은 명분을 세우다, 苟(구)는 대충하다를 뜻한다.

子路(자로)는 공문십철(孔門十哲)의 한 사람으로 성은 仲(중), 이름은 由(유)이다. 위(衛) 영공(靈公)이 죽자 그의 부인인 남자(南子)가 아들인 첩(輒)을 왕으로 세우니 그가 출공(出公)이고, 별명은 첩(輒)이다. 출공(出公)은 영공에게 쫓겨나 망명 중인 그의 아버지 괴외(蒯聵)의 귀국을 막고 자신이 왕위에 올랐으니, 공자는 이를 명분에 어긋나는 것이라고 말했다. 공자가 초나라에서 위나라로 왔을 때 출공은 자기의 아버지를 아버지로 여기지 않고, 자기의 할아버지를 등에 업고 정권을 잡았다.

명분(名分)은 일을 꾀할 때 내세우는 구실이나 이유이다. 명분을 바로잡겠다는 공자의 말은 부자 간의 권력을 다투는 실정과는 거리가 멀어 당장 해야 할 일이 아니라는 자로의 대답에 공자께서는 자로를 책망하셨다. 명분이 실제와 합당하지 않으면 말이 이치에 맞지 않고, 말이 이치에 맞지 않으면 실상을 살필 수 없어 일이 이루어지지 못한다. 일이 이루어지지 못하면 질서가 없고 화(和)하지 못한다. 예악(禮樂)이 일어나지 못하고, 예악이 일어나지 못하면 형벌이 합당하지 못하다. 따라서 예(禮)는 일의 순서를 얻는 것이요 악(樂)은 사물의 조화를 얻는 것이니, 군자는 명분을 합당하게 실행할 수 있어야 한다.

4. 나는 노련한 농부만 못하다.

[해석 본문]

번지가 곡식 심는 법을 배우기를 청하자, 공자께서는 "나는 노련한 농부만 못하다."고 말씀하셨다. 채소 (기르는 법을) 배우기를 번지가 또 청하자, 이에 공자께서는 "나는 노련한 채소 재배가만 못하다."고 말씀하셨다.

번 지 청 학 가　　자 왈 오 불 여 노 농　　　청 학 위 포　　　왈 오 불 여 노 포
樊遲 請學稼하자 **子曰 吾不如老農**하니라 **請學爲圃**하자 **曰 吾不如老圃**니라

[단문 설명]

▶ **樊遲請學稼** 번지청학가 번지가 곡식 심는 법을 배우기를 청하자. 請: 청하다. 學: 배우다. 稼: 심다, 곡식 심는 법.

▶ **吾不如老農** 오불여노농 나는 노련한 농부만 못하다. 不如: 만 못하다. 老: 노련하다. 農: 농부.

▶ **請學爲圃** 청학위포 채소 (기르는 법을) 배우기를 청하자. 爲: 배우다. 圃: 채소.

▶ **吾不如老圃** 오불여노포 나는 노련한 채소 재배가만 못하다. 老圃: 노련한 채소 재배가.

[해석 본문]

번지가 나가자 공자께서 말씀하셨다. "소인이구나! 번지여! 위정자가 예(禮)를 좋아하면 백성들은 감히 그를 공경하지 않을 수 없고, 위정자가 의(義)를 좋아하면 백성들이 감히 그를 복종하지 않을 수 없고, 위정자가 신(信)을 좋아하면 백성들이 감히 (그에게) 정성을 다하지 않을 수가 없다. 이렇게 하면 사방의 백성들은 자식을 포대기에 업고 올 것이니, 어찌 곡식 심는 법을 배우려 하느냐?"

번 지 출　　자 왈 소 인 재　　번 수 야　　상　　호 례 즉 민 막 감 불 경　　　　상
樊遲出하자 **子曰 小人哉**라! **樊須也**여! **上**이 **好禮則民莫敢不敬**하고 **上**이

호 의 즉 민 막 감 불 복　　　상　　호 신 즉 민 막 감 불 용 정　　　부 여 시 즉 사 방 지 민
好義則民莫敢不服하고 **上**이 **好信則民莫敢不用情**이니라 **夫如是則四方之民**이

강 부 기 자 이 지 의　　　언 용 가
襁負其子而至矣리니 **焉用稼**리오?

[배경 설명]

사람은 각자 역할이 있으므로 역할에 몰두해야 한다는 교훈이다. 稼(가)는 오곡을 심다, 老(노)는 노련하다, 爲(위)는 배우다, 圃(포)는 채소를 심다, 上(상)은 위정자, 윗사람, 敬(경)은 공경하다, 情(정)은 정성, 襁(강)은 포대기, 負(부)는 업다, 至(지)는 오다를 뜻한다.

번지(樊遲)는 공자의 제자로 성은 번(樊), 이름은 수(須), 字는 자지(子遲)이다. 대인(大人)은 위정자(爲政者)요, 소인(小人)은 벼슬이 없는 일반 서민(庶民)이다. 禮·義·信(예·의·신)은 대인의 일이다. 의(義)를 좋아하면 일이 마땅하다.

백성들이 위정자를 공경하고 복종하는 것은 각기 그 유형에 따라 각 역할에 응하는 것이다. 번지가 성인(聖人)의 문하에 있으면서 농사 짓는 법과 채소 가꾸는 법을 물었다. 덕으로써 다스리면 되는 것인데, 어찌 군자가 농사를 배우고자 하느냐? 위정자가 직접 농사짓는 일에 관여하는 것보다는 도덕정치를 하는 것이 그 역할을 수행하는 것이다. 번지가 이를 깨닫지 못하였으니, 이는 한 귀퉁이를 들어 알려주면 세 모퉁이를 생각해내지 못하기 때문이다. 그가 이미 밖으로 나가서 끝내 깨닫지 못했으니, 노련한 농부와 채소 재배가를 찾아가 배우게 된다면 깨달음이 있을 것이다. 따라서 공자께서는 위정자는 덕으로써 나라를 다스리는 것이 자신의 직분에 충실한 것이며, 이것은 백성들에게 이익을 준다고 가르치셨다.

[단문 설명]

▶ **小人哉! 樊須也!** 소인재! 번수야! 소인이구나! 번지여! 哉: 감탄종결사. 樊須: 번지(樊遲).

▶ **上好禮 則民莫敢不敬** 상호례 즉민막감불경 위정자가 예를 좋아하면 백성들은 감히 그를 공경하지 않을 수 없고. 上: 위정자, 윗사람. 莫 ~不: 이중부정. 敢: 감히. 敬: 공경하다.

▶ **上好義 則民莫敢不服** 상호의 즉민막감불복 위정자가 의를 좋아하면 백성들이 감히 그를 복종하지 않을 수 없고. 服: 복종하다.

▶ **上好信 則民莫敢不用情** 상호신 즉민막감불용정 위정자가 신을 좋아하면 백성들이 감히 (그에게) 정성을 다하지 않을 수가 없다. 用: 하다. 情: 정성, 진심.

▶ **夫如是** 부여시 이렇게 하면. 夫: 발어사. 如是: 이와 같다.

▶ **則四方之民** 즉사방지민 사방의 백성들은.

▶ **襁負其子 而至矣** 강부기자 이지의 자식을 포대기에 업고 올 것이니. 襁: 포대기. 負: 업다. 至: 이르다, 오다.

▶ **焉用稼?** 언용가? 어찌 곡식 심는 것을 하려 하느냐? 곡식 심는 법을 배우려 하느냐?

5. 학문은 실제 생활에 활용될 수 있어야 한다.

[해석 본문]

공자께서 말씀하셨다. "시경(詩經) 삼백편(三百篇)을 암송하더라도 그에게 정치를 맡겼을 때에 (제대로) 해내지 못하고, 사방에 사신으로 가서 혼자서 응대하지 못한다면, 비록 (시를 외운 것이) 많다고 한들 또한 무슨 소용이 있겠는가?"

子曰 誦詩三百도 授之以政에 不達하며 使於四方에 不能專對하면 雖多라도
亦奚以爲리오?

[배경 설명]

학문이 높다 한들 실용적이지 못하다면 아무런 소용이 없다는 교훈이다. 誦(송)은 소리에 가락을 넣지 않고 외우다, 암송하다, 授(수)는 맡기다, 達(달)은 해내다, 專(전)은 혼자서, 對(대)는 응대하다, 以(이)는 쓰다를 뜻한다.

시경(詩經)은 중국 최고의 시집으로 공자가 주(周)나라 초부터 춘추시대 초기까지의 시 305편을 편찬한 것으로 風(풍: 각국의 민요)·雅(아: 조정의 연회 음악)·頌(송: 선조의 덕 찬양가)로 구성되어 있다. 시경은 온후하고 화평하고 풍자하는 시로 깨우침이 뛰어나다.

당시에는 사신으로 가서 회동이 있을 때 시를 읊어 의사를 표현하였다. 그런데 세상에 시를 외우는 자들이 과연 정치에 종사할 수 있으며 혼자서 응대할 수 있겠는가? 不能專對(불능전대)는 혼자서 응대하지 못한다. 즉, 대부가 사신으로 가서 상황에 따라 스스로 판단하여 임기응변으로 능숙하게 처리하지 못한다. 이것은 배운 것이 지엽적이기 때문이다. 따라서 학문이 높다고 하더라도 학문은 실제 생활에서 활용될 수 있어야 한다.

[단문 설명]

▶ **誦詩三百** 송시삼백 시경(詩經) 삼백편(三百篇)을 암송하더라도. 誦: 암송하다, 외우다.
▶ **授之以政 不達** 수지이정 부달 그에게 정치를 맡겼을 때에 (제대로) 해내지 못하고. 授: 주다, 맡기다. 之: 시삼백을 외운 사람. 以: 전치사, 직접목적어 표시. 達: 해내다.

▸ 使於四方 시어사방 사방에 사신으로 가서. 使: 사신으로 가다.

▸ 不能專對 불능전대 혼자서 응대하지 못하다. 대부가 사신으로 가서 상황에 따라 스스로 판단하여 임기응변으로 능숙하게 처리하지 못한다. 專: 혼자서. 對: 응대하다.

▸ 雖多 亦奚以爲? 수다 역해이위? (시를 외운 것이) 비록 많다고 한들 또 무슨 소용이 있겠는가? 奚以: 以奚의 도치, 무슨 소용이 있겠는가? 以: 쓰다.

 6. 위정자 자신이 바르지 못하면 백성들이 따르지 않는다.

[해석 본문]

공자께서 말씀하셨다. "위정자 자신이 바르면 명령하지 않아도 (백성들이) 행하고, 위정자 자신이 바르지 못하면 비록 명령한다 하더라도 (백성들이) 따르지 않는다."

자왈 기 신   정   불 령 이 행   기 신   부 정   수 령   부 종
子曰 其身이 正이면 不令而行하고 其身이 不正이면 雖令이나 不從이라

[배경 설명]

지도자가 바르면 백성들은 명령을 내리지 않아도 감화되어 따르게 된다는 교훈이다. 正(정)은 바르다, 身(신)은 자신, 令(령)은 명령하다, 從(종)은 따르다를 뜻한다.

위정자의 행동과 태도가 바르면 명령을 내리지 않아도 백성들이 따를 것이나 위정자의 행동과 태도가 바르지 아니하면 비록 명령을 하더라도 백성들은 따르지 않을 것이다. 따라서 위정자의 행동과 태도가 백성들을 다스리는데 중요하다는 공자의 가르침이다.

[단문 설명]

▸ 其身正 기신정 위정자 자신이 바르면. 其: 위정자. 身: 자신. 正: 바르다.

▸ 不令而行 불령이행 명령하지 않아도 (백성들이) 행하고. 令: 명령하다.

▸ 其身不正 기신부정 위정자 자신이 바르지 못하면.

▸ 雖令不從 수령부종 비록 명령한다 하더라도 (백성들이) 따르지 않는다. 雖: 비록

7.   노나라와 위나라의 정치가 혼란한 정도가 서로 비슷하구나!

[해석 본문]

공자께서 말씀하셨다. "노나라와 위나라의 정치는 형제로구나!"

자 왈 노 위 지 정   형 제 야
子曰 魯衛之政이 **兄弟也**로다!

[배경 설명]

노나라와 위나라가 군주의 승계 문제와 권신들의 횡포 등으로 나라가 어지러워진 것이 서로 비슷하다고 공자께서 탄식하신 내용이다.

노나라는 문왕(文王)의 넷째 아들 주공(周公)을 봉한 나라이고, 위나라는 일곱째 아들 강숙(康叔)을 봉한 나라로 실제로 형제의 나라이다. 그러나 계손씨(季孫氏), 맹손씨(孟孫氏), 숙손씨(叔孫氏) 등의 삼환(三桓)이 전횡하는 노나라와 출공(出公)이 부자 간에 정권 다툼을 하고 있는 위나라의 혼란스러운 정국이 난형난제라는 유사한 상황의 의미가 있다. 따라서 노나라와 위나라가 쇠하고 정치도 서로 비슷하여 공자께서 탄식하신 것이다.

[단문 설명]

▶ **魯衛之政** 노위지정 노나라와 위나라의 정치는.

▶ **兄弟也!** 형제야! 형제로구나!

 8.   살림이 점차 늘어도 결코 사치하거나 교만하지 않는구나.

[해석 본문]

공자께서 위나라의 공자형(公子荊)을 두고 평하셨다. "(그는) 집을 잘 다스렸다. 처음에 (재산이) 약간 생기자 공자형(公子荊)은 '그런대로 모였다.'고 하였고, 조금 생기자 '그런대로 완비되었다.'고 하였고, 많이 생기자 '그런대로 화려하게 되었다.'고 하였다."

^{자 위   위 공 자 형}   ^{선 거 실}   ^{시 유}   ^{왈 구 합 의}   ^{소 유}   ^{왈 구 완 의}
子謂 衛公子荊하시다 善居室이로다 始有에 曰 苟合矣라 少有에 曰 苟完矣라

^{부 유}   ^{왈 구 미 의}
富有에 曰 苟美矣라

[배경 설명]

　공자형이 살림이 점차 늘어도 결코 사치하거나 교만하지 않아 칭찬하신 말씀이다. 善(선)은 잘하다, 居(거)는 다스리다, 室(실)은 재산, 有(유)는 생기다, 苟(구)는 그대로, 合(합)은 모이다, 少(소)는 조금, 完(완)은 완비되다, 富(부)는 많이, 美(미)는 화려하다를 뜻한다.

　위공자형(衛公子荊)은 위(衛)나라 헌공(獻公)의 아들로 위나라 대부이나 노나라에도 공자형(公子荊)이라는 인물이 있어 양자를 구별하기 위해 위공자형(衛公子荊)이라고 불렀다. 위공자형(衛公子荊)은 공자(公子)로 인품이 매우 훌륭하고 겸손하였다. 공자(公子)는 신분이 높은 아들로 위나라 왕자를 칭한다.

　절제가 있으면 빨리 화려하게 하려는 욕심이 마음에서 없어진다. 완전히 아름답게 하기를 힘쓰면 물욕에 마음이 얽매여 교만하고 인색한 마음이 생긴다. 공자형(公子荊)은 모두를 '그런대로 이만하면'이라고 말하니, 이는 재산에 마음을 두지 않았다는 것을 뜻한다. 따라서 화려하고자 힘쓰면 재산에 마음을 두어 교만하고 인색해지나 위공자형(衛公子荊)은 욕심을 갖지 않았으므로 재산에 의해 마음이 동요받지 않았다.

[단문 설명]

▷ **善居室** 선거실 (그는) 집을 잘 다스렸다. 善: 잘하다. 居: 다스리다. 室: 집, 재산, 가재.

▷ **始有 曰苟合矣** 시유 왈구합의 처음에 (재산이) 약간 생기자 위공자형(衛公子荊)은 '그런대로 모였다.'고 하였고. 有: 생기다. 苟: 그런대로. 合: 모이다.

▷ **少有 曰苟完矣** 소유 왈구완의 조금 생기자 '그런대로 완비되었다.'고 하였고. 少: 조금. 完: 완비되다.

▷ **富有 曰苟美矣** 부유 왈구미의 많이 생기자 '그런대로 화려하게 되었다.'고 하였다. 富: 많이. 美: 화려하다.

9. 백성이 많아야 하고, 백성이 부유해야 하고, 백성을 교육해야 한다.

[해석 본문]

공자께서 위나라에 가실 때에 염유가 수레를 몰았다. 공자께서 말씀하셨다. "(위나라 백성들이) 많기도 하구나!" 염유가 물었다. "이미 (백성들이) 많으면 또 무엇을 더합니까?" 이에 공자께서 대답하셨다. "백성을 부유하게 해주어야 한다." 염유가 다시 물었다. "백성이 이미 부유해졌으면 또 무엇을 더합니까?" 이에 공자께서 또 말씀하셨다. "백성을 교육시켜야 한다."

子適衛하실새 冉有僕이니라 子曰 庶矣哉라! 冉有曰 旣庶矣이면 又何加焉이리요? 曰 富之니라 曰 旣富矣이면 又何加焉이리요? 曰 敎之니라

[배경 설명]

나라가 부강하기 위해서는 백성이 많아야 하고, 백성이 부유해야 하고, 백성을 교육해야 한다고 말씀하신 것이다. 適(적)은 가다, 僕(복)은 수레를 몰다, 庶(서)는 많다, 富(부)는 부유하게 하다, 敎(교)는 교육하다를 뜻한다.

공자가 위나라에 들어갈 때 염유가 마부를 하면서 위나라에서 백성이 많은 것을 보고 대화를 한 내용이다. 당시에는 인구가 적어 국력은 백성의 수에 달려 있었다. 위나라는 백성의 수도 많고 매우 강한 나라였다. 백성들이 많기만 하고 부유하지 못하면 백성들의 생활이 어렵기 때문에 토지와 주택을 마련해 주고 세금을 가볍게 하여 부유하게 해주어야 한다. 부유하기만 하고 가르치지 않으면 금수(禽獸)에 가까워지기 때문에 반드시 학교를 세워서 예의를 가르쳐야 하는 것이다. 따라서 임금은 서(庶), 부(富), 교(敎)로 백성을 다스려야 한다.

[단문 설명]

▶ 適衛 冉有僕 적위 염유복 위나라에 가실 때에 염유가 수레를 몰았다. 適: 가다. 僕: 수레를 몰다.

▶ 庶矣哉! 서의재! (위나라 백성들이) 많기도 하구나! 庶: 많다. 矣: 서술종결사. 哉: 감탄종결사.

▶ 旣庶矣 기서의 이미 (백성들이) 많으면. 旣: 이미. 矣: 서술종결사.

▶ 又何加焉? 우하가언? 또 무엇을 더합니까? 何: 무엇. 加: 더하다. 焉: 의문종결사, 於是, 거기에.

▶ **富之** 부지 백성을 부유하게 해주어야 한다. 富: 부유하게 하다. 之: 백성.

▶ **旣富矣** 기부의 (백성이) 이미 부유해졌으면. 旣: 이미.

▶ **敎之** 교지 백성을 교육시켜야 한다. 敎: 교육하다. 之: 백성.

 10. 자신을 등용해 주면 성과를 낼 수 있다.

[해석 본문]

공자께서 말씀하셨다. "만일 나를 등용하는 사람이 있다면 일 년뿐이라도 괜찮을 것이니, 삼 년이면 성과가 있을 것이다."

자 왈 구 유 용 아 자　　기 월 이 이　　　가 야　　삼 년　　　유 성
子曰 苟有用我者이면 **朞月而已**라도 **可也**니 **三年**이면 **有成**이니라

[배경 설명]

공자께서 당시에 위령공(衛靈公)이 자신을 등용하지 않음을 한탄하신 것이다. 苟(구)는 만일, 用(용)은 등용하다, 朞月(기월)은 일 년, 已(이)는 뿐, 成(성)은 성과를 뜻한다.

공자는 자신을 등용해주기를 바라면서 많은 나라를 유세하고 다녔으나 등용되지 못해 정치를 할 기회를 갖지 못했다. 가(可)는 괜찮다란 말이니, 성과가 조금 나타나는 것을 말하고, 유성(有成)은 치적이 이루어지는 것이다. 짧은 기간이라도 자신을 써주면 어느 정도 성과를 이룰 수 있으나 적어도 삼 년이 되면 치적을 이룰 수 있다고 밝힌 것이다. 따라서 공자가 위나라에 있을 때 위령공이 늙고 정사에 태만하여 공자를 등용하지 않자 위나라를 떠나면서 한 말이다.

[단문 설명]

▶ **苟有用我者** 구유용아자 만일 나를 등용하는 사람이 있다면. 苟: 만일 ~한다면. 用: 등용하다.

▶ **朞月而已 可也** 기월이이 가야 일 년뿐이라도 괜찮을 것이니. 朞月: 돐, 일주년, 일년. 而: ~이면. 已: 뿐, 따름. 可也: 괜찮다, 좋다.

▶ **三年有成** 삼년유성 삼 년이 지나면 성과가 있을 것이다. 三年: 삼 년이면. 成: 성과, 치적.

11. 잔인한 사람을 이기고 사형을 없앨 수 있다.

[해석 본문]

공자께서 말씀하셨다. "'선인이 백 년 동안 나라를 다스리면 잔인한 사람을 교화시키고 사형 제도를 없앨 수 있다.'라고 하니, 참으로 옳은 말이구나!"

자왈 선인 위방백년 역가이승잔거살의 성재 시언야
子曰 善人이 爲邦百年이면 亦可以勝殘去殺矣하니라 誠哉라 是言也여!

[배경 설명]

공자께서 위정자들의 덕치(德治)가 오래 지속되지 못하는 것을 한탄하신 것이다. 爲(위)는 다스리다, 可以(가이)는 할 수 있다, 勝(승)은 교화시키다, 殘(잔)은 잔인한 사람, 去(거)는 없애다, 殺(살)은 사형 제도, 誠(성)은 참으로를 뜻한다.

나라를 다스리기를 백 년 동안 한다는 것은 연속해서 오랜 시간을 다스린다는 것을 말한다. 勝殘(승잔)은 잔인하고 포악한 사람을 교화시켜 악한 짓을 못하게 하는 것, 去殺(거살)은 백성 들이 교화되어 사형 제도를 폐지할 수 있다는 것을 뜻한다. 따라서 태평성세를 이루는 데에는 선인이 다스려도 백 년이라는 오랜 기간이 걸린다.

[단문 설명]

▶ **善人 爲邦百年** 선인 위방백년 선인이 백 년 동안 나라를 다스리면. 爲: 다스리다.
▶ **可以勝殘 去殺矣** 가이승잔 거살의 잔인한 사람을 교화시키고 사형 제도를 없앨 수 있다. 可以: 할 수 있다. 勝: 이기다, 교화시키다. 殘: 잔인한 사람. 去: 없애다. 殺: 사형 제도.
▶ **誠哉 是言也!** 성재 시언야! 참으로 옳은 말이구나! 誠: 참으로. 哉: 감탄종결사. 是: 옳다.

 12. 반드시 한 세대가 지나야 백성들이 어질어질 것이다.

[해석 본문]

공자께서 말씀하셨다. "만일 성왕이 있다 하더라도 반드시 한 세대가 지나야 (백성들이) 어질

어질 것이다.”

　　　　자 왈　여 유 왕 자　　　필 세 이 후 인
子曰 如有王者라도 **必世而後仁**이니라

[배경 설명]

천명을 받은 성왕이 나타나 한 세대는 지나야 백성들이 어질어진다는 가르침이다. 王者(왕자)는 성왕(聖王), 如(여)는 만일, 世(세)는 한 세대, 삼십 년을 뜻한다.

왕자는 요임금이나 순임금처럼 왕도로써 천하를 다스리는 성왕(聖王)이다. 즉, 왕자는 덕으로 천하를 다스리는 성왕으로 태평성대를 열어 백성들이 편안하게 살 수 있도록 훌륭하게 치세하는 임금이다. 법도와 기강이 이루어지고 교화가 이루어지고 예악이 일어나는 것이 인이다.

주나라는 문왕과 무왕으로부터 성왕에 이른 뒤에 예악이 흥했는데, 인의 교화 효과가 나타나는 데는 어느덧 한 세대가 흘렀다. 따라서 성왕이 나타난다 하더라도 천하에 인이 행해지려면 한 세대는 걸릴 정도로 쉽지 않다.

[단문 설명]

▸ **如有王者** 여유왕자 만일 성왕이 있다 하더라도. 如: 만일.
▸ **世而後仁** 세이후인 한 세대가 지나야 (백성들이) 어질어질 것이다. 世: 한 세대. 而後: 以後.

 13. 위정자 자신이 바르게 솔선수범해야 남을 바르게 할 수 있다.

[해석 본문]

공자께서 말씀하셨다. “(위정자가) 자신을 바르게 하면 정사하는 데에 무슨 어려움이 있겠으며, 자신을 바르게 할 수 없다면 어떻게 남을 바르게 하겠는가?”

　　　자 왈　구 정 기 신 의　　어 종 정 호　　하 유　　불 능 정 기 신　　여 정 인　　하
子曰 苟正其身矣면 **於從政乎**에 **何有**며 **不能正其身**이면 **如正人**에 **何**오?

[배경 설명]

위정자 자신이 바르게 해야 백성을 바르게 할 수 있다는 지도자의 솔선수범에 관한 교훈이다. 苟(구)는 만약, 正(정)은 바르게 하다, 政(정)은 正(바를 정)과 攴(칠 복)을 더하여 바르게 하는 행동으로 나라를 다스리는 일, 행정, 從政(종정)은 정사하다를 뜻한다.

정사는 바로잡는 것이니, 다른 사람을 바르게 하려면 먼저 자신의 몸가짐을 바르게 해야 한다. 위정자가 바르게 행동하면 백성들도 바르게 행동한다. 위정자가 자신을 바르게 하고 덕을 쌓아 인을 베풀면, 백성들은 교화되어 나라가 바로 서게 된다. 따라서 공자께서는 난세에 시대를 바로잡아줄 위정자를 간절하게 기다리고 계셨다.

[단문 설명]

▸ 苟正其身矣 구정기신의 (위정자가) 자신을 바르게 하면. 苟: 만약, 진실로. 正: 바르게 하다.
▸ 於從政乎 何有? 어종정호 하유? 정사하는 데에 무슨 어려움이 있겠으며. 於: ~에. 從政: 정사하다. 乎: 의문종결사. 何: 무슨 어려움.
▸ 不能正其身 불능정기신 자신을 바르게 할 수 없다면.
▸ 如正人 何? 여정인 하? 어떻게 남을 바르게 하겠는가? 如 ~何: ~을 어떻게 하는가?

 14. 자신의 가사를 논의하는 것을 비평하였다.

[해석 본문]

염자가 조정에서 물러나오자, 공자께서 물으셨다. "어찌 늦었는가?" 이에 염자가 대답하였다. "정사가 있었습니다." 공자께서 말씀하셨다. "그것은 (대부의 집안) 일이었을 것이다. 만일 정사가 있었다면 비록 내가 등용되지 않았더라도 나는 아마 참여하여 그것을 들었을 것이다."

염 자 퇴 조　　　자 왈 하 안 야　　　대 왈 유 정　　　자 왈 기 사 야　　　여 유 정
冉子退朝하자 **子曰 何晏也**오? **對曰 有政**이니다 **子曰 其事也**로다 **如有政**이면
수 불 오 이　　오 기 여 문 지
雖不吾以나 **吾其與聞之**니라

[배경 설명]

　염자가 정작 해야 할 정사보다 가신들과 함께 자신의 가사를 논의하는 것을 책망한 것이다. 退(퇴)는 물러나다, 朝(조)는 대부 계씨의 사조(私朝), 晏(안)은 늦다, 事(사)는 집안 일, 以(이)는 등용되다, 聞(문)은 들다를 뜻한다.

　염유(冉有)는 노나라의 정권을 전횡하고 있던 계씨(季氏)의 가신이었다. 염구는 공문십철(孔門十哲)의 한 사람으로 이름은 구(求), 자는 자유(子有)이고, 염유(冉有)라고도 한다. 그는 재예(才藝)가 뛰어났고, 성격은 나약하고 소극적이며 소심했다.

　전임 대부(大夫)는 비록 정사를 하지 않더라도 국정에 참여하여 듣는 것이 예이다. 계씨는 노나라를 독단하여 정사를 공조(公朝)에서 의논하지 않고 가신들과 자기의 사실(私室)에서 의논하였다. 부자께서 말씀하시기를 "나는 일찍이 대부였으니, 그래도 당연히 참여하여 들었을 터인데 이제 듣지 못하였으니, 이는 정사(政事)가 아니다."라고 하신 것이다. 따라서 계씨(季氏)가 명분을 바르게 하지 않고 집안 일을 논의하는 것을 책망한 것이다.

[단문 설명]

▷ 冉子退朝 염자퇴조　염자가 조정에서 물러나오자. 退: 물러나오다. 朝: 나라의 조정이 아니라 대부 계씨의 사조(私朝).

▷ 何晏也? 하안야?　어찌 늦었는가? 晏: 늦다.

▷ 有政 유정　정사가 있었습니다

▷ 其事也 기사야　그것은 (대부의 집안) 일이었을 것이다. 其: 대부. 事: 집안 일.

▷ 如有政 여유정　만일 정사가 있었다면. 如: 만일.

▷ 雖不吾以 수불오이　비록 내가 등용되지 않았더라도. 吾以: 부정문에서 도치. 以: 쓰다, 등용하다.

▷ 吾其與聞之 오기여문지　내가 아마 참여하여 그것을 들었을 것이다. 其: 아마. 聞: 듣다. 之: 정사.

 15. 임금이 본분을 깨닫는다면 나라가 흥할 것이다.

[해석 본문]

　정공이 물었다. "한 마디 말로 나라를 흥하게 할 수 있다 하니, 그런 말이 있습니까?" 공자께서 대답하셨다. "(그런) 말은 이와 같다고 할 수 없습니다만, 비슷한 말은 있습니다. (어떤) 사람이 '임금 노릇하는 것이 어렵고, 신하 노릇하는 것도 쉽지 않다.'고 말하였으니, 만일 임금 노릇하는 것이 어렵다는 것을 안다면 한 마디 말로 나라를 흥하게 하는 일에 가깝지 않습니까?"

정공 문 일언 이가이흥방 유저 공자대왈 언불가이약시 기기야
定公이 問 一言 而可以興邦하니 有諸이오? 孔子對曰 言不可以若是 其幾也이다

인지언왈 위군난 위신불이 여지위군지난야 불기호 일언
人之言曰 爲君難하며 爲臣不易하니 如知爲君之難也이면 不幾乎 一言

이흥방호
而興邦乎하리오?

[단문 설명]

▶ 一言 而可以興邦 일언 이가이흥방 한 마디 말로 나라를 흥하게 할 수 있다 하니. 一言: 한 마디로 말을 하다. 而: ~하여. 可以: 할 수 있다. 興: 흥하다. 邦: 나라.

▶ 有諸? 유저? 그런 말이 있습니까? 有: 있다. 諸: 之乎. 之: 一言. 乎: 의문종결사.

▶ 言不可以若是 언불가이약시 (그런) 말은 이와 같다고 할 수 없습니다만. 若: 같다. 是: 이.

▶ 其幾也 기기야 비슷한 말은 있습니다. 其: 一言. 幾: 비슷하다, 가깝다.

▶ 人之言曰 인지언왈 (어떤) 사람이 ~말하였으니.

▶ 爲君難 위군난 임금 노릇하는 것이 어렵고. 爲: 하다, 되다. 君: 임금 노릇. 難: 어렵다.

▶ 爲臣不易 위신불이 신하 노릇하는 것도 쉽지 않다. 臣: 신하 노릇. 易: 쉽다.

▶ 如知 爲君之難也 여지 위군지난야 만일 임금 노릇하는 것이 어렵다는 것을 안다면. 如: 만일. 爲君之: 임금 노릇하는 것이.

▶ 不幾乎 불기호 ~에 가깝지 않다. 幾: 가깝다, 바라다. 乎: 전치사, ~에.

▶ 一言 而興邦乎? 일언 이흥방호? 한 마디 말로 나라를 흥하게 하는 일`? 而: ~하여. 乎: 의문종결사.

[해석 본문]

정공이 말했다. "한 마디로 말해서 나라를 망할 수 있다 하니, 그런 말이 있습니까?" 공자께서 말씀하셨습니다. "(그런) 말은 이와 같다고 할 수 없습니다만, 비슷한 말은 있습니다. (어떤) 사람이 '나는 임금 노릇하는 것에 즐거움이 없다. 오직 내가 말을 하면 아무도 거역하지 않는다'고 하였으니, 만일 (임금의 말이) 착한데 아무도 어기지 않는다면 좋지 않겠습니까? 만일 (임금의 말이) 착하지 않은데 아무도 거역하지 않는다면 한 마디 말로 나라를 망하는 것에 가깝지 않습

니까?"라고 대답하셨다.

왈 일언이상방 유저 공자대왈 언불가이약시 기기야 인지언왈
曰 一言而喪邦하니 有諸오? 孔子對曰 言不可以若是 其幾也하나 人之言曰

여무락호위군 유기언이막여위야 여기선 이막지위야 불역선호
予無樂乎爲君이라 唯其言而莫予違也니라 如其善 而莫之違也이면 不亦善乎리오?

여불선 이막지위야 불기호 일언이상방호
如不善 而莫之違也이면 不幾乎 一言而喪邦乎리오?

[단문 설명]

▶ 一言 而喪邦 有諸? 일언 이상방 유저? 한 마디 말로 나라를 망할 수 있다 하니, 그런 말이 있습니까? 喪: 망하다. 有: 있다. 諸: 之乎. 之: 一言. 乎: 의문종결사.

▶ 言不可以若是 언불가이약시 (그런) 말은 이와 같다고 할 수 없습니다만. 若: 같다. 是: 이.

▶ 其幾也 기기야 비슷한 말은 있습니다. 其: 一言. 幾: 비슷하다, 가깝다.

▶ 人之言曰 인지언왈 (어떤) 사람이 ~말하였으니.

▶ 予無樂 乎爲君 여무락 호위군 나는 임금 노릇하는 것에 즐거움이 없다. 予: 나는. 爲君: 임금 노릇.

▶ 唯其言 而莫予違也 유기언 이막여위야 오직 내가 말을 하면 아무도 거역하지 않는다. 唯: 오직. 其: 나. 莫: 아무도 ~하지 않다. 予: 내 말. 違: 거역하다. 予違: 違予의 도치.

▶ 如其善 여기선 만일 (임금의 말이) 착한데. 如: 만일. 其: 임금의 말. 善: 착하다.

▶ 而莫之違也 이막지위야 아무도 거역하지 않는다면. 而: ~한다면. 莫: 아무도 ~하지 않다. 之: 내 말. 違: 거역하다. 之違: 違之의 도치.

▶ 不亦善乎? 불역선호? 좋지 않겠습니까? 善: 좋다.

▶ 如不善 而莫之違也 여불선 이막지위야 만일 (임금의 말이) 착하지 않은데 아무도 거역하지 않는다면.

▶ 不幾乎 불기호 ~에 가깝지 않습니까?

▶ 一言 而喪邦乎? 일언 이상방호 한 마디 말로 나라를 망하는 것.

[배경 설명]

정공이 공자에게 국가를 부흥할 왕도가 있는지를 물었으나 임금 노릇이나 신하 노릇이 쉽지 않다는 말을 임금이 깨닫는다면 나라는 부흥할 것이라고 충언하였다. 一言(일언)은 한 마디로 말하다, 可以(가이)는 할 수 있다, 興(흥)은 흥하다, 幾(기)는 가깝다, 爲(위)는 되다, 君(군)은

임금 노릇, 臣(신)은 신하 노릇, 難(난)은 어렵다, 人(인)은 어떤 사람을 뜻한다.

魯定公(노정공)은 춘추시대 노나라의 임금으로 이름은 송(宋)이고, 소공(昭公)의 동생이다. 나라의 부흥과 패망에 관한 노정공의 질문에 공자가 대답한 충언이다. 임금 노릇하기가 어렵다는 것을 알게 되면 반드시 두려워하고 조심하여 한 가지 일도 감히 소홀히 하지 않을 것이다. 만일 임금이 착하지 못한데도 임금의 말을 어기는 이가 없다면 충성스런 말이 임금에게 전달되지 않아, 임금은 날로 교만해지고 신하는 날로 아첨할 것이니, 그러고도 망하지 않는 나라는 없을 것이다. 따라서 임금이 임금 노릇하기가 어렵고, 신하가 신하 노릇하기가 어려운 것을 안다면 신중하여 나라는 흥할 수 있지만, 임금이 권력만 즐긴다면 그 나라는 망할 것이라는 충언이다.

 16. 가까이 있는 사람들을 기쁘게 하면, 먼 곳에 있는 사람들이 찾아온다.

[해석 본문]

섭공이 정사에 관하여 묻자, 공자께서 말씀하셨다. "가까이 있는 사람을 기쁘게 하면, 먼 곳에 있는 사람이 찾아옵니다."

섭공 문정 자왈 근자열 원자래
葉公이 問政하자 子曰 近者說하며 遠者來니라

[배경 설명]

가까이 있는 사람에게 은혜를 베풀어 기쁘게 하면, 멀리 있는 사람은 그 덕을 사모하여 찾아오는 것이라는 교훈이다. 近者(근자)는 가까이 있는 사람, 說(열)은 기쁘게 하다, 遠者(원자)는 먼 곳에 있는 사람, 來(래)는 찾아오다를 뜻한다.

섭공(葉公)은 춘추시대 말기 초(楚)나라의 정치가로 성은 沈(심)이고 이름은 諸梁(제량)이다. 초나라 昭王(소왕)에 의해 葉(섭)현을 다스리는 관리로 봉해져 섭공이라고 불렀다. 그는 선정을 베풀어 소공과 백성들로부터 좋은 평가를 받았다. 공자께서 진나라에서 채나라로 다니던 시기에 초나라 소왕의 초빙을 받아 초나라로 가는 길에 진나라와 초나라의 대부들이 공자를 시기해서 사람을 동원해 공자를 포위했고, 공자는 초나라로 가지 못하고 7일 간이나 식량이 떨어지게 되는 陳蔡絕糧(진채절량)을 당했다. 이런 일을 겪은 후 공자는 섭읍으로 가서 섭공과 나라를 다스리는 법에 대해 의견을 교환했다.

　백성들은 은택을 입으면 기뻐하고, 그 풍문을 들으면 멀리서도 찾아오게 된다. 하지만 반드시 가까이 있는 자가 기뻐한 후에 그들의 소문에 의해 멀리 있는 자가 찾아오게 된다. 가까운 사람들은 만족해서 기뻐하고, 먼 사람들은 동경해서 오게 하는 것이다. 따라서 무력으로 영토를 확장할 것이 아니라 선정을 베풀면 저절로 인구가 늘고 나라가 커질 것이다.

[단문 설명]

▶ **葉公問政** 섭공문정　섭공(葉公)이 정치를 묻자.

▶ **近者說** 근자열　가까이 있는 사람을 기쁘게 하면. 近者: 가까이 있는 사람. 說: 기쁘게 하다(悅), 형용사가 사역동사로 전용.

▶ **遠者來** 원자래　먼 곳에 있는 사람이 찾아옵니다. 遠者: 먼 곳에 있는 사람. 來: 찾아오다.

 17.　**작은 이익을 보고자 하면 큰 일을 이루지 못한다.**

[해석 본문]

　자하가 거보의 읍장이 되어 정사에 관하여 묻자, 공자께서 말씀하셨다. "빨리 하려고 하지 말고, 작은 이익을 보려고 하지 말아야 한다. 빨리 하려고 하면 (목표를) 달성하지 못하고, 작은 이익을 보고자 하면 큰 일을 이루지 못한다."

　자하　위거보재　　문정　　자왈　무욕속　　무견소리　　욕속즉부달
　子夏 爲莒父宰로 **問政**하자 **子曰 無欲速**하며 **無見小利**니라 **欲速則不達**하면
　견소리즉대사불성
　見小利則大事不成이니라

[배경 설명]

　공자께서는 속히 하려고 하면 목표를 달성하지 못하고, 작은 이익을 탐하면 큰 일을 이룰 수 없다고 가르치셨다. 爲(위)는 되다, 欲(욕)은 하려고 하다, 速(속)은 빨리, 無(무)는 금지사로 하지 말라, 達(달)은 달성하다를 뜻한다.

거보(莒父)는 노(魯)나라 읍(邑) 이름으로 지금의 산동성 거현(莒縣) 부근에 있었다. 일을 속히 이루려고 하면 너무 급하여 순서가 없어서 도리어 제대로 하지 못하고, 조그만 이익을 보면 이루는 것이 적고 잃는 것이 크게 된다. 따라서 일을 급히 서두르다 보면 실수하는 일이 발생할 수 있고, 작은 이익에 집착하면 큰 일을 이룰 수 없다는 소탐대실(小貪大失)이다.

[단문 설명]

▶ 爲莒父宰 위거보재 거보의 읍장이 되어. 爲: 되다. 莒父宰: 거보의 읍장.
▶ 無欲速 무욕속 빨리 하려고 하지 말고. 無: ~하지 말라(毋). 欲: 하려고 하다.
▶ 無見小利 무견소리 작은 이익을 보지 말아야 한다.
▶ 欲速 則不達 욕속 즉부달 빨리 하려고 하면 (목표를) 달성하지 못하고.
▶ 見小利 則大事不成 견소리 즉대사불성 작은 이익을 보고자 하면 큰 일을 이루지 못한다. 大事不成: 不成大事의 도치, 큰 일을 이루지 못한다.

 18. 자식을 위하여 숨겨주고 아버지를 위하여 숨겨주는 것이 정직이다.

[해석 본문]

섭공이 공자에게 말하였다. "우리 마을에 정직한 궁(躬)이 있으니, 그의 아버지가 양을 훔쳤는데, 아들이 그것을 (관가에) 고발하였습니다." 이에 공자께서 말씀하셨다. "우리 마을의 정직한 사람은 이와 다릅니다. 아버지는 자식을 위하여 (그의 죄를) 숨겨주고 자식은 아버지를 위하여 (그의 죄를) 숨겨주니, 정직은 그 가운데 있는 것입니다."

섭공이 語孔子曰 吾黨에 有直躬者이니 其父攘羊인데 而子證之하니이다 孔子曰
吾黨之直者는 異於是니이다 父爲子隱하며 子爲父隱하니 直在其中矣니이다

[배경 설명]

공자께서 부모 자식 간에 죄를 서로 숨겨주는 것이 천리와 인정이라고 말씀하신다. 黨(당)은 마을, 攘(양)은 훔치다, 證(증)은 고발하다를 뜻한다.

106

궁(躬)이 아비를 고발한 고사를 인용한 것인데, 지나친 정직은 도리어 정직이 아님을 비유한 것이다. 초(楚)나라 사람인 궁(躬)은 아버지가 이웃의 양을 한 마리 훔쳐 오는 것을 보고, 이 사실을 관가에 고해 스스로 증인이 되었다. 섭공은 이 사실을 공자께 말을 했다. 이에 공자께서는 부모 자식 간에는 잘못을 저질렀다고 해서 이를 고발하는 것이 아니라 서로 감추고 숨겨 주는 것이 이치에 맞으며 그 가운데 정직이 있다고 대답하였다. 이치를 따르는 것이 정직이니, 아버지가 자식을 위하여 숨겨주고, 자식이 아버지를 위하여 숨겨주는 것이 천리이다. 따라서 정직은 서로를 보호해 주는 데에 있는 것이니, 아버지가 자식을 보호해주는 것은 부성애이고, 자식이 아버지를 보호해주는 것은 효도이다.

[단문 설명]

▷ **吾黨 有直躬者** 오당 유직궁자 우리 마을에 정직한 궁(躬)이 있으니. 黨: 마을.

▷ **其父攘羊 而子證之** 기부양양 이자증지 그의 아버지가 양을 훔쳤는데, 아들이 그것을 (관가에) 고발하였습니다. 攘: 훔치다. 證: 고발하다. 之: 其父攘羊.

▷ **吾黨之直者 異於是** 오당지직자 이어시 우리 마을의 정직한 사람은 이와 다릅니다. 直者: 정직한 사람. 異: 다르다. 於是: 이와.

▷ **父爲子隱 子爲父隱** 부위자은 자위부은 아버지는 자식을 위하여 (그의 죄를) 숨겨주고 자식은 아버지를 위하여 (그의 죄를) 숨겨주니. 爲: 위하여. 隱: 숨기다.

▷ **直在其中矣** 직재기중의 정직은 그 가운데 있는 것입니다. 其: 父爲子隱, 子爲父隱.

 19. **공손, 경건과 정성은 오랑캐 땅에 가더라도 버림받지 않을 것이다.**

[해석 본문]

번지가 인에 관하여 묻자, 공자께서 대답하셨다. "평상시에는 공손하며, 일을 처리할 적에 경건하며, 사람을 대할 적에 정성으로 하면 비록 오랑캐 땅에 가더라도 버림받지 않을 것이다."

번 지 문 인　　 자 왈　거 처 공　　 집 사 경　　 여 인 충　　 수 지 이 적
樊遲問仁하자 **子曰 居處恭**하며 **執事敬**하며 **與人忠**하면 **雖之夷狄**이라도

불 가 기 야
不可棄也니라

[배경 설명]

일상생활이든 공적 생활이든 인간관계는 공손, 경건과 정성이라는 교훈이다. 居處(거처)는 평상시, 執(집)은 처리하다, 恭(공)은 공손하다, 敬(경)은 경건하다, 與(여)는 대하다, 忠(충)은 정성으로 하다, 夷狄(이적)은 오랑캐 땅, 棄(기)는 버리다를 뜻한다.

인간관계에서는 공(恭), 경(敬), 충(忠)이 기본이다. 공(恭)은 용모를 위주로 공손이요, 경(敬)은 일을 위주로 경건이니, 공(恭)은 외모에서 드러나고 경(敬)은 속마음을 표현한다. 이적(夷狄)의 나라에 가더라도 공(恭), 경(敬), 충(忠)을 버리는 것이 아니라 오히려 굳게 지키어 잃지 않아야 한다. 번지가 인을 물은 것이 세 번인데, 첫 번째 인은 공손, 경건과 정성, 두 번째 인은 어려운 것을 먼저 하고 얻는 것을 뒤로 한다, 세 번째 인은 사람을 사랑하는 것이다. 따라서 공손, 경건과 정성이 있다면 어떤 상황에서도 버림받지 않을 것이다.

[단문 설명]

▶ **居處恭** 거처공 평상시에는 공손하며. 居處: 평상시, 일상생활을 할 때. 恭: 공손하다.
▶ **執事敬** 집사경 일을 처리할 적에 경건하며. 執: 처리하다. 敬: 경건하다.
▶ **與人忠** 여인충 사람을 대할 적에 정성으로 하면. 與: 대하다. 忠: 정성으로 하다.
▶ **雖之夷狄** 수지이적 비록 오랑캐 땅에 가더라도. 之: 가다. 夷狄: 오랑캐 땅.
▶ **不可棄也** 불가기야 버림받지 않을 것이다. 棄: 버림받다.

 20. 선비의 자질을 세 등급으로 말씀하셨다.

[해석 본문]

자공이 물었다. "어떻게 하면 선비라 말할 수 있습니까?" 공자께서 말씀하셨다. "자신의 행동에 염치가 있고, 사방에 사신으로 가서는 군주의 명을 욕되게 하지 않으면 선비라고 할 수 있다." 자공이 또 물었다. "감히 그 다음을 묻겠습니다." 공자께서 말씀하셨다. "일가들이 효성스럽다고 칭찬하고, 마을 사람들이 공손하다고 칭찬한다."

자공 문왈 하여 사가위지사의 자왈 행기유치 시어사방
子貢이 **問曰** 何如면 **斯可謂之士矣**리오? **子曰** 行己有恥이며 使於四方하여
불욕군명 가위사의 왈 감문기차 왈 종족 칭효언 향당
不辱君命이면 **可謂士矣**니라 曰 敢問其次하리다 曰 宗族이 稱孝焉하며 鄕黨이
칭제언
稱弟焉이니라

[단문 설명]

▶ **何如 斯可謂之士矣?** 하여 사가위지사의? 어떻게 하면 선비라 말할 수 있습니까? 何如: 어떻게
하다. 斯: ~하면. 可謂: 말할 수 있다. 矣: 의문종결사.

▶ **行己有恥** 행기유치 자신의 행동에 염치가 있고. 行己: 자신의 행동. 恥: 염치.

▶ **使於四方** 시어사방 사방에 사신으로 가서는. 使: 사신으로 가다.

▶ **不辱君命** 불욕군명 군주의 명을 욕되게 하지 않으면. 辱: 욕되게 하다.

▶ **可謂士矣** 가위사의 선비라고 말할 수 있다. 可謂: ~라 말할 수 있다.

▶ **敢問其次** 감문기차 감히 그 다음을 묻겠습니다. 敢: 감히. 其次: 그 다음.

▶ **宗族稱孝焉** 종족칭고언 일가들이 효성스럽다고 칭찬하고. 宗族: 일가들. 稱: 칭찬하다.

▶ **鄕黨稱弟焉** 향당칭제언 마을 사람들이 공손하다고 칭찬하는 것이다. 鄕黨: 마을 사람. 弟: 공손
하다. 焉: 서술종결사.

[해석 본문]

　자공이 또 물었다. "감히 그 다음을 묻겠습니다." 공자께서 대답하셨다. "말을 반드시 미덥게
하고, 행동을 반드시 과단성 있게 하는 것은 융통성이 없는 소인이라 하겠으나 그러나 또한 그
다음은 될 만하다." 자공이 다시 물었다. "지금의 정치 종사자들은 어떻습니까?" 이에 공자께서
말씀하셨다. "아! 도량이 좁은 사람들이니, 어찌 (선비의 등급에) 헤아릴 수 있겠는가?"

왈 감문기차 왈 언필신 행필과 갱갱연소인재 억역가이위차의 왈
曰 敢問其次하자 曰 言必信하며 行必果 硜硜然小人哉나 抑亦可以爲次矣니라 曰
금지종정자 하여 자왈 희 두초지인 하족산야
今之從政者는 何如리오? 子曰 噫라! 斗筲之人을 何足算也고?

[단문 설명]

▶ **言必信** 언필신 말을 반드시 미덥게 하고.

▸ **行必果** 행필과 행동을 반드시 과단성 있게 하는 것은. 果: 과단성.

▸ **硜硜然小人哉** 갱갱연소인재 융통성이 없는 소인이라 하겠으나. 硜硜然: 돌소리, 융통성이 없
다. 然: 형용사 접미사.

▸ **抑亦可以爲次矣** 억역가이위차의 그러나 또한 그 다음은 될 수 있다. 抑: 그러나 그래도.

▸ **今之從政者 何如?** 금지종정자 하여? 지금의 정치 종사자들은 어떻습니까? 從: 종사하다.

▸ **斗筲之人** 두소지인 도량이 좁은 사람들이니. 斗: 한 말. 筲: 대나무 그릇. 斗筲之人: 도량이 좁
은 사람.

▸ **何足算也?** 하족산야? 어찌 (선비의 등급을) 헤아릴 수 있겠는가? 算: 셈하다, 헤아리다.

[배경 설명]

선비의 자질을 세 등급으로 분류하셨다. 行(행)은 행동, 恥(치)는 염치, 使(시)는 사신으로 가
다, 辱(욕)은 욕되게 하다, 其次(기차)는 그 다음, 宗族(종족)은 일가들, 稱(칭)은 칭찬하다, 鄕
黨(향당)은 마을 사람, 果(과)는 과단성, 硜硜然(갱갱연)은 융통성이 없다, 抑(억)은 그러나, 斗
筲之人(두소지인)은 도량이 좁은 사람, 算(산)은 헤아리다를 뜻한다.

사신(使臣) 노릇하기가 어려우니, 비단 말만 잘하는 것으로 사신 노릇을 할 수 없다. 첫째 등
급은 염치가 있어 사신으로 나가서 군주의 명을 욕되지 않게 수행하는 선비이다. 둘째 등급은
일가들이 효성스럽다고 칭찬하고 마을 사람들이 공손하다고 칭찬하는 선비이다. 셋째 등급은
말을 반드시 미덥게 하고 행동을 반드시 과단성 있게 하는 것은 융통성이 좁은 소인이다. 지금
의 정사에 종사하는 자들은 도량이 좁은 사람들이니, 선비의 등급에 넣을 수 없다. 따라서 선비
의 셋째 등급보다 더 내려가면 시정(市井)의 무리이니, 선비라 할 수 없는 것이다.

21. 열정적인 자는 진취적이나 고지식한 자는 함부로 나쁜 짓을 하지 않는다.

[해석 본문]

공자께서 말씀하셨다. "중용의 도를 행하는 사람을 택하여 가르치지 못한다면 (내가 택하여
가르칠 사람은) 반드시 열정적인 사람과 고지식한 사람이다. 열정적인 사람은 진취적이고, 고
지식한 사람은 (함부로 나쁜 짓을) 하지 않는다."

子曰 不得中行而與之이면 必也狂狷乎이라 狂者는 進取오 狷者는 有所不爲也니라

[배경 설명]

중행(中行), 狂者(광자)와 狷者(견자)에 대한 평이다. 與(여)는 택하여 가르치다, 狂者(광자)는 열정적인 사람, 狷者(견자)는 고지식한 사람을 뜻한다.

中行(중행)은 중용의 도를 행하는 사람이며, 광자(狂者)는 열정적인 사람으로 뜻은 높지만 덕행이 따르지 못하는 사람이다. 견자(狷者)는 고지식한 사람으로 지식은 충분하지 않지만 지조가 굳어 나쁘다고 생각되는 일은 절대로 하지 않는다.

공자께서는 본래 중도를 행하는 사람을 택하여 가르치려고 하였으나 이미 만날 수 없었고, 지나치게 신중하고 중후한 사람은 스스로 분발하지 못한다. 그리하여 광자(狂者)나 견자(狷者)는 그래도 지조와 절개를 지키고 도에 나아갈 수 있다.

공자께서 중도를 행하는 사람을 택할 수 없으니 그 다음 인물을 생각하신 것이다. 금장(琴張), 증석(曾晳)과 목피(牧皮)는 광자에 해당하여, 이들은 뜻이 커서 평소에 행실이 말을 따라가지 못하는 자들이다. 따라서 광자를 얻을 수 없다면 견자를 택하여 가르치려고 하신 것은 이들이 지조와 절개를 지키고 도에 나아갈 수 있기 때문이다.

[단문 설명]

▸ **不得中行 而與之 부득중행 이여지** 중용의 도를 행하는 사람을 택하여 가르치지 못한다면. 得: 택하다. 中行: 중용의 도를 행하다. 與: 가르치다. 之: 中行.

▸ **必也 狂狷乎 필야 광견호** (내가 택하여 가르칠 사람은) 반드시 열정적인 사람과 고지식한 사람이다. 狂: 열정적인 사람. 狷: 고지식한 사람. 乎: 서술종결사.

▸ **狂者 進取 광자 진취** 열정적인 사람은 진취적이나.

▸ **狷者 有所不爲 견자 유소불위** 고지식한 사람은 (함부로 나쁜 짓을) 하지 않는다. 不爲: 해서는 안 될 일이라고 판단하면 무슨 일이 있어도 하지 않는다.

22. 항심(恒心)이 없으면 무당이나 의원도 될 수 없다.

[해석 본문]

공자께서 말씀하셨다. "남쪽 사람들이 하는 말이 있다. '사람이 항심이 없으면 무당이나 의원도 될 수 없다.' 좋은 말이구나!" (주역에) "그 덕이 항상 있지 않으면 간혹 수모를 당할 수 있다."라고 하였는데, 공자께서 말씀하셨다. "(너무 당연한 말이라) 점을 칠 필요도 없다."

  자왈 남인   유언왈 인이무항   불가이작무 의   선부   불항기 덕
子曰 南人이 有言曰 人而無恒이면 不可以作巫醫이니라 善夫라! 不恒其德이면

  혹승지 수   자왈 부점이 이 의
或承之羞하니 子曰 不占而已矣니라

[배경 설명]

항심이 없으면 미천한 사람도 될 수 없다는 것을 무당과 의원으로 비유했다. 恒(항)은 마음이 한결 같다, 作(작)은 되다, 承(승)은 당하다, 羞(수)는 수모, 占(점)은 점을 치다를 뜻한다.

巫醫(무의)는 주술 등으로 점을 쳐서 재앙을 물리치고, 아픈 사람을 치료하는 사람이다. 무의는 전쟁과 같은 국가 중대사를 앞두고 점을 치거나 아픈 사람을 고쳐주는 일을 했으나 당시에는 존중받지 못했다. 그런 하찮은 사람이라도 항심이 없으면 될 수 없었다는 뜻이다.

항심(恒心)은 사람이 늘 지니고 있는 착하거나 떳떳한 마음이다. 항심이 없는 사람은 점을 봐도 일정한 점괘가 나오지 않으므로 점을 칠 필요가 없다. 항심은 꾸준한 끈기가 없으면 아무것도 이루지 못한다는 말이다. 주역(周易)에 항심이 없으면 수모를 당한다는 내용이 있지만, 공자는 이것은 점을 치지 않아도 당연히 알 수 있는 일이라고 비유하였다. 따라서 사람이 항심(恒心)이 없으면 무당이나 의원도 될 수 없다.

[단문 설명]

▶ **南人有言** 남인유언 남쪽 사람들이 (하는) 말이 있다. 南人: 남쪽 사람. 有言: 말이 있다.

▶ **人而無恒** 인이무항 사람이 항심이 없으면. 而: 가정접속사. 恒: 일정한 마음.

▶ **不可以作巫醫 善夫!** 불가이작무의 선부! 무당이나 의원도 될 수 없다. 좋은 말이구나! 不可以: 할 수 없다. 作: 되다, 일하다. 夫: 감탄종결사.

▶ 不恒其德 或承之羞 불항기덕 혹승지수 (주역에) 그 덕이 항상 있지 않으면 간혹 수모를 당할 수 있다. 恒: 항상 있다. 或: 간혹. 承: 받다, 당하다. 羞: 수모.

▶ 不占而已矣 부점이이의 (너무 당연한 말이라) 점을 칠 필요도 없다. 占: 점을 치다. 而已矣: 뿐이다.

23. 군자는 화합하나 뇌동하지 않고, 소인은 뇌동하나 화합하지 않는다.

[해석 본문]

공자께서 말씀하셨다. "군자는 화합하나 뇌동하지 않으며, 소인은 뇌동하나 화합하지 않는다."

자왈 군자 화이부동 소인 동이불화
子曰 君子는 和而不同하고 小人은 同而不和니라

[배경 설명]

조화로운 화합과 맹목적 추종을 군자와 소인의 자세로 공존과 지배의 원리로 설명한다. 和(화)는 화합하다, 同(동)은 뇌동하다를 뜻한다.

화합(和合)은 화목하게 잘 어울리는 것이나 뇌동(雷同)은 줏대 없이 남의 의견에 따라 움직이는 것이다. 군자는 상호 목적을 위해 조화를 하나 소인은 자신의 이익을 위해 맹목적으로 추종한다. 和(화)는 상대방의 생각이 나와 다르더라도 화합하기 위해 자신의 주관을 견지하면서 상대방의 생각도 존중하나 同(동)은 자신의 이익을 추구하기 위해 자신의 주관을 버리고 완전히 상대방의 의견에 동화되는 것이다. 和(화)는 차이를 인정하는 공존의 원리이나 同(동)은 상대방의 의견에 흡수되는 지배의 원리이다. 따라서 군자는 상대방의 의견과 조화를 이루지만 맹목적으로 추종하지 않으나 소인은 상대방의 의견을 맹목적으로 추종하나 화합하지 않는다.

[단문 설명]

▶ 君子 和而不同 군자 화이부동 군자는 화합하나 뇌동하지 않으며. 和: 화합하다.

▶ 小人 同而不和 소인 동이불화 소인은 뇌동하나 화합하지 않는다. 同: 뇌동하다.

24. 착한 사람이 좋아하나 악한 사람이 싫어하는 사람이다.

[해석 본문]

자공이 물었다. "마을 사람들이 어떤 사람을 모두 좋아하면 어떻습니까?" 공자께서 말씀하셨다. "(그것만으로는) 아직 부족하다." (자공이 다시 물었다.) "마을 사람들이 어떤 사람을 모두 싫어하면 어떻습니까?" 공자께서 대답하셨다. "그것만으로는 아직도 부족하다. (이것은) 마을 사람들 중에 착한 사람이 그를 좋아하고, 악한 사람이 그를 싫어하는 것만 못하다."

자공　문왈　향인　개호지　　하여　　자왈　미가야　　　향인　　개오지
子貢이 **問曰 鄕人**이 **皆好之**면 **何如**리요? **子曰 未可也**니라 **鄕人**이 **皆惡之**면

하여　　　자왈　미가야　　불여향인지선자호지　　기불선자오지
何如리요? **子曰 未可也**니라 **不如鄕人之善者好之**오 **其不善者惡之**니라

[배경 설명]

모든 사람이 좋아할 수는 없지만 착한 자가 좋아하고 악한 자가 싫어하는 사람이면 괜찮다는 교훈이다. 鄕人(향인)은 마을 사람, 惡(오)는 싫어하다, 未可也(미가야)는 그것만으로는 아직 부족하다, 不如(불여)는 못하다를 뜻한다.

마을 사람들이 갖고 있는 의견은 여론이다. 착한 자가 좋아하고 악한 자도 좋아한다면 반드시 마음에 드는 행실이 있다. 착한 자와 악한 자가 모두 미워하면 좋아할 만한 것이 전혀 없다. 착한 자가 좋아하나 악한 자가 미워한다면 시비선악을 판단하는 기준이 명확하고 정의로운 사람이다. 따라서 모든 사람이 다 좋아할 수 없으니 선인들이 좋아하는 행실에 적합하면 괜찮다.

[단문 설명]

▷ **鄕人皆好之 何如?** 향인개호지 하여? 마을 사람들이 어떤 사람을 모두 좋아하면 어떻습니까?
　鄕人: 마을 사람. 之: 마을의 어떤 사람. 何如: 어떻습니까?
▷ **未可也** 미가야 (그것만으로는) 아직 부족하다. 未: 아직 ~하지 못하다. 可: 넉넉하다.
▷ **鄕人皆惡之 何如?** 향인개오지 여하? 마을 사람들이 어떤 사람을 모두 싫어하면 어떻습니까?
　惡: 싫어하다.
▷ **不如** 불여 못하다.

▶ 鄕人之善者好之 향인지선자호지 (이것은) 마을 사람들 중에 착한 사람이 그를 좋아하고

▶ 其不善者惡之 기불선자오지 악한 사람이 그를 싫어하는 것.

 25. 군자는 섬기기는 쉬워도 기쁘게 하기는 어렵다.

[해석 본문]

공자께서 말씀하셨다. "군자는 섬기기는 쉬워도 기쁘게 하기는 어렵다. 도로써 군자를 기쁘게 하지 않으면 (군자는) 기뻐하지 않는다. (그러나) 군자가 남에게 일을 시킬 때는 그의 재능에 (맞게) 시킨다. 반면에 소인은 섬기기는 어려워도 기쁘게 하기는 쉽다. 비록 도로써 소인을 기쁘게 하지 않아도 (소인은) 기뻐한다. 그러나 (소인이) 남에게 일을 시킬 때는 모든 재능을 구비한 사람을 찾는다."

子曰 君子는 易事而難說也니라 說之不以道면 不說也오 及其使人也에 器之니라
小人은 難事而易說也니라 說之雖不以道라도 說也오 及其使人也에 求備焉이니라

[배경 설명]

군자와 소인의 태도를 대비하여 설명한다. 사람은 모든 재능을 다 갖출 수 없고, 모두가 능력을 두루 갖추기를 바라지 않는다. 易(이)는 쉽다, 事(사)는 섬기다, 難(난)은 어렵다, 說(열)은 기쁘게 하다, 及(급)은 ~할 때에, 器(기)는 재능을 뜻한다.

도는 정당한 방법이나 정도이다. 군자는 정당한 방법으로 기쁘게 할 수 있으나 소인은 정당하지 않은 방법으로도 기쁘게 할 수 있다. 군자의 마음은 공정하나 소인의 마음은 사사로우면서 각박하다. 군자는 공정하므로 기쁘게 하기 어렵고, 관대하므로 섬기기 쉽다. 그러나 소인은 사사로우므로 기쁘게 하기 쉽고, 각박하므로 섬기기 어렵다.

그릇은 적재적소이다. 군자는 인재를 적재적소에 기용하지만, 소인은 모든 재능을 구비한 사람을 원하고 일을 시키면 모든 책임을 그 사람에게 부담시킨다. 따라서 사람에게 일을 시킬 때 군자는 재능에 맞게 시키지만, 소인은 모든 재능을 구비한 사람을 찾는다.

[단문 설명]

▶ **易事而難說也** 이사이난열야 섬기기는 쉬워도 기쁘게 하기는 어렵다. 易: 쉽다. 事: 섬기다. 難: 어렵다. 說: 기쁘게 하다.

▶ **說之不以道** 열지불이도 도로써 군자를 기쁘게 하지 않으면. 之: 군자. 道: 정당한 방법.

▶ **不說也** 불열야 (군자는) 기뻐하지 않고.

▶ **及其使人也** 급기사인야 군자가 남에게 일을 시킬 때는. 及: ~할 때에. 其: 군자. 使: 시키다.

▶ **器之** 기지 그의 재능에 (맞게) 시킨다. 器: 재능. 之: 사람.

▶ **難事而易說也** 난사이이열야 섬기기는 어려워도 (소인을)기쁘게 하기는 쉽다.

▶ **說之雖不以道 說也** 열지수불이도 열야 비록 도로써 소인을 기쁘게 하지 않아도 (소인은) 기뻐하며. 雖: 비록. 之: 소인.

▶ **求備焉** 구비언 (소인은) 모든 재능을 구비한 사람을 찾는다. 備: 모든 재능을 구비한 사람. 焉: 之於. 之: 재능.

 26. **군자는 태연하되 교만하지 않고, 소인은 교만하되 태연하지 못하다.**

[해석 본문]

공자께서 말씀하셨다. "군자는 태연하되 교만하지 않고, 소인은 교만하되 태연하지 못하다."

자 왈 군 자　　태 이 불 교　　소 인　　교 이 불 태
子曰 君子는 **泰而不驕**하고 **小人**은 **驕而不泰**니라

[배경 설명]

군자와 소인의 행실과 자세를 태연과 교만으로 설명한다. 泰(태)는 도리를 따르기 때문에 편안하면서 느긋하다, 驕(교)는 무례하고 버릇이 없다는 뜻이다.

군자는 학문과 덕이 높고 행실이 바른 사람이나 소인은 도량이 좁고 간사한 사람이다. 군자는 생각이 공평하고 몸가짐이 신중하며 도리에서 벗어난 사악한 논란과 난폭한 행동을 하지 않는다. 군자는 태연자약하고 마음이 너그럽고 결코 교만하지 않지만, 소인은 교만하면서 태연자약하지 못하고 마음이 너그럽지 않으며 남을 무시하고 거만하다. 따라서 군자는 태연하고 내면

이 충실하고 두려워하지 않으나 소인은 내면이 공허하고 허세로 교만하다.

[단문 설명]

▷ 君子 泰而不驕 군자 태이불교 군자는 태연하되 교만하지 않고. 泰: 태연하다. 驕: 교만하다.

▷ 小人 驕而不泰 소인 교이불태 소인은 교만하되 태연하지 못하다. 而: 역접접속사, ~하되.

 27. 강직하고, 의연하고, 질박하고, 어눌하다면 인에 가깝다.

[해석 본문]

공자께서 말씀하셨다. "강직하고, 의연하고, 질박하고, 어눌하다면 인에 가깝다."

<ruby>子<rt>자</rt></ruby><ruby>曰<rt>왈</rt></ruby> <ruby>剛<rt>강</rt></ruby><ruby>毅<rt>의</rt></ruby><ruby>木<rt>목</rt></ruby><ruby>訥<rt>눌</rt></ruby>이 <ruby>近<rt>근</rt></ruby><ruby>仁<rt>인</rt></ruby>이니라

[배경 설명]

인의 속성에 대한 설명이다. 剛(강)은 의지가 강직해 물욕에 휘둘리지 않는 성격, 毅(의)는 기가 의연하고 과단성이 있는 모습, 木(목)은 나무처럼 꾸밈없이 질박한 성격, 訥(눌)은 꾸밈없이 바른말을 하는 행동을 뜻한다.

인이란 의지가 강하고 굳세고, 물욕에 굽히지 않고, 질박하고, 어눌한 것이다. 거짓말은 속이기 위해 말이 많고 유창하나 바른 말은 진실이기 때문에 질박하고 간단하고 어눌하다. 따라서 의지가 강직하고, 의연하고, 용기가 있으며, 꾸밈없이 바른 말하는 사람은, 즉 剛毅木訥(강의목눌)이 있는 사람은 인에 가깝다고 비유하신 것이다.

[단문 설명]

▷ 剛毅木訥 강의목눌 강직하고, 의연하고, 질박하고, 어눌함이. 剛: 강직하다. 毅: 의연하다. 木: 질박하다. 訥: 어눌하다.

▷ 近仁 근인 인에 가깝다.

28. 선비는 친구 간에 간절하게 격려하고 형제 간에 화목하다.

[해석 본문]

자로가 물었다. "어떻게 하면 선비라고 할 수 있습니까?" 공자께서 대답하셨다. "간절하게 격려하며 화목하다면 선비라고 할 수 있다. 친구 간에 간절하게 격려하며, 형제 간에 화목하여야한다."

子路 問曰 何如이면 斯可謂之士矣리오? 子曰 切切偲偲하며 怡怡如也이면
可謂士矣니라 朋友엔 切切偲偲오 兄弟엔 怡怡니라

[배경 설명]

대인관계에 있어 격려와 화목이 선비의 자질이라는 교훈이다. 切切(절절)은 지극히 간절하다, 偲偲(시시)는 서로 잘못을 고치도록 격려하다, 怡怡(이이)는 기뻐하고 화목하다를 뜻한다.

친구 간에는 잘못을 고치고 발전할 수 있게 간절하고 진심 어린 격려가 있어야 하고, 형제 간에는 우애와 화목이 있어야 한다. 진심 어린 격려와 화목은 자로에게 부족한 점이다. 간절하게 서로 격려하고 상호 간에 화합하는 사람이라면 제대로 된 선비라고 할 수 있다. 따라서 진실한 선비는 친구 간에는 간절하게 서로 격려하고, 형제 간에는 기쁘게 화합한다.

[단문 설명]

▷ 何如 斯可謂之士矣? 하여 사가위지사의? 어떻게 하면 선비라고 할 수 있습니까? 斯: 조건 접속사.
▷ 切切偲偲 절절시시 간절하게 격려하며. 切切: 간절하게. 偲偲: 격려하다.
▷ 怡怡如也 이이여야 화목하다면. 怡怡: 화목하다. 如: 형용사형 접미사.
▷ 朋友切切偲偲 붕우절절시시 친구 간에 간절하게 격려하며.
▷ 兄弟怡怡 형제이이 형제 간에 화목하여야 한다.

29. 백성들을 가르치면 백성들도 전쟁에 나아갈 수 있다.

[해석 본문]

공자께서 말씀하셨다. "선인이 칠 년 동안 백성들을 가르치면 (백성들도) 또한 전쟁에 나아갈 수 있다."

자 왈 선 인 　 교 민 칠 년 　 　 역 가 이 즉 융 의
子曰 善人이 **敎民七年**이면 **亦可以卽戎矣**니라

[배경 설명]

전쟁은 군사 지식도 중요하지만 선인들이 가지고 있는 인격과 충효도 중요하다는 교훈이다. 善人(선인)은 타고난 성품이 선량한 사람, 卽(즉)은 나아가다, 戎(융)은 전쟁을 뜻한다.

칠 년이란 충분한 기간이니, 그 정도 기간 동안 백성들을 교육을 시킨다면 외적의 침입으로부터 나라를 지킬 수 있는 전쟁에 투입할 수 있다는 말이다. 따라서 효제충신(孝悌忠信)의 행실과 농사에 힘쓰고 무예를 연마하는 법을 백성들에게 가르쳐야 백성들이 전쟁에 나아갈 수 있다.

[단문 설명]

▶ **善人 敎民七年** 선인 교민칠년 선인이 칠 년 동안 백성들을 가르치면.
▶ **亦可以卽戎矣** 역가이즉융의 (백성들도) 또한 전쟁에 나아갈 수 있다. 卽: 나아가다. 戎: 전쟁.

 30. 훈련된 백성을 전쟁에 내보내야 전쟁에서 이길 수 있다.

[해석 본문]

공자께서 말씀하셨다. "가르치지 않은 백성을 거느리고 전쟁한다면 그들을 버리는 것이다."

자 왈 　 이 불 교 민 전 　 　 시 위 기 지
子曰 以不敎民戰이면 **是謂棄之**니라

[배경 설명]

훈련된 백성을 전쟁에 내보내야 전쟁에서 싸워 이길 수 있다는 교훈이다. 以(이)는 거느리다, 棄(기)는 버리어 희생시키다, 謂(위)는 ~이다는 뜻이다.

교육하고 훈련하지 못한 백성들을 써서 적과 싸우면 반드시 패망의 화가 있게 된다. 백성들을 가르치지 않으면 그 군사는 烏合之卒(오합지졸)에 불과하다. 따라서 충분한 기간 동안 백성들을 교육하고 훈련하여 전쟁에 내보내야 백성이 희생되지 않는다.

[단문 설명]

▷ **以不教民戰** 이불교민전 가르치지 않은 백성을 가지고 전쟁한다면. 以: ~를 가지고, ~으로써.

▷ **是謂棄之** 시위기지 이것은 그들을 버리는 것이다. 是: 以不教民戰. 謂: ~이다. 爲와 같다.

☞ 則(즉)의 다양한 용법

- 가정접속사: 만일 ~라면
- 순접접속사: ~하고, ~하여
- 부사: ~하자마자
- 주격조사: 은, ~에 이르러서는
- 부사, 접속사: 오히려, 그러나
- 동사: 본받다

第十四篇

憲問(헌문)

이익을 보면 정의를 생각하고 위난을 보면 목숨을 바친다.

憲問篇(헌문편)은 위정자나 개인의 수신과 처세에 관한 교훈이다. 주요 내용으로는 학문, 언어, 처세, 신뢰, 대의, 전술, 언어, 인재등용, 교육과 정의이다. 개인이 겸손하지도 않고, 칭찬받을 일도 없으면 바로 해로운 존재이다. 윗사람이 예를 좋아하면 백성이 순응한다. 정직으로써 원한을 갚고, 덕으로써 덕을 갚아야 한다. 남의 속임수를 먼저 깨닫는 자가 현명하다. 어진 사람은 근심하지 않고, 지혜로운 사람은 미혹하지 않고, 용기 있는 사람은 두려워하지 않는다. 말이 행동보다 앞서는 것을 부끄럽게 생각해야 한다.

1. 나라에 도가 없을 때에 벼슬하여 녹만 받는 것은 수치이다.
2. 극기(克己)가 곧 인이라고는 할 수는 없다.
3. 선비가 편안하게 지낼 것을 생각하면 선비라 할 수 없다.
4. 나라에 도가 없으면 행실은 바르게 하되 말은 겸손해야 한다.
5. 어진 사람은 반드시 용기가 있지만, 용기가 있는 사람은 반드시 어질지 않다.
6. 군자는 덕을 숭상하고 하늘의 도리를 받아들이는 사람이다.
7. 군자로서 어질지 못한 자는 있어도 소인으로서 어진 자는 아직 없었다.
8. 자식을 사랑한다면 자식이 수양에 힘쓰도록 할 것이다.
9. 정나라의 외교문서 작성 과정은 초고, 토론, 수식과 윤색이다.
10. 자산, 자서, 관중의 인품에 대하여 평하셨다.
11. 가난하면 원망하기 쉽고, 부유하면 교만하기 쉽다.
12. 사람의 재능을 미리 알지 못하고 등용하면 인재를 버리는 것이다.
13. 이익을 보면 정의를 생각하고, 위난을 보면 목숨을 바친다.
14. 반드시 말을 할 때가 되어서 말하므로 남들이 그의 말을 싫어하지 않았다.
15. 장무중이 노나라에 후계자를 세워줄 것을 요구하였다.
16. 진문공은 술수를 쓰나 제환공은 정도를 썼다.
17. 작은 절개(小節)는 잃었으나 천하의 큰 공(大業)을 세운 것이다.
18. 관중은 덕으로써 정치를 하여 백성들에게 평화와 풍요를 주었다.
19. 공숙문자는 인재를 알아보고 조정에 추천하고, 임금을 섬기는 훌륭한 인격자였다.
20. 군주가 무도하고 무능해도 유능한 인재를 등용하면 군주의 지위를 유지할 수 있다.
21. 말을 지키지 않는 것을 부끄러워하지 않으면 실천은 어렵다.
22. 공자께서 대부의 신분에서 고한 것이지 환심을 사기 위한 것이 아니었다.
23. 임금을 속이지 말고 면전에서 직언으로 간언하라.
24. 군자는 인의에 밝으나 소인은 이익에 밝다.
25. 학문이 인격수양에서 입신양명으로 변했구나!
26. 사자를 칭찬함으로써 거백옥의 사람됨을 찬미한 것이다.
27. 지위에 있지 않으면 참견하지 말라.
28. 자신의 위치가 있으니 자기의 지위에서 최선을 다하라.
29. 말이 행동보다 앞서는 것을 부끄러워한다.
30. 인자는 근심하지 않고, 지자는 미혹하지 않고, 용자는 두려워하지 않는다.
31. 학문연마와 자기수양에 집중하라.
32. 자기가 남을 알아주지 못함을 걱정해야 한다.
33. 남의 속임수를 먼저 깨닫는 자가 현명하도다!
34. 말재주만 부리려는 것이 아니라 제후들의 고루함을 싫어합니다.
35. 천리마는 그 힘이 아니라, 그 길들여진 유순한 덕을 칭찬하는 것이다.
36. 정직으로써 원한을 갚고, 덕으로써 덕을 갚아야 한다.
37. 나는 하늘을 원망하지 않고, 남을 탓하지 않는다.
38. 도가 장차 행해지는 것도 천명이요, 도가 장차 없어지는 것도 천명이다.
39. 현명한 사람은 어지러운 세상을 피한다.
40. 안 되는 줄 알면서도 해보겠다는 사람인가요?
41. 물이 깊으면 옷을 벗고 건너고, 물이 얕으면 옷을 걷고 건넌다.
42. 백관들은 자기의 직무를 다하고 총재(冢宰)의 명령을 따랐다.
43. 윗사람이 예를 좋아하면 백성을 다스리는 것이 쉽다.
44. 군자의 올바른 행실은 자신을 수양하여 백성을 편안하게 해주는 것이다.
45. 겸손하지도 않고, 칭찬받을 일도 없으면 바로 해로운 존재이다.
46. 학문에 정진하고 장유유서(長幼有序)를 살피며 공경을 익히도록 하였다.

1. 나라에 도가 없을 때에 벼슬하여 녹만 받는 것은 수치이다.

[해석 본문]

　원헌이 수치에 관하여 물으니, 공자께서 대답하셨다. "나라에 도가 있을 때에는 (벼슬하여) 녹을 받아야 하지만, 나라에 도가 없을 때에는 (벼슬하여) 녹을 받는 것은 수치이다."

　　　헌　　문치　　　자왈　방유도　　곡　　　방무도　곡　　치 야
　　憲이 問恥하니 子曰 邦有道에 穀하며 邦無道에 穀이 恥也니라

[배경 설명]

　나라에 도가 있을 때 녹을 받는 것은 정당하지만 그러나 나라에 도가 없는데도 녹을 받는 것은 수치라는 교훈이다. 穀(곡)은 녹(祿), 邦(방)은 나라, 恥(치)는 수치를 뜻한다.

　원헌(原憲)은 공자의 제자로서 이름은 원사(原思)이다. 나라에 도가 있을 때에 훌륭한 일을 하지 못하고, 나라에 도가 없을 때에 선하지 못하면서, 다만 녹(祿)을 받기만 하는 것은 수치이다. 원헌(原憲)은 나라에 도가 없을 때에 녹(祿)을 받는 것이 수치라는 것을 알지 못하였을 것이다. 따라서 나라에 질서가 있으면 벼슬길에 나아가 녹을 받을 수 있지만, 나라가 어지러우면 신하로서 녹을 받는 것이 수치이므로 벼슬을 버려야 한다.

[단문 설명]

▶ **憲問恥** 헌문치 원헌이 수치에 관하여 물으니. 憲: 공자의 제자.
▶ **邦有道** 방유도 나라에 도가 있을 때에는. 邦: 나라.
▶ **穀** 곡 (벼슬하여) 녹(祿)을 받아야 하지만. 穀: 녹을 받다.
▶ **邦無道** 방무도 나라에 도가 없을 때에는.
▶ **恥也** 치야 수치이다. 恥: 수치.

2. **극기(克己)가 곧 인이라고는 할 수는 없다.**

[해석 본문]

(원헌이 여쭈었다.) "(남을) 이기려고 하고, (자신의) 공로를 자랑하고, (남을) 원망하고, (재물을) 탐내는 것들을 하지 않는다면 인이라고 말할 수 있습니까?" 공자께서 말씀하셨다. "(인을 실천하는 하는 것이) 어렵다고 할 수 있으나 인인지는 내가 알지 못한다."

극 벌 원 욕　　불 행 언　　가 이 위 인 의　　　　　자 왈　가 이 위 난 의
克伐怨欲을 不行焉이면 可以爲仁矣이리오? 子曰 可以爲難矣이나
인 즉 오 불 지 야
仁則吾不知也하니라

[배경 설명]

원헌(原憲)이 자신이 능한 것을 가지고 인(仁)한 지를 질문한 것에 대한 공자의 가르침이다. 克(극)은 남을 이기고 싶어 하다, 伐(벌)은 자신의 공로를 자랑하다, 怨(원)은 남을 원망하다, 欲(욕)은 남이 갖고 있는 것을 탐내다는 뜻이다.

극벌원욕(克伐怨欲)이 마음속에 있는데도 통제하지 못한다면 인이라고 말할 수 없다. 사람으로서 이기기를 좋아하고, 자신의 공로를 자랑하고, 남을 원망하고, 탐내는 일이 없는 것은 오직 인자(仁者)만이 할 수 있다. 자신의 사사로움을 이겨 예로 돌아간다면 사욕이 없으니 천리를 얻게 될 것이다. 따라서 극벌원욕(克伐怨欲)이라는 이기심을 극복하는 것은 극기요 남을 사랑하고 어질게 행동하는 것은 인이다.

[단문 설명]

▶ 克伐怨欲 극벌원욕 (남을) 이기려고 하고, (자신의) 공로를 자랑하고, (남을) 원망하고, (재물을) 탐내는 것. 克: 이기다. 伐: 자랑하다. 怨: 원망하다. 欲: 탐내다.

▶ 不行焉 불행언 이러한 것을 하지 않는다면. 焉: 克伐怨欲.

▶ 可以爲仁矣? 가이위인의? 인이라고 말할 수 있습니까? 爲: ~라고 하다. 謂와 같다.

▶ 可以爲難矣 가이위난의 (인을 실천하는 하는 것이) 어렵다고 할 수 있으나. 可以爲: 할 수 있다.

▶ 仁則吾不知也 인즉오부지야 인인지는 내가 알지 못한다. 則: 은(이), ~에 대해서는.

3. 선비가 편안하게 지낼 것을 생각하면 선비라 할 수 없다.

[해석 본문]

공자께서 말씀하셨다. "선비가 만약 편안하게 지낼 것을 생각하면 선비라 할 수 없다."

子曰 士而懷居면 不足以爲士矣니라

[배경 설명]

행동과 예절, 의리와 원칙, 고결한 인품이 선비의 태도라는 교훈이다. 懷(회)는 생각하다, 居(거)는 집 안에서 편안하게 지내다, 爲(위)는 ~라고 하다를 뜻한다.

선비는 학식이 있고, 행동과 예절이 바르며, 의리와 원칙을 지키고, 관직과 재물을 탐내지 않는 고결한 인품을 지닌 사람이다. 선비는 학문을 통해 자신의 인격을 수양하고, 학문을 연마하며, 출사하여 자신의 뜻을 펴고, 신념을 실현하는 사람이다. 따라서 선비가 편안하게 지낼 것을 생각한다면, 학문에서 멀어지니 선비가 되기에는 적합하지 않다.

[단문 설명]

▶ 士而懷居 사이회거 선비가 만약 편안하게 지낼 것을 생각하면. 而: 가정접속사. 懷: 생각하다. 居: 집 안에서 편안하게 지내다.

▶ 不足以爲士矣 부족이위사의 선비라 할 수 없다. 不足以: 할 수 없다. 爲: ~라고 하다.

 4. 나라에 도가 없으면 행실은 바르게 하되 말은 겸손해야 한다.

[해석 본문]

공자께서 말씀하셨다. "나라에 도가 있으면 말을 바르게 하고 행실도 바르게 하고, 나라에 도가 없으면 행실은 바르게 하되 말은 겸손해야 한다."

자왈 방유도   위언위행   방무도   위행언손
子曰 邦有道엔 危言危行하고 邦無道엔 危行言孫하니라

[배경 설명]

치세 때는 말과 행동을 바르게 해야 하나 난세 때도 더욱 신중하게 행해야 한다는 교훈이다. 군자라면 행실은 고결하게, 말은 겸손하게 해야 하는 것이라고 가르친다. 危(위)는 바르다, 孫(손)은 낮추어 겸손하다를 뜻한다.

나라에 도가 있다는 것은 치세(治世)요, 나라에 도가 없다는 것은 난세(亂世)이다. 치세에는 말과 행동을 바르게 소신껏 해야 하나 난세에는 행동은 정직하고 말은 겸손해야 말로 인한 화(禍)를 면할 수 있다. 세속과 대중의 인기에 흔들려 신중하고 공손하지 않은 말은 화를 피하기 어렵다. 따라서 나라가 어지러울 때는 말을 가려 더욱 신중하고 겸손해야 한다.

[단문 설명]

▶ 邦有道 방유도 나라에 도가 있으면.
▶ 危言危行 위언위행 말을 바르게 하고 행실도 바르게 하고. 危: 바르게 하다, 엄격하다.
▶ 邦無道 방무도 나라에 도가 없으면.
▶ 危行言孫 위행언손 행실은 바르게 하되 말은 겸손해야 한다. 孫: 겸손하다.

 5. **어진 사람은 반드시 용기가 있지만, 용기가 있는 사람은 반드시 어질지 않다.**

[해석 본문]

공자께서 말씀하셨다. "덕이 있는 사람은 반드시 (바른) 말을 하지만, (바른) 말을 하는 사람은 반드시 덕이 있지 않다. 어진 사람은 반드시 용기가 있지만, 용기가 있는 사람은 반드시 어질지 않다."

자왈 유덕자   필유언   유언자   불필유덕   인자   필유용   용자
子曰 有德者는 必有言이나 有言者는 不必有德이니라 仁者는 必有勇이나 勇者는
불필유인
不必有仁이니라

[배경 설명]

    덕과 인에 관한 교훈이다. 바른 말은 덕이요 용기는 인이다. 바른 말이 있고 용기 있는 사람은 덕이 있고 어진 사람이다. 仁(인)은 어질고, 勇(용)은 용기가 있다.

    덕(德)이란 타인을 신뢰하고, 관계가 공정하고, 타인을 공감하고, 배려하는 품성이다. 인(仁)이란 남을 사랑하고 어질게 행동하는 것으로 어진 사람은 관대하고, 착하고, 현명하고, 덕스럽다(寬善賢德). 덕이 있는 자는 내면에 쌓인 아름다운 품격이 밖으로 나타나지만, 말을 잘하는 자는 내면에 쌓인 덕이 없이 간혹 입으로 말만 잘할 수 있다. 덕이 있는 사람은 말이 바르고, 어진 사람은 용기가 있다. 용기가 있는 자는 혈기가 강하다. 덕이 있는 자는 반드시 바른 말을 하지만, 한갓 말만 잘하는 자는 반드시 덕이 있지는 않다. 따라서 바른 말을 하고 용기가 있는 사람은 덕이 있고 어진 사람이다.

[단문 설명]

▸ **有德者 必有言** 유덕자 필유언   덕이 있는 사람은 반드시 (바른) 말을 하지만.

▸ **有言者 不必有德** 유언자 불필유덕   (바른) 말을 하는 사람은 반드시 덕이 있지 않다.

▸ **仁者 必有勇** 인자 필유용   어진 사람은 반드시 용기가 있지만.

▸ **勇者 不必有仁** 용자 불필유인   용기가 있는 사람은 반드시 어질지 않다.

 6.   **군자는 덕을 숭상하고 하늘의 도리를 받아들이는 사람이다.**

[해석 본문]

    남궁괄이 공자께 여쭈었다. "예는 활을 잘 쏘았고, 오는 배를 움직일 만큼 힘이 셌지만, 모두 제명에 죽지 못하였습니다. 그러나 우왕과 직은 몸소 농사를 지었는데도 천하를 소유하셨습니다." 공자께서 대답하지 않으셨으나 남궁괄이 나가자 말씀하셨다. "군자로구나! 이 사람이여! 덕을 숭상하는구나! 이 사람이여!"

남 궁 괄   문 여 공 자 왈   예   선 사   오   탕 주   구 부 득 기 사   연 우 직

南宮适이 **問於孔子曰 羿**는 **善射**하고 **奡**는 **盪舟**이나 **俱不得其死**인지라 **然禹稷**은

^{궁 가 이 유 천 하}
躬稼而有天下하니라 ^{부 자 부 답}**夫子 不答**이시다 ^{남 궁 괄 출}**南宮适**이 **出**하자 ^{자 왈 군 자 재 약 인}**子曰 君子哉**라! **若人**이여!
^{상 덕 재 약 인}
尙德哉라! **若人**이여!

[배경 설명]

재능보다 덕이 더 귀중하다고 생각하는 남궁괄에 대한 칭찬이다. 善(선)은 잘하다, 射(사)는 활 쏘다, 盪(탕)은 밀어 움직이다, 俱(구)는 모두, 答(답)은 대답하다, 出(출)은 나가다, 尙(숭)은 숭상하다를 뜻한다.

南宮适(남궁괄)은 노나라 사람으로 공자의 제자이고 자는 자용(子容)이다. 남궁괄은 예(羿)와 오(奡)를 당시의 권력가에 비유하고, 우왕(禹王)과 직(稷)을 공자에 비유하여 말하니, 공자께서 대답하지 않으신 것이다. 남궁괄은 힘보다는 덕이 더 귀중하다고 생각하였고, 그는 군자다운 사람으로 덕을 숭상하였다. 공자께서는 그가 밖으로 나가기를 기다려 찬미하신 것이다.

예(羿)는 하(夏)나라 제후국인 유궁국(有窮國)의 임금으로 활을 잘 쏘았다. 그는 당시 해가 열 개 있었는데 너무 뜨거워서 그 가운데 아홉 개를 활로 쏘아서 떨어뜨렸다. 그는 하나라의 임금 상(相)을 멸망시키고 왕위를 차지했으나 정치는 돌보지 않고 사냥만 좋아하다가 자신의 신하인 한착(寒浞)에게 나라와 아내를 함께 빼앗기고 피살되었다.

오(奡)는 자는 한착(寒浞)이다. 오는 육지에서 배를 끌고 다닐 정도로 힘이 세었으나 뒤에 하나라 임금 少康(소강)에게 피살되었다. 그래서 不得其死(부득기사), 즉 非命(비명)에 죽었다.

직(稷)은 곡식을 재배하여 농업을 발전시킨 순임금의 신하로 성(姓)은 희(姬), 이름은 기(棄)이고, 농경신(農耕神) 또는 오곡의 신이기도 하다. 후직(后稷)은 본래 농사를 맡은 관직의 이름인데 기(棄)가 이 관직을 맡았으므로 그를 후직이라고 불렀다.

요(堯)임금이 천하를 다스릴 무렵 대지를 비추던 태양은 열 개였는데, 그 중 한 개만이 하늘에 떠서 대지를 비추었고, 나머지 아홉 개는 탕곡(湯谷)에서 하늘로 나가려고 했다. 그러던 어느 날 열 개의 태양이 한꺼번에 하늘에 나타나는 이변이 일어났다. 이로 인해 기후가 격변하고, 대지가 갈라지고, 강과 호수는 물이 다 말라 바닥을 드러내고, 극심하게 물이 부족하여 곡물을 수확할 수 없게 되었다. 사람들은 태양의 열기, 기아와 갈증으로 고통을 받았다. 이러한 상황에서 예(羿)는 하늘을 향해 아홉 차례 활을 쏘아 아홉 개의 해를 떨어뜨렸으나 사람들이 태양의 혜택을 누릴 수 있도록 하늘에 한 개의 해만 남겨두었다.

우왕(禹王)은 물과 땅을 다스리고, 직(稷)과 함께 씨앗을 뿌려 몸소 농사짓는 일을 하였는데, 우왕은 순(舜)임금의 선위(禪位: 왕이 살아서 다른 사람에게 왕위를 물려주는 일)를 받아 천하를 소유하였고, 직(稷)의 후손도 주나라 무왕에 이르러 천하를 소유하였다. 따라서 공자께서는 선행을 하고 덕을 숭상하는 남궁괄을 칭찬하셨다.

[단문 설명]

▶ 南宮适 問於孔子曰 남궁괄 문어공자왈 남궁괄이 공자께 여쭈었다.

▶ 羿善射 예선사 예는 활을 잘 쏘았고. 善: 잘하다. 射: 활 쏘다.

▶ 奡盪舟 오탕주 오는 배를 움직일 만큼 힘이 셌지만. 盪: 밀어 움직이다.

▶ 俱不得其死 구부득기사 모두 제명에 죽지 못하였습니다. 俱: 모두. 不得: 하지 못하다. 其死: 천수를 누린 뒤 죽는 것, 제명에 죽다.

▶ 禹稷 우직 우왕과 직은. 禹: 우왕. 稷: 백성들에게 농사를 가르친 신하.

▶ 躬稼而有天下 궁가이유천하 몸소 농사를 지었는데도 천하를 소유하셨습니다. 躬: 몸소. 稼: 농사짓다.

▶ 夫子不答 부자부답 공자께서 대답하지 않으셨다. 答: 대답하다.

▶ 南宮适出 남궁괄출 남궁괄이 나가자. 出: 나가다.

▶ 君子哉! 若人! 군자재! 약인! 군자로구나! 이 사람이여! 哉: 감탄종결사. 若: 지시대명사, 이, 이런.

▶ 尙德哉! 若人! 상덕재! 약인! 덕을 숭상하는구나! 이 사람이여! 尙: 숭상하다.

 7. 군자로서 어질지 못한 자는 있어도 소인으로서 어진 자는 아직 없었다.

[해석 본문]

공자께서 말씀하셨다. "군자로서 어질지 못한 자는 있어도 소인으로서 어진 자는 아직 없었다."

자 왈 군 자 이 불 인 자　　유 의 부　　미 유 소 인 이 인 자 야
子曰 君子而不仁者는 有矣夫이나 未有小人而仁者也니라

[배경 설명]

군자와 소인을 인에 따라 구별한다. 군자라고 해서 모두 어진 것은 아니나 소인은 어진 자가 없다. 而(이)는 ~로서, 未有(미유)는 아직 ~없다를 뜻한다.

군자(君子)와 인자(仁者)는 반드시 일치하지는 않는다. 군자이면서 어질지 못한 사람이 있을 수 있다. 군자는 뜻을 지니고 덕을 닦는 사람인데, 그 가운데는 덕을 완성한 사람도 있지만 덕을 완성하지 못한 사람도 있다. 군자라고 해서 모두가 어진 자는 아니니 잠깐이라도 마음이 인에 있지 않으면 불인(不仁)한 자이다. 큰 뜻을 품고 나라를 다스리는 군자라 할지라도 어질지 않은 사람이 있을 수 있다. 그러나 소인은 사리사욕과 자신의 안위만을 구하는 자이므로 어진 자가 있지 않다. 소인은 인에 마음을 두지 않으므로 선하지 못하고 본성도 어질지 않으므로 어진 자일 수 없다. 따라서 군자는 어진 자이나 소인은 어진 자가 있지 않다.

[단문 설명]

▷ **君子而不仁者 有矣夫** 군자이불인자 유의부 군자로서 어질지 못한 자는 있어도. 而: ~로서, ~이면서. 夫: 추측종결사.

▷ **未有 小人而仁者也** 미유 소인이인자야 소인으로서 어진 자는 아직 없었다. 未有: 아직 ~없다.

 8. 자식을 사랑한다면 자식이 수양에 힘쓰도록 할 것이다.

[해석 본문]

공자께서 말씀하셨다. "(자식을) 사랑한다면 (자식이) 노력하지 않게 할 수 있겠는가? (자식에게) 정성을 기울인다면 (올바른 길을) 가르쳐주지 않을 수 있겠는가?"

子曰 愛之면 能勿勞乎아? 忠焉이란 能勿誨乎아?
자왈 애지 능물로호 충언 능물회호

[배경 설명]

사랑과 정성을 실천하는 자녀 교육 방법에 관한 교훈이다. 之(지)는 자식, 勿(물)은 아니하다, 忠(충)은 정성을 기울이다, 誨(회)는 가르치다를 뜻한다.

자식을 진심으로 사랑한다면 그들이 덕을 쌓고 학문을 수양하는데 노력하게 한다. 자식이 진정으로 정성을 기울인다면 잘못을 저질렀을 때 이를 깨우쳐주는 것이다. 따라서 자식을 사랑하면 자식이 스스로 노력하게 하며, 정성을 기울인다면 자식에게 올바른 길을 가르쳐 주어야 한다.

[단문 설명]

▶ 愛之 能勿勞乎? 애지 능물로호? (자식을) 사랑한다면 (자식이) 노력하지 않게 할 수 있겠는가?
之: 자식. 勿: 아니하다(不). 乎: 의문종결사.

▶ 忠焉 能勿誨乎? 충언 능물회호? (자식에게) 정성을 기울인다면 (올바른 길을) 가르쳐주지 않을 수 있겠는가? 忠: 정성을 기울이다. 焉: 於是, 자식에게. 誨: 가르치다.

 9. 정나라의 외교문서 작성 과정은 초고, 토론, 수식과 윤색이다.

[해석 본문]

공자께서 말씀하셨다. "(정나라에서) 외교문서를 작성할 때 비심이 초고를 만들고, 세숙이 이를 검토하고, 행인인 자우가 수식하고, 동리의 자산이 윤색하였다."

　자 왈　위 명　　비 심　초 창 지　　세 숙　토 론 지　행 인 자 우　수 식 지
子曰 爲命에 裨諶이 草創之하고 世叔이 討論之하고 行人子羽 修飾之하고
　동 리 자 산　윤 색 지
東里子産이 潤色之하니라

[배경 설명]

정나라에서 외교문서를 치밀하게 작성하는 과정을 설명하고 있다. 爲(위)는 만들다, 命(명)은 외교문서, 草創(초창)은 초고를 만들다, 行人(행인)은 외교 담당 관리, 토론(討論)은 검토하다, 수식(修飾)은 보충하고 삭제하다, 潤色(윤색)은 윤내고 색칠하다를 뜻한다.

비심, 세숙, 자우와 자산은 외교문서를 작성하는 정나라 대부이다. 裨諶(비심)은 이름이 조(竈)이고 자가 諶(심)이다. 世叔(세숙)은 이름이 유길(游吉)이고, 그는 뛰어난 외교역량으로 강대국인 진(晉)·초(楚) 사이에서 전란을 예방했다. 세숙이 죽었을 때 공자가 눈물을 흘렸다. 子羽(자우)는 자는 공손휘(公孫揮)이고, 子産(자산)은 자가 공손교(公孫僑)이며, 동리(東里)는 자산이 거주하던 동네 이름이다.

정(鄭)나라는 춘추전국 시대에 주변 나라들이 서로 각축하는 요충지에 위치하여 외교가 매우 중요했다. 정나라가 외교에 성공할 수 있었던 요인은 유능한 인재들이 협력하여 각 역할을

수행했기 때문이다. 인재의 등용과 활용이 국가의 명운을 결정하는 관건이었다.

창(創)은 처음 만드는 것이니, 초창(草創)은 처음으로 초고(草稿)를 만드는 것이다. 토론(討論)은 검토하여 잘못을 수정하는 것이다. 수식(修飾)은 보충하고 삭제하는 것이다. 윤색(潤色)은 문장을 아름답게 다듬는 것, 위명(爲命)은 외교문서를 작성하는 일이다.

정나라에서는 외교문서를 만들 때에 이 네 현자들이 초고를 만들고, 정밀하게 검토하고, 수정하고, 문장을 아름답게 꾸미는 과정을 거친다. 외교문서를 가장 뛰어난 현자들이 정밀하게 작성했으니, 제후들을 응대할 때에 실패하는 일이 적었다. 따라서 공자께서 유능한 인재를 발탁하여 현자들이 협업하여 외교문서를 작성하는 것을 좋게 평하신 것이다.

[단문 설명]

▶ 爲命 위명 (정나라에서) 외교문서를 작성할 때. 爲: 만들다. 命: 정부 공문서, 외교문서.

▶ 裨諶 草創之 비심 초창지 비심이 초고를 만들고. 裨諶: 정나라 대부. 草創: 초고를 만들다, 기초하다. 草: 처음으로, 대략적으로.

▶ 世叔 討論之 세숙 토론지 세숙이 이를 토론하고. 世叔: 정나라 대부.

▶ 行人子羽 修飾之 행인자우 수식지 행인인 자우가 그것을 수식하고. 行人: 외교 담당 관직 이름. 子羽: 정나라 대부.

▶ 東里子産 潤色之 동리자산 윤색지 동리의 자산이 그것을 윤색하였다. 東里: 자산이 살았던 동네 이름. 子産: 정나라 대부. 潤色: 윤내고 색칠하다.

 10. **자산, 자서, 관중의 인품에 대하여 평하셨다.**

[해석 본문]

어떤 사람이 자산의 (인품에) 관하여 물으니, 공자께서 대답하셨다. "자혜로운 사람이다." 또 자서의 (인품에) 관하여 물으니, 공자께서 대답하셨다. "그저 그런 사람이로다!" 관중의 (인품에) 관하여 물으니, 공자께서 대답하셨다. "이 사람은 백씨의 병읍 삼백 호를 빼앗았는데, (백씨는) 거친 밥을 먹었지만 죽을 때까지 원망하지 않았다."

或이 問子産하자 子曰 惠人也니라 問子西하자 曰 彼哉彼哉여! 問管仲하자 曰 人也
奪伯氏騈邑三百한데 飯疏食 沒齒까지 無怨言하니라

혹 문자산　자왈 혜인야　문자서　왈 피재피재　문관중　왈 인야
탈백씨병읍삼백　반소사 몰치　무원언

[배경 설명]

자산, 자서와 관중에 대한 인물평이다. 或(혹)은 어떤 사람, 問(문)은 묻다, 惠(혜)는 자혜, 奪(탈)은 빼앗다, 彼哉(피재)는 보잘것없다, 반소사(飯疏食)는 거친 밥을 먹다로 궁핍하다, 沒齒(몰치)는 늙어 죽다, 怨言(원언)은 원망하다를 뜻한다.

자산(子産)은 정(鄭)나라 동리 사람으로 정치가이자 사상가이다. 그는 나라를 잘 다스려 백성들의 추앙을 받았으며 그가 죽었을 때 공자가 눈물을 흘렸다. 북쪽의 진(晉)나라와 남쪽의 초(楚)나라 등 대국 사이에 있던 정나라에서 외교적으로 성공을 거두었다. 중국 최초의 성문법을 정하였고, 농지를 정리하여 국가재정을 강화하였으며 미신을 배척하였다.

자서(子西)는 초평왕(楚平王)의 서자(庶子)로 공자(公子) 신(申)이고, 초나라의 영윤(令尹: 재상)을 지냈다. 초평왕이 죽은 뒤 아우인 소왕(昭王)에게 왕위를 양보했으니 인품이 훌륭하다고 할 수 있지만 정치적 역량이 크지 않았다. 자서는 소왕이 공자를 등용하려 하자 이를 저지하였다. 그 후 백공(白公)을 불러들여 화란(禍亂: 재앙과 난리)을 초래하였다. 자서는 난을 일으켰으므로 공자는 그저 그런 사람이라고 하고 그에 대한 평가를 유보했던 것이다.

관중(管仲)은 제나라 환공(桓公)의 재상이다. 제나라 현신인 포숙아(鮑叔牙)의 권고로 환공을 도와 패자가 되게 했다. 관중이 공을 세우자 환공이 백씨의 읍호를 넘겨주었다. 공자는 관중에 대해서는 그다지 높게 평가하지 않았으나 그의 정치적 공적은 인정했다.

백씨(伯氏)는 이름이 언(偃)으로 제나라의 대부이다. 그는 죄를 지어 환공이 백씨의 병읍을 빼앗아 관중에게 주었다. 그러나 백씨는 관중의 공을 인정하고 자신의 죄를 시인하고, 평생 관중을 원망하지 않았기 때문에 공자는 관중을 호의적으로 평하신 것이다. 따라서 공자께서는 자산은 자혜로운 사람, 자서는 그저 그런 사람, 관중은 호의적인 사람으로 평하셨다.

[단문 설명]

▶ 或 問子産 혹문자산 어떤 사람이 자산의 (인품에) 관하여 물으니. 或: 어떤 사람. 問: 묻다.

▶ 惠人也 혜인야 자혜로운 사람이다. 惠: 자혜.

▶ 彼哉! 피재! 그저 그런 사람이로다! 彼: 저 사람, 보잘것없다. 哉: 감탄종결사, ~도다.

▶ 人也 奪伯氏騈邑三百 인야 탈백씨병읍삼백 이 사람은 백씨의 병읍 삼백호를 빼앗았는데. 也:

주격후치사. 奪: 빼앗다. 騈邑: 식읍의 지명.

▶ **飯疏食** 반소사 (백씨는) 거친 밥을 먹었지만. 飯: 먹다. 疏: 거친, 변변치 못한. 食: 밥.

▶ **沒齒 無怨言** 몰치 무원언 죽을 때까지 원망하지 않았다. 沒齒: 늙어 죽다. 怨言: 원망하다.

 11. 가난하면 원망하기 쉽고, 부유하면 교만하기 쉽다.

[해석 본문]

공자께서 말씀하셨다. "가난한데도 원망하지 않는 것이 어렵지만, 부유한데도 교만하지 않는
것은 쉽다."

　　　　자 왈　빈 이 무 원　　　난　　　부 이 무 교　　이
　　　子曰 貧而無怨은 **難**하고 **富而無驕**는 **易**니라

[배경 설명]

가난과 부유, 원망과 교만을 대비한 교훈이다. 貧(빈)은 가난하다, 怨(원)은 원망하다, 富(부)
는 부유하다, 驕(교)는 교만하다를 뜻한다.

가난에 이르기는 쉬우나 부에 이르기는 어렵다. 가난하면 원망하고, 부유하면 교만하기 쉬운
것이 인지상정이다. 가난한 사람은 가난으로 인해 환경을 제약받게 되고, 활동 영역이 좁을 수
있어 원망하기 쉽다. 가난한 사람은 원하는 것이 많으나 얻기 어려우니 원망하게 된다. 백성들
이나 선비들이 가난하여 세상을 원망하는 것은 자연스럽고 쉬운 일이다.

부유한 사람은 활동 영역이 넓고, 주변 사람으로부터 선망을 받을 수 있어 교만하기 쉽다. 그
러나 부유하면 주변의 시선이 집중되고, 부를 지키기 위해 자제해야 하기 때문에 자기감시가
강화되니 오히려 겸손할 수가 있다. 부유한 사람은 덕과 예를 수양하고, 재물의 압박을 받지 않
아 마음이 안정되니 교만을 억제할 수 있다. 따라서 가난한 사람은 환경을 원망하기 쉽지만 부
유한 사람은 오히려 겸손할 수 있다.

[단문 설명]

▶ **貧而無怨 難** 빈이무원 난 가난한데도 원망하지 않는 것이 어렵지만. 怨: 원망하다.

▶ **富而無驕 易** 부이무교 이 부유한데도 교만하지 않는 것은 쉽다. 驕: 교만하다.

12. 사람의 재능을 미리 알지 못하고 등용하면 인재를 버리는 것이다.

[해석 본문]

공자께서 말씀하셨다. "맹공작은 조씨와 위씨의 가신이 된다면 잘하겠지만 등나라와 설나라의 대부는 될 수 없다."

자 왈 맹 공 작　　위 조 위 로 즉 우　　　불 가 이 위 등 설 대 부
子曰 孟公綽이 **爲趙魏老則優**이나 **不可以爲滕薛大夫**니라

[배경 설명]

조씨와 위씨가 대국의 대부로는 부적절하다는 평이다. 대부(大夫)는 국정을 맡은 자이다. 老(노)는 가신의 우두머리로 명망이 높지만 책임이 없는 관직, 優(우)는 뛰어나다를 뜻한다.

조씨(趙氏)와 위씨(魏氏)는 진(晉)나라 대부로 커다란 영지를 갖고 있었으나 후에 진(晉)나라를 분할하여 조(趙)나라와 위(魏)나라를 세웠다. 등(滕)과 설(薛)은 나라의 이름으로 나라는 작으나 정사가 번거로우며, 대부는 지위가 높고 책임이 크다.

맹공작(孟公綽)은 노(魯)나라 대부로 성품이 청렴하고 욕심이 적으나 일을 처리하는 능력이 떨어져 대부의 가신으로는 적합하다. 그러나 등나라나 설나라와 같은 조그만 제후국이라도 정치를 담당하는 대부로는 부적합한데, 공자는 노나라와 같은 대국의 대부가 된 것에 대하여 맞지 않다고 생각했다. 따라서 맹공작은 청렴하여 큰 나라에서 가신은 잘하겠지만 대부로서의 능력은 모자라 작은 나라의 대부는 감당할 수 없다.

[단문 설명]

▷ **爲趙魏老 則優** 위조위로 즉우 조씨와 위씨의 가신 우두머리가 된다면 잘하겠지만. 趙와 魏: 진나라의 대부. 老: 가신의 우두머리. 則: ~하면. 優: 뛰어나다, 잘하다.

▷ **不可以 爲滕薛大夫** 불가이 위등설대부 등나라와 설나라의 대부가 될 수 없다. 滕과·薛: 조그만 제후국.

135

13. 이익을 보면 정의를 생각하고, 위난을 보면 목숨을 바친다.

[해석 본문]

자로가 완전한 인간(成人)에 대해서 물으니, 공자께서 대답하셨다. "만일 장무중의 지혜, 맹공작의 청렴결백, 변장자의 용기와 염구의 재예를 예악으로 꾸민다면 역시 완전한 인간이 될 수 있을 것이다."

子路 問成人하니 子曰 若臧武仲之知와 公綽之不欲과 卞莊子之勇과 冉求之藝를
文之以禮樂이면 亦可以爲成人矣니라

공자께서 또 말씀하셨다. "지금의 완전한 인간은 어찌 반드시 그래야만 하겠느냐? 이익을 보면 정의를 생각하고, 위난을 보면 목숨을 바치고, 오래된 약속이라도 평소의 말을 잊지 않는다면 또한 완전한 인간이 될 수 있다."

曰 今之成人者는 何必然이리오? 見利思義하며 見危授命하며 久要이라도
不忘平生之言이면 亦可以爲成人矣니라

[배경 설명]

자로의 완전한 인간에 대한 공자의 답변이다. 成人(성인)은 완전한 인간(全人), 不欲(불욕)은 청렴결백, 文(문)은 꾸미다, 授(수)는 바치다, 忘(망)은 잊다를 뜻한다.

子路(자로)는 공자의 제자로 성은 중(仲), 이름은 유(由)이고, 정사에 뛰어났다. 臧武仲(장무중)은 노나라 대부로 이름은 흘(紇)이며, 지혜가 출중하였으나 삼환에게 밀려 제나라로 망명하였다. 孟公綽(맹공작)은 노나라의 대부로 청렴 결백했으나 능력이 부족했다. 卞莊子(변장자)는 노나라 대부로 호랑이를 잡은 장사이다. 冉由(염유)는 공자의 제자로 성은 염(冉), 이름은 구(求), 자는 자유(子有)이고, 정사에 밝고 부국강병술이 뛰어났다.

장무중의 지혜, 맹공작의 청렴결백, 변장자의 용기와 염구의 재예를 겸하면 지혜로는 백성을 다스리고, 청렴으로는 신하들에게 모범을 보이고, 용기로는 전쟁에서 실천하고, 재예로는 백성

의 생활을 부유하게 하고, 예로는 자신을 절제하면 성인이 될 수 있는 것이다.

성인(成人)은 완전한 사람(全人), 즉 학문과 덕행을 구비한 완전한 인간을 뜻한다. 지혜와 청빈, 용기, 재주를 갖추고, 예로써 절제하고, 음악으로 조화를 이룬다면, 완전한 인격체라 할 수 있다. 따라서 개인의 장점을 겸하여 예악으로 나아간다면 성인(成人)이 될 수 있다.

수명(授命)은 목숨을 아끼지 않고 바치는 것이다. 따라서 의를 생각하고, 목숨을 바치고, 평소의 말을 지킨다면, 재예(才藝)와 예악(禮樂)이 부족하더라도 성인(成人)의 다음은 될 수 있다.

[단문 설명]

▶ 問成人 문성인 완전한 인간에 대해서 물으니. 成人: 완전한 사람(全人).
▶ 若臧武仲之知 약장무중지지 만일 장무중의 지혜. 若: 만약.
▶ 公綽之不欲 공작지불욕 맹공작의 청렴결백. 不欲: 청렴결백.
▶ 卞莊子之勇 변장자지용 변장자의 용기.
▶ 冉求之藝 염구지예 염구의 재예(才藝)를.
▶ 文之以禮樂 문지이예악 예악으로 꾸민다면. 文: 꾸미다, 다듬다. 之: 앞 구절.
▶ 可以爲成人矣 가이위성인의 완전한 인간이 될 수 있다. 可以: 할 수 있다. 爲: 되다.
▶ 今之成人者 금지성인자 지금의 완전한 인간은. 今: 지금.
▶ 何必然? 하필연? 어찌 반드시 그래야만 하겠느냐? 何: 어찌. 然: 그러하다.
▶ 見利思義 견리사의 이익을 보면 정의를 생각하고. 利: 이익. 義: 정의.
▶ 見危授命 견위수명 위난을 보면 목숨을 바치고. 危: 위난. 授: 주다, 바치다.
▶ 久要 不忘平生之言 구요 불망평생지언 오래된 약속이라도 평소의 말을 잊지 않는다면. 久要: 오래된 약속. 忘: 잊다. 平生: 평소.

14. 반드시 말을 할 때가 되어서 말하므로 남들이 그의 말을 싫어하지 않았다.

[해석 본문]

공자께서 공숙문자에 대하여 공명가에게 물으셨다. "정말입니까? 공숙문자는 말도 하지 않고, 웃지도 않고, (재물을) 받지도 않으십니까?"

자 문 공 숙 문 자 어 공 명 가 왈 신 호 부 자 불 언 불 소 불 취 호

子問 公叔文子 於公明賈 曰 信乎? 夫子 不言不笑不取乎?

공명가가 말했다. "이렇게 말씀을 전해드린 사람이 지나쳤습니다. 그분은 (말할) 때가 된 뒤에야 말을 하므로 사람들이 그의 말을 싫어하지 않으며, 즐거운 뒤에야 웃으므로 사람들이 그의 웃음을 싫어하지 않으며, 의(義)라고 (안) 뒤에야 (재물을) 받으므로 사람들이 그가 받는 것을 싫어하지 않습니다." 공자께서 (그 말을 듣고) 말씀하셨다. "그런가요? 어찌 그런가요?"

공 명 가 대 왈 이 고 자 과 야 부 자 시 연 후 언 인 불 염 기 언 낙 연 후 소

公明賈 對曰 以告者過也이다 **夫子 時然後言**이라 **人不厭其言**하면 **樂然後笑**로

인 불 염 기 소 의 연 후 취 인 불 염 기 취 자 왈 기 연 기 기 연 호

人不厭其笑하며 **義然後取**하므로 **人不厭其取**니이다 **子曰 其然**이오? **豈其然乎**리오?

[배경 설명]

공숙문자에 대한 인물평이다. 於(어)는 대하여, 信(신)은 참으로, 以(이)는 이렇게, 時(시)는 때에 맞게, 然後(연후)는 그러한 뒤에, 厭(염)은 싫어하다, 豈(기)는 어찌를 뜻한다.

공숙문자(公叔文子)는 위나라 대부로 성이 공손(公孫), 이름이 지(枝)이다. 公明賈(공명가)는 위나라 사람으로 성이 公明(공명), 이름이 가(賈)이다. 공숙문자는 청렴한 선비였고, 신망이 높아 불언(不言), 불소(不笑), 불취(不取)로 알려졌다. 즉, 그는 말도 하지 않고, 웃지도 않고, 재물을 취하지도 않는 세 가지로써 칭찬받았다. 기연 기기연호(其然 豈其然乎)는 어찌 그럴 수 있을까 하고 의심하는 말이다. 따라서 공숙문자의 사람됨이 비록 훌륭하다고 하나 공명가의 말이 너무 지나치다고 공자는 평하신 것이다.

[단문 설명]

▸ **問 公叔文子 於公明賈曰** 문 공숙문자 어공명가왈 공자께서 공숙문자에 대하여 공명가에게 물으셨다. 於: 대하여. 公明賈: 위나라 사람.

▸ **信乎? 夫子** 신호? 부자 정말입니까? 공숙문자는. 信: 정말로. 乎: 의문종결사. 夫子: 公叔文子.

▸ **不言 不笑 不取乎?** 불언 불소 불취호? 말도 하지 않고, 웃지도 않고, (재물을) 받지도 않으십니까?

▸ **以告者 過也** 이고자 과야 이렇게 말씀을 전해드린 사람이 지나쳤습니다. 以: 이것, 이렇게.

▸ **夫子 時然後言** 부자시연후언 그분은 (말할) 때가 된 뒤에야 말을 하므로. 夫子: 公叔文子. 時: 때에 맞게. 然後: 그러한 뒤에.

▸ 人不厭其言 인불염기언 사람들이 그의 말을 싫어하지 않으며. 厭: 싫어하다.

▸ 樂然後笑 낙연후소 즐거운 뒤에야 웃으므로. 笑: 웃다.

▸ 人不厭其笑 인불염기소 사람들이 그의 웃음을 싫어하지 않으며. 笑: 웃음.

▸ 義然後取 의연후취 의라고 (안) 뒤에야 (재물을) 받으므로. 取: 받다.

▸ 人不厭其取 인불기염취 사람들이 그가 받는 것을 싫어하지 않습니다. 其: 그가.

▸ 其然? 기연? 그런가요? 其: 그. 然: 어떠하다.

▸ 豈其然乎? 기기연호? 어찌 그런가요? 豈: 어찌. 其: 그. 然: 어떠하다. 乎: 의문종결사.

 15. 장무중이 노나라에 후계자를 세워줄 것을 요구하였다.

[해석 본문]

공자께서 말씀하셨다. "장무중이 방(읍)을 이용하여 노나라에 후계자를 세워줄 것을 요구하였으니, 비록 (이것이) 임금을 협박한 것은 아니라도 나는 믿지 않는다."

자 왈 장 무 중　　이 방　　구 위 후 어 로　　수 왈 불 요 군　　오 불 신 야
子曰 臧武仲이 以防으로 求爲後於魯하니 雖曰不要君이나 吾不信也하노라

[배경 설명]

장무중이 군주에게 후계자의 승인을 요구한 것에 대한 비난이다. 防(방)은 읍의 지명, 以(이)는 이용하다, 曰(왈)은 이다, 要(요)는 협박하다, 爲後(위후)는 후계자를 세우다를 뜻한다.

장무중(臧武仲)은 노나라 대부로 지혜가 출중하였다. 맹숙씨가 그를 반역자로 몰았기 때문에 그는 주(邾)나라로 망명하였다가 뒤에 방읍으로 잠입하여 방읍을 점거하고, 그의 형을 장손씨(臧孫氏)의 후계자로 세워주면 방읍을 떠나겠다고 노나라 조정에 요청하였다. 만일 요청을 들어주지 않으면 장차 방읍을 점거하여 반란을 일으키겠다고 임금을 협박하자 임금은 그의 요구를 받아들였다. 따라서 공자께서 장무중이 군주에게 후계자의 승인을 요구한 것을 협박으로 여기시어 이를 못마땅하게 생각한 것이다.

[단문 설명]

▸ 以防 求爲後於魯 이방 구위후어로 방(읍)을 이용하여 노나라에 후계자를 세워줄 것을 요구하

였으니. 以: 이용하다. 防: 읍, 臧武仲의 봉지. 求: 요구하다. 爲: 되다, 삼다. 後: 후계자.

▶ **雖曰不要君** 수왈불요군 비록 (이것이) 임금을 협박한 것은 아닐지라도. 雖: 비록. 曰: ~이다. 要: 협박하다, 강요하다.

▶ **吾不信也** 오불신야 나는 믿지 않는다.

 16. 진문공은 술수를 쓰나 제환공은 정도를 썼다.

[해석 본문]

공자께서 말씀하셨다. "진문공은 술수를 쓰고 정도를 쓰지 않았으나 제환공은 정도를 쓰고 술수를 쓰지 않았다.

자 왈 진 문 공 휼 이 부 정 제 환 공 정 이 불 휼
子曰 晋文公은 譎而不正하고 齊桓公은 正而不譎하니라

[배경 설명]

진문공과 제환공의 대비되는 통치전략에 관한 평이다. 譎(휼)은 속이다, 권모술수(權謀術數), 正(정)은 正道를 뜻한다.

진문공(晋文公)은 이름이 중이(重耳)로 진나라의 군주였고, 그는 춘추오패(春秋五覇)의 한 사람으로 제환공(齊桓公)의 뒤를 이어 패자(覇者)가 되었다. 그는 주나라 왕실이 내란을 평정하는 데 도움을 주고, 정당한 방법보다는 권모술수에 밝아 초나라와의 전투에서 이기는 등 국력을 강화하여 춘추시대의 두 번째 패자가 되었다.

제환공(齊桓公)은 이름이 소백(小白)으로 제나라의 군주였고, 그는 춘추오패의 시초이면서 으뜸으로 평가받고 있다. 관중(管仲)을 재상으로 등용하여 정치를 개혁하고, 여러 차례 이민족의 국경 침범을 물리쳐 주나라 왕실의 안정을 이룩함으로써 춘추시대의 첫 번째 패자가 되었다. 그는 권모술수를 쓰기보다는 대의에 입각하여 정도로 싸웠다.

휼(譎)은 상황에 따라 일을 처리하는 권도(權道)이다. 권도(權道)는 일상적인 원칙이 통용되지 않는 비상시에 많이 쓰는 권모술수(權謀術數)이다. 한편 정(正)은 평상시에 쓰는 정치의 정도(正道)이다. 진나라 문공은 비상시의 권도에는 강했으나 일상적인 정치의 정도에는 약했고,

제나라 환공은 정치의 정도에는 강했으나 권도에는 약했다.

　진문공과 제환공은 제후의 맹주로서 이적(夷狄)을 물리치고 주나라 왕실을 높인 자들이다. 비록 마음이 모두 바르지 못하였으나 환공은 초나라를 칠 때에 대의를 내세워 속임수를 사용하지 않았으니, 그래도 환공이 문공보다 낫다. 문공은 위나라를 쳐서 초나라를 싸움으로 끌어들이고 음모로써 승리하였다. 따라서 진문공은 술수(術數)를 쓰나 제환공은 정도(正道)를 썼다.

[단문 설명]

▷ 晋文公　譎而不正　진문공 휼이부정　진문공은 술수(術數)를 쓰고 정도(正道)를 쓰지 않았으며.
　譎: 속이다, 권모술수(權謀術數). 正: 正道.
▷ 齊桓公　正而不譎　제환공 정이불휼　제환공은 정도(正道)를 쓰고 술수(術數)를 쓰지 않았다.

17. 작은 절개(小節)는 잃었으나 천하의 큰 공(大業)을 세운 것이다.

[해석 본문]

　자로가 말하였다. "환공이 공자규를 죽였을 때 소홀은 순절하였지만 관중은 순절하지 않았으니, (관중은) 인하지 못한 것입니까?" 공자께서 말씀하셨다. "환공이 제후들을 규합할 때 전차(무력)를 쓰지 않은 것은 관중의 힘이었으니, 이것이 아마 인일 것이다. 이것이 아마 인일 것이다."

　자로왈　환공　　살공자규　소홀　사지　관중　불사　왈 미인호
　子路曰　桓公이　殺公子糾할새　召忽은　死之하나　管仲은　不死하니　曰　未仁乎리오
　자왈　환공　구합제후　불이병거　관중지력야　여기인　여기인
　子曰　桓公이　九合諸侯할새　不以兵車는　管仲之力也니　如其仁　如其仁이라

[배경 설명]

　관중은 작은 절개(小節)는 잃었으나 큰 공(大業)을 세웠다고 공자께서 평하셨다. 殺(살)은 죽이다, 死(사)는 순절(殉節)하다, 九(구)는 규합(糾合)하다, 以(이)는 쓰다, 兵車(병거)는 전차, 무력, 其(기)는 아마를 뜻한다.

　공자(公子)는 귀한 집의 나이 어린 자제를 뜻하고, 公子糾(공자규)는 환공의 이복형으로 양

공(襄公)이고, 관중과 소홀은 양공의 신하였으나 포숙아는 환공의 신하였다. 환공(桓公)은 제나라의 군주로 포숙아의 진언으로 공자규의 신하였던 관중을 재상으로 기용한 뒤 패자의 자리를 확고히 하여 춘추오패의 한 사람이 되었다.

　제나라 양공은 사치에 빠져 내란이 일어나 형인 규는 관중과 소홀의 호위를 받고 동생인 소백(小白: 환공)은 포숙아의 호위를 받아 다른 나라로 피신하였고, 양공은 공손무지에게 피살되었으나 공손무지도 곧이어 암살됨으로써 제나라는 군주가 없이 혼란에 빠졌다.

　소백이 귀국하여 왕위에 올라 규를 모시던 두 사람 가운데 소홀은 자살하고 관중은 죽지 않고 압송되었으나 친구인 포숙아에 의하여 환공에게 천거되어 재상이 되었다. 환공은 관중의 도움으로 제후들과 회맹하여 신뢰를 얻었고, 패자의 위상을 확립하였다. 회맹(會盟)은 임금이 공신들과 제사지내고, 피를 서로 나누어 빨며 단결을 맹세하는 일이다.

　관포지교(管鮑之交)는 관중(管仲)과 포숙아(鮑叔牙)처럼 친구 사이가 다정함을 뜻한다. 관중이 말하길, "나를 낳아준 사람은 부모이고, 나를 알아준 사람은 포숙아이다."

　자로는 관중이 소홀처럼 섬기고 있던 공자규를 따라 순사(殉死)하지 않은 것이 목숨을 부지하기 위하여 신의를 저버린 것이니, 천리를 해쳐 인이 될 수 없다고 의심한 것이다. 그러나 공자께서는 비록 자신이 섬기던 사람과 생사를 같이 하지 못한 잘못은 있었으나 무력에 의하지 않고 나라를 안정시킨 공은 실로 크다고 평하셨다. 따라서 공자께서는 작은 절개(小節)는 잃었으나 천하의 큰 공(大業)을 세운 것이라고 평하셨다.

[단문 설명]

▶ **桓公 殺公子糾** 환공 살공자규 환공이 공자규를 죽였을 때. 殺: 죽이다. 桓公: 제나라 임금. 公子糾: 환공의 이복형.

▶ **召忽死之** 소홀사지 소홀은 순절하였지만. 召忽: 공자규의 신하. 死: 순절(殉節)하다.

▶ **管仲不死** 관중불사 관중은 순절하지 않았으니. 管仲: 공자규의 신하.

▶ **未仁乎?** 미인호? (관중은) 인(仁)하지 못한 것입니까?

▶ **九合諸侯** 구합제후 제후들을 규합할 때. 九: 糾合하다, 九가 아니라 규(糾)로 흩어져 있는 사람을 불러모으는 것이 주자의 설(說)이다.

▶ **不以兵車** 불이병거 전차(무력)를 쓰지 않은 것은. 以: 쓰다. 사용하다(用). 兵車: 전차, 무력.

▶ **管仲之力也** 관중지력야 관중의 힘이었으니.

▶ **如其仁** 여기인 이것이 아마 인일 것이다. 如: 이것이. 其: 아마도.

18. 관중은 덕으로써 정치를 하여 백성들에게 평화와 풍요를 주었다.

[해석 본문]

자공이 말했다. "관중은 어진 사람이 아니었습니까? 환공이 공자규를 죽였는데, (소홀은 그를 위하여 순절했지만) (관중은) 순절하지 않고 또 환공을 보필했습니다." 공자께서 말씀하셨다. "관중이 환공을 보필하여 제후들을 제패하여 천하를 모두 바로잡아, 백성들이 지금까지 그의 은혜를 받고 있다. 관중이 없었다면 나는 아마 머리를 풀고, 옷깃을 왼편으로 여미는 오랑캐가 되었을 것이다. 어찌 보통 사람들이 작은 신의를 지킨답시고 스스로 도랑에서 목매어 죽어도 (사람들이) 알지 못하는 것과 같겠는가?"

子貢이 曰 管仲은 非仁者與리오? 桓公이 殺公子糾한데 不能死요 又相之하니다
子曰 管仲이 相桓公覇諸侯하여 一匡天下하니 民到于今히 受其賜하니라
微管仲이면 吾其被髮左衽矣이니라 豈若匹夫匹婦之爲諒也라 自經於溝瀆
而莫之知也리오?

[배경 설명]

관중에 대한 자공의 질문에 대한 공자의 대답이다. 殺(살)은 죽이다, 死(사)는 순절하다, 相(상)은 보필하다, 覇(패)는 제패하다, 一(일)은 모든, 匡(광)은 바로잡다, 賜(사)는 은혜, 微(미)는 없다, 被髮(피발)은 머리를 풀다, 衽(임)은 옷깃을 여미다, 諒(량)은 작은 신의, 經(경)은 목매다, 於溝瀆(구독)은 도랑, 莫(막)은 없다를 뜻한다.

자공은 관중이 공자규를 위해 죽지 않은 것은 그럴 수 있지만, 공자규의 아우인 환공(桓公)을 도운 것은 너무 심하다고 생각한 것이다. 관중은 자신이 섬기던 공자규를 살해한 환공을 보필한 것은 의가 아니다. 관중은 처음에 공자규와 더불어 함께 모의하였으니 함께 죽는 것도 괜찮았고, 공자규의 동생인 환공을 도와 나라를 다툰 것이 의가 아님을 알고, 스스로 죽음을 면하여 후일의 공적을 도모한 것도 매우 괜찮은 일이다.

공자는 관중의 정치적 재능을 높이 평가하여 작은 의리보다는 그의 공적을 인정하였다. 공자는 관중이 없었다면 중국이 오랑캐들의 침입을 받아 그들의 문물이 정착했을 것이라고 하였다.

따라서 공자께서 관중이 순절하지 않은 것을 비난하지 않고 그의 공을 칭찬하신 것이다.

[단문 설명]

▶ 非仁者與? 비인자여? 어진 사람이 아니었습니까? 與: 의문종결사.

▶ 桓公 殺公子糾 환공 살공자규 환공이 공자 규를 죽였는데. 殺: 죽이다.

▶ 不能死 불능사 (소홀은 그를 위하여 순절했지만) (관중은) 순절하지 않고.

▶ 又相之 우상지 또 환공을 보필했습니다. 相: 돕다, 보필하다, 재상 노릇을 하다.

▶ 管仲 相桓公覇諸侯 관중 상환공패제후 관중이 환공을 보필하여 제후들을 제패하여. 覇: 제패하다. 諸侯: 천자에게서 영토를 받아 영내를 지배하는 권력가.

▶ 一匡天下 일광천하 천하를 모두 바로잡아. 一: 온, 모든. 匡: 바로잡다.

▶ 民到于今 受其賜 민도우금 수기사 백성들이 지금까지 그의 은혜를 받고 있다. 到: 이르다. 于今: 지금에. 其: 그의. 賜: 은혜, 은덕.

▶ 微管仲 미관중 관중이 없었다면. 微: 없다(無).

▶ 吾其被髮 左袵矣 오기피발 좌임의 나는 아마 머리를 풀고, 옷깃을 왼편으로 여미는. 其: 아마. 被髮: 머리를 풀다. 左: 왼쪽으로. 袵: 옷깃을 여미다. 被髮左袵: 야만의 풍속. 矣: 추측종결사.

▶ 豈若 匹夫匹婦之 爲諒也 기약 필부필부지 위양야 어찌 보통 사람들이 작은 신의를 지킨답시고. 豈: 의문부사, 어찌. 若: 같다. 匹夫匹婦: 보통 사람들. 爲: 행하다. 諒: 작은 신의.

▶ 自經於溝瀆 而莫之知也? 자경어구독 이막지지야? 스스로 도랑에서 목매어 죽어도 (사람들이) 알지 못하는 것과 같겠는가? 經: 목매다. 於溝瀆: 도랑에서. 莫: 없다. 之: 죽는 것. 之知: 知之.

 19. 공숙문자는 인재를 알아보고 조정에 추천하고, 임금을 섬기는 훌륭한 인격자였다.

[해석 본문]

공숙문자의 가신이던 대부 선(僎)이 공숙문자와 함께 위나라 조정에 나아갔다. 공자께서 이를 들으시고 말씀하셨다. "(그의 시호를) 문이라고 할 만하다."

공 숙 문 자 지 신 대 부 선　　여 문 자　　동 승 저 공　　　자 문 지　　　　왈　가 이 위 문 의
公叔文子之臣大夫僎이 與文子로 同升諸公이라 子聞之하시고 曰 可以爲文矣로다

[배경 설명]

인재를 알아보고, 조정에 신하로 추천하고, 임금을 섬기는 공숙문자의 인격에 대한 칭찬이다. 공(公)은 조정(朝廷), 臣(신)은 가신, 升(승)은 나아가다, 爲(위)는 ~라고 하다를 뜻한다.

공숙문자(公叔文子)는 위나라 대부로 청렴한 선비였다. 권세가는 자신의 수하에 유능한 사람을 가신으로 임명하여 자신의 권력을 더욱 강화하는데, 공숙문자는 자신의 가신인 선(僎)이 유능한 인물인데도 위나라 조정에 신하로 추천하여 국정에 참여하도록 하였다.

공숙문자의 시호는 文이었다. 시호(諡號)는 생전의 언행과 공적을 고려하여 시법(諡法)에 따라 정한다. 文이라는 시호는 가장 높은 단계로 학문에 공적이 있거나 덕으로 백성을 평안하게 한 사람에게 준다. 따라서 공숙문자는 인재를 알아보고, 자신과 동등한 신분으로 국정에 참여하도록 추천하고, 임금을 섬기는 훌륭한 인격자였다.

[단문 설명]

▷ 公叔文子之臣 大夫僎 공숙문자지신 대부선 공숙문자의 가신이던 대부 선(僎)이. 臣: 가신(家臣).

▷ 與文子 同升諸公 여문자 동승저공 공숙문자와 함께 위나라 조정에 나아갔다. 同: 함께. 升: 나아가다. 諸: ~에. 公: 제후국의 임금, 위나라 조정.

▷ 可以爲文矣 가이위문의 (그의 시호를) 文이라고 할 만하다. 爲: ~라고 하다(謂).

 20. **군주가 무도하고 무능해도 유능한 인재를 등용하면 군주의 지위를 유지할 수 있다.**

[해석 본문]

공자께서 위령공의 무도함에 대하여 말씀하시니, 계강자가 말하였다. "이와 같은데도 어찌하여 (군주의 지위를) 잃지 아니합니까?" 공자께서 말씀하셨다. "중숙어는 빈객의 접대를 다스리고, 축타는 종묘를 다스리고, 왕손가는 군대를 다스렸다. 이와 같으니 어찌 군주의 (지위를) 잃겠는가?"

자 언 위 령 공 지 무 도 야　　강 자 왈 부 여 시　　해 이 불 상　　공 자 왈 중 숙 어

子 言衛靈公之無道也하시니 康子曰 夫如是로되 奚而不喪이리오? 孔子曰 仲叔圉는

치 빈 객　　축 타　　치 종 묘　　왕 손 가　　치 군 려　　부 여 시　　계 기 상
治賓客하고 **祝鮀**는 **治宗廟**하고 **王孫賈**는 **治軍旅**이니라 **夫如是**니 **奚其喪**이리오?

[배경 설명]

위령공(衛靈公)에 대한 인물평이다. 是(이)는 이것, 奚(해)는 어찌, 而(이)는 ~하여, 喪(상)은 잃다, 治(치)는 다스리다, 賓客(빈객)은 외국 손님, 軍旅(군려)는 군대를 뜻한다.

강자는 노나라 대부인 계강자(季康子)이다. 중숙어(仲叔圉)는 위나라 대부로 공문자(孔文子)이고, 성은 공(孔), 이름은 어(圉), 시호는 문(文)이다. 그는 배울 점이 있다면 아랫사람에게도 물을 정도로 학문에 열성이었고, 학문이 깊었기 때문에 외국의 빈객을 응대하기에 적임자였다. 祝鮀(축타)는 위나라의 대부로 말재주가 매우 뛰어났고, 王孫賈(왕손가)도 위나라의 대부로 영공 때의 실권자였다.

위령공(衛靈公)은 위나라 군주로 성은 희(姬)이고 이름은 원(元)이다. 그는 남을 의심하고 포악하고 황음무도(荒淫無度)했지만, 인재를 적재적소에 등용하였다. 그가 등용한 대신인 공문자, 축타와 왕손가의 보필로 국정을 잘 운영했다. 군주가 무도하고 무능해도 현명한 인재를 등용하면 군주의 지위를 유지할 수 있었다. 황음무도(荒淫無度)란 거칠고 음란한 행동을 계속하면서 인간의 도리를 행하지 않는 것이다. 남자(南子)는 위령공 부인으로 성생활이 문란하였다.

공자 시대에 국가의 가장 중요한 업무는 제사와 군사였다. 제사는 국가의 공동체나 일체감의 조성을 위한 것이고, 군사는 국가의 존속을 위한 것이었다. 외교는 군사와 밀접히 연관된다. 위령공이 비록 무도하였으나 유능한 사람들이 각각 외교, 제사, 군사를 맡고 있었기 때문에 임금의 지위에서 쫓겨나지 않았던 것이다.

중숙어는 빈객의 접대를 맡고, 축타가 종묘를 맡고, 왕손가는 군대를 맡았다. 중숙어, 축타와 왕손가는 모두 위나라 신하로 비록 반드시 어질지는 않았으나 그 재능이 쓸 만하였고, 위령공이 이들을 재능에 맞게 등용하였다. 따라서 위령공이 무도하여 마땅히 지위를 잃어야 하나 인재를 등용하여 그 지위를 보전할 수 있었다.

[단문 설명]

▷ **言衛靈公之無道也** 언위령공지무도야 위령공의 무도함에 대하여 말씀하시니.

▷ **夫如是** 부여시 이와 같은데도. 如: 같다. 是: 이, 이것.

▷ **奚而不喪?** 해이불상? 어찌하여 (군주의 지위를) 잃지 아니합니까? 奚: 어떻게, 어찌. 而: ~하여, ~해서. 喪: 지위를 잃다.

▶ 仲叔圉 治賓客 중숙어 치빈객 중숙어는 빈객의 접대를 다스리고. 賓客: 외국 손님.

▶ 祝鉈 治宗廟 축타 치종묘 축타가 종묘를 다스리고. 治: 다스리다, 담당하다. 宗廟: 제사.

▶ 王孫賈 治軍旅 왕손가 치군려 왕손가는 군대를 다스렸다. 軍旅: 군대.

▶ 奚其喪? 해기상? 어찌 군주의 (지위를) 잃겠는가? 其: 군주. 喪: 잃다.

21. 말을 지키지 않는 것을 부끄러워하지 않으면 실천은 어렵다.

[해석 본문]

공자께서 말씀하셨다. "말을 하고 (지키지 않는 것을) 부끄러워하지 않으면 말을 실천하는 것은 어렵다."

자 왈 기 언 지 불 작   즉 위 지 야 난
子曰 其言之不怍이면 則爲之也難하니라

[배경 설명]

말을 하고 지키지 않는 언행불일치를 경계하라는 교훈이다. 怍(작)은 부끄러워하다, 則(즉)은 ~하면. 爲(위)는 실천하다를 뜻한다.

말이 진실하면 부끄러움이 없지만, 그렇게 하기는 쉬운 일이 아니다. 진실하지 않은 말은 하기 쉬우나 실행하기 어렵고, 실행하지 않으면 진실하지 않은 사람이다. 진실하지 않은 사람은 부끄러워할 줄을 모른다. 바르고 옳으며 실행할 수 있는 말을 할 때 완성된 인격자가 될 수 있다. 따라서 말을 조심해야 하나 한번 한 말은 반드시 실천해야 한다.

[단문 설명]

▶ 其言之不怍 기언지부작 말을 하고 (지키지 않는 것을) 부끄러워하지 않으면. 其: 일반적인 사람. 之: 其言. 怍: 부끄러워하다. 之不怍: 不怍之의 도치.

▶ 則爲之也難 즉위지야난 ~하면 말을 실천하는 것은 어렵다. 則: 하면. 爲: 실천하다. 之: 其言 也: 주격후치사. 難: 어렵다.

22. 공자께서 대부의 신분에서 고한 것이지 환심을 사기 위한 것이 아니었다.

[해석 본문]

진성자가 (그의 군주인) 간공을 시해하자 공자께서 목욕 재개하시고 조정에 나아가 애공에게 고하셨다. "진항(진성자)이 그의 임금을 시해하였으니, 청컨대 간공을 토벌하십시요."

진 성 자　시 간 공　　　공 자　목 욕 이 조　　　고 어 애 공 왈　진 항　　시 기 군
陳成子 弑簡公하자 **孔子 沐浴而朝**하사 **告於哀公曰 陳恒**이 **弑其君**하니

청 토 지
請討之하소서!

애공이 말하였다. "저 삼자(맹손, 숙손, 계손의 세 권세가)에게 고하시요." 이에 공자께서 말씀하셨다. "내가 대부의 말석이기 때문에 감히 고하지 않을 수 없었는데, 임금님께서는 저 삼자에게 고하라 하시는구나!"

공 왈　고 부 삼 자　　　공 자 왈　이 오 종 대 부 지 후　　불 감 불 고 야　　　군 왈
公曰 告夫三子하라 **孔子曰 以吾從大夫之後**니 **不敢不告也**한데 **君曰**

고 부 삼 자 자
告夫三子者로다!

그런 후 삼자에게 가서 고하였으나 그들은 안 된다고 거부했다. 그래서 공자께서 말씀하셨다. "내가 대부의 말석이기 때문에 감히 고하지 않을 수 없었다."

지 삼 자　　　고　　　불 가　　　공 자 왈　이 오 종 대 부 지 후　　불 감 불 고 야
之三子하여 **告**하신대 **不可**니라 **孔子曰 以吾從大夫之後**라 **不敢不告也**하니라

[배경 설명]

삼자가 국정을 전횡하고 신하가 군주를 시해하는 노나라의 정치적 하극상에 대한 탄식이다. 弑(시)는 죽이다, 沐浴(목욕)은 목욕재계하다, 朝(조)는 조정에 나아가다, 討(토)는 토벌하다, 之(지)는 가다를 뜻한다.

진성자(陳成子)는 제(齊)나라 대부로 이름은 항(恒)이고, 전상(田常)으로도 불리고, 간공(簡

148

公) 때 좌우상(左右相)을 맡았다. 간공(簡公)은 제나라 군주로 이름은 임(壬)이다. 애공(哀公)은 노나라의 군주로 성은 희(姬), 이름 장(將)이고, 그는 공자를 삼환의 반대로 등용하지 못했다. 노나라는 삼자의 세력이 강하였고, 오(吳)·제(齊)나라의 공격으로 국력을 펴지 못하였다. 환공(桓公)은 제나라의 군주로 포숙아의 진언으로 공자규의 신하였던 관중을 재상으로 기용한 뒤 춘추오패(五覇)의 한 사람이 되었다.

제나라 진성자는 그의 군주인 간공을 죽이고 간공의 동생을 군주에 앉힌 뒤 실권을 잡았다. 공자는 이웃나라의 하극상을 보고 이를 토벌하자고 목욕재계하고 애공에게 고하였으나 당시 노나라 실권은 삼가에게 있었기에 애공은 삼가에게 떠넘겼으나 삼가는 이를 거절하였다. 삼자는 노나라의 실권자인 삼환(三桓), 즉 맹손씨(孟孫氏), 숙손씨(叔孫氏)와 계손씨(季孫氏)이다.

애공이 실권이 없으니 자신이 결정하지 못하고 삼자에게 미룬 것이다. 공자는 군주를 시해한 역적은 반드시 토벌해야 하고, 대부는 국사를 도모하는 신분이니, 마땅히 고하여야 하는데, 임금께서는 삼자에게 명령하지 못하고, 공자에게 고하게 하신 것이다. 임금의 명령으로 삼자에게 고하였으나 삼자는 모두 거절하였다. 따라서 공자는 과거 대부의 신분에 있었기 때문에 고하였고, 하극상을 한탄하신 것이다.

[단문 설명]

▷ 陳成子 弑簡公 진성자 시간공 진성자가 (그의 군주인) 간공을 시해하자. 弑: 죽이다.

▷ 沐浴而朝 목욕이조 목욕 재개하시고 조정에 나아가. 朝: 조정에 나아가다.

▷ 告於哀公 고어애공 애공에게 고하다.

▷ 陳恒 弑其君 진항 시기군 진항(진성자)이 그의 임금을 시해하였으니. 陳恒: 진성자.

▷ 請討之! 청토지! 청컨대 그를 토벌하십시요! 請: 청하다. 討: 토벌하다. 之: 간공.

▷ 告夫三子! 고부삼자! 저 삼자에게 고하라 하시는구나! 三子: 세 대부, 맹손씨, 숙손씨와 계손씨.

▷ 以吾從大夫之後 이오종대부지후 내가 대부의 말석이기 때문에. 以: 때문에.

▷ 之三子告 지삼자고 세 사람에게 가서 말하라. 之: 가다.

▷ 不敢不告也 불감불고야 감히 고하지 않을 수 없었다. 敢: 감히.

23. **임금을 속이지 말고 면전에서 직언으로 간언하라.**

[해석 본문]

자로가 임금 섬기는 일에 관하여 묻자, 공자께서 대답하셨다. "(임금을) 속이지 말고 면전에서 직언으로 간언하라."

자 로 문 사 군　자 왈 물 기 야　이 범 지
子路 問事君하자 子曰 勿欺也하고 而犯之니라

[배경 설명]

임금을 속이는 일이 없어야 하며 임금 앞에서 당당히 자신의 의견과 충고를 말하여 임금을 올바르게 섬기라는 교훈이다. 欺(기)는 속이다, 犯(범)은 얼굴을 붉히면서도 임금의 면전에서 직언(直言)으로 간언(諫言)하다를 뜻한다.

임금을 바른 길로 나아가게 하기 위해서는 임금을 속이지 말고, 임금의 뜻에 거슬리더라도 옳은 말을 간언한다. 따라서 부자께서 먼저 임금을 속이지 말고, 직언으로 간언하는 것이 임금을 섬기는 방법이라고 말씀하셨다.

[단문 설명]

▸ **問事君** 문사군 임금 섬기는 일에 관하여 묻자. 事: 섬기다.
▸ **勿欺也 而犯之** 물기야 이범지 (임금)을 속이지 말고 면전에서 직언(直言)으로 간언하라. 勿: 하지 말다. 欺: 속이다. 犯: 면전에서 직언으로 간언하다. 之: 임금.

 24. **군자는 인의에 밝으나 소인은 이익에 밝다.**

[해석 본문]

공자께서 말씀하셨다. "군자는 대의에 통달하나 소인은 이익에 통달한다."

자 왈 군 자 　 상 달 　　소 인 　 하 달
子曰 君子는 上達하고 小人은 下達하나라

[배경 설명]

　　군자는 의(義)를 통달하나 소인은 욕(慾)을 통달하여 퇴보한다는 교훈이다. 達(달)은 통달하다, 上達(상달)은 대의, 진리에 통달하다, 下達(하달)은 이익, 재물에 통달하다를 뜻한다.

　　군자는 의를 깨닫고, 소인은 이익(利益)을 깨닫는다. 군자는 천리를 따르므로 의에 밝으나 소인은 인욕(人慾)을 따르므로 이익에 밝다. 군자는 참된 삶에 뜻을 두고 자기수양에 힘을 기울여 인격이 높아지지만, 소인은 이익에 뜻을 두고 자기수양을 게을리하여 천박해진다. 따라서 군자는 의에 밝으나 소인은 이익에 밝다.

[단문 설명]

▷ 君子上達 군자상달 군자는 대의에 통달하나. 上達: 대의, 진리에 통달하다.

▷ 小人下達 소인하달 소인은 이익에 통달한다. 下達: 이익, 재물에 통달하다.

 25. 학문이 인격수양에서 입신양명으로 변했구나!

[해석 본문]

　　공자께서 말씀하셨다. "옛날의 학자는 자신을 위한 (학문을) 하였는데, 지금의 학자들은 남에게 알리기 위한 (학문을) 한다."

자 왈 고 지 학 자 　 위 기 　　금 지 학 자 　 위 인
子曰 古之學者는 爲己한데 今之學者는 爲人이로다

[배경 설명]

　　학문이 인격수양에서 입신양명으로 변한 것에 대한 개탄이다. 爲己(위기)는 자신의 인격을 수양하기 위한 학문, 인격수양을 위한 학문, 爲人(위인)은 남에게 지식을 보이기 위한 학문, 입신양명(立身揚名)을 위한 학문을 뜻한다.

위기(爲己)는 자신의 인격을 도야하기 위한 것이고, 위인(爲人)은 남에게 지식을 보이기 위한 것이다. 위기(爲己)는 인격도야를 충실하기 위해 본질적 가치를 추구하나 위인(爲人)은 외면적으로 남에게 인정을 받고자 하는 사회적 가치를 추구하는 것이다.

옛날의 학자는 자신의 인격과 학문을 수양하기 위해 학문하였으므로, 남이 자기를 알아주지 않아도 화내지 않으며 허물을 자기에게 찾았다. 반면에 오늘의 학자는 남에게 보이기 위하여 학문하므로, 남이 자기를 알아주지 않는 것을 참지 못하며, 허물을 남에게 찾는다. 따라서 오늘의 학자들이 인격수양과 도의 연마를 위해 학문하지 않는 세태에 대하여 공자께서 개탄하시고 입신양명을 위해 공부하는 허세한 자세를 버릴 것을 훈계하신 것이다.

[단문 설명]

▶ **古之學者 爲己** 고지학자 위기 옛날의 학자는 자신을 위한 (학문을) 하였는데. 爲: 위하여. 己: 자기. 爲己: 자신의 인격을 수양하기 위한 학문.

▶ **今之學者 爲人** 금지학자 위인 지금의 학자들은 남에게 알리기 위한 (학문을) 한다. 爲人: 남에게 지식을 보이기 위한 학문. 입신양명을 위한 학문.

26. 사자를 칭찬함으로써 거백옥의 사람됨을 찬미한 것이다.

[해석 본문]

거백옥이 공자께 사람을 보냈다. 공자께서 그와 함께 앉아 물으셨다. "선생께서는 무엇을 하시는가?" 사자가 대답하였다. "선생께서는 허물을 적게 하려고 하시지만 아직 그렇지 못합니다." 사자가 나가자 공자께서 말씀하셨다. "(훌륭한) 사자이구나! (훌륭한) 사자이구나!"

거 백 옥　사 인 어 공 자　　공 자　여 지 좌 이 문 언 왈 부 자　　하 위　　대 왈 부 자
蘧伯玉이 **使人於孔子**니라 **孔子 與之坐而問焉曰 夫子**는 **何爲**오? **對曰 夫子**

욕 과 기 과 이 미 능 야　　　사 자　출　　자 왈 사 호 사 호
欲寡其過而未能也니이다 **使者 出**하자 **子曰 使乎使乎**예!

[배경 설명]

사자(使者)의 겸손한 태도를 칭찬함으로써 거백옥의 사람됨을 찬미한 것이다. 使(사)는 보내

다, 坐(좌)는 앉다, 欲(욕)은 하려고 하다, 寡(과)는 적다, 過(과)는 허물을 뜻한다.

거백옥(蘧伯玉)은 위(衛)나라 대부로 이름은 원(瑗), 자는 자옥(子玉)이다. 시자(使者)는 윗사람의 명령이나 부탁을 받고 심부름을 하는 사람이다. 부자(夫子)는 신분이 있는 사람을 존칭하여 부르는 말로 거백옥을 가리킨 것이다.

공자께서 위나라에 계실 적에 거백옥의 집에 주로 머무르셨고, 노나라로 돌아오셨을 때 거백옥이 사람을 보내온 것이다. 사자와 함께 앉은 것은 그 주인을 공경하는 의미이다. 거백옥이 몸을 성찰하고 사욕을 이겨, 항상 몸가짐을 바르게 하고, 허물을 적게 하려고 하지만 아직은 그렇지 못하다고 사자가 말하였다. 사자의 말도 매우 겸손하였고, 그 주인의 훌륭함은 더욱 드러났으니, 군자의 마음을 깊이 알게 되니 그 사자는 심부름을 잘하는 자라고 할 만하다. 따라서 공자께서 두 번이나 훌륭한 사자라고 말씀하시어 찬미하신 것이다.

[단문 설명]

▶ 使人於孔子 사인어공자 공자께 사람을 보냈다. 使: 보내다. 於: ~에게.
▶ 與之坐 而問焉 여지좌 이문언 그와 함께 앉아 물으시기를. 與: 더불어. 之: 使者. 坐: 앉다. 而: 순접. 問: 묻다. 焉: 於之, 그에게.
▶ 夫子何爲? 부자하위? 선생께서는 무엇을 하시는가? 夫子: 선생, 거백옥. 何: 무엇.
▶ 欲寡其過 而未能也 욕과기과 이미능야 허물을 적게 하려고 하시지만 아직 그렇지 못합니다. 欲: 하려고 하다. 寡: 적다. 其過: 그 허물. 而: 역접. 未能也: 아직 할 수 없다.
▶ 使者出 사자출 시자가 나가자. 使者: 사자, 심부름꾼.
▶ 使乎! 사호! (훌륭한) 사자이구나! 乎: 감탄종결사.

 27. 지위에 있지 않으면 참견하지 말라.

[해석 본문]

공자께서 말씀하셨다. "그 지위에 있지 않으면 그 정사를 도모하지 않는 것이다."

子曰 不在其位하면 不謀其政이니라
자왈 부재기위 불모기정

[배경 설명]

그 지위에 있지 않으면, 쓸데없이 다른 사람이 하는 일에 참견하지 말라는 교훈이다. 位(위)는 지위, 謀(모)는 도모하다, 政(정)은 정사(政事), 행정, 正(바를 정)과 攵(칠 복)을 더하여 바르게 하는 행동으로 나라를 다스리는 일을 뜻한다.

맡겨진 지위에서는 충실하게 정사를 다스리고, 지위에서 물러나면 행하던 정사에서 손을 떼어야 실수하는 일과 비방받는 일이 적다. 그 자리에 있지 않으면 주제넘게 그 정사에 손을 대지 않는다. 지위에 맞는 생각과 행실을 해야 도에 지나치지 않는 것이다. 따라서 지위에 없으면 정사에 간여하지 말라는 것이다.

[단문 설명]

▷ **不在其位** 부재기위 그 지위에 있지 않으면. 位: 지위.
▷ **不謀其政** 불모기정 그 정사를 도모하지 않는 것이다. 謀: 도모하다. 政: 정사.

 28. 자신의 위치가 있으니 자기의 지위에서 최선을 다하라.

[해석 본문]

증자가 말씀하였다. "군자는 생각이 그 지위를 벗어나지 않는다."

증 자 왈　군 자　　사 불 출 기 위
曾子曰 君子는 思不出其位니라

[배경 설명]

자신의 위치가 있으니 자신의 지위에서 최선을 다하라는 교훈이다. 思(사)는 생각하다, 不出(불출)은 벗어나지 않다, 位(위)는 지위를 뜻한다.

주역(周易) 간괘(艮卦) 상전(象傳)에 "君子以思不出其位"라는 말을 인용한 것이다. 증자는 만물이 각기 그 있을 자리에 머무는 것이 천하의 이치를 따르는 것이라고 말한다. 사물이 각자 제자리에 있으면 천하의 이치가 올바르게 된다. 군자가 생각하는 바가 그 지위를 벗어나지 않으면, 군신과 상하와 크고 작은 것들이 모두 조화를 얻게 된다. 사람은 자기의 위치가 있으므로,

그 위치를 벗어나 일을 도모한다면 이는 질서를 깨뜨리는 충돌이 된다. 따라서 각자는 자기의 지위에서 최선을 다하여야 할 것이다.

[단문 설명]

▸ 思不出其位 사불출기위 생각이 그 지위를 벗어나지 않는다. 出: 벗어나다. 位: 지위.

 29. **말이 행동보다 앞서는 것을 부끄러워한다.**

[해석 본문]

공자께서 말씀하셨다. "군자는 말이 행동보다 앞서는 것을 부끄러워한다."

> 자 왈 군 자 　 치 기 언 이 과 기 행
> 子曰 君子는 恥其言而過其行이니라

[배경 설명]

사람들에게 말과 행동이 서로 일치해야 한다고 권면한 것이다. 행실은 말한 것을 모두 실천하기 어렵다는 교훈이다. 恥(치)는 부끄러워하다, 過(과)는 앞서다를 뜻한다.

군자는 도덕적으로 완성된 인격자이다. 군자는 말이 행동보다 앞서는 것을 부끄러워한다. 말을 함부로 앞세우지 않은 것은 실천하지 못할까 두려워하기 때문이다. 군자는 완성된 인격자이고, 완성된 인격자는 언행이 일치되는 사람이므로 군자는 언행이 일치되는 사람이다. 따라서 공자께서는 군자는 말이 적고 말은 실천해야 하는 언행일치(言行一致)를 강조하셨다.

[단문 설명]

▸ 恥其言而過其行 치기언이과기행 말이 행동보다 앞서는 것을 부끄러워한다. 恥: 부끄러워하다. 而: 주격후치사. 過: 앞서다, 지나치다.

30. **인자는 근심하지 않고, 지자는 미혹하지 않고, 용자는 두려워하지 않는다.**

[해석 본문]

공자께서 말씀하셨다. "군자의 도는 세 가지인데, 이 중에 내가 할 수 있는 것은 없다. 인자는 근심하지 않고, 지자는 미혹하지 않고, 용자는 두려워하지 않는다." 자공이 말하였다. "부자께서 스스로를 (겸손하게) 말씀하셨습니다."

> 자 왈 군 자 도 자 삼　　아 무 능 언　　인 자　불 우　　지 자　불 혹　　용 자　불 구
> **子曰 君子道者三**에 **我無能焉**이라 **仁者**는**不憂**하고 **知者**는**不惑**하고 **勇者**는 **不懼**니라
> 자 공 왈　부 자　자 도 야
> **子貢曰 夫子 自道也**니라

[배경 설명]

군자는 인(仁), 지(知)와 용(勇)을 갖추어야 한다는 교훈이다. 憂(우)는 근심하다, 惑(혹)은 미혹하다, 懼(구)는 두려워하다, 自(자)는 스스로, 道(도)는 말하다는 뜻이다.

할 수 있는 것은 없다고 한 것은 겸손의 말이다. 의리가 사욕을 이기니 근심하지 않으며, 지혜가 사리를 밝힐 수 있으니 의혹하지 않으며, 기세가 가득하니 두려워하지 않는다. 이것이 학문의 순서이다. 따라서 근심하지 않고, 미혹하지 않고, 두려워하지 않는 것이 군자이다.

[단문 설명]

▶ **君子道者三** 군자도자삼 군자의 도는 세 가지인데. 者: 주격후치사.
▶ **我無能焉** 아무능언 이 중에 내가 할 수 있는 것은 없다. 焉: 이 중에.
▶ **仁者不憂** 인자불우 인자(仁者)는 근심하지 않고. 憂: 근심하다.
▶ **知者不惑** 지자불혹 지자(智者)는 미혹하지 않고. 惑: 미혹하다.
▶ **勇者不懼** 용자불구 용자(勇者)는 두려워하지 않는다. 懼: 두려워하다.
▶ **夫子自道也** 부자자도야 부자께서 스스로를 (겸손하게) 말씀하셨습니다. 夫子: 선생님, 공자. 自: 스스로. 道: 말하다.

31. 학문연마와 자기수양에 집중하라.

[해석 본문]

자공이 사람을 비교하니, 공자께서 말씀하셨다. "사는 (그렇게) 잘났느냐? 나는 (그럴 만큼) 한가하지 않도다."

> 자공 방인 자왈 사야 현호재 부아즉불가
> 子貢이 方人하니 子曰 賜也는 賢乎哉아! 夫我則不暇로라

[배경 설명]

자공이 남의 인물됨을 비교하니, 공자께서 자기수양에 힘을 쏟으라는 교훈이다. 方(방)은 비교하다, 賢(현)은 잘나다, 則(즉)은 주격조사를 뜻한다.

인물을 비교하여 그 장단을 따지는 것은 궁리(窮理)이다. 사(賜)는 자공으로 그는 가난했으나 재주가 있어 재산을 증식하여 부자가 되었고, 언변이 좋고 자랑을 좋아하는 공자의 제자이다. 현호재(賢乎哉)는 현명하다는 것이 아니라 잘났다고 비꼬는 말이다.

자공은 사람들의 인물을 비교하고 평가하기를 좋아했다. 학문의 연마와 자기수양에도 시간이 부족한데 남을 비교하고 평가하는데 시간을 낭비하고 있는 자공을 꾸짖은 것이다. 남을 비교하려면 사람됨을 알기 위해 많은 시간이 필요한데 이것은 수양과 자신을 다스리는데 소홀할 수밖에 없다. 따라서 자공에게 남을 비교하는데 시간을 낭비하지 말고, 학문연마와 자기수양에 집중하라고 공자께서 충고한 것이다.

[단문 설명]

▶ 子貢方人 자공방인 자공이 사람을 비교하니. 方: 비교하다, 비판하다.

▶ 賜也 賢乎哉? 사야 현호재! 사는 (그렇게) 잘났느냐? 賜: 자공. 也: 주격후치사. 賢: 잘나다. 乎哉: 반어종결사.

▶ 夫我則不暇 부아즉불가 나는 (그럴 만큼) 한가하지 않다. 夫: 문장의 첫머리에서 이야기를 이끌어내기 위하여 청자의 주의를 환기시키는 발어사. 則: ~로 말하자면, ~는.

32. **자기가 남을 알아주지 못함을 걱정해야 한다.**

[해석 본문]

공자께서 말씀하셨다. "남이 자기를 알아주지 않음을 걱정하지 말고, 자기가 (남을 알아주지 못함을) 걱정해야 한다."

자 왈　불 환 인 지 불 기 지　　환 기 불 능 야
子曰 不患人之不己知오 患其不能也니라

[배경 설명]

　　제자들이 자신들의 실력을 다소 과신하여 세상이 자신들을 인정해 주지 않는다고 불평하는 것에 대해 더 수양에 힘쓰라는 교훈이다. 患(환)은 걱정하다, 知(지)는 알아주다를 뜻한다.

　　군자는 자신에게 있는 것을 구한다. 내가 남을 알지 못하면 시비(是非), 간사와 정직(邪正)을 분별할 수 없으므로 이를 걱정해야 한다. 손자(孫子)는 지피지기 백전불태(知彼知己 百戰不殆)라고 말한다. 즉, 상대를 알고 나를 알면 백 번 싸워도 위태롭지 않다는 뜻으로 상대와 자신을 알아야 위태롭지 않다. 따라서 남에게 인정받기 위해 애쓰지 말고, 온 힘을 다하여 실력을 쌓으면 저절로 남이 알아줄 것이다.

[단문 설명]

▶ 不患人之不己知 **불환인지불기지** 남이 자기를 알아주지 않음을 걱정하지 말라. 人: 남, 之: 주격 후치사. 知: 알아주다. 不己知: 不知己의 도치.

▶ 患其不能也 **환기불능야** 자기가 (남을 알아주지) 못함을 걱정해야 한다. 不能: 不能知人. 也: 명령종결사

 33. **남의 속임수를 먼저 깨닫는 자가 현명하도다!**

[해석 본문]

공자께서 말씀하셨다. "(남이 나를) 속일까 미리 짐작하지 않고, (남이 나를) 믿지 않을까 억

측하지 않는다. 그러나 또한 (남의 속임수를) 먼저 깨닫는 자가 현명하도다!"

자왈 불역사 　 불억불신 　 억역선각자 시현호
子曰 不逆詐하며 不億不信이나 抑亦先覺者 是賢乎인제!

[배경 설명]

다른 사람의 속임수를 먼저 파악하라는 교훈이다. 逆(역)은 짐작하다, 詐(사)는 속이다, 億
(억)은 억측하다, 覺(각)은 깨닫다, 抑(억)은 그러나를 뜻한다.

역(逆)은 일이 아직 오지 않은 것을 미리 짐작하는 것이고, 억(億)은 아직 보이지 않는 것을
억측하는 것이다. 사(詐)는 남이 자신을 속이는 것, 불신(不信)은 남이 자신을 의심하는 것을 말
한다. 비록 역탐(逆探)하지 않고 억측하지 않으나 남의 시비에 대하여 먼저 깨달아야 현명하다
고 말씀한 것이다. 따라서 군자는 항상 먼저 깨달아야 현명하다.

[단문 설명]

▶ 不逆詐 불역사 (남이 나를) 속일까 미리 짐작하지 않고. 逆: 짐작하다, 예측하다. 詐: 속이다.

▶ 不億不信 불억불신 (남이 나를) 믿지 않을까 억측하지 않는다. 億: 억측하다.

▶ 抑亦先覺者 是賢乎! 억역선각자 시현호! 그러나 또한 (남의 속임수를) 먼저 깨닫는 자가 현명하
　도다! 抑: 그러나. 是: 先覺者. 乎: 감탄종결사, ~구나! ~도다!

 34. 말재주만 부리려는 것이 아니라 제후들의 고루함을 싫어합니다.

[해석 본문]

미생무가 공자를 일러 말하기를, "공자는 어찌하여 이렇게 바쁜가? 말재주만 부리지 않는가?"
공자께서 말씀하셨다. "감히 말재주만 부리려는 것이 아니라 (제후들의) 고루함을 싫어합니다."

미생무 위공자왈 구 　 하위시서서자여 　 무내위녕호 　 공자왈 비감위녕야
微生畝 謂孔子曰 丘는 何爲是栖栖者與아? 無乃爲佞乎아? 孔子曰 非敢爲佞也라
질고야
疾固也니라

[배경 설명]

공자에 대한 인물평이다. 謂(위)는 일컫다, 栖(서)는 바쁘다, 無乃 ~乎(무내 ~호)는 바로 ~이 아닌가? 佞(녕)은 말을 잘하다, 疾(질)은 싫어하다, 固(고)는 고루하다를 뜻한다.

미생무(微生畝)는 춘추시대 노나라 사람으로 성은 미생(微生), 이름은 무(畝)이고, 세상을 은 거한 은자로 추측된다. 그가 공자를 구(丘)라고 부르니 공자보다 연장자일 것이다.

서서(栖栖)는 정처 없이 바쁘게 다니는 불안한 모양이고, 위녕(爲佞)은 말재주나 부리는 것이다. 공자가 천하를 주유한 사실을 두고 바쁘게 다닌다고 한 말이다. 자신의 이상을 실현하기 위하여 제후들에게 유세를 다니며 말재주나 부리는 모습으로 미생무가 공자를 표현한 것이다. 미생무는 공자가 공허한 도를 갖고 돌아다니면서 말재주나 부리는 사람이라고 말하자 공자는 말재주를 자랑하려고 바쁜 것이 아니라 제후들의 고루함을 고치려고 돌아다녀서 바쁜 것이라 고 대답한다. 따라서 공자는 세상이 혼란스러운데 미생무처럼 은둔하는 것이야말로 자기만을 생각하는 고루한 행동이라고 못마땅해 했다.

[단문 설명]

▷ 微生畝 謂孔子曰 미생무 위공자왈 미생무가 공자를 일러 말하기를. 謂: 이르다.

▷ 丘何爲 是栖栖者與? 구하위 시서서자여? 구(丘)는 어찌하여 이렇게 바쁜가? 丘: 공자. 何爲: 어 찌하여. 是: 如是, 이와 같이, 이렇게. 栖: 바쁘다. 與: 의문종결사.

▷ 無乃爲佞乎 무내위녕호 말재주만 부리지 않는가? 無乃 ~乎: 바로 ~이 아닌가? 佞: 말을 잘하다.

▷ 非敢爲佞也 비감위녕야 감히 말재주만 부리려는 것이 아닙니다. 爲佞: 말을 잘하다.

▷ 疾固也 질고야 (제후들의) 고루함을 싫어합니다. 疾: 싫어하다, 미워하다. 固: 고루함, 고집.

 35. 천리마는 그 힘이 아니라, 그 길들여진 유순한 덕을 칭찬하는 것이다.

[해석 본문]

공자께서 말씀하셨다. "천리마가 칭찬받는 것은 그 힘이 아니라, 그 (길들여진 유순한) 덕을 칭찬받는 것이다."

자 왈 기   불 칭 기 력   칭 기 덕 야
子曰 驥는 不稱其力이라 稱其德也니라

[배경 설명]

사람을 외모가 아니라 내적인 덕으로 판단해야 한다는 교훈이다. 힘을 사람의 외모로 비유한 것이다. 驥(기)는 천리마, 稱(칭)은 칭찬하다는 뜻이다.

천리마(千里馬)는 하루에 천리를 갈 수 있는 힘이 있다. 그러나 아무리 천리마가 하루에 천리를 가더라도 사람에게 도움이 되지 않으면 소용이 없다. 천리마가 달리지 않고 가만히 있다면, 유용하다고 할 수 없다. 이처럼 사람도 아무리 좋은 재주와 능력이 있더라도 사람을 위하여 그 좋은 재주를 쓰지 않는다면 소용없는 것이다. 천리마가 힘이 있더라도 그 칭찬은 덕(德)에 있듯이 사람은 재주만 있고 덕이 없으면 칭찬을 받을 수 없다. 따라서 천리마는 겉으로 보이는 힘보다 잘 길들여져 유순하고 잘 달릴 수 있는 재주로 판단해야 하듯이 사람도 겉으로 드러난 외모가 아니라 내면에 수양한 덕으로 판단해야 한다.

[단문 설명]

▶ 驥不稱其力 기불칭기력 천리마는 칭찬받는 것은 그 힘이 아니라. 驥: 천리마. 稱: 칭찬하다.
▶ 稱其德也 칭기덕야 그 (길들여진 유순한) 덕을 칭찬받는 것이다.

 36. 정직으로써 원한을 갚고, 덕으로써 덕을 갚아야 한다.

[해석 본문]

어떤 사람이 말하였다. "덕으로 원한을 갚는 것이 어떻습니까?" 공자께서 말씀하셨다. "무엇으로 덕을 갚을 것인가? 정직으로 원한을 갚고, 덕으로 덕을 갚아야 한다."

혹   이 덕 보 원   하 여   자 왈 하 이 보 덕   이 직 보 원   이 덕 보 덕
或이 以德報怨이 何如리오? 子曰 何以報德고? 以直報怨하고 以德報德이니라

[배경 설명]

덕은 덕으로 원한은 정직으로 갚으라는 선순환 교훈이다. 보복은 보복을 낳고, 원한은 원한

을 낳기 때문에 악순환은 옳지 않다. 報(보)는 갚다, 怨(원)은 원한, 直(직)은 정직을 뜻한다.

　직(直)은 극히 공정하여 사사로움이 없는 것이다. 즉, 사욕이 없는 깨끗한 마음과 행위를 뜻한다. 정직(正直)은 객관적 기준인 법과 원칙이다. 원한이 있어도 사심으로 갚는 것은 보복이다. 은혜를 베푼 사람에게는 은혜로 보답하고, 악한 행동을 저지른 자는 정의(正義)로 바로잡아주는 것이다. 따라서 은혜를 베푼 사람에게는 은혜로 보답하고, 원한이 있는 사람에게는 정직으로 갚고, 덕이 있는 사람에게는 덕으로 보답한다.

[단문 설명]

▸ **以德報怨** 이덕보원 덕으로 원한을 갚는 것이. 報: 갚다. 怨: 원한.

▸ **何如?** 여하? 어떻습니까? 報: 갚다.

▸ **何以報德?** 하이보덕? 무엇으로 덕을 갚을 것인가? 何以: 무엇으로써.

▸ **以直報怨** 이직보원 정직으로 원한을 갚고. 直: 정직, 법과 원칙, 바른 도.

▸ **以德報德** 이덕보덕 덕으로 덕을 갚아야 한다.

 37. 나는 하늘을 원망하지 않고, 남을 탓하지 않는다.

[해석 본문]

　공자께서 말씀하셨다. "나를 알아주는 사람이 아무도 없구나!" 자공이 질문하였다. "어찌하여 선생님을 알아주는 사람이 아무도 없습니까?" 이에 공자께서 대답하셨다. "(나는) 하늘을 원망하지 않고 남을 탓하지 않는다. 아래로부터 배우면서 위로 통달하니, 나를 알아주는 것은 아마 하늘이리라!"

자 왈　막 아 지 야 부　　자 공　왈　하 위 기 막 지 자 야　　자 왈　불 원 천
子曰 莫我知也夫로다! **子貢**이 **曰 何爲其莫知子也**리오? **子曰 不怨天**하며
불 우 인　　하 학 이 상 달　　지 아 자　　기 천 호
不尤人이오 **下學而上達**하니 **知我者**는 **其天乎**리라!

[배경 설명]

　몰라주더라도 원망하지도 탓하지 않으나 자신을 알아주지 않고 등용하지 않음을 탄식한 것

이다. 莫(막)은 아무도 ~하지 않다, 怨(원)은 원망하다, 尤(우)는 탓하다를 뜻한다.

下學(하학)은 낮고 쉬운 것부터 배우는 것, 上達(상달)은 깊고 어려운 것을 깨달음을 뜻한다. 하학은 아래로 인간 세상의 일을 배우는 것이고, 상달은 위로 천명을 깨닫는 것이다. 따라서 인간 세상의 일부터 공부를 시작하면, 그 근본 원리인 천명을 깨우칠 수 있다.

좋은 시운을 얻지 못하여도 하늘을 원망하지 않으며, 학문은 자신을 반성하고 수양하기 위한 것이지 남들이 자신을 알아주기 위한 것이 아니다.

제후들의 고루함과 세인들의 무관심으로 어지러운 세상을 구제하려던 공자의 포부는 실현되지 못했다는 절망감에 자신을 알아주는 사람이 없다고 탄식한다. 자공이 공자를 위로하자 공자는 자신의 운명을 원망하지 않고, 자신을 이해하지 못한 세상 사람들도 탓하지 않는다. 따라서 사람들이 인정해 주지 않더라도 원망하지도 탓하지 않고, 낮고 쉬운 것부터 배워 깊고 어려운 천명을 깨달았으니, 하늘만큼은 자신을 알아줄 것이라고 기대한 말이다.

[단문 설명]

▷ 莫我知也夫! 막아지야부! 나를 알아주는 사람이 아무도 없구나! 莫: 아무도 ~하지 않다. 我知: 부정문에서 도치(知我). 夫: 감탄종결사.

▷ 何爲 其莫知子也? 하위 기막지자야? 어찌하여 선생님을 알아주는 사람이 아무도 없습니까? 何爲: 爲何의 도치, 어찌하여. 其: 음절 조절 허사. 也: 의문종결사.

▷ 不怨天 불원천 (나는) 하늘을 원망하지 않고. 怨: 원망하다.

▷ 不尤人 불우인 남을 탓하지 않는다. 尤: 탓하다.

▷ 下學而上達 하학이상달 아래로부터 배우면서 위로 통달하니. 下學: 낮고 쉬운 것(人事)부터 배우는 것. 上達: 깊고 어려운 것(天命)을 깨달음.

▷ 知我者 其天乎! 지아자 기천호! 나를 알아주는 것은 아마 하늘이리라! 者: 것. 其: 추측부사, 아마. 乎: 감탄종결사.

 38. **도가 장차 행해지는 것도 천명이요, 도가 장차 없어지는 것도 천명이다.**

[해석 본문]

공백료가 계손씨에게 자로를 참소하자, 자복경백이 공자께 (이를) 말씀드렸다. "계손씨는 틀림없이 공백료의 말에 속고 있습니다. 내 힘으로 오히려 공백료를 (죽여서 시체를) 시장과 조정에 늘어놓을 수 있습니다." 공자께서 말씀하셨다. "도가 장차 행해지는 것도 천명이요, 도가 장차 없어지는 것도 천명이니, 공백료가 그와 같은 천명을 어떻게 하겠는가?"

公伯寮 愬子路於季孫하자 子服景伯이 以告曰 夫子 固有惑志於公伯寮나이다
吾力이 猶能肆諸市朝나이다 子曰 道之將行也與도 命也요 道之將廢也與도 命也니
公伯寮 其如命에 何리오?

[배경 설명]

도가 장차 행해지는 것도 천명이요, 도가 장차 없어지는 것도 천명이라는 교훈이다. 愬(소)는 참소하다, 告(고)는 고하여 말하다, 固(고)는 틀림없이, 惑(혹)은 속다, 志(지)는 마음, 肆(사)는 늘어놓다, 市朝(시조)는 시장과 조정, 將(장)은 장차, 廢(폐)는 버리다를 뜻한다.

공백료(公伯寮)는 노(魯)나라 사람으로 공자의 제자이고, 성이 公伯(공백), 이름이 寮(료)이며 자는 자주(子周)이다. 부자(夫子)는 계손씨(季孫氏)를 가리키고, 그가 공백료의 말에 의혹을 두었다는 말이다. 사(肆)는 시신을 늘어놓은 것이니, 공백료의 목을 베고자 함을 말한다. 참소(讒訴)는 남을 헐뜯어서 죄가 있는 것처럼 꾸며 윗사람에게 고하여 바치다는 뜻이다.

계손씨(季孫氏)는 노나라 대부로 이름은 행보(行父), 시호는 文이고, 학식과 재능을 갖추고, 충성스럽고 신중하고, 앞날의 일까지 생각하며 행동하는 사람이다. 그는 삼환 중 막강한 계씨 가문의 영주이다. 공백료와 자로는 모두 계손씨의 가신이다. 공백료는 자로가 죄를 범했다고 무고하여 계손씨에게 참소한 것이다. 계손씨는 참소를 믿고 자로에게 분노했다.

자복경백(子服景伯)은 노나라 대부로 성은 자복(子服), 이름은 하(何), 시호는 경(景)이다. 자복경백은 계손씨가 공백료의 모함으로 자로를 의심하고 있으니 공백료를 죽여서 시장 거리에 늘어놓겠다고 공자께 고하였다. 공자는 자로의 신변이 위험하다는 말을 듣자, 계손씨가 현명하면 도가 행하여질 것이고, 우둔하면 도가 없어질 것이라고 말씀하신 것이다. 따라서 공자는 나라가 다스려지는 것은 천명이므로 자로를 비방하는 공백료를 죽인다고 하더라도 근본이 바뀌지 않으니 그대로 두라는 말씀이다.

[단문 설명]

▶ **愬子路於季孫** 소자로어계손 계손씨에게 자로를 참소하자. 愬: 참소하다.

▶ 以告 이고 공자께 (이를) 말씀드렸다. 以: 목적어 公伯寮愬子路於季孫 생략. 告: 고하여 말하다.

▶ 夫子 固有惑志 於公伯寮 부자 고유혹지 어공백료 계손씨는 틀림없이 공백료의 말에 속고 있습니다. 夫子: 계손씨. 固: 틀림없이, 참으로. 惑: 속다. 志: 마음.

▶ 吾力 猶能肆諸市朝 오력 유능사저시조 내 힘으로 오히려 공백료를 (죽여서 시체를) 시장과 조정에 늘어놓을 수 있습니다. 猶: 오히려. 肆: 늘어놓다. 諸: 之於. 之: 공백료. 於市朝: 시장과 조정에.

▶ 道之將行也與 命也 도지장행야여 명야 도가 장차 행해지겠느냐? 천명이다. 之: 주격후치사. 將: 장차. 與: 의문종결사.

▶ 道之將廢也與 命也 도지장폐야여 도가 장차 없어지겠느냐? 천명이다. 廢: 버리다

▶ 其如命 何? 기여명 하? 천명을 어떻게 하겠는가? 如~何: ~을 어떻게 하는가?

 39. 현명한 사람은 어지러운 세상을 피한다.

[해석 본문]

　공자께서 말씀하셨다. "현명한 사람은 (어지러운) 세상을 피하고, 그 다음은 (어지러운) 지역을 피하고, 그 다음은 (어지러운) (군주의) 안색을 피하고, 그 다음은 (어지러운) (군주의) 말을 피한다." 공자께서 또 말씀하셨다. "(이것을) 행한 사람은 일곱 사람이었다."

　　　　자 왈 현 자　　피세　　　기차　　　피지　　　기차　　　피색　　　기차　　　피언　　　　자 왈
子曰 賢者는 辟世하고 其次는 辟地하고 其次는 辟色하고 其次는 辟言이니라 子曰
　　작 자 칠 인 의
作者七人矣로다

[배경 설명]

　현명한 사람은 어지러운 세상, 지역, 군주와 말을 피하여 떠난다는 교훈이다. 賢(현)은 어질다, 辟(피)는 피하다, 次(차)는 다음, 世(세)는 세상, 地(지)는 지역, 色(색)은 군주의 안색, 言(언)은 군주의 말, 作(작)은 행하다를 뜻한다.

　辟世(피세)는 이름도 자취도 숨기고 세상에 나서지 않는 것이다. 辟地(피지)는 어지러운 나

라를 떠나 질서가 잡힌 나라로 가는 것이다. 辟色(피색)은 임금의 낯빛이 좋지 않으면 떠나는 것이다. 辟言(피언)은 한마디 말을 들어보고 난이 일어날 것을 알고 떠나는 것이다.

천하에 도가 없으면 은둔하는 것이니, 세상을 은둔하고, 어지러운 나라를 떠나 다스려지는 나라로 가고, 군주의 태도가 옳지 않으면 떠나고, 군주의 잘못을 간하다가 듣지 않으면 떠나는 것이다. 이 네 가지는 우열이 있는 것은 아니니, 이것을 실천하다 떠난 현인은 일곱 명이었다.

중국 춘추시대의 일곱 현인은 일민(逸民)으로 알려진 백이(伯夷), 숙제(叔齊), 우중(虞仲), 이일(夷逸), 주장(朱張), 유하혜(柳下惠), 소련(少連)이다. 일민(逸民)은 절조와 행실이 뛰어나지만 지위가 없는 사람이다. 백이(伯夷)와 숙제(叔齊)는 은나라 고죽군의 아들로 서로 왕위를 양보하였다. 우중(虞仲)은 우(虞)나라 군주이며, 이일(夷逸)은 출사하지 않고 은거하였다. 주장(朱張)은 공자와 비견되는 인물이다. 유하혜(柳下惠)는 춘추시대의 현자이다. 소련(少連)은 상례를 잘 치렀다. 따라서 현명한 사람은 어지러운 세상, 나라, 군주와 말을 피한다.

[단문 설명]

▶ **賢者辟世** 현자피세 현명한 사람은 (어지러운) 세상을 피하고. 辟: 피하다. 世: 세상.

▶ **其次辟地** 기차피지 그 다음은 (어지러운) 지역을 피하고. 地: 지역.

▶ **其次辟色** 기차피색 그 다음은 (어지러운) (군주의) 안색을 피하고. 色: 군주의 안색.

▶ **其次辟言** 기차피언 그 다음은 (어지러운) (군주의) 말을 피한다. 言: 말.

▶ **作者七人矣** 작자칠인의 (이것을) 행한 사람은 일곱 사람이었다. 作: 행하다.

 40. 안 되는 줄 알면서도 해보겠다는 사람인가요?

[해석 본문]

자로가 석문에서 묵었는데, 문지기가 말했다. "어디서 (오셨습니까?)" 자로가 대답했다. "공씨 문하에서 (왔습니다.)" 이에 문지기가 말했다. "안 되는 줄 알면서도 해보겠다는 사람인가요?"

子路 宿於石門한데 晨門이曰 奚自오? 子路 曰 自孔氏로라 曰
是知其不可而爲之者與아?

[배경 설명]

　문지기가 부질없이 자신의 정치적 신념을 펼치려고 설파하는 공자를 조롱한 글이다. 宿(숙)은 묵다, 石門(석문)은 지명, 晨門(신문)은 새벽과 저녁에 성문을 여는 문지기를 뜻한다.

　신문(晨門)은 새벽과 저녁에 성문을 열어주는 문지기이니, 현자로서 관문을 지키는 은자인 듯하다. 당시에는 석문 문지기는 자신의 능력을 감추고 숨어서 지내는 은자들이 많았다. 석문을 지키는 문지기는 공자를 세상이 어지러운 것을 걱정하여 부질없이 애만 쓰는 사람으로 생각했던 것 같다. 춘추전국 시대는 난세로 공자는 자신의 정치적인 신념을 위해 유세했지만 받아들여지지 않았다. 따라서 석문 문지기는 공자가 도를 펼 수 없는 세상을 알면서도 돌아다니며 도를 펼치겠다는 일을 억지로 하는 것을 비난한 것이다.

[단문 설명]

▸ 宿於石門 숙어석문 석문에서 묵었는데. 宿: 묵다. 石門: 지명.
▸ 奚自? 해자? 어디서 (오셨습니까?) 奚自: 의문문에서 도치(自奚). 自: ~로부터, 동사가 來가 생략되어 ~로부터 오다.
▸ 自孔氏 자공씨 공씨 문하에서 (왔습니다.) 自: ~로부터 오다. 孔氏: 공자의 문하.
▸ 是知其不可 而爲之者與? 시지기불가 이위지자여? 안 되는 줄 알면서도 해보겠다는 사람인가요? 是: 이다. 其: 그. 而: 순접, ~이면서. 爲: 하다. 與: 의문종결사.

 41. **물이 깊으면 옷을 벗고 건너고, 물이 얕으면 옷을 걷고 건넌다.**

[해석 본문]

　공자께서 위나라에서 경쇠를 치셨는데, 삼태기를 메고 공씨의 문 앞을 지나가던 사람이 말하였다. "(어떤) 뜻이 있구나! 경쇠를 치는 것이여!" 조금 있다가 말하였다. "천박하도다! 땅땅거리는 소리여! 아무도 나를 알아주지 않으면 그만둘 뿐이다. (물이) 깊으면 옷을 벗고 건너고, (물이) 얕으면 옷을 걷고 건너야 하는 것이다." 공자께서 이 말을 듣고 말씀하셨다. "(세상을 잊고 은거하겠다는 말이) 과감하구나! 그를 나무랄 수 없구나!"

자 격 경 어 위　　　 유 하 궤 이 과 공 씨 지 문 자　 왈　 유 심 재　　 격 경 호　　 기 이 왈
子 擊磬於衛러시니 **有荷蕢而過孔氏之門者** 曰 **有心哉**라! **擊磬乎**여! **既而曰**

비 재　 갱 갱 호　　 막 기 지 야　　 사 이 이 이 의　　 심 즉 려　　 천 즉 게　　 자 왈
鄙哉라! **硜硜乎**여! **莫己知也**어든 **斯已而已矣**니이다 **深則厲**하며 **淺則揭**니라 **子曰**

과 재　 말 지 난 의
果哉라! **末之難矣**니라!

[배경 설명]

　삼태기를 멘 은사(隱士)가 공자의 등용 집착을 조롱하는 글이다. 擊(격)은 두드리다, 磬(경)은 경쇠, 荷(하)는 메다, 蕢(궤)는 삼태기, 過(과)는 지나다, 既而(기이)는 조금 있다가, 鄙(비)는 천박하다, 硜硜(갱갱)은 땅땅거리다, 深(심)은 깊다, 厲(려)는 옷을 벗고 물을 건너다, 淺(천)은 얕다, 揭(게)는 바지를 걷고 물을 건너다, 難(난)은 나무라다를 뜻한다.

　공자가 치던 경쇠는 공자를 알아달라는 속마음이 담겨 있다고 삼태기를 멘 은사(隱士)가 말한 뒤 다시 공자의 등용 집착을 조롱하였다. 물이 깊으면 옷을 벗어 들고 건너고(深則厲), 물이 얕으면 바지를 걷어 올리고 건너는 것은(淺則揭) 세상 상황에 맞추어 융통성 있게 적응하여 나아갈 때는 나아가고 물러날 때는 물러나면 된다는 의미다. 이 구절은 「시경(詩經)」의 패풍(邶風) 포유고엽(匏有苦葉)에서 인용되었다.

　공자가 남들이 알아주지 않는데도 정치적 이상을 실현하려고 유세를 그치지 아니하고, 얕고 깊은 곳에 따라 마땅하게 적응하지 못하는 것을 은자가 조롱한 것이다. 이에 대한 공자의 반응은 냉소적이다. 세상을 잊고 은거하겠다는 은사의 말은 과감하지만 공자는 세상을 등지고 고고하게 사는 은사에 대하여 부정적이고, 공자 자신의 정치적 이상을 포기하지 않았다. 따라서 공자는 백성을 위해 높은 이상을 실천하려는 집념으로 바르고 곧은 길만을 걸어갔다.

[단문 설명]

▷ **擊磬於衛** 격경어위 위나라에서 경쇠를 치셨는데. 擊: 두드리다. 磬: 경쇠.

▷ **有荷蕢 而過孔氏之門者** 유하궤 이과공씨지문자 삼태기를 메고 공씨의 문 앞을 지나가던 사람이 있었다. 荷: 메다. 蕢: 삼태기. 過: 지나다. 孔氏之門: 공씨의 문.

▷ **有心哉! 擊磬乎!** 유심재! 격경호! (어떤) 뜻이 있구나! 경쇠를 치는 것이여! 心: 뜻.

▷ **既而曰** 기이왈 조금 있다가 말하였다. 既而: 조금 있다가, 잠시 뒤에.

▷ **鄙哉! 硜硜乎!** 비재! 갱갱호! 천박하도다! 땅땅거리는 소리여! 鄙: 천박하다. 硜硜: 부딪치는 소리, 땅땅거리다, 의성어. 哉: 감탄종결사. 乎: 감탄종결사.

▶ 莫己知也, 斯已而已矣 막기지야 사이이이의 아무도 나를 알아주지 않으면 그만둘 뿐이다. 莫: 아무도 ~하지 않다. 己知: 知己의 도치. 斯: 가정접속사, ~하면. 已: 그만두다. 而已矣: 뿐이다.

▶ 深則厲 심즉려 (물이) 깊으면 옷을 벗고 건너고. 深: 깊다. 厲: 옷을 벗고 물을 건너다.

▶ 淺則揭 천즉게 (물이) 얕으면 옷을 걷고 건너다. 淺: 얕다. 揭: 바지를 걷고 물을 건너다.

▶ 果哉! 末之難矣! 과재! 말지난의! (세상을 잊고 은거하겠다는 말이) 과감하구나! 그를 나무랄 수 없구나! 末: ~할 수 없다. 之難: 부정문에서 도치(難之). 難: 힐난하다, 나무라다.

 42. 백관들은 자기의 직무를 다하고 총재(冢宰)의 명령을 따랐다.

[해석 본문]

자장이 말하였다. "서경에 '고종이 상을 지킬 때 삼 년 동안 말하지 않았다.'고 하니, 무슨 뜻입니까?" 공자께서 말씀하셨다. "어찌 반드시 고종뿐이겠는가? 옛사람들은 다 그러하였으니, 군주가 죽으면 백관들은 자기의 (직무를) 다하여 삼 년 동안 총재의 (명령을) 따랐다."

자장　왈　서운　고종　양음　삼　년　불언　　하위야　　자왈　하필고종
子張이 曰 書云 高宗이 諒陰 三年을 不言하니 何謂也리오? 子曰 何必高宗이리오?
고지인　개연　　군훙　　백관　총기　　이청어총재삼년
古之人이 皆然하니 君薨하면 百官이 總己하여 以聽於冢宰三年하나라

[배경 설명]

고종이 현명한 총재(冢宰)를 발탁하여 나라의 경영을 맡겨 화란이 일어나지 않고 국가가 부흥했다는 교훈이다. 諒陰(양음)은 상을 지키는 방, 薨(훙)은 죽다, 百官(백관)은 모든 관원, 總(총)은 다하다, 冢宰(총재)는 재상의 우두머리, 聽(청)은 따르다를 뜻한다.

양음(諒陰)은 임금이 부모의 상중(喪中)에 거처하는 방이다. 무정(武丁)은 상(은)나라의 왕으로 시호는 고종(高宗)이다. 고종(高宗)은 왕위를 이어받은 뒤에도 삼 년 동안 여막에 거처하면서 정치에 간여하지 않고, 총재가 대신 정사를 처리하였다. 자장은 임금이 삼 년 동안 말을 하지 않으면 신하는 명령을 받을 곳이 없으니, 혹시라도 화란(禍亂)이 일어나지 않을까 의심한 것이다. 따라서 공자께서는 백관들이 총재에게 명을 들으니 화란은 근심할 바가 아니라고 일러주셨다.

[단문 설명]

▶ **書云** 서운 서경(書經)에 이르기를. 云: 이르다.

▶ **高宗諒陰 三年不言** 고종량음 삼년불언 고종이 상을 지킬 때 삼 년 동안 말하지 않았다. 諒陰: 상을 지키는 방.

▶ **何謂也?** 하위야? 무슨 뜻입니까?

▶ **何必高宗?** 하필고종? 어찌 반드시 고종뿐이겠는가?

▶ **古之人皆然** 고지인개연 옛사람들은 다 그러하였으니. 古之人: 옛사람. 皆: 다. 然: 그러하다.

▶ **君薨** 군훙 군주(君主)가 죽으면. 薨: 죽다.

▶ **百官總己 以聽於冢宰三年** 백관총기 이청어총재삼년 백관들은 자기의 (직무를) 다하여 삼 년 동안 총재의 (명령)을 따랐다. 百官: 백관, 모든 관원. 總: 다하다. 以: 而와 같다. 聽: 따르다. 冢宰: 재상들의 우두머리.

 43. 윗사람이 예를 좋아하면 백성을 다스리는 것이 쉽다.

[해석 본문]

공자께서 말씀하셨다. "윗사람이 예를 좋아하면 백성을 다스리는 것이 쉽다."

^{자 왈 상}　^{호 례 즉 민 이 사 야}
子曰 上이 **好禮則民易使也**니라

[배경 설명]

윗사람의 솔선수범은 백성들이 본받고 따른다는 교훈이다. 上(상)은 윗사람, 好(호)는 좋아하다, 使(사)는 다스리다, 易(이)는 쉽다를 뜻한다.

솔선수범(率先垂範)은 윗사람이 앞장 서서 모범을 보이는 것이다. 위정자가 먼저 법도에 맞게 처신하면 백성들이 스스로 따른다는 뜻이다. 윗사람이 예를 좋아하고 백성을 예로써 다스린다면 백성들은 예에 어긋난 행동을 하지 않을 것이다. 따라서 윗사람이 예를 좋아하면 존경하지 않는 백성이 없고, 백성들은 온순해져 다스리는 것이 쉽다.

[단문 설명]

▶ 上好禮則 상호례즉 윗사람이 예를 좋아하면. 上: 윗사람. 好: 좋아하다. 則: ~하면.

▶ 民易使也 민이사야 백성을 다스리는 것이 쉽다. 使: 부리다. 易: ~하기 쉽다.

 44. 군자의 올바른 행실은 자신을 수양하여 백성을 편안하게 해주는 것이다.

[해석 본문]

자로가 군자에 대하여 물으니, 공자께서 말씀하셨다. "자신을 수양하고 (백성을) 공경하는 것이다." 자로가 물었다. "이것뿐입니까?" 이에 공자께서 대답하셨다. "자신을 수양하여 백성을 편안하게 하는 것이다." 다시 자로가 물었다. "이것뿐입니까?" 공자께서 말씀하셨다. "자신을 수양하여 백성을 편안하게 하는 것이니, 자신을 수양하여 백성을 편안하게 해주는 것은 요순께서도 아마 오히려 고심하셨을 것이다."

子路 問君子하자 子曰 修己以敬이니라 曰 如斯而已乎리요? 曰 修己以安人이니라 曰 如斯而已乎리요? 曰 修己以安百姓이니 修己以安百姓은 堯舜도 其猶病諸시니라!

[배경 설명]

군자의 올바른 행실로써 수기치인(修己治人), 즉 군자는 먼저 자신의 심신을 수양한 후 백성들을 편안하게 해주는 것을 고심해야 한다는 교훈이다. 修(수)는 수양하다, 敬(경)은 공경하다, 安(안)은 편안하게 하다, 病(병)은 고심하다를 뜻한다.

요(堯)임금은 중국 고대 전설상의 성군으로 성덕을 갖춘 이상적인 군주이며 역법을 정하고, 백성이 잘 따라 나라가 평화로웠고, 효행으로 이름이 높았던 순(舜)을 등용하였다. 순(舜)임금은 요임금의 뒤를 이어 선정을 베푼 임금이다. 요순(堯舜)은 서로 제왕의 자리를 사양하다가 왕위에 오른 뒤에는 태평성대를 이룬 모범적인 군왕이다. 순임금은 歷山(역산)에서 밭을 갈고 河濱(하빈)에서 질그릇 굽고 雷澤(뇌택)에서 고기잡이하다가 요임금의 선양(禪讓: 임금 자리를 세습하지 않고, 덕이 있는 이에게 물려줌)을 받았다.

자로가 군자의 행실을 물으니 공자께서는 자신을 수양하고 백성을 공경하는 것이라고 하시니 말씀이 부족하다고 의심하였다. 공자께서 또 자신을 수양하시고 백성을 편안하게 해야 한다고 하나 자로는 부족하다고 하였다. 공자께서 또 자신을 수양하고 백성을 편안하게 해야 한다고 대상을 확대하신 것이다. 따라서 군주는 자신을 수양하여 백성을 공경하고 백성을 편안하게 하는 것이니, 이것은 요순(堯舜)께서도 아마 고심하셨을 것이다.

[단문 설명]

▶ **子路問君子** 자로문군자 자로가 군자에 대하여 물으니.

▶ **修己以敬** 수기이경 자신을 수양하고 (백성을) 공경하는 것이다. 修: 수양하다. 以: 하고.

▶ **如斯而已乎?** 여사이이호? 이와 같을 뿐입니까? 斯: 이, 이것. 而已: ~일 뿐이다. 乎: 의문종결사.

▶ **修己以安人** 수기이안인 자신을 수양하고 백성을 편안하게 하는 것이다. 以: ~하여, 而와 같다. 安: 편안하게 하다.

▶ **修己以安百姓** 수기이안백성 자신을 수양하여 백성을 편안하게 하는 것이니.

▶ **堯舜其猶病諸** 요순기유병저 요순께서도 아마 오히려 고심하셨을 것이다. 堯舜: 요임금과 순임금. 猶: 오히려. 其: 아마. 病: 고심하다. 諸: 之乎. 之: 修己以安百姓.

 45. 겸손하지도 않고, 칭찬받을 일도 없으면 바로 해로운 존재이다.

[해석 본문]

원양이 걸터앉아 (공자를) 기다리자 공자께서 "어려서는 겸손하지도 공손하지 않고, 장성해서는 칭찬받을 만한 일이 없고, 늙어서는 죽지 않는 것이 (바로) 해로운 존재이다."라 하시며 지팡이로 그의 정강이를 두드리셨다.

원 양   이 사   자 왈   유 이 불 손 제   장 이 무 술 언   노 이 불 사   시 위 적
原壤이 **夷俟**하자 **子曰 幼而不孫弟**하며 **長而無述焉**이오 **老而不死 是爲賊**하시고
이 장 고 기 경
以杖叩其脛하시다

[배경 설명]

　원양(原壤)이 예에 어긋나고 수행하지 않고 풍속을 해쳐 잘못을 지적하고 꾸짖으신 것이다. 夷(이)는 걸터앉다, 俟(사)는 기다리다, 幼(유)는 어리다, 孫(손)은 겸손하다, 弟(제)는 공경하다, 長(장)은 장성하다, 述(술)은 칭찬하다, 賊(적)은 해치다, 杖(장)은 지팡이, 叩(고)는 두드리다, 脛(경)은 정강이를 뜻한다.

　원양(原壤)은 노나라 사람으로 공자의 친구이며 그의 어머니께서 돌아가셨는데도 관에 올라가 노래를 불렀으니, 예법에 어긋나는 방탕한 자이다. 그는 어려서부터 늙을 때까지 한 가지도 잘한 것이 없었고, 오래 세상에 살아서 인륜을 무너뜨리고 풍속을 어지럽혔으니, 이는 바로 해로울 뿐이다. 원양은 공자가 오는 것을 보고 걸터앉아서 기다리고 있었으니, 공자께서 꾸짖은 후 지팡이로 그의 정강이를 가볍게 쳐서 그로 하여금 걸터앉지 말게 하셨다. 따라서 원양은 어려서부터 장성할 때까지 예를 어기고 풍속을 어지럽히고 있으니 해로운 존재라고 평하였다.

[단문 설명]

▸ 原壤夷俟 원양이사 원양이 걸터앉아 (공자를) 기다리자. 夷: 걸터앉다. 俟: 기다리다.

▸ 幼而不孫弟 유이불손제 어려서는 겸손하지도 공손하지 않고. 幼: 어리다. 孫弟: 겸손하고 공손하다.

▸ 長而無述焉 장이무술언 장성해서는 칭찬받을 만한 일이 없고. 長: 장성하다. 述: 칭찬하다.

▸ 老而不死 노이불사 늙어서는 죽지 않는 것이.

▸ 是爲賊 시위적 이것이 (바로) 해로운 존재이다. 賊: 해롭다, 해치다. 爲: 이다.

▸ 以杖叩其脛 이장고기경 지팡이로 그의 정강이를 두드리셨다. 杖: 지팡이. 叩: 두드리다. 脛: 정강이.

 46. 학문에 정진하고 장유유서(長幼有序)를 살피며 공경을 익히도록 하였다.

[해석 본문]

　궐당의 동자가 공자의 명령을 받들자, 어떤 사람이 여쭈었다. "(학문에) 정진하는 사람입니까?" 공자께서 말씀하셨다. "나는 그 아이가 (어른들) 자리에 앉아 있는 것을 보았고, 그 아이가 선생과 나란히 걸어가는 것을 보았으니, (그 아이는) (학문에) 정진하려는 자가 아니라 빨리 어른이 되고자 하는 자이다."

궐 당 동 자　장 명　　혹　　문 지 왈　익 자 여　　자 왈　오 견 기 거 어 위 야
闕黨童子 將命하자 **或**이 **問之曰 益者與**오? **子曰 吾見其居於位也**하며
견 기 여 선 생 병 행 야　　비 구 익 자 야　　욕 속 성 자 야
見其與先生幷行也하니 **非求益者也**라 **欲速成者也**니라

[배경 설명]

　동자(童子)에게 학문에 정진하고 장유유서(長幼有序)를 살피며 공경을 익히도록 교훈하였다. 童子(동자)는 사내아이, 將(장)은 받들다, 益(익)은 정진하다, 居(거)는 앉아 있다, 位(위)는 자리, 幷(병)은 나란히, 求(구)는 힘쓰다, 欲(욕)은 하려고 하다, 速(속)은 빨리를 뜻한다.

　闕黨(궐당)은 노나라 마을 이름이다. 童子(동자)는 스무 살이 되지 않아 아직 관례를 하지 않은 자이다. 將命(장명)은 손님과 주인의 말을 전하는 것이다. 居於位(거어위)는 어른 자리에 앉다를 뜻한다. 幷行(병행)은 나란히 걷는 것이다.

　동자는 모퉁이에 앉는 것이 예의이나 성인의 자리에 앉고, 길을 갈 때는 뒤를 따라가야 하는데 어른과 나란히 걸어가는 것이 겸손과 예를 어긴 것이다. 공자는 동자가 예를 따르지 않으니 학문의 진전을 추구하는 것이 아니라 빨리 성인이 되고자 하는 마음뿐이라고 평하셨다. 공자 문하에 들어온 동자가 착실히 학문을 익히려고 하지 않고, 빨리 어른이 되어 입신출세를 바라고 있는 것 같자, 공자는 이러한 학문태도를 좋아하지 않았다. 따라서 동자에게 사령(使令)의 임무를 맡겨 사양과 공손의 예를 익히게 한 것이다.

[단문 설명]

▶ **闕黨童子將命** 궐당동자장명　궐당의 동자가 공자의 명령을 받들자. 童子: 사내아이. 將: 받들다.

▶ **益者與?** 익자여?　(학문에) 정진하는 사람입니까? 益: 정진하다. 與: 의문종결사.

▶ **見 其居於位也** 견 기거어위야　그 아이가 (어른들) 자리에 앉아 있는 것을 보았고. 見: 보다. 其: 그 아이. 居: 앉아 있다. 位: 어른들 자리.

▶ **見 其與先生幷行也** 견 기여선생병행야　그 아이가 선생과 나란히 걸어가는 것을 보았으니. 其: 그 아이. 與: 와 함께. 幷: 나란히.

▶ **非求益者也** 비구익자야　(그 아이는) (학문에) 정진하려는 자가 아니라. 求: 힘쓰다. 益: 정진하다.

▷ **欲速成者也** 욕속성자야 빨리 어른이 되자고 하는 자이다. 欲: 하려고 하다. 速: 빨리. 成者: 어른.

☞ **爲의 다양한 용법**

- 이다.
- 되다.
- 하다.
- 여기다.
- 삼다.
- 말하다.
- 만들다.
- 돕다.
- 체하다.
- 배우다.
- 피동(당하다)
- 위하여
- 때문에, ~에게, ~에 대하여

第十五篇

衛靈公(위령공)

하나의 이치로 모든 사물의 이치를 깨닫는다.

衛靈公篇(위령공편)은 군자, 교육, 정치에 관한 공자의 언행이다. 주요 내용으로는 경제, 교육, 정의, 정치, 행실, 신의, 헌신, 교우, 관계, 사고, 성, 자격, 인격, 학습, 자세, 사회, 명성, 책임과 분열이 있다. 사람이 멀리 생각하지 않으면 반드시 가까운 데서 근심이 생긴다. 말을 간교하게 잘하는 사람은 위태롭고, 지혜로운 자는 사람을 잃지 않는다. 사회는 의로운 사람에 의해서 유지되는데, 자신을 죽여 인을 이룬다(殺身成仁).

1. 군자는 곤궁을 잘 견디지만 소인은 곤궁하면 멋대로 한다.
2. 하나의 이치로 모든 사물의 이치를 깨닫는 것이다.
3. 덕을 아는 자가 드물구나!
4. 무위(無爲)로 천하를 태평하게 잘 다스리신 사람은 아마 순임금이리라!
5. 말이 충성스럽고 행실이 돈독하고 공경하면 뜻이 실행될 수 있다.
6. 나라에 도가 없을 때에도 화살처럼 곧으니, 군자답도다!
7. 지혜로운 자는 사람을 잃지 아니하며 또한 말을 잃지 않는다.
8. 자신을 죽여 인을 이룬다.
9. 현명한 사람을 섬기고, 어진 사람을 벗해야 한다.
10. 하 역법, 은 수레, 주 면류관과 소무로 백성을 교화한다.
11. 멀리까지 바라보고 깊이 생각하지 않으면 반드시 가까운 데서 근심이 생긴다.
12. 색을 좋아하듯이 덕을 좋아하는 자를 나는 아직 보지 못하였다.
13. 장문중은 아마 벼슬자리를 훔친 사람이구나!
14. 자기를 책망할 때는 엄하게 하고, 남을 책망할 때는 가볍게 한다.
15. 스스로 분발하여 애쓰지 않으면 가르쳐 줄 수 없다.
16. 덕을 수양하는 사람은 말이 의에 미치고 잔재주를 부리지 않는다.
17. 군자는 의로써 행실의 근본을 삼는다.
18. 자기의 무능을 걱정할 것이지, 남이 자기를 알아주지 않음을 걱정하지 않는다.
19. 군자는 죽어서 사람들이 그의 이름을 칭송하지 않음을 걱정한다.
20. 군자는 자신에게 잘못을 찾고, 소인은 남에게 잘못을 찾는다.
21. 군자는 긍지를 갖되 다투지 아니하며, 무리를 짓되 당파를 만들지 아니한다.
22. 사람됨이 나쁘다 하여 그 사람의 좋은 말을 버리지 않는다.
23. 자기가 원지 않는 것을 남에게 시키지 말아라.
24. 비방하거나 칭찬할 때는 반드시 근거에 따라야 한다.
25. 사관은 의심스러운 것을 쓰지 않고 비워 두었다.
26. 교묘한 말은 덕을 어지럽히고, 작은 일을 참지 못하면 큰 일을 어지럽힌다.
27. 대중들이 싫어하더라도 살펴보고, 대중들이 좋아하더라도 살펴보아야 한다.
28. 사람이 도를 넓힐 수 있는 것이지 도가 사람을 넓히는 것은 아니다.
29. 잘못을 저지르고도 고치지 않는다면 이것도 잘못이다.
30. 먼저 배우고 생각이 뒤따라야 한다.
31. 군자는 도를 걱정하지 가난을 걱정하지 않는다.
32. 지혜, 인, 정중과 예로 백성을 대하면 백성은 움직인다.
33. 군자는 큰 일을, 소인은 작은 일을 맡을 수 있다.
34. 인을 행하다가 죽은 사람을 아직 보지 못했다.
35. 인을 실천하는 데는 스승이라도 양보하지 않는다.
36. 군자는 뜻이 곧고 바르지만 하찮은 신의를 고집하지 않는다.
37. 먼저 직무를 정중하게 수행하고 녹은 그 뒤로 할 것이다.
38. 교육에는 차별이 없다.
39. 도가 같지 않으면 서로 일을 도모하지 말아야 한다.
40. 말이란 뜻을 전달할 뿐이다.
41. 이것이 바로 소경·악사를 대하는 도리이다.

1. 군자는 곤궁을 잘 견디지만 소인은 곤궁하면 멋대로 한다.

[해석 본문]

위나라 영공이 공자께 진법에 관하여 묻자, 공자께서는 "제례에 관한 일은 일찍이 들은 적이 있지만, 군사에 관한 일은 아직 배우지 못하였습니다."라고 하시고, 다음날 마침내 떠나셨다. 진나라에 계실 때에 양식이 떨어져 수행원들이 병이 나서 일어날 수가 없었다. 자로가 화가 나서 (공자를) 뵙고, "군자도 역시 곤궁할 때가 있습니까?"라고 묻자, 공자께서 "군자는 곤궁을 잘 견디지만 소인은 곤궁하면 멋대로 한다."라고 말씀하셨다.

衛靈公이 問陳於孔子하자 孔子對曰 俎豆之事는 則嘗聞之矣니와 軍旅之事는 未之學也하시고 明日에 遂行하시다 在陳絶糧하니 從者病하여 莫能興이니 子路 慍見 曰 君子 亦有窮乎리오? 子曰 君子는 固窮이니 小人은 窮斯濫矣니라

[배경 설명]

어진 정치를 펴지 않고 전쟁을 통해서 패도를 추구하는 군주라고 위령공을 평하신 것이다. 俎豆(조두)는 제례, 軍旅(군려)는 군사, 明日(명일)은 다음날, 遂(수)는 마침내, 行(행)은 떠나가다, 絶(절)은 떨어지다, 糧(량)은 양식, 從者(종자)는 수행원, 病(병)은 병이 나다, 莫能(막능)은 할 수 없다, 興(흥)은 일어나다, 慍(온)은 화가 나다, 見(현)은 뵙다, 窮(궁)은 곤궁하다, 固(고)는 잘 견디다, 濫(람)은 멋대로 하다를 뜻한다.

위령공(衛靈公)은 위나라 군주로 성이 희(姬)이고 이름이 원(元)이며 남자부인에게 빠져 정사를 게을리 했다. 그는 남을 의심하고 포악하고 황음무도(荒淫無度)했지만, 인재를 적재적소에 등용하였다. 자로(子路)는 공자의 제자로 성이 중(仲), 이름이 유(由)이다.

공자는 제사지낼 때 제기를 펼쳐 놓는 것이 마치 전쟁에서 군사를 펼쳐 놓는 진법과 비슷하다는 점을 들어 위령공의 질문을 피했다. 이것은 전쟁을 도울 수 없다는 공자의 완곡한 거절이다. 공자는 영공에게 기대할 바가 없다고 판단하고 그 다음날 위나라를 떠났다.

陳(진)은 진법(陳法)으로 전쟁에서 진을 치는 병법이다. 위령공은 무도한 전쟁을 통해 다른 나라를 빼앗는 것에 관심이 있어 군사적인 진법에 대해 질문하였는데, 공자께서는 그를 배우지

못하였다고 답하고 떠나신 것이다. 공자가 위나라를 떠나 진나라로 가는 도중에 양식이 떨어지고, 따르는 자들은 병이 났다. 자로가 공자에게 화가 나서 따지자, 공자는 "군자는 곤궁에 처해도 의연하게 잘 견디나 소인은 곤궁하면 못할 일이 없다."고 답한 것이다. 군자는 도를 행하는 것에 관심이 있을 뿐이지, 부귀나 빈천에는 관심이 없기 때문이다. 따라서 군자는 곤궁하더라도 도에 어긋난 일을 하지 않으나 소인은 참지 못하고 도에 어긋난 일을 한다.

[단문 설명]

▶ 問陳於孔子 문진어공자 공자께 진법에 관하여 묻자. 陳: 陳法.

▶ 俎豆之事 조두지사 제례에 관한 일은. 俎豆: 제기, 예의(禮儀), 제례(祭禮).

▶ 則嘗聞之矣 즉상문지의 일찍이 들은 적이 있지만. 則: ~인 즉. 嘗: 일찍이.

▶ 軍旅之事 군려지사 군사에 관한 일은. 軍旅: 군사.

▶ 未之學也 미지학야 아직 배우지 못하였습니다. 之學: 목적어와 동사 도치(學之).

▶ 明日遂行 명일수행 이튿날 떠나셨다. 明日: 다음날. 遂: 마침내. 行 떠나가다.

▶ 在陳絶糧 재진절량 진나라에 계실 때에 양식이 떨어져. 在: 있다. 絶: 떨어지다, 糧: 양식.

▶ 從者病 종자병 수행원들이 병이 나서. 從者: 수행원. 病: 병이 나다.

▶ 莫能興 막능흥 일어날 수가 없어서. 莫能: 할 수 없다. 興: 일어나다.

▶ 慍見曰 온현왈 화가 나서 (공자를) 뵙고 말하다. 慍: 화가 나다. 見: 뵙다.

▶ 亦有窮乎? 역유궁호? 역시 곤궁할 때가 있습니까? 窮: 곤궁하다. 乎: 의문종결사.

▶ 君子固窮 군자고궁 군자는 곤궁을 잘 견디지만. 固: 잘 견디다.

▶ 窮斯濫矣 궁사람의 곤궁하면 멋대로 한다. 斯: ~하면. 濫: 멋대로 하다.

 2. 하나의 이치로 모든 사물의 이치를 깨닫는 것이다.

[해석 본문]

공자께서 말씀하셨다. "사야! 너는 내가 많이 배워서 그것을 기억하는 자라고 생각하느냐?" 자공이 대답하였다. "그렇습니다. 그런 것이 아닙니까?" 공자께서 말씀하셨다. "아니다. 나는 하나의 (이치로) 만물의 (이치를) 깨닫느니라."

<ruby>子<rt>자</rt></ruby><ruby>曰<rt>왈</rt></ruby> <ruby>賜<rt>사</rt></ruby><ruby>也<rt>야</rt></ruby>아 <ruby>女<rt>여</rt></ruby><ruby>以<rt>이</rt></ruby><ruby>予<rt>여</rt></ruby>로 <ruby>爲<rt>위</rt></ruby><ruby>多<rt>다</rt></ruby><ruby>學<rt>학</rt></ruby><ruby>而<rt>이</rt></ruby><ruby>識<rt>지</rt></ruby><ruby>之<rt>지</rt></ruby><ruby>者<rt>자</rt></ruby><ruby>與<rt>여</rt></ruby>아? <ruby>對<rt>대</rt></ruby><ruby>曰<rt>왈</rt></ruby><ruby>然<rt>연</rt></ruby>하니다 <ruby>非<rt>비</rt></ruby><ruby>與<rt>여</rt></ruby>리오? <ruby>曰<rt>왈</rt></ruby> <ruby>非<rt>비</rt></ruby><ruby>也<rt>야</rt></ruby>라 <ruby>予<rt>여</rt></ruby>는 <ruby>一<rt>일</rt></ruby><ruby>以<rt>이</rt></ruby><ruby>貫<rt>관</rt></ruby><ruby>之<rt>지</rt></ruby>니라

[배경 설명]

공자는 많은 것을 배우고 기억하는 것뿐만 아니라 하나의 이치를 미루어서 다른 것을 깨닫는 것이라고 가르친다. 女(여)는 너, 以 ~爲(이 ~위)는 ~라고 생각하다, 予(여)는 나, 識(지)는 기억하다, 然(연)은 그렇다, 貫(관)은 꿰뚫다, 깨닫다를 뜻한다.

子貢(자공)은 성이 단목(端木), 이름이 사(賜), 공자의 제자이다. 一以貫之(일이관지)는 하나의 이치로 만물의 이치를 깨닫다를 의미한다. 즉, 하나의 이치(도, 원칙, 기준, 방법)로 만물을 파악하고 깨닫는 것이다. 자공은 공자의 도가 커서 사람들이 두루 보고 다 알 수 없으니, 공자가 당연히 많이 배워서 그것을 기억하는 것이라고 여긴 것이다. 따라서 공자는 하나의 이치로 모든 사물을 꿰뚫는 것이라고 말씀하신다.

[단문 설명]

▷ 女以予爲多學而 여이여위다학이 너는 내가 많이 배워서 ~생각하느냐? 女: 너. 以 ~爲: ~라고 생각하다. 予: 나. 而: ~해서.

▷ 識之者與? 지지자여? 그것을 기억하는 자라고 ~? 識: 기억하다. 之: 그것. 與: 의문종결사.

▷ 然 非與? 연 비여? 그렇습니다. 그런 것이 아닙니까? 然: 그렇다. 非: 非然. 與: 의문종결사.

▷ 非也 비야 아니다.

▷ 一以貫之 일이관지 하나의 (이치로) 만물의 (이치를) 깨닫느니라. 一以: 以一. 貫: 깨닫다.

 3. ## 덕을 아는 자가 드물구나!

[해석 본문]

공자께서 말씀하셨다. "유야! 덕을 아는 자가 드물구나!"

자 왈 유　　지 덕 자 선 의
子曰 由아! 知德者鮮矣니라!

[배경 설명]

자로에 대한 위로와 공자의 세상에 대한 탄식이다. 知(지)는 알다, 鮮(선)은 드물다를 뜻한다. 덕은 도를 실행하고 자신을 수양하는 것이니, 덕행을 하지 않으면 그 의미를 알 수 없다. 자기 몸을 닦는 것은 수덕(修德)이나 남이 지닌 덕을 아는 것은 지덕(知德)이다.

유(由)는 자로이다. 공자가 위나라를 떠나 초나라로 가던 중에 진나라와 채나라 사이에서 식량이 떨어지고 수행원들이 병이 나서 곤경에 처했을 때 자로는 "군자도 역시 곤궁할 때가 있습니까?"라고 화가 나서 불평하였다. 공자와 자로는 여러 나라를 돌아다니며 덕을 강조했지만 대부들이 권력이나 재물에만 관심이 많아 실망한 것이다. 따라서 공자께서 자로를 위로하면서 권력이나 재물에만 관심이 있는 세상을 탄식하신 말씀이다.

[단문 설명]

▶ **知德者鮮矣** 지덕자선의 덕을 아는 자가 드물구나! 鮮: 드물다. 矣: 감탄종결사.

 4. 무위(無爲)로 천하를 태평하게 잘 다스리신 사람은 아마 순임금이리라!

[해석 본문]

공자께서 말씀하셨다. "아무것도 하지 않고 (천하를 태평하게 잘) 다스리신 사람은 아마 순임금이구나! 그는 무엇을 하였는가? 몸가짐을 공손히 하고 바르게 나라를 다스렸을 뿐이셨다."

자 왈　무 위 이 치 자　　기 순 야 여　　　부 하 위 재　　공 기 정 남 면 이 이 의
子曰 無爲而治者는 其舜也與로다! 夫何爲哉리오? 恭己正南面而已矣니라

[배경 설명]

인재를 적재적소에 등용하여 태평하게 천하를 잘 다스렸다는 순(舜)임금의 치세를 칭송하는 말이다. 無爲(무위)는 아무 것도 하지 않다, 治(치)는 다스리다, 恭(공)은 공손하다, 正(정)은 바르게, 南面(남면)은 임금의 자리에 올라 나라를 다스리다를 뜻한다.

순(舜)임금은 오제(五帝)의 마지막 군주로 성이 우(虞), 이름이 중화(重華)이다. 南面(남면)은 임금이 남쪽을 향하여 신하와 대면하는 것으로 임금의 자리에 올라 나라를 다스린다는 의미이다. 무위(無爲)는 나라를 다스리는 정사를 순임금이 신하에게 위임한다는 뜻으로 현인을 발탁하여 적재적소에 배치한 순임금이니 가능하다. 무위로 천하를 다스리니 백성들이 스스로 교화되어 임금의 명령을 기다리지 않고 자기 직책을 다하여 임금이 정치에 나설 필요가 없었다. 따라서 순임금은 현인을 발탁하여 적재적소에 배치하고 몸가짐이 공손하였다.

[단문 설명]

▶ 無爲而治者 무위이치자 아무것도 하지 않고 (천하를 태평하게 잘) 다스리신 사람은. 無爲: 아무 것도 하지 않다. 而: 순접. 治: 다스리다.

▶ 其舜也與! 기순야여! 아마 순임금이구나! 其: 아마. 與: 감탄종결사, ~이구나.

▶ 夫何爲哉? 부하위재? 그는 무엇을 하였는가? 夫: 그, 그 사람. 何爲: 爲何. 哉: 의문종결사

▶ 恭己 正南面而已矣 공기 정남면이이의 몸가짐을 공손히 하고 바르게 나라를 다스렸을 뿐이셨다. 恭: 공손하다. 正: 바르게. 南面: 나라를 다스리다. 而已矣: ~일 뿐이다.

 5. 말이 충성스럽고 행실이 돈독하고 공경하면 뜻이 실행될 수 있다.

[해석 본문]

자장이 (뜻의) 실행에 관하여 묻자, 공자께서 말씀하셨다. "말이 충성스럽고 믿을 수 있고, 행실이 돈독하고 공경하면 비록 오랑캐의 나라에서도 (뜻이) 실행될 수 있으나 말이 충성스럽지 않고 믿을 수 없고, 행실이 돈독하고 공경하지 못하면 비록 자기 고향 마을인들 (뜻이) 실행될 수 있겠는가? (수레에) 서 있으면 충신독경(忠信篤敬)의 글자들이 눈앞에 나란히 나타나야 하고, 수레를 타고 있을 때 이 네 글자들이 멍에에 기대어 있는 것 같이 나타나야 한다. 그런 뒤에야 (뜻이) 실행될 수 있는 것이다." 자장이 이 말씀을 띠에 썼다.

자장   문행   자왈 언충신   행독경   수만맥지방   행의
子張이 問行하자 子曰 言忠信하며 行篤敬이면 雖蠻貊之邦이라도 行矣이나

言不忠信하며 行不篤敬이면 雖州里나 行乎哉아? 立則見其參於前也하고

在輿則見其倚於衡也하니라 夫然後行이니라 子張이 書諸紳하니라

[배경 설명]

자신의 뜻이나 주장이 실행되려면 충성스럽고 신의가 있고, 돈독하고 공경해야 한다는 교훈이다. 行(행)은 실행, 행동, 忠(충)은 충성스럽다, 信(신)은 믿다, 篤(독)은 돈독하다, 敬(경)은 공경하다, 參(참)은 나란히 서다, 立(입)은 서다, 見(견)은 나타나다, 輿(여)는 수레, 倚(의)는 기대다, 衡(형)은 멍에, 紳(신)은 허리 띠를 뜻한다.

자장(子張)은 공자의 제자로 성이 전손(顓孫), 이름이 사(師)이며 성격은 매우 외향적이고 적극적이었다. 만(蠻)은 남쪽의 오랑캐(南蠻), 맥(貊)은 북쪽의 오랑캐(北狄)로 야만스런 종족이란 뜻이다. 주리(州里)는 본래 행정 구역이나 고향 마을을 가리킨다.

수레와 말은 따로 떨어져 있지만 멍에로써 이어주는 것처럼 나와 남은 따로 떨어져 있는 것인데 이를 이어주는 것이 충신독경(忠信篤敬)이다. 이것은 백성들을 교화시키는 기본인 것이다. 행(行)은 자기의 주장이나 뜻을 세상에 펴는 것이다. 충신독경(忠信篤敬)의 네 글자가 서 있을 때는 눈앞에 있는 듯, 수레를 탔을 때는 수레 멍에에 걸려 있는 듯, 한시도 잊지 않고 생각한다면 저절로 학덕이 깊어지게 되고, 그에 따라 자연히 뜻이 행하여진다. 이 말을 들은 자장이 한시도 충신독경(忠信篤敬)의 네 글자를 잊지 않으려고 허리에 매는 큰 띠에 적은 것이다. 따라서 뜻이 행하여지는 것이 멀리 내 몸 밖에 있는 것이 아니고 충신독경(忠信篤敬)에 있다.

[단문 설명]

▶ 子張問行 자장문행 자장이 (뜻의) 실행에 관하여 묻자. 行: 뜻의 행실.

▶ 言忠信 行篤敬 언충신 행독경 말은 충성스럽고 믿을 수 있고, 행실은 돈독하고 공경하면. 忠: 충성스럽다. 信: 믿다. 行: 행동. 篤: 돈독하다. 敬: 공경하다.

▶ 雖蠻貊之邦 行矣 수만맥지방 행의 비록 오랑캐의 나라에서도 (뜻이) 실행될 수 있거니와. 蠻貊: 오랑캐. 行: 실행되다. 矣: 서술종결사.

▶ 雖州里 行乎哉? 수주리 행호재? 비록 자기 고향 마을인들 (뜻이) 실행될 수 있겠는가? 州里: 고향 마을. 乎哉: 반어종결사.

▶ 立則 見其參 於前也 입즉 견기참 어전야 (수레에) 서 있으면 忠信篤敬의 글자들이 눈앞에 나란

히 나타나야 하고. 立: 서다. 見: 나타나다. 其: 忠信篤敬, 이 글자들. 參: 나란히 서다.

▸ 在輿則 見其倚 於衡也 재여즉 견기의 어형야 수레를 타고 있을 때 이 네 글자들이 멍에에 기대어 있는 것 같이 나타나야 한다. 輿: 수레. 則: 때에. 倚: 기대다. 衡: 멍에

▸ 夫然後行 부연후행 그런 뒤에 (뜻이) 실행될 수 있다. 夫: 그, 저.

▸ 書諸紳 서저신 이 말씀을 띠에다 쓰다. 諸: 之於. 之: 이 말씀. 紳: 허리 띠.

 6. 나라에 도가 없을 때에도 화살처럼 곧으니, 군자답도다!

[해석 본문]

공자께서 말씀하셨다. "정직하구나! 사어여! 나라에 도가 있을 때에도 화살처럼 (곧으며), 나라에 도가 없을 때에도 화살처럼 (곧으니) 군자답도다! 거백옥이여! 나라에 도가 있으면 벼슬하고, 나라에 도가 없으면 (재주를) 거두어 속에 감추어 두는구나."

子曰 直哉라! 史魚여! 邦有道에 如矢하며 邦無道에 如矢니 君子哉라! 蘧伯玉이여!
邦有道則仕하고 邦無道則可卷而懷之로다

[배경 설명]

사어와 거백옥에 대한 인물평이다. 사어는 언제나 화살같이 곧게 처신했으나 거백옥은 모난 언행을 삼갔다. 邦(방)은 나라, 直(직)은 정직하다, 矢(시)는 화살, 仕(사)는 벼슬하다, 卷(권)은 거두다, 懷(회)는 감추다를 뜻한다.

사어(史魚)와 거백옥(蘧伯玉)은 위(衛)나라의 대부이다. 사어(史魚)는 위나라 영공에게 간신 미자하를 추방하고 거백옥이 현명하니, 중용하라고 여러 차례 권고했으나 거절되었다. 그는 자신이 신하의 도리를 다하지 못하여 죽기 전에 상례를 치를 수 없으니 아들에게 자신의 시체를 들창 밑에 놓으라고 유언했다. 영공이 그 이유를 나중에 알고 간신 미자하(彌子瑕)를 추방하고 거백옥을 중용했는데, 이를 시간(屍諫)이라 한다. 시간(屍諫)은 자신이 죽어서까지 임금에게 간언(諫言)하는 것을 말한다.

공자는 천하에 도가 있으면 자신의 재능을 나타내고, 없으면 은거하라고 하였다. 임금을 도

로써 섬기되 듣지 않으면 그만둔다. 따라서 거백옥은 벼슬의 진퇴를 알았으므로 공자가 그를 군자라고 칭하였으나 사어는 물러남을 알지 못하여 곧다고 한 것이다.

[단문 설명]

▶ 直哉 史魚! 직재 사어! 정직하구나! 사어여! 直: 정직하다. 哉: 감탄종결사.

▶ 邦有道 如矢 방유도 여시 나라에 도가 있을 때에도 화살처럼 (곧으며). 邦: 나라. 矢: 화살.

▶ 邦無道 如矢 방무도 여시 나라에 도가 없을 때에도 화살처럼 (곧으니).

▶ 君子哉! 蘧伯玉! 군자재! 거백옥! 군자답도다! 거백옥이여! 君子: 군자답다. 哉: 감탄종결사.

▶ 邦有道 則仕 방유도 즉사 나라에 도가 있으면 벼슬하고. 仕: 벼슬하다.

▶ 可卷 而懷之 가권 이회지 (재주를) 거두어 속에 감추어 두는구나. 卷: 거두다. 而: 순접. 懷: 속에 감추다. 之: 재주.

 7. 지혜로운 자는 사람을 잃지 아니하며 또한 말을 잃지 않는다.

[해석 본문]

공자께서 말씀하셨다. "함께 말할 만 한데도 그 사람과 말하지 않으면 사람을 잃는 것이요, 함께 말할 만하지 않은데도 그 사람과 말한다면 말을 잃는 것이니, 지혜로운 자는 사람을 잃지 아니하며 또한 말을 잃지 않는다."

子曰 可與言而不與之言이면 失人이오 不可與言而與之言이면 失言이니 知者는
不失人이며 亦不失言이니라

[배경 설명]

의사소통과 붕우의 관계에 관한 교훈이다. 可(가)는 할 만하다, 失(실)은 잃다, 與(여)는 함께, 知(지)는 지혜를 뜻한다. 지자는 말과 사람을 잃지 않는다.

말은 사람과 사람 사이를 잇는 다리이지만 아무나 말을 나눌 수 있는 것은 아니다. 말이 통할

만한 사람과는 반드시 말을 해서 일깨워 주어야 하지만, 말이 통하지 않는 사람과는 무리하게 말할 필요가 없다. 말이 통할 만한 사람은 서로의 학덕과 신의를 향상시킬 수 있는 사람이며, 이러한 사람과 함께 말을 나눠야 한다. 따라서 말이 통할 만한 사람과 소통하지 않는다면 그 사람을 잃는 것이요, 그렇지 못한 사람과 말을 나눈다면 말만 낭비하는 것이다.

[단문 설명]

▶ 可與言 而不與之言 가여언 이불여지언 함께 말할 만 한데도 그 사람과 말하지 않으면. 可: 할 만하다. 與: 與人의 생략형. 之: 사람.

▶ 失人 실인 사람을 잃는 것이요.

▶ 不可與言 而與之言 불가여언 이여지언 함께 말할 만하지 않은데도 그 사람과 말한다면. 與: 與人의 생략형. 之: 사람.

▶ 失言 실언 말을 잃는 것이니.

▶ 知者 不失人 지자 불실인 지혜로운 자는 사람을 잃지 아니하며.

▶ 亦不失言 역불실언 또한 말을 잃지 않는다.

 8. 자신을 죽여 인을 이룬다.

[해석 본문]

공자께서 말씀하셨다. "지사와 인자는 살기 위해 인을 해치지 아니하고, 또 자신을 희생하여 인을 이룬다."

　　자 왈　지 사 인 인　　무 구 생 이 해 인　　유 살 신 이 성 인
　　子曰 志士仁人은 無求生以害仁이오 有殺身以成仁이니라

[배경 설명]

몸을 바쳐서 이룰 만한 가치가 있는 것이 인이라는 교훈이다. 志士(지사)는 인의에 뜻을 둔 선비, 仁者(인자)는 인덕을 이룬 사람, 害(해)는 해치다, 殺(살)은 죽이다, 以(이)는 ~하여를 뜻한다.

187

지사(志士)는 의리를 위해 기꺼이 죽고 죽음 앞에서 태연하고, 인자(仁者)는 도를 위해 살고 인을 목숨보다 귀하게 여긴다. 살신성인(殺身以成仁)은 자신의 몸을 죽여 인(仁)을 이룬다는 뜻으로 자신을 희생하여 옳은 도리를 행하는 것이다. 마땅히 죽어야 할 때에 살기를 원하면 마음이 편안하지 않을 것이니, 이는 마음의 덕을 해치는 것이다.

지사(志士)와 인자(仁者)는 자기나 남의 목숨을 모두 중히 여기나 오히려 자신의 한 목숨 바쳐 남을 살리는 살신성인(殺身成仁)의 정신이 있다. 따라서 지사(志士)와 인자(仁者)는 몸이 소중하다고 하더라도 인을 해치는 일은 없다.

[단문 설명]

▸ 志士仁人 지사인인 지사와 인자는. 志士: 인의에 뜻을 둔 선비. 仁人: 인덕을 이룬 사람.

▸ 無求生 以害仁 무구생 이해인 살기 위해 인을 해치지 아니하고. 求生: 살기 위해. 以: 접속사, ~하여, 而와 같다. 害: 해치다.

▸ 有殺身 以成仁 유살신 이성인 또 자신을 죽여 인을 이룬다. 有: 또. 殺: 죽이다. 以: ~하여.

 9. 현명한 사람을 섬기고, 어진 사람을 벗해야 한다.

[해석 본문]

자공이 인을 행하는 방법에 관하여 묻자, 공자께서 말씀하셨다. "장인이 자신의 일을 잘하려면 반드시 먼저 연장을 날카롭게 갈아야 한다. 이 고을에 살려면 대부 중에서 현명한 사람을 섬기며, 이곳 선비 중에서 어진 사람을 벗해야 한다."

자공 문위인 자왈 공욕선기사 필선리기기 거시방야
子貢이 **問爲仁**하자 **子曰 工欲善其事**이면 **必先利其器**니라 **居是邦也**하면
사기대부지현자 우기사지인자
事其大夫之賢者하며 **友其士之仁者**니라

[배경 설명]

현명한 사람을 섬기고, 어진 사람을 벗해야 한다는 교훈이다. 工(공)은 장인, 공인, 欲(욕)은 하고자 하다, 善(선)은 잘하다, 事(사)는 일, 利(이)는 날카롭게 갈다, 器(기)는 도구, 居(거)는

살다, 之(지)는 중에서, 友(우)는 벗하다를 뜻한다.

대부(大夫)는 주(周)나라 때에는 경(卿)의 아래, 사(士)의 위에 있는 벼슬이다. 사(士)는 아직 벼슬에 있지 않거나 벼슬이 낮은 자이다. 爲仁(위인)은 인을 행하는 방법이다. 자공이 인을 행하는 방법을 물으니, 공자는 현명한 사람을 섬기고 어진 선비와 벗해야 한다는 것을 장인이 일을 잘하기 위해 연장을 날카롭게 가는 일에 비유하였다. 현(賢)은 일로써 재치와 덕행이 있는 것이고, 인은 덕이 있는 어진 마음이다. 공자께서는 덕은 스승, 선배와 벗들과의 교류 속에서 이루어지는 것이라고 말씀하셨다. 따라서 군자는 현자賢者)와 인자(仁者)를 벗해야 한다.

[단문 설명]

▶ 問爲仁 문위인 인을 행하는 방법에 관하여 묻자. 爲: 행하다,

▶ 工欲善其事 공욕선기사 장인이 자신의 일을 잘하려면. 工: 장인(匠人). 欲: 하고자 하다 善: 잘하다. 事: 일.

▶ 必先利其器 필선리기기 반드시 먼저 연장을 날카롭게 갈아야 한다. 利: 날카롭게 하다, 갈다. 器: 연장, 도구.

▶ 居是邦也 거시방야 이 고을에 살려면. 居: 살다. 是: 이, 이것. 也: 가정부사.

▶ 事其大夫之賢者 사기대부지현자 대부 중에서 현명한 사람을 섬기며. 事: 섬기다. 之: 중에서.

▶ 友其士之仁者 우기사지인자 이곳 선비 중에서 어진 사람을 벗해야 한다. 友: 벗하다. 之: 중에서.

 10. 하 역법, 은 수레, 주 면류관과 소무로 백성을 교화한다.

[해석 본문]

안연이 나라를 다스리는 일에 관하여 묻자, 공자께서 말씀하셨다. "하나라의 역법을 시행하고, 은나라의 수레를 타고, 주나라의 면류관을 쓰고, 음악은 (순임금의) 소무를 (들어야) 한다. 정나라 음악을 추방하고, 말을 간교하게 잘하는 사람을 멀리 해야 한다. 정나라 음악은 음탕하고, 말을 간교하게 잘하는 사람은 위태롭다."

안연 문위방 자왈 행하지시 승은지로 복주지면 악즉소무
顏淵이 問爲邦하자 子曰 行夏之時하며 乘殷之輅하며 服周之冕하며 樂則韶舞오

^{방 정 성} ^{원 녕 인} ^{정 성} ^음 ^{녕 인} ^태
放鄭聲하며 遠佞人이니라 鄭聲은 淫하고 佞人은 殆니라

[배경 설명]

나라를 다스리는 방법에 관한 교훈이다. 爲(위)는 다스리다, 時(시)는 역법(曆法), 乘(승)은 타다, 輅(로)는 수레, 服(복)은 입다, 쓰다, 冕(면)은 면류관, 韶舞(소무)는 순임금 때의 악곡, 放(방)은 추방하다, 鄭聲(정성)은 정나라 음악, 遠(원)은 멀리하다, 佞(녕)은 말을 간교하게 잘하다, 淫(음)은 음탕하다, 殆(태)는 위태롭다를 뜻한다.

하(夏)의 역법, 은(殷)의 수레, 주(周)의 면류관과 순임금의 음악인 소무(韶舞)로 백성을 교화한다. 그런 연후에 정나라 음악인 정성(鄭聲)은 음탕하니, 멀리하고 군주를 미혹시키는 말만 잘하는 자를 멀리하면 이상적인 국가가 될 수 있다. 즉, 이상적인 국가가 되려면 하(夏)의 역법, 은(殷)의 수레, 주(周)의 면류관과 순(舜)임금의 소무(韶舞)를 사용하되, 정성(鄭聲)과 영인(佞人)을 멀리 하는 것이다.

역법(曆法)은 천체의 움직임을 살펴 시간과 날짜를 구분하는 방법이다. 하나라는 인월(寅月: 음력 정월)을 사용하여 인정(人正)이 되고, 은나라는 축월(丑月: 음력 섣달)을 사용하여 지정(地正)이 되고, 주나라는 자월(子月: 음력 동짓달)을 사용하여 천정(天正)이 되었다. 시(時)로써 농사일을 하니, 마땅히 인정(人正)으로써 역법을 삼는다.

은로(殷輅)는 은(殷)나라의 나무 수레로 목로(木輅)라 한다. 전에는 나무로 수레를 만들었는데, 은나라 때에 로(輅)라는 이름이 되었다. 은로(殷輅)는 질박하고 튼튼하다. 주나라는 수레를 금옥(金玉)으로 꾸며 지나치게 사치스럽고 망가지기 쉬웠다.

冕(면)은 면류관이며 대부 이상이 쓰던 예모(禮帽)로 오색의 주옥을 끈에 꿰어 앞에 늘어뜨렸다. 천자는 열두 줄, 제후(諸侯)는 아홉 줄, 상대부는 일곱 줄, 하대부는 다섯 줄의 주옥을 부착한다. 제도(制度)와 등위(等位: 등급)가 주나라 때에 비로소 갖추어졌다. 공자께서는 예모가 화려하더라도 사치스럽지 않고, 비용이 들더라도 사치까지는 아니라고 생각하시고, 문식(文飾: 아름답게 꾸밈)을 하였으되 그 中道를 얻었다고 여기셨다.

韶舞(소무)는 당시의 태평성세를 구가한 순임금 때의 악곡으로 노래와 춤이 어우러졌다. 鄭聲(정성)은 정나라의 음악으로 남녀 간의 연애를 노래한 것이 많기 때문에 옛날부터 음란한 음악으로 평가되었다. 예악은 나라를 다스리는 근본이므로 정나라 음악을 추방하며 말 잘하는 사람을 멀리 하지 않으면 나라의 법이 파괴된다.

하(夏)나라의 역법은 백성을 본업에 충실하게 하고, 은(殷)나라의 수레는 나라의 살림살이를 실용적이고 질박하게 운용하는 것이며, 주(周)나라의 면류관은 주나라의 발달된 문물제도를 뜻한다. 따라서 소무(韶舞)로 백성을 교화하고, 정성(鄭聲)을 멀리하고, 군주를 미혹시키는 말만 잘하는 자를 멀리한다면 이상적인 국가가 될 수 있을 것이라는 교훈이다.

[단문 설명]

▶ 問爲邦 문위방 나라를 다스리는 일에 관하여 묻자. 爲: 다스리다.

▶ 行夏之時 행하지시 하나라의 역법을 시행하고. 時: 역법. 夏之時: 하나라의 역법(曆法). 태음력으로 인월(寅月)을 세수(歲首)로 삼았다.

▶ 乘殷之輅 승은지로 은나라의 수레를 타고. 乘: 타다. 輅: 수레. 殷之輅: 은나라의 큰 수레.

▶ 服周之冕 복주지면 주나라의 면류관을 쓰고. 服: 쓰다. 冕: 면류관. 周之冕: 주나라의 면류관.

▶ 樂則韶舞 악즉소무 음악은 (순임금의) 소무를 (들어야) 한다. 韶舞: 순임금 때의 악곡.

▶ 放鄭聲 방정성 정나라 음악을 추방하고. 放: 추방하다. 鄭聲: 정나라의 음악.

▶ 遠佞人 원녕인 말을 간교하게 잘하는 사람을 멀리 해야 한다. 遠: 멀리하다. 佞: 말을 간교하게 잘하다.

▶ 鄭聲淫 정성음 정나라 음악은 음탕하고. 鄭聲: 정나라 음악. 淫: 음탕하다.

▶ 佞人殆 녕인태 말을 간교하게 잘하는 사람은 위태롭다. 殆: 위태롭다.

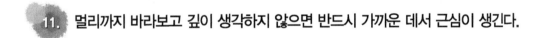

11. 멀리까지 바라보고 깊이 생각하지 않으면 반드시 가까운 데서 근심이 생긴다.

[해석 본문]

공자께서 말씀하셨다. "사람이 멀리 생각하지 않으면 반드시 가까운 데서 근심이 생긴다."

자 왈 인 무 원 려　　 필 유 근 우
子曰 人無遠慮면 必有近憂니라

[배경 설명]

사람이 멀리까지 바라보고 깊이 생각하지 않으면 반드시 가까운 데서 근심이 생긴다는 교훈이다. 遠(원)은 멀다, 慮(려)는 생각하다, 近(근)은 가깝다, 憂(우)는 근심을 뜻한다.

사람이 먼 훗날을 생각하지 않고 행동한다면 반드시 가까운 데서 근심할 일이 생긴다. 사람이 쉽게 생각하고 행동하면 곧 후회할 일이 생긴다. 현재 편안하고 위난이 아니라고 안일하게 생각하고 만족하고 있으면 생각하지 않았던 데에서 우환이 생기기 때문이다.

遠(원)은 앞으로 올 먼 장래로 생각이 천리 밖까지 미치는 것이나 近(근)은 가까운 미래로 현재 앉아 있는 현실이다. 遠(원)은 장기적, 보편적 가치를 추구하는 것이나 近(근)은 단기적, 구체적 가치를 추구하는 것이다.

려(慮)는 근심을 예방하거나 제거하려고 자신이 원하여 능동적으로 행하는 예측하고 준비하는 것이나 우(憂)는 사람들이 바라는 바가 아닌데 생기는 재난이다. 멀리 생각하는 것은 장기적 목표를 추구하는 것이나 가까이 생각하는 것은 단기적 목표를 추구하는 것이다. 단기적 목표는 장기적 목표 안에서 계획하고 추구해야 결함이 적게 발생하는 것이다. 따라서 사람이 깊은 사려 없이 미래를 생각하지 않고 현재 눈 앞의 이익만을 생각한다면 화가 생길 것이다.

[단문 설명]

▶ **人無遠慮** 인무원려 사람이 멀리 생각하지 않으면. 遠: 멀다. 慮: 생각하다.

▶ **必有近憂** 필유근우 반드시 가까운 데서 근심이 있는 것이다. 近: 가깝다. 憂: 근심.

 12. 색을 좋아하듯이 덕을 좋아하는 자를 나는 아직 보지 못하였다.

[해석 본문]

공자께서 말씀하셨다. "끝났구나! 색을 좋아하듯이 덕을 좋아하는 자를 나는 아직 보지 못하였다."

자 왈　 이 의 호　　오 미 견 호 덕　　여 호 색 자 야
子曰 已矣乎래 **吾未見好德**을 **如好色者也**하니라

[배경 설명]

사람들이 색만 좋아하고 덕을 좋아하지 않는 것을 탄식한 것이다. 已(이)는 끝나다, 未(미)는 아직 ~하지 못하다, 如(여)는 하듯이, 好色(호색)은 색을 좋아하다를 뜻한다.

已矣乎(이의호)란 절망하여 탄식하는 소리이다. 끝내 덕을 좋아하는 사람을 보지 못하는 것을 탄식하신 것이다. 색을 좋아하듯이 학문과 자기수양에 힘쓰는 사람이 없다고 한탄한 것이다. 따라서 덕을 쌓는 군자라면 마땅히 색을 멀리해야 한다는 교훈이다.

[단문 설명]

▶ 已矣乎! 이의호! 끝났구나! 已: 끝나다. 矣: 서술종결사. 乎: 감탄종결사.
▶ 吾未見 오미견 나는 아직 보지 못하였다. 未: 아직 ~하지 못하다.
▶ 好德 如好色者也 호덕 여호색자야 색을 좋아하듯이 덕을 좋아하는 자를. 如: ~와 같다, ~하듯이.

 13. 장문중은 아마 벼슬자리를 훔친 사람이구나!

[해석 본문]

공자께서 말씀하셨다. "장문중은 아마 벼슬자리를 훔친 사람이구나! 유하혜가 현명한 것을 알고서도 그와 함께 (조정에) 출사하지 아니하였구나!"

자왈 장문중 기절위자여 지유하혜지현 이불여립야
子曰 臧文仲은 其竊位者與여! 知柳下惠之賢 而不與立也로다!

[배경 설명]

장문중(臧文仲)이 유하혜(柳下惠)를 천거하지 않은 것을 비판하였다. 其(기)는 아마, 竊(절)은 훔치다, 位(위)는 벼슬자리, 지위, 與(여)는 함께, 立(립)은 출사하다를 뜻한다.

장문중(臧文仲)은 노나라 대부로 성은 장손(臧孫), 이름은 진(辰), 자는 중(仲), 시호는 문(文)이다. 그는 지혜롭다는 평판이 있었으나 제후가 하는 채(蔡: 큰 거북)를 지녔고, 사당의 기둥머리에 산 모양을 조각하고 동자 기둥에 마름 문양을 넣었다. 유하혜(柳下惠)는 노나라 때의 현자(賢者)로 성은 전(展), 이름은 획(獲), 자는 금(禽)이고, 일찍이 대부를 지냈으나 뒤에 은거하여 일민(逸民)이 되었다. 그는 매우 현명하고 덕망이 있는 인물이었다.

여립(與立)은 함께 조정에 출사하는 것, 절위(竊位)란 자격이 없으면서 벼슬자리에 머물러 있는 것을 뜻한다. 공자는 장문중을 귀신에게 현혹되어 예를 망각한 사람이라고 비판하였다.

193

또한 장문중이 유하혜의 현명함을 알고서도 조정에 천거하지 않았는데, 벼슬을 도둑질한 것이라고 비판하였다. 군자에게는 가장 중요한 일 중의 하나가 초야에 묻혀 있는 현명한 인재를 발굴하여 천거하는 것이다. 공자는 그가 벼슬자리에 있어서는 안 될 위인이었다고 평가하였다. 따라서 공자는 유하혜를 천거하지 않은 장문중을 벼슬자리를 도둑질한 소인배로 혹평하였다.

[단문 설명]

▶ 其竊位者與! 기절위자여! 아마 벼슬자리를 훔친 사람이구나! 其: 아마, 추측 부사. 竊: 훔치다. 位: 벼슬자리, 지위. 與: 감탄종결사, 이구나!

▶ 知柳下惠之賢 지유하혜지현 유하혜가 현명한 것을 알고서도.

▶ 而不與立也! 이불여립야! 그와 함께 (조정에) 출사하지 아니하였구나! 與: 함께. 立: 서다, 출사하다. 與: 감탄종결사, 이구나!

14. 자기를 책망할 때는 엄하게 하고, 남을 책망할 때는 가볍게 한다.

[해석 본문]

공자께서 말씀하셨다. "스스로 자기를 (책망할 때는) 엄하게 하고, 남을 책망할 때는 가볍게 한다면 원망이 멀어질 것이다."

자 왈 궁 자 후 이 박 책 어 인   즉 원 원 의
子曰 躬自厚而薄責於人이면 則遠怨矣니라

[배경 설명]

자신과 타인을 책망하는 방법에 관한 교훈이다. 躬(궁)은 스스로, 厚(후)는 엄하다, 薄(박)은 가볍다, 責(책)은 책망하다, 遠(원)은 멀어지다, 怨(원)은 원망을 뜻한다.

자신과 타인을 책망하는 방법은 대비된다. 자기를 엄하게 책망하면 자신의 덕이 더 많이 쌓여져 과오가 적게 되고, 남을 덜 책망하면 남이 나를 따르기 쉬우니 원망을 듣지 않게 된다. 자기를 엄하게 책망하면 과오를 반복하지 않을 것이나 남을 가볍게 책망하면 원망을 받지 않을 것이다. 따라서 자기에게는 책망을 엄격하게 하고 남에게는 책망을 관대하게 해야 한다.

[단문 설명]

▶ 躬自厚 궁자후 스스로 자기를 (책망할 때는) 엄하게 하고. 躬: 스스로. 自: 자기, 목적어로 쓰일 경우 동사 앞에 놓인다. 厚: 厚責의 생략형, 중하다, 엄하다.

▶ 而薄責於人 이박책어인 남을 책망할 때는 가볍게 한다. 薄: 가볍다. 責: 책망하다. 於: 을, 에게.

▶ 則遠怨矣 즉원원의 원망이 멀어질 것이다. 則: 한다면. 遠: 멀어지다. 怨: 원망. 矣: 서술, 이다.

 15. 스스로 분발하여 애쓰지 않으면 가르쳐 줄 수 없다.

[해석 본문]

공자께서 말씀하셨다. "'(학문을 할 때) 이것을 어떻게 할까? 이것을 어떻게 할까?' 하고 (스스로) 질문하지 않는 사람이라면 나도 그 사람을 어떻게 할 수 없을 뿐이다"

자 왈 불 왈 여 지 하   여 지 하 자   오 말 여 지 하 야 이 의
子曰 不曰如之何 如之何者는 吾末如之何也已矣니라

[배경 설명]

방도를 찾기 위해 스스로 고민하고 숙고하는 태도가 없다면 그를 도울 수가 없다는 교훈이다. 如之何(여지하)는 '어떻게 할까?'인데, 의문을 갖고 깊이 생각하고 자세히 살펴서 연구한다는 말이다. 덕(德)을 어떻게 해야 수양할 수 있으며, 학문을 어떻게 해야 향상할 수 있을까 하고 문제를 제기하고, 해결할 방도를 찾기 위해 심사숙고하는 것이다. 일을 할 때 방도를 찾기 위해 깊게 생각하지 않는다면 공자도 어떻게 할 수가 없다는 것이다. 따라서 스스로 의문을 갖고 깊이 생각하여 방도를 찾으려고 애쓰지 않으면 가르쳐 줄 수 없다.

[단문 설명]

▶ 不曰 如之何 如之何者 불왈 여지하 여지하자 (학문을 할 때) 이것을 어떻게 할까? 어떻게 할까?' 하고 (스스로) 질문하지 않는 사람이라면. 不曰: 질문(말)하지 않다. 如之何: 이것을 어떻게 할까?

▶ 吾末 如之何也已矣 오말 여지하야이의 나도 그 사람을 어떻게 할 수 없을 뿐이다. 末: ~할 수가 없다. 之: 그 사람. 也已矣: 한정종결사.

16. 덕을 수양하는 사람은 말이 의에 미치고 잔재주를 부리지 않는다.

[해석 본문]

공자께서 말씀하셨다. "여러 사람이 하루 종일토록 (모여) 있으면서 (그들의) 말이 의로움에 미치지 않고 잔재주 부리는 것을 좋아한다면 (덕을 이루기) 어렵구나!"

자 왈 군 거 종 일　　언 불 급 의　　호 행 소 혜　　난 의 재
子曰 群居終日이면 言不及義오 好行小慧이면 難矣哉라!

[배경 설명]

덕을 수양하고 학문을 이루는 사람들은 말이 의에 미치고 잔재주를 즐거워하지 않는다는 교훈이다. 群(군)은 여러 사람, 居(거)는 있다, 小慧(소혜)는 잔재주를 뜻한다.

말이 의리에 미치지 않으면 자기 멋대로 비뚤어져 사악하고 무절제한 마음이 자란다. 작고 하찮은 잔재주 부리기를 좋아하면 위험을 무릅쓰면서 요행을 바라는 버릇에 익숙해져, 결국 덕을 이루기 어렵게 된다. 따라서 배우는 사람들이 많이 모여 하루 종일 말재주로 즐기면 덕을 수양하고 학문을 성취하는 것은 어렵다.

[단문 설명]

▷ 群居終日 군거종일 여러 사람이 하루 종일토록 (모여) 있으면서. 群: 여러 사람. 居: 있다.

▷ 言不及義 언불급의 (그들의) 말이 의로움에 미치지 않고. 言: 말. 不及: 미치지 않다.

▷ 好行小慧 호행소혜 잔재주 부리는 것을 좋아한다면. 行: 하다. 小慧: 잔재주, 작은 지혜.

▷ 難矣哉! 난의재! (덕을 이루기) 어렵구나! 矣: 서술종결사, ~이다. 哉: 감탄종결사, 하구나!

 17. 군자는 의로써 행실의 근본을 삼는다.

[해석 본문]

공자께서 말씀하셨다. "군자는 의를 (행실의) 근본으로 삼고, 예로써 의를 행하고, 겸손으로

써 의를 말하고, 믿음으로써 의를 이루니, (참으로) 군자답도다!"

> ^{자왈 군자 의이위질 예이행지 손이출지 신이성지 군자재}
> 子曰 君子 義以爲質이오 禮以行之하며 孫以出之 信以成之하니 君子哉라!

[배경 설명]

　군자의 도는 의(義)를 행동의 근본으로 삼고, 예, 겸손과 믿음을 지키는 것이라는 교훈이다. 爲(위)는 삼다, 質(질)은 근본, 孫(손)은 겸손을 뜻한다.

　爲質(위질)은 근본으로 삼다를 말한다. 주자는 마음을 규제하여 일을 마땅함에 부합시키는 것이 義라고 했다. 의는 행동을 규제하는 본질이나, 예는 신분의 높음과 낮음을 구별하고 사회에 질서를 주며, 말은 겸손해야 하고, 행동은 성실해야 믿음이 생기는 것이 바로 군자의 도이다. 따라서 의를 행실의 근본으로 삼고 행할 때는 예로써, 말할 때는 공손하게, 그리고 말을 믿음으로 지키는 것이 바로 군자다운 것이다.

[단문 설명]

▷ 義以爲質 의이위질　의를 (행실의) 근본으로 삼고. 義以: 以義. 質: 근본. 爲: 삼다.
▷ 禮以行之 예이행지　예로써 의를 행하고. 禮以: 以禮. 之: 義.
▷ 孫以出之 손이출지　겸손으로써 의를 말하고. 孫以: 以孫. 之: 義. 出: 말하다.
▷ 信以成之 신이성지　믿음으로써 의를 이루니. 信以: 以信. 之: 義.
▷ 君子哉! 군자재!　(참으로) 군자답도다! 哉: 감탄종결사.

 18. 자기의 무능을 걱정할 것이지, 남이 자기를 알아주지 않음을 걱정하지 않는다.

[해석 본문]

　공자께서 말씀하셨다. "군자는 (자기의) 무능을 걱정할 것이지 남이 자기를 알아주지 않음을 걱정하지 않는다."

자 왈 군 자　　병 무 능 언　　　불 병 인 지 불 기 지 야
子曰 君子는 病無能焉이오 不病人之不己知也니라

[배경 설명]

자기의 무능에 대한 반성은 발전의 기회가 된다는 교훈이다. 病(병)은 걱정하다, 無能(무능)은 재주와 능력이 없는 것을 뜻한다.

人之不己知(인지불기기지)는 남이 나를 알아주지 않는 것이니, 재주와 능력이 있으면 사람들이 반드시 알아준다. 학이편에 "남이 나를 알아주지 못하는 것을 근심하지 말고, 내가 남을 알지 못하는 것을 근심하라(不患人之不己知 患不知人也)."와 같은 맥락이다. 따라서 군자는 자신의 무능을 걱정할 뿐이지 남이 자기를 알아주지 않는 것을 걱정하지 않는다.

[단문 설명]

▷ 病無能焉 병무능언 (자기의) 무능을 걱정할 것이지. 病: 걱정하다.

▷ 不病 불병 걱정하지 않는다.

▷ 人之不己知也 인지불기지야 남이 자기를 알아주지 않음을. 之: 주격후치사.

19. 군자는 죽어서 사람들이 그의 이름을 칭송하지 않음을 걱정한다.

[해석 본문]

공자께서 말씀하셨다. "군자는 죽은 뒤에 (사람들이) 그의 이름을 칭송하지 않음을 걱정한다."

자 왈 군 자　　질 몰 세 이 명 불 칭 언
子曰 君子는 疾沒世而名不稱焉이니라

[배경 설명]

군자는 명성을 얻기 위해서가 아니라 열심히 공부하여 선을 행한 사실이 있어야 한다는 교훈이다. 疾(질)은 걱정하다, 沒(몰)은 마치다, 世(세)는 일생, 稱(칭)은 칭송하다를 뜻한다.

군자는 남이 알아주기를 원하지 않지만 죽어서 그의 이름을 사람들이 칭찬하지 않는다면 실제로 선을 행한 것이 없는 것이다. 선과 덕은 남이 인정해 주느냐에 따라 확실하게 나타난다.

군자는 자신을 위하여 공부하는 것이지만, 남이 자기를 알아주는 것을 기대하여 공부하지는 않는다. 또 자신이 무능한 것을 걱정할 것이지만, 남이 자신을 알아주지 않는 것을 걱정하지 않는다. 그러나 생애를 마칠 때까지 그 이름이 일컬어지지 않는다면, 그것은 그 배운 바가 보잘것없기 때문이다. 학문이 몸 안에 가득 차면 자연히 밖으로 나타나기 마련이다. 따라서 학덕을 연마하는 것을 게을리 하여서는 안 된다.

[단문 설명]

▸ 疾沒世而 질몰세이 죽은 뒤에 걱정하다. 疾: 걱정하다. 沒: 마치다. 世: 일생. 而: ~해서.
▸ 名不稱焉 명불칭언 (사람들이) 그의 이름을 칭송하지 않음을. 稱: 칭송하다.

 20. 군자는 자신에게 잘못을 찾고, 소인은 남에게 잘못을 찾는다.

[해석 본문]

공자께서 말씀하셨다. "군자는 자신에게 (잘못을) 찾고, 소인은 남에게 (잘못을) 찾는다."

자 왈 군 자 구 저 기 소 인 구 저 인
子曰 君子는 求諸己요 小人은 求諸人이니라

[배경 설명]

잘못의 원인을 찾는 대상이 군자와 소인은 서로 다르다는 교훈이다. 즉, 군자는 잘못의 원인을 자신에게 찾으나 소인은 잘못의 원인을 남에게 찾는다. 求(구)는 찾다, 諸(저)는 之於를 뜻한다. 求諸己(구저기)는 잘못의 원인을 자신에게 찾는 것이나 求諸人(구저인)은 잘못의 원인을 남에게 찾는 것으로 내 탓이거나 네 탓 하는 것이다.

군자는 내 탓이나 소인은 네 탓이다. 군자는 자신의 뜻이 확고하여 행동하므로 행동에 대한 책임을 내 탓으로 돌리나 소인은 책임을 네 탓으로 돌린다. 군자는 잘못의 원인을 자기에게 찾아 반성하나 소인은 이와 반대이다. 따라서 군자는 자기 자신에게 잘못의 원인을 찾으나 소인은 남에게 잘못의 원인을 찾는다

[단문 설명]

▷ **君子求諸己** 군자구저기 군자는 자신에게 (잘못을) 찾고. 諸: 之於. 之: 잘못.
▷ **小人求諸人** 소인구저기 소인은 남에게 (잘못을) 찾는다.

 21. 군자는 긍지를 갖되 다투지 아니하며, 무리를 짓되 당파를 만들지 아니한다.

[해석 본문]

공자께서 말씀하셨다. "군자는 긍지를 갖되 다투지 않고, 무리를 짓되 당파를 만들지 않는다."

자 왈 군 자 긍 이 부 쟁 군 이 부 당
子曰 君子는 **矜而不爭**하며 **群而不黨**이니라

[배경 설명]

군자는 긍지가 있고 공정하여 다투지 아니하고 치우치지 아니한다는 교훈이다. 矜(긍)은 긍지를 갖다, 爭(쟁)은 다투다, 群(군)은 무리를 짓다, 黨(당)은 당파를 만들다를 뜻한다.

긍(矜)은 긍지를 갖고 몸가짐을 장엄하게 하는 것이다. 矜持(긍지)는 자신의 능력을 자랑스럽게 여기는 마음으로 정중한 몸가짐은 자신에 대해 긍지가 있는 사람만이 가질 수 있다. 긍지를 가질 때는 공손하므로 남과 더불어 다툴 일이 없다. 群(군)은 조화롭게 무리와 어울리니 한쪽으로 치우치지 않아 다투지 않는다. 黨(당)은 한쪽으로 치우쳐 불공정하고, 부정적인 집단행동을 하거나 권력자와 가까이 지내기 위해 무리를 짓는다는 뜻이다.

군자는 남과 조화롭게 잘 어울리면서도 의(義)에 따라 살아가므로 편파적으로 한쪽으로 치우치지 않고 공정하다. 군자는 공정하니 자기 행동에 대하여 긍지를 가지며, 뜻을 같이 하는 사람들과 어울리기 좋아하지만, 결코 명예나 권력을 탐하여 다투지 않는다. 따라서 군자는 긍지를 가지되 다투지 아니하고, 어울리되 편당(偏黨: 한 당파에 치우침)하지 않는다.

[단문 설명]

▷ **矜而不爭** 긍이부쟁 긍지를 갖되 다투지 아니하며. 矜: 긍지를 갖다. 而: ~하나. 爭: 다투다.
▷ **群而不黨** 군이부당 무리를 짓되 당파를 만들지 아니한다. 群: 무리를 짓다. 黨: 당파를 만들다.

22. 사람됨이 나쁘다 하여 그 사람의 좋은 말을 버리지 않는다.

[해석 본문]

공자께서 말씀하셨다. "군자는 말을 (잘한다고 해서) 그 사람을 천거하지 않으며, 사람됨이 (나쁘다 하여) (그의 좋은) 말을 버리지 않는다."

<ruby>子<rt>자</rt></ruby><ruby>曰<rt>왈</rt></ruby> <ruby>君<rt>군</rt></ruby><ruby>子<rt>자</rt></ruby>는 <ruby>不<rt>불</rt></ruby><ruby>以<rt>이</rt></ruby><ruby>言<rt>언</rt></ruby><ruby>舉<rt>거</rt></ruby><ruby>人<rt>인</rt></ruby>하며 <ruby>不<rt>불</rt></ruby><ruby>以<rt>이</rt></ruby><ruby>人<rt>인</rt></ruby><ruby>廢<rt>폐</rt></ruby><ruby>言<rt>언</rt></ruby>이니라

[배경 설명]

겉으로 드러난 것으로 사람을 판단하지 말라는 교훈이다. 舉(거)는 천거하다, 廢(폐)는 버리다를 뜻한다. 말로 사람을 판단하지 않지만 사람이 좋지 않다고 해서 그 사람의 훌륭한 말을 소홀히 하지 않는다. 필부에게도 때로는 훌륭한 말이 있을 수 있다.

舉人(거인)은 사람을 천거하는 것이요, 廢言(폐언)은 말을 받아들이지 않으니 사람됨이 나쁘다고 해서 그의 말이 모두 쓸데없는 것이 아니다. 덕이 없는 사람이라 해도 그의 말이 유익하면 버리지 않는다. 덕이 있는 자는 반드시 말에 덕이 스며 있지만, 그 사람이 하는 말이 모두 덕이 있는 것은 아니다. 따라서 군자는 말만 듣고 그 사람을 천거하지 않고, 또 사람됨이 나쁘다고 해서 그의 말을 경시하지 않는다.

[단문 설명]

▷ 不以言舉人 불이언거인 말을 (잘한다고 해서) 그 사람을 천거하지 않으며. 舉: 천거하다.
▷ 不以人廢言 불이인폐언 사람됨이 (나쁘다 하여) 그의 좋은 말을 버리지 않는다. 廢: 버리다.

 23. 자기가 원하지 않는 것을 남에게 시키지 말아라.

[해석 본문]

자공이 물었다. "한 마디로 말을 하면 종신토록 행할만 한 것이 있습니까?" 공자께서 말씀하셨다. "아마 서(恕)일 것이다! 자기가 원하지 않는 것을 남에게 시키지 말아라."

子貢이 問曰 有一言而 可以終身行之者乎리오? 子曰 其恕乎니라! 己所不欲을
勿施於人이니라

[배경 설명]

인(仁)을 구하는 방법에 관한 교훈이다. 有 ~者乎(유 ~자호)는 ~하는 것이 있습니까? 恕(서)는 남을 자신처럼 사랑하는 어진 마음, 不欲(불욕)은 원하지 않다, 施(시)는 시키다를 뜻한다.

한마디 말(一言)은 공자의 가르침을 한마디로 집약한 것이다. 공자의 가르침을 한 마디로 하면 恕(서)이다. 恕(서)는 남을 자신처럼 사랑하는 어진 마음으로 추기급물(推己及物)이다. 즉, 자기 마음을 미루어 남에게 미치는 것이니, 남의 처지를 이해하는 배려이다. 따라서 군자는 자기만을 고집하지 않고 자기를 미루어 남을 헤아릴 줄 아는 사람이다.

자공이 종신토록 해야 하는 것을 묻자, 공자께서는 하나를 든다면 恕라고 말씀하셨다. 공자께서는 恕에 대해 자기가 원하지 않는 것을 남에게 시키지 않는 것이라고 하셨다. 즉, 恕는 남의 입장에서 이해하고 배려하는 마음으로 이러한 마음을 실천에 옮기는 것이다. 따라서 내가 하기 싫은 일은 남도 싫어할 것이므로 이를 남에게 시키지 말아야 하는 것이다.

[단문 설명]

▷ 有一言 而可以終身行之者乎 유일언 이가이종신행지자 한 마디로 말을 하면 종신토록 행할 만한 것이 있습니까? 一: 한 마디. 而: ~하면. 可以: 할만 하다. 之: 恕. 者: 것. 乎: 의문종결사.

▷ 其恕乎! 기서호! 아마 서일 것이다! 其: 아마. 恕: 남의 처지를 잘 헤아려 주다. 乎: 감탄종결사.

▷ 己所不欲 기소불욕 자기가 원하지 않는 것을. 不欲: 원하지 않다.

▷ 勿施於人 물시어인 남에게 시키지 말아라. 施: 시키다, 베풀다, 강요하다.

 24. 비방하거나 칭찬할 때는 반드시 근거에 따라야 한다.

[해석 본문]

공자께서 말씀하셨다. "내가 다른 사람에 대해서 누구를 비방하고 누구를 칭찬하겠는가? 만

일 칭찬한 사람이 있었다면 그것은 살펴본 사람이기 때문이리라! 이 백성들은 삼대(하·은·주) 때의 정직한 도를 행한 사람들이기 때문이다."

子曰 吾之於人也에 誰毀誰譽리오? 如有所譽者면 其有所試矣니라! 斯民也는
三代之所以直道而行也니라

[배경 설명]

사람들을 비방하거나 칭찬할 때는 반드시 근거에 따라야 한다는 교훈이다. 誰(수)는 누구, 毀(훼)는 비방하다, 譽(예)는 칭찬하다, 如(여)는 만일, 試(시)는 살펴보다를 뜻한다.

毀(훼)는 남의 단점을 거론하며 남을 헐뜯어 말하는 것이나 譽(예)는 남의 장점을 더 많이 칭찬하는 것이다. 斯民(사민)은 지금의 삼대 백성들이고, 三代(삼대)는 성스러운 군주가 다스렸던 이상적인 시대인 夏·殷·周(하·은·주)이다. 直道(직도)는 정직한 도이다.

試(시)는 직접 겪어보고 판단했다는 뜻이니, 공자께서 직접 겪어 보시고 그 장점을 아셨기 때문에 칭찬하셨고, 비록 악행을 알았더라도 헐뜯지 않으셨다. 삼대의 정직한 도를 행한 사람인지에 근거하여 사람을 비방하거나 칭찬해야 한다. 공자가 어떤 사람을 칭찬하자 남들이 그 사람에게 아첨한 것이 아닌가 의심하므로 이를 반박한 것이다.

공자는 백성들의 심성이 본래 올바르다고 믿었다. 공자는 백성들이 夏·殷·周(하·은·주)의 삼대 때 올바른 도를 실행하여 형성된 심성을 그대로 갖추고 있으므로 개인의 호오(好惡)에 따라 그들을 비방하거나 과찬해서는 안 된다고 했다. 따라서 삼대에 직도(直道)를 실행하였기에 지금 백성들이 순박(純朴)하다는 공자의 평이다.

[단문 설명]

▷ 吾之於人也 오지어인야 내가 다른 사람에 대해서. 之: 주격후치사. 於: ~에 대하여.

▷ 誰毀誰譽? 수훼수예? 누구를 비방하고 누구를 칭찬하겠는가? 誰: 누구. 毀: 비방하다. 譽: 칭찬하다. 誰毀誰譽: 毀誰譽誰의 도치.

▷ 如有所譽者 여유소예자 만일 칭찬한 사람이 있었다면. 如: 만일.

▷ 其有所試矣! 기유소시의! 그것은 살펴본 사람이기 때문이리라! 직접 겪어보고 판단했기 때문에 칭찬한 것이다. 試: 살펴보다. 矣: 감탄종결사.

▶ 斯民也 사민야 이 백성들은. 斯: 이.

▶ 三代之所以直道而行也 삼대지소이직도이행야 삼대(夏·殷·周) 때의 곧은 도를 행한 사람들이기 때문이다. 所以: 때문.

 25. 사관은 의심스러운 것을 쓰지 않고 비워 두었다.

[해석 본문]

공자께서 말씀하셨다. "나는 오히려 사관이 (의심스러운 것을 쓰지 않고) 글을 비워두고, 말을 가진 자가 남에게 말을 빌려주어 타게 하는 것을 보았는데, 지금은 (그런 풍속이) 없어졌구나!"

자왈 오유급사지궐문야 유마자차인승지 금무의부
子曰 吾猶及史之闕文也하며 **有馬者借人乘之**한데 **今亡矣夫**로다!

[배경 설명]

역사를 엄격하게 기록하려는 신중하고 정직한 태도와 남에게 말을 빌려주는 따뜻한 풍속이 지금은 없어졌다는 한탄이다. 猶(유)는 오히려, 及(급)은 이르다, 보다, 史(사)는 사관(史官), 闕(궐)은 비워두다, 借(차)는 빌리다, 乘(승)은 타다, 亡(무)는 없다를 뜻한다.

사관(史官)은 뜻이 의심이 나면 자의적으로 해석하지 않아야 한다. 궐문(闕文)은 의심이 나는 것을 쓰지 않고 비워두는 것이다. 금무(今亡)는 예전엔 있었는데 지금은 없다는 뜻이다. 군자는 자기가 알지 못하는 것에 대해서는 아마도 말하지 않고 가만히 있는 법이다.

권력의 위협에도 사실만을 기록하고, 의심스런 것을 비워두는 것은 사관의 곧은 자세이다. 말을 빌려주는 것은 자신이 말을 조련할 수 없기 때문에 훌륭한 조련사에게 빌려주어 길들이게 하기 위한 것이다. 사관이 잘 모르는 것을 비워두는 것이 후에 잘 아는 자가 나타나기를 기다리는 것이며, 말을 잘 조련할 수 없으면 훌륭한 조련사에게 길들이도록 해야 한다. 따라서 옛 사람들은 솔직하고 순박하여 잘 모르는 것은 기록하지 않았고 말을 남에게 빌려주기도 했는데, 지금은 사람들도 각박해져 그런 풍속이 없어진 것을 탄식한 것이다.

[단문 설명]

▶ 吾猶及 오유급 나는 오히려 보았는데. 猶: 오히려. 及: 이르다, 보다.

▶ 史之闕文 사지궐문 사관이 (의심스러운 것을 쓰지 않고) 글을 비워두고. 史: 사관. 闕: 비워두다.

▶ 有馬者 借人乘之 유마자 차인승지 말을 가진 자가 남에게 말을 빌려주어 타게 하는 것을.

▶ 今亡矣夫 금무의부 지금은 (그런 풍속이) 없어졌구나! 今: 지금. 亡: 없다. 夫: 감탄종결사.

 26. 교묘한 말은 덕을 어지럽히고, 작은 일을 참지 못하면 큰 일을 어지럽힌다.

[해석 본문]

공자께서 말씀하셨다. "교묘한 말은 덕을 어지럽히고, 작은 일을 참지 못하면 큰 일을 어지럽힌다."

자 왈 교 언　　난 덕　　소 불 인 즉 난 대 모
子曰 巧言은 亂德이오 小不忍則亂大謀니라

[배경 설명]

교묘한 말과 작은 분노는 남을 속이고 관계를 악화하니 덕을 어지럽히고 큰 일을 이루는 장애라는 교훈이다. 巧言(교언)은 교묘한 말, 亂(난)은 어지럽히다, 小(소)는 작은 일, 不忍(불인)은 참지 못하다, 大謀(대모)는 큰 일을 뜻한다.

巧言(교언)은 그럴듯하게 말을 꾸미는 일로 시비(是非)를 바꾸고 사실을 어지럽혀 판단을 잃게 한다. 교언은 남을 실제보다 더 칭찬하기도 하고, 말씨와 낯빛을 화려하게 하여 남의 이목을 즐겁게 하려는 것이다. 말 잘하고 표정을 꾸미는 사람치고 인한 자가 드물다. 말재주가 좋은 사람은 거짓말을 하는데 통제하지 못하고, 사람들이 덕을 행하는 것을 방해한다. 따라서 작은 분노나 고통을 참지 못하면 큰 일이 닥쳤을 때 정신을 집중시키지 못하여 일을 망치게 된다.

[단문 설명]

▶ 巧言亂德 교언난덕 교묘한 말은 덕을 어지럽히고. 巧言: 교묘한 말. 亂: 어지럽히다.

▶ 小不忍則 소불인즉 작은 일을 참지 못하면. 小: 작은 일. 不忍: 참지 못하다. 則: ~하면.

▶ 亂大謀 난대모 큰 일을 어지럽힌다. 大謀: 큰 일, 큰 계획.

27. 대중들이 싫어하더라도 살펴보고, 대중들이 좋아하더라도 살펴보아야 한다.

[해석 본문]

공자께서 말씀하셨다. "대중들이 어떤 사람을 싫어하더라도 반드시 (장점이 있는지를) 살펴 보고, 대중들이 어떤 사람을 좋아하더라도 반드시 (단점이 없는지를) 살펴보아야 한다."

자 왈 중 오 지 　　　필 찰 언 　　　중 호 지 　　　필 찰 언
子曰 衆惡之라도 必察焉하며 衆好之라도 必察焉이니라

[배경 설명]

군자는 대중들의 의견에 부화뇌동(附和雷同)하지 않는 대신 반드시 스스로 장점이나 단점을 살펴 판단한다. 衆(중)은 대중, 惡(오)는 싫어하다, 察(찰)은 살펴보다를 뜻한다.

군자는 대중들이 싫어한다고 하여 따라서 싫어하지 않으며, 좋아한다고 하여 따라서 좋아하 지도 않는다. 대중들이 모두 싫어한다면 그 사람됨이 너무 탁월해서 질투를 받을 수도 있고, 모 두 좋아하는 것은 아첨을 잘하여 그럴 수도 있기 때문이다.

찰(察)은 사람의 장단점을 상세하게 살피는 일이다. 스스로 살펴 싫어할 만하면 싫어하고, 좋 아할 만하면 좋아해야 하는 것이니, 오직 어진 자만이 사람을 사랑할 수 있고, 사람을 미워할 수 있다. 따라서 군자는 대중에 부화뇌동하지 말고 현명하게 판단해야 하는 것이다.

[단문 설명]

▶ **衆惡之 중오지** 대중들이 어떤 사람을 싫어하더라도. 衆: 대중. 惡: 싫어하다, 미워하다.
▶ **必察焉 필찰언** 반드시 (장점이 있는지를) 살펴보며. 察: 살펴보다. 焉: 於之. 之: 장점.
▶ **衆好之 중호지** 대중들이 어떤 사람을 좋아하더라도.
▶ **必察焉 필찰언** 반드시 (단점이 없는지를) 살펴보아야 한다. 焉: 於之. 之: 단점.

28. 사람이 도를 넓힐 수 있는 것이지 도가 사람을 넓히는 것은 아니다.

[해석 본문]

공자께서 말씀하셨다. "사람이 도를 넓힐 수 있는 것이지 도가 사람을 넓히는 것은 아니다."

자 왈 인 능 홍 도 　 비 도 홍 인
子曰 人能弘道오 非道弘人이니라

[배경 설명]

도를 넓히려면 사람들이 스스로 노력하여야 한다는 교훈이다. 弘(홍)은 넓혀서 크게 하는 것이다. 道(도)는 인간이 마땅히 지켜야 할 도리로써 인간을 인간답게 만드는 도리이니, 도를 천하에 널리 펼치는 것은 사람이 하는 일이다.

사람에게만 도가 있고 사람이 도를 확대하거나 축소할 수 있다. 도는 오직 인간을 통해서만 행하여 질 수 있으니, 인간의 실천에 따라서 도는 넓어질 수도 좁아질 수도 있다. 인간이 도를 넓히는 것이나 도가 사람을 넓혀주는 것이 아니다. 따라서 성인이 출현하면 도가 널리 퍼지고, 세상이 어지러우면 도가 위축된다.

[단문 설명]

▷ 人能弘道 인능홍도 사람이 도를 넓힐 수 있는 것이지. 能弘: 넓힐 수 있다.
▷ 非道弘人 비도홍인 도가 사람을 넓히는 것은 아니다.

 29. 잘못을 저지르고도 고치지 않는다면 이것도 잘못이다.

[해석 본문]

공자께서 말씀하셨다. "잘못을 저지르고도 고치지 않는다면 이것이 잘못이다."

자 왈　과 이 불 개　　시 위 과 의
子曰 過而不改 是謂過矣니라

[배경 설명]

잘못을 저지르는 것도 인간이요 잘못을 고치는 것도 인간이다. 그러나 잘못을 고치지 않는다면 또 다시 잘못을 저지르는 것이라는 교훈이다. 過(과)는 잘못, 而(이)는 ~하고, 改(개)는 고치다, 謂(위)는 이다를 뜻한다.

잘못은 지나치거나 모자라는 것으로 중(中)이 아닌 것이다. 잘못을 바로잡아 중으로 돌아가게 하여야 한다. 그런데 과부족을 모르거나 알고도 이를 고치지 않는다면 그 자체가 잘못이다.

잘못을 저지르면 과실이나 알고도 고치지 않으면 죄악이다. 과실은 자기도 모르게 잘못을 저지르는 것이나 죄악은 고의로 이치나 윤리에 어긋나는 행동이다. 공자는 잘못이 있을 수 있으나 잘못을 저질렀다면 고치기를 꺼리지 말라는 충고이다. 따라서 잘못을 고친다면 잘못이 없는 데로 돌아갈 수 있으나 반성이 부족하면 잘못을 고치기 어렵다.

[단문 설명]

▶ **過而不改** 과이불개 잘못을 저지르고도 고치지 않는다면. 過: 잘못. 而: ~하고. 改: 고치다.
▶ **是謂過矣** 시위과의 이것이 잘못이다. 謂: 이다(爲).

30. **먼저 배우고 생각이 뒤따라야 한다.**

[해석 본문]

공자께서 말씀하셨다. "내가 일찍이 종일토록 먹지 않고 밤새도록 자지 않고서 사색하였으나 유익하지 않았다. (결국) 배우는 것만 못하였다."

자 왈　오 상 종 일 불 식　　종 야 불 침　　이 사　　무 익　　불 여 학 야
子曰 吾嘗終日不食하며 終夜不寢하야 以思해도 無益이라 不如學也로다

[배경 설명]

생각하는 것만을 좋아하면서 공부를 게을리하는 사람들에 대한 교훈이다. 嘗(상)은 일찍이,

食(식)은 먹다, 終夜(종야)는 밤새도록, 寢(침)은 잠자다, 以(이)는 ~하여, 思(사)는 사색하다, 不如(불여)는 못하다를 뜻한다.

　사색(思索)을 많이 했더라도 지식이 없다면 사색에 대한 해답을 찾을 수 없다. 배우기만 하고 스스로 사색하지 않는 학습태도는 바람직하지 않지만, 사색만 하고 배우지 않는 학습도 바람직하지 않으므로 먼저 배운 후에 생각이 뒤따라야 한다. 배우기만 하고 생각하지 않으면 어둡고(學而不思則罔), 생각만 하고 배우지 않으면 위태롭다(思而不學則殆).

　배움은 먼저 배운 사람들의 학문을 공부하는 것이요, 그런 후 사색을 통해서 학문의 질과 폭을 확장하는 것이다. 공자는 배우고 사색하는 학이사(學而思)를 권고한다. 스스로 학문을 생각한다는 것은 자기 마음에서 탐구해 나가는 것이요, 배운다는 것은 일을 익히는 것이라고 주자가 풀이한다. 사색만 하고 배우지 않는 것이나 배우기만 하고 생각하지 않는 것도 올바른 학습이 아니다. 따라서 배우는 자들에게는 배우고 생각하는 학이사(學而思) 방법을 제시한다.

[단문 설명]

▸ 吾嘗終日不食 오상종일불식　내가 일찍이 종일토록 먹지 않고. 嘗: 일찍이.
▸ 終夜不寢以思 無益 종야불침이사 무익　밤새도록 자지 않고서 사색하였으나 유익하지 않았다.
　終夜: 밤새도록. 不寢: 잠자지 않다. 以: ~하여(而). 思: 사색하다.
▸ 不如學也 불여학야　(결국) 배우는 것만 못하였다. 不如: 못하다, ~같지 않다.

 31. 군자는 도를 걱정하지 가난을 걱정하지 않는다.

[해석 본문]

　공자께서 말씀하셨다. "군자는 도를 도모하지 먹을 것을 도모하지 않는다. 농사를 지으면 굶주림이 그 안에 있을 수 있고, 학문을 하면 녹이 그 안에 있을 수 있다. 군자는 도를 걱정하지 가난을 걱정하지 않는다."

　자 왈 군 자　　모 도　　불 모 식　　　　경 야　　뇌 재 기 중 의　　학 야　　녹 재 기 중 의
子曰 君子는 謀道오 不謀食하니라 耕也에 餒在其中矣오 學也에 祿在其中矣이오

君子는 憂道오 不憂貧이니라
<small>군자 우도 불우빈</small>

[배경 설명]

녹봉을 목표로 학문을 해서는 옳지 않으며 스스로를 완성하기 위해 덕행을 우선 수양하라는 권고이다. 謀(모)는 도모하다, 추구하다, 食(식)은 먹을 것, 耕(경)은 농사짓다, 餒(뇌)는 굶주리다, 祿(녹)은 관리가 받는 봉록, 憂(우)는 걱정하다를 뜻한다.

농사처럼 짧은 시간 내에 수확을 거둘 수 있는 일을 선호하는 풍조가 안타까워 원대한 안목으로 학문에 정진할 것을 권고한 것이다. 녹재기중(祿在其中)은 녹이 저절로 그 속에서 있는 것이다. 학(學)은 도를 추구하는 일이며, 도를 추구하는 것은 나아갈 길을 찾는 것이다.

경야뇌재기중(耕也餒在其中矣)은 농사를 짓는 중에 자연재해 때문에 굶주릴 수 있다는 뜻이니, 먹을 것을 도모해도 굶주릴 수 있다. 배움은 도를 도모하는 것이지 봉록을 받기 위한 것은 아니지만, 학문이 성숙되면 출사(出仕)함으로써 봉록을 받게 된다. 따라서 공자께서는 군자는 녹을 걱정할 것이 아니라 자신을 완성하고 덕을 펼치고 근본에 힘써야 한다고 가르친다.

[단문 설명]

▶ **謀道不謀食** 모도불모식 도를 도모하지 먹을 것을 도모하지 않는다. 謀: 도모하다. 食: 먹을 것.

▶ **耕也 餒在其中矣** 경야 뇌재기중의 농사를 지으면 굶주림이 그 안에 있을 수 있고. 耕: 농사짓다. 也: 가정접속사, ~하면. 餒: 굶주리다. 其: 耕.

▶ **學也 祿在其中矣** 학야 녹재기중의 학문을 하면 녹이 그 안에 있을 수 있다.

▶ **憂道不憂貧** 우도불우빈 도를 걱정하지 가난을 걱정하지 않는다.

---

 32. **지혜, 인, 정중과 예로 백성을 대하면 백성은 움직인다.**

[해석 본문]

공자께서 말씀하셨다. "지혜가 그 (지위에) 적절하더라도 인으로서 지위를 지키지 못하면, 비록 얻더라도 반드시 지위를 잃게 된다. 지혜가 지위에 적절하며 인이 지위를 지키더라도 정중하게 (백성을) 대하지 않으면 백성들은 공경하지 않는다. 지혜가 지위에 적절하며 인이 지위를 지키고 정중하게 백성을 대하더라도 백성을 예로써 동원하지 않으면 아직 잘된 것은 아니다."

<ruby>子曰<rt>자왈</rt></ruby> <ruby>知及之<rt>지급지</rt></ruby>라도 <ruby>仁不能守之<rt>인불능수지</rt></ruby>면 <ruby>雖得之<rt>수득지</rt></ruby>나 <ruby>必失之<rt>필실지</rt></ruby>니라 <ruby>知及之<rt>지급지</rt></ruby>하며 <ruby>仁能守之<rt>인능수지</rt></ruby>라도
<ruby>不莊以涖之<rt>부장이리지</rt></ruby> <ruby>則民不敬<rt>즉민불경</rt></ruby>이니라 <ruby>知及之<rt>지급지</rt></ruby>하며 <ruby>仁能守之<rt>인능수지</rt></ruby> <ruby>莊以涖之<rt>장이리지</rt></ruby>라도 <ruby>動之不以禮<rt>동지불이례</rt></ruby>면
<ruby>未善也<rt>미선야</rt></ruby>니라

[배경 설명]

지인장례(知仁莊禮)로써 백성을 다스려야 백성들이 움직이고 나라를 공경한다는 교훈이다. 知(지)는 지혜, 及(급)은 적절하다, 守(수)는 지키다, 莊(장)은 정중하다, 涖(리)는 대하다, 動(동)은 동원하다, 善(선)은 잘되다를 뜻한다.

지혜는 지위를 얻고, 인은 지위를 지키고, 정중은 백성을 대하고, 예는 백성을 움직이는 것이다. 인은 백성을 사랑하는 마음이고 예는 문물제도이다. 동지(動之)는 백성을 동원하는 것이다. 백성을 다스리되 위엄이 없고, 독려하되 예로써 동원하지 않으면 이는 선한 도는 아니다. 위정자는 명철한 지혜, 백성을 사랑하는 마음과 위엄으로써 예를 엄격히 해야 한다.

지(知)는 사태의 본질과 변화를 통달하는 슬기, 인(仁)은 어질어서 남에게 은혜를 주는 덕, 장(莊)은 권력을 지닌 자로서의 위엄, 예(禮)는 질서와 조리이다. 따라서 공자께서는 정치 지도자의 기본 요소로 지인장례(知仁莊禮)이고, 이중에서 예가 가장 중요하다고 가르치셨다.

[단문 설명]

▶ 知及之 仁不能守之 지급지 인불능수지 지혜가 그 (지위에) 적절하더라도 인으로써 지위를 지키지 못하면. 知: 지혜, 지능. 及: 적절하다. 之: 지위, 자리, 관직.

▶ 雖得之 必失之 수득지 필실지 비록 지위를 얻더라도 반드시 지위를 잃게 된다.

▶ 知及之 仁能守之 지급지 인능수지 지혜가 지위에 적절하며 인이 지위를 지키더라도

▶ 不莊以涖之 부장이리지 정중하게 (백성을) 대하지 않으면. 莊: 정중하다. 之: 백성. 涖: 임하다.

▶ 則民不敬 즉민불경 백성들은 공경하지 않는다. 敬: 공경하다.

▶ 莊以涖之 장이리지 정중하게 백성을 대하면.

▶ 動之不以禮 동지불이례 백성을 예로써 동원하지 않으면. 動: 동원하다. 之: 백성.

▶ 未善也 미선야 아직 잘된 것은 아니다. 善: 잘되다.

33. 군자는 큰 일을, 소인은 작은 일을 맡을 수 있다.

[해석 본문]

공자께서 말씀하셨다. "군자는 작은 일은 맡을 수 없어도 큰 일을 맡을 수 있으나 소인은 큰
일을 맡을 수 없어도 작은 일은 맡을 수는 있다."

자왈 군자 불가소지 이가대수야 소인 불가대수 이가소지야
子曰 君子는 不可小知 而可大受也오 小人은 不可大受 而可小知也니라

[배경 설명]

군자와 소인의 역할이 다를 수 있다는 교훈이다. 不可(불가)는 할 수 없다, 小(소)는 작은 일,
知(지)는 맡다, 大(대)는 큰 일, 受(수)는 맡다를 뜻한다.

정약용은 지(知)와 수(受)를 모두 맡다로 해석하니, 소지(小知)는 작은 임무를 맡는 것, 대수
(大受)는 큰 임무를 맡아 행하는 것이다. 소(小)는 작은 지식으로 해낼 수 있는 자질구레한 일이
나 대(大)는 큰 재능과 덕으로 행할 수 있는 큰 일이다.

위정편에서 군자불기(君子不器)라 하는데, 군자는 그릇처럼 국한되지 않으므로 한 가지 기
술이나 재주(技藝)에 능한 것이 아니다. 군자는 화살을 만드는 일에서는 재능을 발휘하지 못할
수 있으나 군주를 보호하고, 국정을 운영하고, 백성들에게 큰 은택을 끼칠 수 있다. 군자는 시야
가 넓고 덕이 있어 화합하고 이끌어가는 큰 일을 잘할 수 있으나 소인은 시야가 좁고 덕이 없어
작은 일을 잘 할 수 있다. 따라서 군자는 사소한 일보다는 덕과 인으로 큰 일을 맡을 수 있으나
소인은 기량이 얕고 좁아 작은 일을 맡을 수 있다.

[단문 설명]

▷ 不可小知 불가소지 작은 일은 맡을 수 없어도. 小: 작은 일, 작은 임무. 知: 맡다.

▷ 而可大受也 이가대수야 큰 일을 맡을 수 있으나. 大: 큰 일, 큰 임무. 受: 맡다.

▷ 不可大受 불가대수 큰 일을 맡을 수 없어도.

▷ 而可小知也 이가소지야 작은 일은 맡을 수는 있다.

34. 인을 행하다가 죽은 사람을 아직 보지 못했다.

[해석 본문]

공자께서 말씀하셨다. "사람들이 인에 의지하는 것은 물과 불에 의지하는 것보다도 더 중요하니, 나는 물과 불을 밟다가 죽은 사람은 보았으나 인을 실천하다가 죽은 사람은 아직 보지 못했다."

자왈 민지어인야 심어수화 수화 오견도 이사자의 미견도인
子曰 民之於仁也에 甚於水火하니 水火는 吾見蹈 而死者矣이나 未見蹈仁

이사자야
而死者也니라

[배경 설명]

사람들은 인에 의지하여 사는 것이니, 위정자는 늘 인을 가까이해야 한다는 교훈이다. 民(민)은 사람들, 於(어)는 의지하다, 甚(심)은 더 중요하다, 蹈(도)는 밟다를 뜻한다.

공자는 仁을 물과 불에 비유했다. 물과 불은 소인들이 바라는 재물과 이익이다. 사람들이 물과 불에 의지하여 사는 것이니, 물과 불은 하루라도 없어서는 안 된다. 사람들이 인에 의지하는 것은 물과 불보다 더 중요한데, 물과 불은 외물이고 인은 자기에게 있기 때문이다.

물과 불이 없으면 사람의 신체를 해치지만, 불인(不仁)하면 마음을 해치게 된다. 이것이 인이 물과 불보다 더 중요한 까닭이며, 인은 단 하루라도 없어서는 안 되는 것이다. 물과 불은 밟아서 죽는 사람이 있지만, 인을 실천하는 사람을 죽이는 일은 없다. 따라서 사람들이 인(仁)을 실천하도록 권면하신 말씀이다.

[단문 설명]

▶ **民之於仁也** 민지어인야 사람들이 인에 의지하는 것은. 民: 사람들. 於: 의지하다.

▶ **甚於水火** 심어수화 물과 불에 의지하는 것보다도 더 중요하니. 甚: 더 중요하다,

▶ **水火吾見蹈 而死者矣** 수화오견도 이사자의 나는 물과 불을 밟다가 죽은 사람은 보았으나. 蹈: 밟다.

▶ **未見蹈仁 而死者也** 미견도인 이사자야 아직 인을 실천하다가 죽은 사람은 보지 못했다. 未: 아직 ~하지 못하다. 蹈: 밟다, 실천하다.

35. 인을 실천하는 데는 스승이라도 양보하지 않는다.

[해석 본문]

공자께서 말씀하셨다. "인을 실천하는 데는 스승이라도 양보하지 않는다."

자 왈　당 인　　　불 양 어 사
子曰 當仁한데 不讓於師니라

[배경 설명]

자신을 수양하고 덕을 쌓는 일은 경쟁하는 것이 아니니 누구보다도 더 먼저 실천하라는 교훈이다. 當(당)은 실천하다, 讓(양)은 양보하다, 師(사)는 스승을 뜻한다.

인(仁)이란 사람이 원래부터 가지고 있는 인간의 선한 본질이고, 스스로 선을 행하는 것은 칭찬받을 일이다. 공자는 항상 윗사람에게는 공손하고 양보하는 것이 예의이지만, 스승에게도 양보하지 말라고 한 것은 인을 먼저 실천함으로써 스승을 기쁘게 해줄 수 있기 때문이다. 따라서 인은 경쟁하는 것이 아니라 스스로 실천하는 덕인 것이다.

[단문 설명]

▶ **當仁** 당인 인을 실천하는 데에는. 當: 대하여, 실천하다.
▶ **不讓於師** 불양어사 스승이라도 양보하지 않는다. 讓: 양보하다. 師: 스승.

 36. 군자는 뜻이 곧고 바르지만 하찮은 신의를 고집하지 않는다.

[해석 본문]

공자께서 말씀하셨다. "군자는 (뜻이) 곧고 바르지만 (하찮은 신의를) 고집하지 않는다."

자 왈　군 자　　정 이 불 량
子曰 君子는 貞而不諒이니라

[배경 설명]

군자는 굳고 바르지만 하찮은 신의나 소신을 맹목적으로 고집하지 않는다는 교훈이다. 貞 (정)은 곧고 바르다, 諒(량)은 고집스럽다를 뜻한다.

貞(정)은 굳고 바르다는 뜻으로 절조(節操: 절개와 지조)가 굳음을 뜻하나 諒(량)은 하찮은 신의나 소신을 맹목적으로 지키는 것을 말한다. 諒(량)은 아량이 좁고 대중의 분위기에 쉽게 휩쓸리고 서투르게 판단하여 일시적인 정의, 분노나 격렬한 감정 때문에 작은 의리를 지키는 것이다. 따라서 군자는 뜻이 곧고 바르지만 하찮은 신의를 분별없이 행동하지 않는다.

[단문 설명]

▶ 貞而不諒 정이불량 (뜻이) 곧고 바르지만 (하찮은 신의를) 고집하지 않는다. 貞: 곧다, 곧고 바르다. 諒: 고집스럽다.

 37. 먼저 직무를 정중하게 수행하고 녹은 그 뒤로 할 것이다.

[해석 본문]

공자께서 말씀하셨다. "군주를 섬길 때에는 (먼저) 직무를 정중하게 수행하고 녹은 그 뒤로 할 것이다."

　　자　왈　　사 군　　　경 기 사 이 후 기 식
　　子曰　事君에　敬其事而後其食이니라

[배경 설명]

군주를 섬기는 것은 나라와 백성에 대한 충성이므로 자신의 직무를 정중하게 먼저 수행한 후에 녹을 받아야 한다는 교훈이다. 事(사)는 섬기다, 직무, 관직, 君(군)은 군주, 敬(경)은 정중하다, 後(후)는 뒤로 하다, 食(식)은 녹(祿)을 뜻한다.

사군(事君)은 임금을 섬기다, 즉 벼슬을 한다는 것이요, 녹(祿)은 벼슬아치에게 주던 급료이다. 경기사(敬其事)는 직무를 정중하게 수행하는 것이다. 따라서 직무를 맡은 자는 먼저 그 직무를 정중하게 수행하고, 그 충심을 다한 후에 직무에 대한 대가를 받는 것이다.

215

[단문 설명]

▶ **事君** 사군 군주를 섬길 때에는. 事: 섬기다. 君: 군주, 임금.

▶ **敬其事 而後其食** 경기사 이후기식 (먼저) 직무를 정중하게 수행하고 녹은 그 뒤로 할 것이다.
敬: 정중하다. 事: 직무, 관직. 後: 뒤로 하다. 食: 녹(祿).

 38. 교육에는 차별이 없다.

[해석 본문]

공자께서 말씀하셨다. "가르침에는 차별이 없다."

자 왈　유 교　　무 류
子曰 有教면 **無類**니라

[배경 설명]

교육의 차별이 없다는 공자의 교육관이다. 類(류)는 치우치다, 차별하다를 뜻한다. 교육의 평등은 기회의 평등과 결과의 평등이다. 첫째, 교육의 기회가 차별이 없다는 것은 신분과 지위 고하를 막론하고 누구에게나 교육을 받을 기회가 평등하다는 것이다. 둘째, 결과의 차별이 없다는 것은 가르치면 선인과 악인의 구별이 없어지므로 인간 본성의 차별이 없다는 것이다.

無類(무류)는 선인이나 악인, 부유한 자나 가난한 자, 지위가 높은 자나 낮은 자, 대인이나 소인을 구별하지 않고 차별하지 않는다는 의미이다. 선한 자와 악한 자가 있는 것은 기질과 환경의 영향을 받기 때문이다. 군자의 가르침이 있으면 사람은 누구나 훌륭하게 되어 선으로 돌아갈 수 있으니, 교육의 결과로 인해 인간의 본성이 평등해진다는 의미이다. 따라서 교육을 받을 기회와 교육을 받은 결과에 차별이 없다는 것이 공자의 교육관이다.

[단문 설명]

▶ **有教** 유교 가르침에는. 有: 단음절 명사 앞에 붙어서 어조를 고르는 접두사.

▶ **無類** 무류 차별이 없다. 類: 치우치다, 차별(別). 無類: 차별이 없다.

39. 도가 같지 않으면 서로 일을 도모하지 말아야 한다.

[해석 본문]

공자께서 말씀하셨다. "도가 같지 않으면 서로 일을 도모하지 말아야 한다."

자 왈　도 부 동　　　불 상 위 모
子曰　道不同이면　不相爲謀니라

[배경 설명]

군자와 소인은 도가 다르기 때문에 함께 인생을 살아갈 수는 없다는 교훈이다. 同(동)은 같다, 相(상)은 서로, 爲(위)는 함께, 謀(모)는 도모하다를 뜻한다.

도란 삶의 목표요 사람들이 추구하는 이치이나 서로 나아가고자 하는 길이 같아야 서로 함께 일을 도모할 수 있다. 부동(不同)은 선악(善惡), 사정(邪正), 정치적 이념, 노사, 빈부, 직업, 신분, 성별, 취미, 교육 수준 등이 같지 않으니 추구하는 길도 같지 않다는 말이다. 따라서 길이 같지 않으면 서로 협의하여 일을 이루려 해도 이룰 수 없다는 교훈이다.

[단문 설명]

▷ 道不同 도부동 도가 같지 않으면. 同: 같다.
▷ 不相爲謀 불상위모 서로 일을 도모하지 말아야 한다. 相: 서로. 爲: 함께(與). 謀: 도모하다.

40. 말이란 뜻을 전달할 뿐이다.

[해석 본문]

공자께서 말씀하셨다. "말이란 (뜻을) 전달할 뿐이다."

자 왈　사　　달 이 이 의
子曰　辭는　達而已矣니라

[배경 설명]

　말이란 표현하고자 하는 내용을 전달하면 된다는 교훈이다. 辭(사)는 말, 達(달)은 전달하다, 而已矣(이이의)는 ~일 뿐이다를 뜻한다. 달(達)은 뜻이 분명히 전달되는 것, 이이의(而已矣)는 가식이 필요 없다는 뜻이다. 사(辭)란 자기의 의사를 남에게 전달하는 것이 목적이므로 정확하게 적절한 언어로 자신의 뜻이 전달될 수 있어야 한다.

　말에 꾸밈이 많으면 번잡해져 그 뜻이 왜곡될 수 있다. 말은 사상이나 감정을 전달하기 때문에 미사여구를 동원하여 불필요한 말을 많이 담는 것은 좋지 않다. 말이란 뜻을 전달하면 그만이지 풍부하고 화려하다고 해서 말이 훌륭한 것은 아니다. 그러나 말이 뜻만 통하면 된다고 하여 꾸밈이 모두 불필요한 것은 아니니 꾸밈이 없으면 투박하고, 꾸밈이 지나치면 화려하다. 따라서 꾸밈과 내용이 조화를 이루는 것이 훌륭한 글이다(質勝文則野 文勝質則史 文質彬彬然後 君子: 第六篇 雍也 16).

[단문 설명]

≫ **辭達而已矣** 사달이이의 말이란 (뜻을) 전달할 뿐이다. 辭: 말. 達: 전달하다. 而已矣: ~일 뿐이다.

 41. 이것이 바로 소경 · 악사를 대하는 도리이다.

[해석 본문]

　악사 면이 (공자를) 뵐 때 계단에 이르자 공자께서 "계단이오."라 말씀하셨고, 자리에 이르자 공자께서 "자리요."라고 말씀하셨고, 모두 다 앉자 공자께서 그에게 "아무개는 여기에 있고, 아무개는 여기에 있습니다."라고 말씀해주셨다. 사면이 물러가자, 자장이 "(이것이) 악사와 더불어 말씀하는 방법입니까?" 하고 여쭈었더니 공자께서 "그렇다. (이것이) 원래 악사를 돕는 방법이다."라고 말씀하셨다.

　　사　면　　현　　급　계　　자　왈　계　야　　　급　석　　자　왈　석　야　　개　좌
　師冕이 **見**할새 **及階**어늘 **子曰 階也**하시고 **及席**하자 **子曰 席也**하시고 **皆坐**하자
　자　고　지　왈　모　재　사　모　재　사　　　사　면　출　　자　장　문　왈　여　사　언　지　도　여
　子告之曰 某在斯某在斯하시다 **師冕**이 **出**하자 **子張**이 **問曰 與師言之道與**리요?
　자　왈　연　　　고　상　사　지　도　야
　子曰 然하다 **固相師之道也**니라

[배경 설명]

소경에게 자상하게 대하는 공자의 태도이다. 면(冕)은 사람 이름, 師(사)는 악사, 見(현)은 윗사람을 뵙다, 及(급)은 이르다, 階(계)는 계단, 席(석)은 자리, 皆(개)는 모두, 坐(좌)는 앉다, 某(모)는 아무개, 斯(사)는 여기, 固(고)는 원래, 相(상)은 돕다를 뜻한다.

사면(師冕)은 악사인 면(冕)을 말하는데, 면은 지위 높은 음악가이다. 사람의 이름을 말할 때 관직이나 직분을 먼저 말한 뒤 본 이름을 붙였다. 악사는 주로 장님을 썼다. 계(階)는 뜰에서 당(堂)으로 오르는 계단이고, 석(席)은 당(堂) 위에 마련된 자리이다. 누구는 어디에 앉아 있다고 말씀하신 것은 자리에 앉아 있는 사람들을 차례로 알려주신 것이다.

공자는 앞을 못 보는 소경을 위하여 세심하게 배려하였다. 또한 공자는 자장과의 문답에서도 면(冕)을 장님이라고 말하지 않고 사면(師冕)이라 일컬었다. 자장이 공자의 태도를 보고 소경과 대화를 나눌 때의 예의냐고 물으니, 공자는 그것은 단순한 예의가 아니라 앞 못 보는 소경을 도와주는 인간 본연의 자세라고 말한다. 따라서 자장이 악사에 대한 배려가 너무 지나친 것이 아닌가 하여 묻자, 공자는 이것이 바로 소경 악사를 대하는 도리라고 말씀하셨다.

[단문 설명]

▷ **師冕見** 사면현 악사(樂師) 면이 (공자를) 뵐 때. 師: 악사, 冕: 악사의 이름. 見(현): 뵙다.

▷ **及階 階也** 급계 계야 계단에 이르자 계단이오. 及: 이르다. 階: 계단.

▷ **及席 席也** 급석 석야 자리에 이르자 자리요. 席: 자리.

▷ **皆坐** 개좌 모두 다 앉자. 皆: 모두. 坐: 앉다.

▷ **某在斯** 모재사 아무개는 여기에 있고. 某: 아무개. 在: 있다. 斯: 여기.

▷ **師冕出** 사면출 사면(師冕)이 물러가자. 出: 물러가다.

▷ **與師言之道與?** 여사언지도여? (이것이) 악사와 더불어 말씀하는 방법입니까?

▷ **固相師之道也** 고상사지도야 (이것이) 원래 악사를 돕는 방법이다. 固: 원래, 본디. 相: 돕다.

☞ **與의 다양한 용법**

• 접속사: ~와, ~과

• 전치사: ~더불어, ~와 함께

• 동사: 참여하다, 주다

219

- 의문, 반어, 감탄종결사: ~인가? ~하는가?
- 비교: ~하기 보다
- 대상: ~에게, ~에

第十六篇

季氏(계씨)

안색을 살피고 말하면 진실에 가까워질 수 있다.

季氏篇(계씨편)은 계씨와 군자에 관한 내용으로 정치, 수양과 처신을 다루고 있다. 주요내용으로는 정치, 외교, 평등사회, 평등교육, 교육투자, 준법정신, 국가기강, 교우관계, 지도자의 자세, 인간행동, 심리, 실천의지에 관한 공자의 철학과 사상을 기록했다. 정직한 사람, 성실한 사람, 견문이 넓은 사람을 벗하면 유익하다. 총명하게 듣고, 분명하게 보고, 온화하게 표정을 짓고, 공손하게 대하고, 성실하게 말하고, 신중하게 일을 처리하고, 의심나면 질문하고, 이득을 얻으면 의를 생각하고, 색, 싸움과 탐욕을 경계해야 한다.

1.1. 사직의 신하였던 사람이 어찌 정벌할 수 있겠는가?
1.2. 위태한데도 도와주지 않고 넘어지는데도 부축하지 않는다면, 그런 신하를 무엇하리오?
1.3. 백성이 평등하지 못한 것을 걱정하며, 불안을 걱정한다.
1.4. 학문과 덕을 닦아 백성들을 오게 만들어야 한다.
2. 천하에 도가 있으면 서민들이 비난하지 않는다.
3. 아랫사람들을 명령할 수가 없어 머지않아 정권을 잃을 것이다.
4. 정직하고, 성실하고, 박학다식한 사람을 벗하면 유익하다.
5. 유익한 즐거움이 셋이고, 해로운 즐거움이 셋이다.
6. 안색을 살피지 않고 말하는 것은 눈치 없는 것이다.
7. 군자는 때에 따라 색, 싸움과 탐욕을 경계해야 한다.
8. 군자는 천명, 대인과 성인의 말씀을 두려워해야 한다.
9. 군자는 오직 배움을 중시해야 한다.
10. 덕을 갖춘 군자는 행동할 때 지켜야 할 아홉 가지가 있다.
11. 자신의 뜻을 추구하고 의를 행하는 사람을 보지 못했다.
12. 사람을 판단하는 기준은 권력과 부가 아니라 인의와 지조이다.
13. 누구에게나 차별 없는 평등한 교육을 실시하였다.
14. 임금의 부인에 대한 호칭을 정리하였다.

1.1. 사직의 신하였던 사람이 어찌 정벌할 수 있겠는가?

[해석 본문]

　계씨가 장차 전유를 정벌하고자 하니, 염유와 계로가 공자를 찾아 뵙고 말하기를 "계씨가 장차 전유를 정벌하고자 합니다." 공자께서 말씀하시길 "구야! 바로 그것은 실로 (너의) 잘못이 아니냐? 저 전유는 옛날에 선왕께서 동몽산의 제주로 삼으셨고, 또한 나라의 영역 안에 있었으니 이는 사직의 신하이다. 어찌 정벌할 수 있겠는가?" 염유가 말하길 "(계씨가) 정벌하려는 것이지 저희 두 신하는 모두 (정벌)하려고 하지 않습니다."

계씨 장벌전유　염유계로 현어공자왈 계씨 장유사어전유　공자왈 구
季氏 將伐顓臾하니 **冉有季路 見於孔子曰 季氏 將有事於顓臾**이다 **孔子曰 求**아!
무 내 이 시 과 여　부전유　석자　선왕　이위동몽주　차재방역지중의
無乃爾是過與아? **夫顓臾**는 **昔者**에 **先王**이 **以爲東蒙主**하시고 **且在邦域之中矣**라
사 사직지신야　하 이 벌 위　염유왈 부자 욕지　오이신자　개불욕야
是社稷之臣也니라 **何以伐爲**리오? **冉有曰 夫子 欲之**이지 **吾二臣者**는 **皆不欲也**이다

[단문 설명]

▶ **季氏 將伐顓臾** 계씨 장벌전유　계씨가 장차 전유를 정벌하고자 하니. 季氏: 노나라 대부. 將: 장차. 伐: 정벌하다, 치다. 顓臾: 노나라의 속국.

▶ **冉有季路 見於孔子曰** 염유계로 현어공자왈　염유와 계로가 공자를 찾아 뵙고 말하기를. 冉有: 염구(冉求), 자는 자유(子有). 季路: 子路. 見: 찾아 뵙다. 於: 을, 를.

▶ **將有事於顓臾** 장유사어전유　장차 전유를 정벌하고자 합니다. 有事: 정벌하다. 於: 을, 를.

▶ **求! 無乃爾是過與?** 구! 무내이시과여?　구야! 바로 그것은 실로 (너의) 잘못이 아니냐? 求: 염유. 無乃: 바로 ~이 아닌가? 爾: 그것은. 是: 실로, 정말로. 過: 잘못. 與: 의문종결사.

▶ **夫顓臾** 부전유　저 전유는. 夫: 이, 그, 저.

▶ **昔者 先王** 석자 선왕　옛날에 선왕께서. 昔者: 옛날. 先王: 주나라의 천자.

▶ **以爲東蒙主** 이위동몽주　동몽산의 제주로 삼으셨고. 以爲: ~으로 삼다. 東蒙: 산 이름. 主: 祭主.

▶ **在邦域之中矣** 재방역지중의　나라의 영역 안에 있었으니. 邦域: 나라의 영역.

▶ **是社稷之臣也** 사사직지신야　이는 사직의 신하이다. 是: 이것. 社稷: 사직, 나라.

▶ **何以伐爲?** 하이벌위?　어찌 정벌할 수 있겠는가? 何: 어찌. 以: ~으로. 伐: 치다, 정발하다.

▶ 夫子欲之 부자욕지 (계씨가) 정벌하려는 것이지. 夫子: 계씨. 欲: 하고자 하다. 之: 정벌.

▶ 吾二臣者 皆不欲也 오이신자 개불욕야 저희 두 신하는 모두 (정벌)하려고 하지 않습니다. 吾二臣者: 저희 두 신하. 皆: 모두 欲: 하고자 하다.

 1.2. 위태한데도 도와주지 않고 넘어지는데도 부축하지 않는다면, 그런 신하를 무엇하리오?

[해석 본문]

공자께서 말씀하시길 "구야! 주임이 말하여 이르길, '힘을 다해 벼슬자리에 나아가되, 할 수 없으면 그만두라.'고 하였으니, 위태한데도 도와주지 않고, 넘어지는데도 부축하지 않는다면, 그런 신하를 어디에다 쓰겠는가? 또 네 말도 잘못되었다. 호랑이나 외뿔소가 우리에서 뛰쳐나오고, 거북 껍데기나 옥이 궤 속에서 깨진다면, 이것은 누구의 잘못이겠냐?"

공자왈 구 주임 유언왈 진력취렬 불능자지 위이부지
孔子曰 求애! 周任이 有言曰 陳力就列하야 不能者止하라 危而不持하며

전이불부 즉장언용피상의 차이언 과의 호시 출어합 귀옥
顚而不扶면 則將焉用彼相矣리오? 且爾言이 過矣로다 虎兕 出於柙하며 龜玉이

훼어독중 시수지과여
毁於櫝中이면 是誰之過與오?

[단문 설명]

▶ 周任 有言曰 주임 유언왈 주임이 말하여 이르길. 周任: 주나라 문왕의 사관(史官).

▶ 陳力就列 진력취렬 힘을 다해 벼슬자리에 나아가되. 陳: 베풀다. 就: 나아가다. 列: 자리.

▶ 不能者止 불능자지 할 수 없으면 그만두라. 者: ~하면, 조건접속사. 止: 그만두다.

▶ 危而不持 위이부지 위태한데도 도와주지 않고. 危: 위태하다. 而: 역접. 持: 돕다.

▶ 顚而不扶則 전이불부즉 넘어지는데도 부축하지 않는다면. 顚: 넘어지다. 扶: 부축하다.

▶ 將焉用彼相矣? 장언용피상의? 장차 그런 신하를 어디에다 쓰겠는가? 將: 장차. 焉: 어디. 用: 쓰다. 彼: 그런. 相: 신하, 가신. 矣: 의문종결사.

▶ 爾言過矣 이언과의 또 네 말도 잘못되었다. 爾: 너. 過: 잘못.

▶ 虎兕出於柙 호시출어합 호랑이나 외뿔소가 우리에서 뛰쳐나오고. 虎: 호랑이. 兕: 외뿔소. 出:

나오다. 於: ~에서. 柙: 우리

▶ **龜玉 毁於櫝中** 귀옥 훼어독중 거북 껍데기나 옥이 궤 속에서 깨진다면. 龜: 거북 껍데기. 玉: 옥. 毁: 훼손하다, 깨지다. 櫝: 궤, 함.

▶ **是誰之過與?** 시수지과여? 이것은 누구의 잘못이겠냐? 是: 이것. 誰: 누구. 過: 잘못.

 1.3. 백성이 평등하지 못한 것을 걱정하며, 불안을 걱정한다.

[해석 본문]

염유가 말하길 "지금 저 전유는 (성이) 견고하고 비읍과 가까워서 지금 멸망시키지 않는다면, 후세에 반드시 자손들의 근심거리가 될 것입니다." 공자께서 말씀하시길 "구야! 군자는 그 욕망을 말하지 않으면서 반드시 말을 위장하는 것을 미워한다. 구가 듣건대 '나라를 소유하고 가문을 갖고 있는 자는 (백성이) 적은 것을 걱정하지 않고, (백성이) 평등하지 않은 것을 걱정하며, (백성이) 가난한 것을 걱정하지 않고, (백성이) 편안하지 않은 것을 걱정한다.'고 하였다. 대개 (백성이) 평등하면 가난이 없고, (나라가) 평화로우면 (백성이) 적어지지 않으며, (백성이) 편안하면 (나라가) 전복되지 않는다."

冉有曰 今夫顓臾 固而近於費하니 今不取면 後世에 必爲子孫憂하리다 孔子曰 求야! 君子는 疾夫舍曰欲之오 而必爲之辭니라 丘也는 聞 有國有家者 不患寡而患不均하며 不患貧而患不安하니라 蓋均이면 無貧이오 和면 無寡오 安이면 無傾이니라

[단문 설명]

▶ **今夫顓臾** 금부전유 지금 저 전유는. 今: 지금. 夫: 저.

▶ **固而近於費** 고이근어비 (성이) 견고하고 비읍과 가까워서. 固: 견고하다. 近: 가깝다. 費: 비읍, 계씨의 읍.

▶ **今不取** 금불취 지금 멸망시키지 않는다면. 取: 멸망시키다.

225

▶ 必爲子孫憂 필위자손우 반드시 자손들의 근심거리가 될 것입니다. 爲: 되다. 憂: 근심.

▶ 疾夫舍曰欲之 질부사왈욕지 그 욕망을 말하지 않으면서 ~미워한다. 疾: 미워하다. 舍: 그만두다. 曰: 말하다.

▶ 而必爲之辭 이필위지사 반드시 말을 위장하는 것. 爲: 위장하다. 辭: 말.

▶ 求也聞 구야문 구가 듣건대. 也: 주격후치사.

▶ 有國有家者 유국유가자 나라를 소유하고 가문을 갖고 있는 자는.

▶ 不患寡 불환과 (백성이) 적은 것을 걱정하지 않고. 患: 걱정하다. 寡: 적다.

▶ 而患不均 이환불균 (백성이) (백성이) 평등하지 않은 것을 걱정하며. 不均: 불평등.

▶ 不患貧 불환빈 (백성이) 가난한 것을 걱정하지 않고. 貧: 가난.

▶ 而患不安 이환불안 (백성이) 편안하지 않은 것을 걱정한다. 不安: 편안하지 않은 것.

▶ 蓋均無貧 개균무빈 대개 (백성이) 평등하면 가난이 없고. 蓋: 대개.

▶ 和無寡 화무과 (나라가) 평화로우면 (백성이) 적어지지 않으며.

▶ 安無傾 안무경 (백성이) 편안하면 (나라가) 전복되지 않는다. 傾: 전복되다, 기울어지다.

1.4. 학문과 덕을 닦아 백성들을 오게 만들어야 한다.

[해석 본문]

"이와 같은 까닭에 먼 지방 사람들이 복종하지 않으면, 학문과 덕을 닦아 그들을 오게 만들고, 이미 왔으면 편안하게 하여야 한다. 지금 유와 구는 계씨를 돕고 있고, 먼 지방 사람이 복종하지 않는데도 (그들을) 오게 할 수 없으며, 나라가 갈라지고, 무너지고, 흩어지고, 쪼개져도 (나라를) 지킬 수 없으면서 나라 안에서 전쟁을 일으킬 것을 꾀하고 있으니, 나는 계손씨의 근심이 전유에게 있지 않고 그 병풍 안에 있을까 염려한다."

夫如是故로 遠人이 不服 則修文德以來之하고 旣來之則安之니라 今由與求也는
부여시고 원인 불복 즉수문덕이래지 기래지즉안지 금유여구야

相夫子하고 遠人이 不服 而不能來也하며 邦分崩離析 而不能守也하면서
상부자 원인 불복 이불능래야 방분붕리석 이불능수야

而謀動干戈於邦內하니 吾 恐季孫之憂 不在顓臾 而在蕭牆之內也하노라
이모동간과어방내 오 공계손지우 부재전유 이재소장지내야

[단문 설명]

▶ 夫如是故 부여시고 이와 같은 까닭에. 如是: 이와 같다. 故: 까닭.

▶ 遠人不服 원인불복 먼 지방 사람들이 복종하지 않으면.

▶ 則修文德以來之 즉수문덕이래지 학문과 덕을 닦아 그들을 오게 만들고. 之: 먼 지방 사람.

▶ 旣來之 則安之 기래지 즉안지 이미 왔으면 편안하게 하여야 한다.

▶ 今由與求也 금유여구야 지금 유와 구는. 也: 주격후치사.

▶ 相夫子 상부자 계씨를 돕고 있고. 相: 돕다. 夫子: 계씨.

▶ 不服而不能來也 불복이불능래야 복종하지 않는데도 (그들을) 오게 할 수 없으며.

▶ 邦分崩離析 방분붕리석 나라가 갈라지고, 무너지고, 흩어지고, 쪼개져도. 分: 갈라지다. 崩: 무너지다. 離: 흩어지다. 析: 쪼개지다.

▶ 不能守也 불능수야 (나라를) 지킬 수 없으면서.

▶ 謀動干戈 於邦內 모동간과 어방내 나라 안에서 전쟁을 일으킬 것을 꾀하고 있으니. 謀: 꾀하다. 動: 일어나다. 干戈: 창과 방패, 전쟁.

▶ 吾恐季孫之憂 오공계손지우 나는 계손씨의 근심이 ~ 염려한다. 恐: 염려하다.

▶ 不在顓臾 부재전유 전유에게 있지 않고.

▶ 在蕭牆之內也 재소장지내야 그 병풍 안에 있을까. 蕭牆: 병풍, 내부.

[배경 설명]

　전유(顓臾)는 노(魯)나라 내에 있는 작은 나라의 이름으로 영토가 작아 천자에게 직속하지 않고 제후에게 속했는데, 이런 나라는 부용국(附庸國)이다. 부용국(附庸國)은 큰 나라에 속하여 지배를 받는 작은 나라이다. 동몽(東蒙)은 산(山)의 이름이다. 전유는 동몽산의 제사를 받드는 곳으로 선왕으로부터 봉국(封國)이 되었다.

　염유(冉有)는 염구(冉求)이고, 계로(季路)는 자로(子路)이다. 이들은 모두 공자의 제자로 계씨(季氏)의 신하였다. 염유는 재예(才藝)가 뛰어났으나 성격이 나약하고 소극적이며 소심했는데, 계씨를 위하여 세금을 거두어 들이고 일을 주도하였으므로 공자께서 꾸짖으신 것이다. 자로는 성격이 거칠고 용맹스러운 일과 힘쓰는 일을 좋아하고 의지가 강하고 정직하였다.

　季氏(계씨)는 삼환 중 가장 세력이 강한 계손씨(季孫氏)로 노(魯)나라 소공(昭公) 때의 대부였다. 노나라를 4분(分)하여 계씨(季氏)가 그 중 둘을 차지하고, 맹손(孟孫)과 숙손(叔孫)이 각각 하나씩을 차지하였다. 전유는 부용국(附庸國)이고 노나라에 속해 있으므로 정벌의 대상이 아니라고 공자가 말한 것이다. 염유는 실제로 모의에 참여하였으나 공자께서 그 일을 나쁘다 하셨으므로 계씨(季氏)에게 잘못을 돌린 것이다.

주임(周任)은 옛날의 어진 사관(史官)이다. 노나라 대부 계씨가 전유를 정벌하려고 하자 계씨의 가신인 염유와 계로가 공자에게 알렸다. 공자는 계씨가 노나라의 부용국인 전유를 정벌해서는 안 된다고 하면서 그 일을 저지하지 못한 염유를 꾸짖었다. 염유는 자기의 뜻이 아니라고 변명했지만, 공자는 주임의 말을 인용하여 "힘을 다해 벼슬자리에 나아가되, 할 수 없으면 그만두라(陳力就列 不能者止)."고 했다. 우리에서 뛰쳐나오고 궤 속에서 훼손되었다면 지키는 자가 잘못을 피할 수 없음을 말씀한 것이니, 두 사람이 그 지위에 있고 떠나지 않았으면 계씨(季氏)의 악행에 대해 그 책임을 지지 않을 수 없음을 밝히신 것이다.

염유가 "전유는 성이 견고한 데다 비읍(費邑)과 가까워서 지금 멸망시키지 않는다면, 후세에 반드시 자손들의 근심거리가 될 것입니다."라고 말한 것은 꾸며서 한 말이니, 그가 실제로 계씨의 모의에 참여한 것을 알 수 있다.

과(寡)는 백성이 적음, 균(均)은 평등한 것을 말한다. 계씨가 전유를 정벌하려 한 것은 백성의 적음과 가난을 근심해서이다. 그러나 이때 계씨가 나라를 점거하고, 노나라 군주는 백성이 적어 공정하지 못한 것이며, 군주는 약하나 신하는 강하여 서로 틈이 생겼으니 편안하지 못한 것이다. 평등하면 가난을 근심하지 않아 화(和)하고, 화(和)하면 백성이 적음을 근심하지 않아 편안하며, 편안하면 서로 의심하거나 시기하지 않아 나라가 전복되는 일이 없게 된다.

나라 안의 백성들이 다스려져야 먼 지방 사람이 복종하는 것이다. 복종하지 않는 이가 있으면 덕을 닦아서 오게 하여야 할 것이지 먼 곳에 군사를 동원해서는 안 되는 것이다. 자로는 비록 모의에 참여하지 않았으나 본래 의(義)로써 보필하지 못하였으니, 또한 죄가 없다고 할 수 없다. 따라서 백성을 공평하고 안전하게 해주면 저절로 백성이 모여들게 되나 평등하지 못하고 화(和)하지 못하면 내부의 변란이 장차 일어날 것이라고 말씀한 것이다.

 2. **천하에 도가 있으면 서민들이 비난하지 않는다.**

[해석 본문]

공자께서 말씀하셨다. "천하에 도가 있으면 예악과 정벌(에 대한 명령이) 천자로부터 나오고,

천하에 도가 없으면 예악과 정벌(에 대한 명령이) 제후로부터 나온다. 제후로부터 나오면 십대에 (정권을) 잃지 않는 자가 드물고, 대부로부터 나오면 오대에 (정권을) 잃지 않는 자가 드물고, 가신이 나라의 명령을 잡으면 삼대에 (정권을) 잃지 않는 자가 드물다. 천하에 도가 있으면 정사가 대부에 있지 않고, 천하에 도가 있으면 서민들이 비난하지 않는다."

孔子曰 天下 有道則禮樂征伐이 自天子出하고 天下 無道則禮樂征伐이
自諸侯出하니라 自諸侯出이면 蓋十世에 希不失矣오 自大夫出이면 五世에
希不失矣오 陪臣이 執國命이면 三世에 希不失矣니라 天下 有道則政不在大夫하고
天下 有道則庶人이 不議하나라

[배경 설명]

천하에 도가 없으면 제후, 대부와 가신이 전횡하나 모두 권력을 오래 지속하지 못한다는 교훈이다. 自(자)는 ~로부터, 出(출)은 나오다, 十世(십세)는 십대, 希(희)는 드물다, 失(실)은 잃다, 五世(오세)는 오대, 陪臣(배신)은 가신, 執(집)은 잡다, 國命(국명)은 나라의 명령, 三世(삼세)는 삼대, 庶人(서인)은 서민, 議(의)는 비난하다를 뜻한다.

예악은 정책을 가리키는 문이나 정벌은 악한 자를 주살하고 책망하는 무인데, 문무(文武)를 행사하는 국가 권력이 제후, 대부, 가신 순으로 넘어갈수록 나라가 오래 가지 못한다.

예악을 제정하고 정벌을 명령하는 일은 천자의 권한이다. 제후(諸侯)는 주나라의 천자로부터 각 지역을 분봉을 받아 그 지역을 실질적으로 지배하던 사람이다. 대부(大夫)는 주나라 때에는 경(卿) 아래, 사(士) 위의 집정관(執政官)으로 상대부(上大夫), 중대부(中大夫)와 하대부(下大夫)가 있다. 배신(陪臣)은 가신(家臣)이다

서인(庶人)은 정사를 맡지 않는 일반 백성이요, 불의(不議)는 비난하지 않는다는 뜻이다. 제후는 예악을 변경하고 정벌을 마음대로 할 수 없다. 천하에 도가 있으면 예악을 정하고 정벌을 행할 수 있는 권한이 천자에게만 있다. 그러나 도가 없어지면 천자가 아니라 제후가 천자를 농단하고 권한을 행사한다. 그렇게 되면 망하지 않은 나라는 드물다. 대부나 가신이 권한을 행사하면 나라는 더욱 빨리 망하게 된다. 실정(失政)이 없으면 비난할 일도 없다. 따라서 천하에 도가 있다면 대부가 정치를 하는 법이 없고, 서민이 나라 일에 대해 비난하지 않는다.

[단문 설명]

▸ 有道 則禮樂征伐 유도 즉예악정벌 도가 있으면 예악과 정벌(에 대한 명령이). 征伐: 정벌.

▸ 自天子出 자천자출 천자로부터 나오고. 自: ~로부터. 出: 나오다.

▸ 無道 則禮樂征伐 무도 즉예악정벌 도가 없으면 예악과 정벌(에 대한 명령이).

▸ 自諸侯出 자제후출 제후로부터 나온다.

▸ 蓋十世 希不失矣 개십세 희불실의 십대에 (정권을) 잃지 않는 자가 드물고. 蓋: 대개. 十世: 십 대. 希: 드물다. 失: 잃다.

▸ 五世 希不失矣 오세 희불실의 오대에 (정권을) 잃지 않는 자가 드물고. 五世: 오대.

▸ 陪臣執國命 배신집국명 가신이 나라의 명령을 잡으면. 陪臣: 가신. 執: 잡다. 國命: 나라의 명령.

▸ 三世 希不失矣 삼세 희불실의 삼대에 (정권을) 잃지 않는 자가 드물다. 三世: 삼대. 希: 드물다.

▸ 有道 則政不在大夫 유도 즉정부재대부 도가 있으면, 정사(政事)가 대부에 있지 않고.

▸ 有道 則庶人不議 유도 즉서인불의 도가 있으면 서민들이 비난하지 않는다. 庶人: 서민. 議: 비 난하다.

 3. **아랫사람들을 명령할 수가 없어 머지않아 정권을 잃을 것이다.**

[해석 본문]

공자께서 말씀하셨다. "녹을 (주는 권한이) 공실에서 떠난 지 오대가 되었고, 정사가 대부에 게 들어간 지 사대가 되었다. 따라서 저 삼환의 자손은 쇠미해졌다."

공자왈 녹지거공실 오세의 정체어대부 사세의 고 부삼환지자손

孔子曰 祿之去公室이 五世矣오 政逮於大夫 四世矣니라 故로 夫三桓之子孫이

미 의

微矣니라

[배경 설명]

권력이 몰락하는 세대에 관한 평이다. 公室(공실)은 노나라 제후의 조정, 世(세)는 代, 逮(체) 는 이르다, 矣(의)는 되다, 微(미)는 쇠미해지다를 뜻한다.

노(魯)나라 문공(文公)이 죽은 후 공자수(孔子遂)가 자적(子赤))을 살해하고 선공(宣公)을 세우면서 군주가 정권을 잃게 되었는데, 이때부터 성공(成公)·양공(襄公)·소공(昭公)·정공(定公)을 거쳐 오세(五世)이다. 오세 동안 정치가 대부들에 의하여 농락되었다. 대부(大夫)는 삼환(三桓)이다. 삼환(三桓)은 노나라 환공(桓公)의 둘째, 셋째, 넷째 아들이 이룬 집안으로 맹손씨(孟孫氏)·숙손씨(叔孫氏)·계손씨(季孫氏)이고, 삼가라고도 불렀다. 사세(四世)는 계무자(季武子)·계도자(季悼子)·계평자(季平子)·계환자(季桓子)를 말한다.

정치의 모든 권한이 노나라 군주의 손을 떠난 것이 공실(公室)의 입장에서 오대(五代)이고, 그 권한을 쥔 대부인 계씨의 입장에서 사대(四代)이다. 오대가 되어 망하지 않은 경우가 드무니, 이미 사대가 되었다. 그리하여 한때 정권을 잡고 권력을 전횡했던 삼환이라도 어찌 미약하지 않겠느냐? 노나라 정공 5년에 계씨의 가신인 양호(陽虎)가 반란을 일으켜 계환자(季桓子)를 가두고 정권을 탈취한 것도 이런 배경이다.

노나라 문공 때부터 권력이 무너지기 시작하여 선공 때 완전히 정권을 잃었다. 작록(爵祿: 벼슬과 녹봉)을 내리는 권한이나 권력이 모두 아랫사람에게로 간 지 이미 오래되어 실권이 밑으로 내려갈수록 윗사람의 권력은 약해질 수밖에 없다. 이런 추세가 계속되면 삼환의 자손들도 그 세력이 점차 미약해질 수밖에 없었다. 따라서 제후와 대부가 윗사람을 능멸하였으니 아랫사람들을 명령할 수가 없어 머지않아 정권을 잃을 것이다.

[단문 설명]

▷ 祿之去公室 녹지거공실 녹(祿)을 (주는 권한이) 공실에서 떠난 지. 之: 주격후치사. 去: 떠나다. 公室: 노나라 제후의 조정.

▷ 五世矣 오세의 오대(五代)가 되었고. 世: 代. 矣: 되다.

▷ 政逮於大夫 정체어대부 정사가 대부에게 들어간 지. 逮: 이르다.

▷ 四世矣 사세의 사대가 되었다. 矣: 되다.

▷ 故夫三桓之子孫 고부삼환지자손 따라서 저 삼환의 자손은. 夫: 저. 지시대명사.

▷ 微矣 미의 쇠미해졌다. 微: 쇠미해지다.

4. 정직하고, 성실하고, 박학다식한 사람을 벗하면 유익하다.

[해석 본문]

공자께서 "유익한 벗이 셋이요 해로운 벗이 셋이다. 정직한 사람을 벗하고, 성실한 사람을 벗하고, 견문이 넓은 사람을 벗하면 유익하다. 편벽된 사람을 벗하고, 겉으로만 착하고 부드러운 듯한 사람을 벗하고, 말만 잘하는 사람을 벗하면 해롭다."고 말씀하셨다.

공자왈 익자 삼우 손자 삼우 우직 우량 우다문 익의
孔子曰 益者 三友오 損者 三友니 友直하며 友諒하며 友多聞이면 益矣오

우편벽 우선유 우편녕 손의
友便辟하며 友善柔하며 友便佞이면 損矣니라

[배경 설명]

가깝게 지내야 할 유익한 벗과 멀리해야 할 해로운 벗에 관한 특성이다. 益(익)은 이롭다, 損(손)은 해롭다, 直(직)은 정직하다, 諒(량)은 성실하다, 便辟(편벽)은 한쪽으로 치우치다, 善柔(선유)는 겉으로만 착하고 부드럽다, 便佞(편녕)은 말 잘하다를 뜻한다.

정직하고, 성실하고, 박학다식한 사람을 벗하면 유익하다. 정직한 자를 벗하면 허물을 들을 수 있고, 성실한 자를 벗하면 더욱 성실해지고, 견문이 많은 자를 벗하면 지혜가 넓어진다.

편벽(便辟)은 남의 비위를 잘 맞추어 아첨하는 것이다. 선유(善柔)는 성실한 마음이 없이 겉으로만 착하고 부드러운 듯한 것이다. 편녕(便佞)은 말로는 모든 일을 잘하고, 남에게 듣기 좋은 말만 잘하는 것이다. 따라서 유익한 벗은 정직, 성실, 다문(多聞)한 사람이며, 해로운 벗은 편벽, 착한 듯한 가장과 말재주만 있는 사람이다.

[단문 설명]

▷ 益者三友 익자삼우 유익한 벗이 셋이요. 益: 이롭다.
▷ 損者三友 손자삼우 해로운 벗이 셋이니. 損: 해롭다.
▷ 友直友諒 우직우량 정직한 사람을 벗하고, 성실한 사람을 벗하고. 直: 정직하다. 諒: 성실하다.
▷ 友多聞 益矣 우다문 익의 견문이 넓은 사람을 벗하면 유익하고.
▷ 友便辟 友善柔 우편벽 우선유 편벽된 사람을 벗하고 겉으로만 착하고 부드러운 듯한 사람을

벗하고. 便: 아첨하다. 辟: 한쪽으로 치우치다. 善柔: 겉으로만 착하고 부드럽다.

▷ 友便佞 損矣 우편녕 손의 말만 잘하는 사람을 벗하면 해롭다. 便: 말 잘하다. 佞: 말재주, 아첨.

 5. **유익한 즐거움이 셋이고, 해로운 즐거움이 셋이다.**

[해석 본문]

공자께서 말씀하셨다. "유익한 즐거움이 셋이고, 해로운 즐거움이 셋이다. 예악을 절제하기를 좋아하며, 남의 좋은 점을 말하기 좋아하며, 현명한 벗이 많음을 좋아하면 유익하고, 교만한 쾌락을 좋아하며, 편안히 마음대로 노는 것을 좋아하며, 연회를 좋아하면 해롭다."

공자왈　익자　삼요　　손자　삼요　　　요절예악　　　요도인지선　　　요다현우
孔子曰 益者 三樂오 損者 三樂이니 樂節禮樂하며 樂道人之善하며 樂多賢友면
익의　　요교락　　　요일유　　　요연락　　　손의
益矣오 樂驕樂하며 樂佚遊하며 樂宴樂이면 損矣이니라

[배경 설명]

유익한 즐거움과 해로운 즐거움에 관한 특성이다. 樂(요)는 좋아하다, 道(도)는 말하다, 驕(교)는 교만하다, 佚(일)은 편안하다, 樂(락)은 즐겁다, 遊(유)는 놀다를 뜻한다.

유익한 즐거움은 유익하나 즐거운 것이요, 해로운 즐거움은 해로우나 즐거운 것이다. 절(節)은 예(禮)의 제도, 악(樂)은 음률, 교락(驕樂)은 제멋대로 방자하게 노는 것, 일유(佚遊)는 마음대로 편안히 노는 것, 연락(宴樂)은 잔치를 벌이고 즐기는 것이다.

교만하면 잘난 체하고 방자해서 절도를 알지 못하고, 편안히 마음대로 놀면 절제하지 못하고 선을 듣기를 싫어하며, 향락에 빠지면 음탕을 가까이 하는 것은 해로운 즐거움이니, 유익한 즐거움과 해로운 즐거움은 서로 대립된다. 따라서 군자는 예악을 절제하고, 마음을 바르게 하여 즐거움에 신중하여야 한다.

[단문 설명]

▷ **益者三樂** 익자삼요 유익한 즐거움이 셋이고. 樂(요): 좋아하다.

▸ 損者三樂 손자삼요 해로운 즐거움이 셋이다.

▸ 樂節禮樂 요절예악 예악을 절제하기를 좋아하며.

▸ 樂道人之善 요도인지선 남의 좋은 점을 말하기 좋아하며. 善: 좋은 점, 장점.

▸ 樂多賢友 益矣 요다현우 익의 현명한 벗이 많음을 좋아하면 유익하고

▸ 樂驕樂 요교락 교만한 쾌락을 좋아하며. 驕: 교만, 오만.

▸ 樂佚遊 요일유 편안히 마음대로 노는 것을 좋아하며. 佚: 편안. 遊: 놀다.

▸ 樂宴樂 損矣 요연락 손의 연회를 좋아하면 해롭다. 宴樂: 연회를 베풀고 즐김.

 6. 안색을 살피지 않고 말하는 것은 눈치 없는 것이다.

[해석 본문]

공자께서 말씀하셨다. "군자를 모시는 데 세 가지 잘못이 있다. 말할 차례가 아닌데도 말하는 것은 조급하다고 하고, 말할 차례인 데도 말하지 않는 것은 (속을) 숨긴다고 하고, 안색을 살피지 않고 말하는 것은 눈치 없다고 한다."

공자왈 시어군자 유삼건 언미급지이언 위지조 언급지이불언
孔子曰 侍於君子에 有三愆하니 言未及之而言을 謂之躁오 言及之而不言을
위지은 미견안색이언 위지고
謂之隱이오 未見顔色而言을 謂之瞽이니라

[배경 설명]

대화 중에 저지르기 쉬운 잘못에 관한 교훈이다. 즉, 대화 중 끼어들기, 반응이 없는 침묵과 안색을 살피지 않고 말하는 것은 대화 실수이다. 侍(시)는 모시다, 愆(건)은 잘못, 躁(조)는 조급하다, 隱(은)은 숨기다, 瞽(고)는 눈치 없다를 뜻한다.

군자는 연령, 덕과 지위가 높은 사람이다. 자신이 말할 차례가 아닌데 자신이 먼저 말을 한다면 조급하거나 오만한 것이다. 상대방이 말을 꺼냈거늘 자신이 말하지 않는다면 마음을 숨기는 것이 된다. 또 상대방의 안색을 살피지 않고 함부로 말하는 것은 눈치가 없는 것이다. 따라서 때에 맞게 말을 하면 세 가지의 잘못이 없을 것이다.

[단문 설명]

▶ **侍於君子** 시어군자 군자를 모시는 데. 侍: 모시다.

▶ **有三愆** 유삼건 세 가지 잘못이 있다. 愆: 잘못.

▶ **言未及之 而言** 언미급지 이언 말할 차례가 아닌데도 말하는 것은. 未及: 이르지 아니하다.

▶ **謂之躁** 위지조 이는 조급하다고 한다. 謂: 일컫다. 躁: 조급하다.

▶ **言及之 而不言** 언급지 이불언 말할 차례인데도 말하지 않는 것은.

▶ **謂之隱** 위지은 이는 (속을) 숨긴다고 한다. 隱: 숨기다.

▶ **未見顔色 而言** 미견안색 이언 안색을 살피지 않고 말하는 것은.

▶ **謂之瞽** 위지고 이는 눈치 없다고 한다. 瞽: 눈치 없다.

 7. 군자는 때에 따라 색, 싸움과 탐욕을 경계해야 한다.

[해석 본문]

공자께서 말씀하셨다. "군자에게 세 가지 경계할 것이 있다. 젊을 때엔 혈기가 안정되지 않아 경계할 것이 색에 있고, 장성해서는 혈기가 장차 강하여 경계할 것이 싸움에 있고, 늙어서는 혈기가 이미 노쇠하여 경계할 것이 탐욕에 있다."

공자왈 군자 유삼계 소지시 혈기미정 계지재색 급기장야
孔子曰 君子 有三戒하니 **少之時**에 **血氣未定**이라 **戒之在色**이오 **及其壯也**하여
혈기방강 계지재투 급기로야 혈기기쇠 계지재득
血氣方剛이라 **戒之在鬪**오 **及其老也**하여 **血氣既衰**라 **戒之在得**이니라

[배경 설명]

젊었을 때, 장성했을 때, 늙었을 때 경계할 대상에 관한 교훈이다. 즉, 군자는 시기에 따라 색, 싸움과 탐욕을 경계해야 한다. 戒(계)는 경계하다, 色(색)은 여색(女色), 及(급)은 이르다, 剛(강)은 강하다, 鬪(투)는 싸움, 衰(쇠)는 노쇠하다, 得(득)은 탐욕을 뜻한다.

혈기(血氣)는 신체 안에서 움직이는 것으로 혈(血)은 음(陰)이며 기(氣)는 양(陽)이다. 시기에 따라 경계할 줄 알아 이치로써 혈기를 제압하면 혈기에 휘둘리지 않는다. 혈기(血氣)는 혈액의 순환으로 생겨나는 신체적 본능으로 개인별로 공통적인 신체적 특성이나 지기(志氣)는 의지

와 기개로 개인별로 다른 정신적 특성이 있다. 혈기가 안정되지 않으면 색에 방자해지고, 혈기가 강하면 분노를 참지 못해 싸움이 일어나고, 혈기가 노쇠하면 탐욕이 일어난다. 따라서 군자는 혈기(血氣)를 억제하고 지기(志氣)를 수양하여 덕이 더욱 높게 해야 한다.

[단문 설명]

▶ 有三戒 유삼계 세 가지 경계할 것이 있다. 戒: 경계하다.

▶ 少之時 소지시 젊을 때엔. 之: 관형어, ~하는.

▶ 血氣未定 혈기미정 혈기가 안정되지 않아. 定: 안정되다.

▶ 戒之在色 계지재색 경계할 것이 색에 있고. 色: 女色, 정욕.

▶ 及其壯也 급기장야 그가 장성해서는. 及: 이르다.

▶ 血氣方剛 혈기방강 혈기가 장차 강하여. 方: 장차. 剛: 강하다.

▶ 戒之在鬪 계지재투 경계할 것이 싸움에 있고. 鬪: 싸움.

▶ 及其老也 급기로야 그가 늙어서는.

▶ 血氣旣衰 혈기기쇠 혈기가 이미 노쇠하여. 衰: 노쇠하다.

▶ 戒之在得 계지재득 경계할 것이 탐욕에 있다. 得: 탐욕, 욕심.

 8. 군자는 천명, 대인과 성인의 말씀을 두려워해야 한다.

[해석 본문]

공자께서 말씀하셨다. "군자는 세 가지 두려워할 것이 있다. 천명을 두려워하며, 대인을 두려워하며, 성인의 말씀을 두려워한다. 소인은 천명을 알지 못하여 두려워하지 않고, 대인을 가볍게 여기며 성인의 말씀을 업신여긴다."

공자왈 군자 유삼외 외천명 외대인 외성인지언 소인
孔子曰 君子 有三畏이니라 畏天命하며 畏大人하며 畏聖人之言이니라 小人은

부지천명이불외 압대인 모성인지언
不知天命而不畏라 狎大人하며 侮聖人之言이니라

[배경 설명]

군자가 두려워해야 할 대상에 관한 교훈이다. 즉, 천명, 대인과 성인의 말씀을 두려워해야 한

다. 畏(외)는 두려워하다, 狎(압)은 가볍게 여기다, 侮(모)는 업신여기다를 뜻한다.

천명(天命)은 하늘이 부여한 올바른 이치이다. 천명을 두려워할 줄 알면 천명을 경계하고 본성을 잃지 않는다. 대인과 성인의 말씀은 모두 천명에 따라 마땅히 두려워해야 할 것이니, 천명을 두려워할 줄 알면 세상을 두려워하지 않을 수 없다. 천명을 두려워하지 않기 때문에 의리를 어기는 것이다. 소인은 스스로 참된 일에 힘쓰지 않으니 두려워하는 것이 없는 것이다. 따라서 군자는 덕이 높은 대인을 경외해야 하고, 성인(聖人)의 말씀을 경외해야 한다.

[단문 설명]

▶ 有三畏 유삼외 세 가지 두려워할 것이 있다. 畏: 두려워하다.

▶ 畏天命 외천명 천명을 두려워하며.

▶ 畏大人 외대인 대인을 두려워하며.

▶ 畏聖人之言 외성인지언 성인의 말씀을 두려워한다.

▶ 不知天命 而不畏 부지천명 이불외 천명을 알지 못하여 두려워하지 않고.

▶ 狎大人 압대인 대인을 가볍게 여기며. 狎: 가볍게 여기다, 익숙하다.

▶ 侮聖人之言 모성인지언 성인의 말씀을 업신여긴다. 侮: 업신여기다.

 9. 군자는 오직 배움을 중시해야 한다.

[해석 본문]

공자께서 말씀하셨다. "태어나면서 아는 자가 으뜸이요, 배워서 아는 자가 다음이요, 곤경에 처해서 배우는 자가 또 그 다음이니, 곤경에 처해도 배우지 않으면 사람들은 이를 하급이라고 한다."

공자왈 생이지지자 상야 학이지지자 차야 곤이학지 우기차야
孔子曰 生而知之者는 上也오 學而知之者는 次也오 困而學之 又其次也니
곤이불학 민사위하의
困而不學이면 民斯爲下矣니라

[배경 설명]

지식 습득의 수준에 관한 교훈이다. 生(생)은 태어나다, 上(상)은 으뜸, 次(차)는 다음, 困(곤)

은 곤경에 처하다, 下(하)는 하급, 民(민)은 사람, 爲(위)는 ~라고 하다를 뜻한다.

학습에 관한 사람의 자질은 네 등급이 있다. 으뜸 자질은 태어나면서부터 저절로 아는 사람, 그 다음은 배워 가면서 아는 사람, 그 다음은 어려운 문제에 부딪치고서야 공부하는 사람, 마지막으로 최하 자질은 어떤 경우에도 전혀 배우려고 하지 않는 사람이다. 알지 못하면서 배우려고 하지 않는 사람이 하급이다. 따라서 군자는 오직 배움을 중시해야 한다.

[단문 설명]

▶ **生而知之** 생이지지 태어나면서 아는 자가. 而: 순접접속사.

▶ **上也** 상야 으뜸이요.

▶ **學而知之 次也** 학이지지 차야 배워서 아는 자가 다음이요.

▶ **困而學之** 곤이학지 곤경에 처해서 배우는 자가. 困: 곤경에 처하다.

▶ **又其次也** 우기차야 또 그 다음이니.

▶ **困而不學** 곤이불학 곤경에 처해도 배우지 않으면.

▶ **民斯爲下矣** 민사위하의 사람들은 이를 하급이라고 한다. 民: 사람. 爲: ~라고 하다.

 10. **덕을 갖춘 군자는 행동할 때 지켜야 할 아홉 가지가 있다.**

[해석 본문]

공자께서 말씀하셨다. "군자는 아홉 가지 생각이 있다. (사물을) 볼 때는 분명하게 (볼 것을) 생각하며, (남의 말을) 들을 때는 총명하게 (들을 것을) 생각하며, 얼굴빛은 온화하게 할 것을 생각하며, 용모는 공손하게 할 것을 생각하며, 말을 할 때는 성실하게 (말할 것을) 생각하며, 일은 할 때는 신중하게 (일할 것을) 생각하며, 의심이 날 때는 질문할 것을 생각하며, 화가 날 때는 (나중의) 어려움을 생각하며, 이득을 보면 의를 생각한다."

공자왈 군자 유구사 시사명 청사총 색사온 모사공 언사충 사사경
孔子曰 君子 有九思이니라 視思明하며 聽思聰 色思溫 貌思恭 言思忠 事思敬

의사문 분사난 견득사의
疑思問 忿思難 見得思義니라

238

[배경 설명]

군자가 행동할 때 지켜야 할 아홉 가지가 태도에 관한 교훈이다. 思(사)는 생각, 視(시)는 보다, 明(명)은 분명, 聽(청)은 듣다, 聰(총)은 총명, 色(색)은 얼굴빛, 溫(온)은 온화하다, 貌(모)는 용모, 恭(공)은 공손, 忠(충)은 성실, 敬(경)은 신중, 疑(의)는 의심, 問(문)은 질문, 忿(분)은 화나다, 難(난)은 어렵다, 得(득)은 이득을 뜻한다.

사물을 볼 때 편견이 없이 분명하게 보며, 들을 때 선입견이 없이 총명하게 듣는다. 얼굴빛을 온화하게 하면 관계가 좋아진다. 질문을 생각하면 의심이 쌓이지 않는다. 나중의 곤경을 생각하면 분노는 반드시 억제해야 한다. 의로움을 생각하면 재물을 얻는데 구차함이 없다. 따라서 군자는 매사를 그에 맞는 태도로 깊이 생각하고 신중하게 행동하지 않으면 안 된다.

[단문 설명]

▶ 有九思 유구사 아홉 가지 생각이 있다. 思: 생각.

▶ 視思明 시사명 (사물을) 볼 때는 분명하게 (볼 것을) 생각하며. 視: 보다. 明: 밝다.

▶ 聽思聰 청사총 (남의 말을) 들을 때는 총명하게 (들을 것을) 생각하며. 聽: 듣다. 聰: 총명.

▶ 色思溫 색사온 얼굴빛은 온화하게 할 것을 생각하며. 色: 얼굴빛. 溫: 온화하다.

▶ 貌思恭 모사공 용모는 공손하게 할 것을 생각하며. 貌: 용모. 恭: 공손.

▶ 言思忠 언사충 말을 할 때는 성실하게 (말할 것을) 생각하며. 忠: 성실.

▶ 事思敬 사사경 일은 할 때는 신중하게 (일할 것을) 생각하며. 敬: 신중.

▶ 疑思問 의사문 의심이 날 때는 질문할 것을 생각하며. 疑: 의심. 問: 질문.

▶ 忿思難 분사난 화가 날 때는 (나중의) 어려움을 생각하며. 忿: 화나다. 難: 어렵다.

▶ 見得思義 견득사의 이득을 보면 의를 생각한다. 得: 이득.

 11. **자신의 뜻을 추구하고 의를 행하는 사람을 보지 못했다.**

[해석 본문]

공자께서 말씀하셨다. "착한 일을 보면 이르지 못할 듯이 하나 착하지 않은 일을 보면 마치 끓는 물을 더듬듯이 하라. 나는 그런 사람을 보았고 그런 말도 들었다. 숨어 살면서 자신의 뜻을 추구하고, 의로운 일을 하고, 자신의 도를 통달한다는 그런 말을 들었으나 그런 사람을 아직 보지 못하였다."

공자왈 견선여불급 　　견불선여탐탕 　　　오견기인의 　오문기어의
孔子曰 見善如不及하며 **見不善如探湯**하라 **吾見其人矣**오 **吾聞其語矣**니라

은거이구기지 　　행의이달기도 　　오문기어의 　　　미견기인야
隱居以求其志하며 **行義以達其道**를 **吾聞其語矣**하나 **未見其人也**니라

[배경 설명]

착한 일은 열심히 추구하나 착하지 않은 일은 신속하게 벗어나야 한다는 교훈이다. 如(여)는 듯하다, 及(급)은 이르다, 探(탐)은 더듬다, 湯(탕)은 끓는 물, 語(어)는 옛말, 隱(은)은 숨다, 求(구)는 추구하다, 達(달)은 통달하다를 뜻하다.

착한 일은 누구보다 빨리 하지만 착하지 않은 일은 멀리하는 것은 누구나 할 수 있는 일이다. 착한 일을 하면서도 진리에 도달하는 것과 세상을 등지고 숨어 지내면서도 뜻을 추구하는 것은 아무나 할 수 없는 것이다. 도를 행하는 것은 추구하는 뜻을 행하는 것이다.

如不及(여불급)은 이르지 못하는 것 같아 열심히 뒤쫓아가는 것이고, 如探湯(여탐탕)은 물이 얼마나 뜨거운지 알아보기 위하여 끓는 물에 손을 넣어 보는 것이다. 착한 일은 항상 열심히 쫓아가면서 행하고, 악한 일은 끓는 물에 손을 넣었을 때처럼 급히 손을 빼라는 말이다.

隱居以求其志(은거이구기지)는 등용되지 않아 재야(在野)에 있더라도 덕을 수양하여 뜻을 더욱 추구하는 것이다. 行義達道(행의달도)는 뜻을 펼 수 있는 위치에 있을 때 올바른 정치를 실행하는 것이다. 나라에 도가 없으면 은둔하여 자신의 뜻을 지키고, 도가 있으면 벼슬하여 의를 다하는 사람이 드물다. 은거하면서도 자신의 뜻을 추구하고, 의를 행하여 자신의 도를 달성하는 것은 어려운 일이다. 공자가 말한 그런 사람이란 제자들 가운데 안연(顔淵), 증삼(曾參), 염경(冉耕), 민자건(閔子騫)을 가리키는 듯하다. 따라서 착한 일을 힘써 행하고, 착하지 않은 일은 빨리 피하여 행하지 않아야 하나 아직껏 그런 사람을 보지 못하고 있다고 탄식하셨다.

[단문 설명]

▷ **見善 如不及** 견선 여불급 착한 일을 보면 이르지 못할 듯이 하나. 如: 듯하다. 及: 이르다.

▷ **見不善 如探湯** 견불선 여탐탕 착하지 않은 일을 보면 마치 끓는 물을 더듬듯이 하라. 探: 더듬다. 湯: 끓인 물.

▶ 吾見其人矣 오견기인의 나는 그런 사람을 보았고.

▶ 吾聞其語矣 오문기어의 나는 그런 말도 들었다. 語: 옛말, 전해오는 성현의 말씀.

▶ 隱居以求其志 은거이구기지 숨어 살면서 자신의 뜻을 추구하고. 隱: 숨다. 求: 추구하다.

▶ 行義以達其道 행의이달기도 의로운 일을 행하며 자신의 도를 통달한다. 達: 통달하다.

▶ 未見其人也 미견기인야 그런 사람을 아직 보지 못하였다. 未: 아직 ~하지 못하다.

12. 사람을 판단하는 기준은 권력과 부가 아니라 인의와 지조이다.

[해석 본문]

제경공은 말 사천 필을 가지고 있었으나 그가 죽었을 때 백성들은 덕이 (있다고) 아무도 칭송하지 않았다. 백이와 숙제는 수양산 아래에서 굶어 죽었으나 사람들이 오늘날까지 그들을 칭송하고 있으니, 아마 이것을 두고 한 말이니라!

제경공 유마천사 사지일 민무덕이칭언 백이숙제
齊景公이 有馬千駟하나 死之日에 民無德而稱焉이오 伯夷叔齊는

아 우 수 양 지 하 민 도 우 금 칭 지 기 사 지 위 여
餓于首陽之下하나 民到于今稱之하니 其斯之謂與로다!

[배경 설명]

사람을 판단하는 기준은 권력과 부가 아니라 인의와 지조라는 교훈이다. 駟(사)는 네 마리 말, 無(무)는 아무도 ~하지 않다, 稱(칭)은 칭송하다, 餓(아)는 굶어 죽다, 到(도)는 이르다, 于(우)는 ~에서, ~까지, 斯(사)는 이것을 뜻한다.

제경공(齊景公)은 제(齊)나라 26대 군주로 사치를 즐기고, 백성들에게 많은 세금을 부과하고, 형벌을 가혹하게 집행하여 원성이 심했고, 대부 최저에 의해 즉위되어 나라가 혼란스러웠다. 백이숙제(伯夷叔齊)는 은나라 말 고죽국의 왕자들로 주(周)나라 무왕이 은나라를 멸망시키자 주나라 녹봉을 거절하고 수양산으로 들어가 굶어 죽었다.

제경공이 말 사천 필을 가지고 있었지만 그의 덕이 후세에 칭송되지 않았고, 백이숙제는 굶어 죽었지만 그의 지조를 칭송하고 있다. 따라서 제경공과 백이숙제를 비교하여 사람을 판단하는 기준은 권력과 부가 아니라 인의와 지조라고 교훈하고 있다.

[단문 설명]

▶ 有馬千駟 유마천사 말 사천 필을 가지고 있었으나. 駟: 수레 한 대를 끄는 네 마리 말.

▶ 死之日 사지일 그가 죽었을 때.

▶ 民無德而稱焉 민무덕이칭언 백성들은 덕이 (있다고) 아무도 칭송하지 않았다. 無: 아무도 ~하지 않다. 稱: 칭송하다. 焉: 於之

▶ 餓于首陽之下 아우수양지하 수양산 아래에서 굶어 죽었으나. 餓: 굶어 죽다.

▶ 民到于今稱之 민도우금칭지 사람들이 오늘날까지 그들을 칭송하고 있으니. 到: 이르다. 于: ~에서, ~부터, ~까지, ~에게.

▶ 其斯之謂與! 기사지위여! 아마 이것을 두고 한 말이니라! 斯: 목적어, 이것을. 之: 목적어가 동사 앞에 올 경우 목적어와 동사 사이에 오는 조사.

13. 누구에게나 차별 없는 평등한 교육을 실시하였다.

[해석 본문]

진항이 백어에게 물었다. "그대는 또한 (아버지로부터) 특별한 가르침을 들은 것이 있습니까?" 이에 백어가 "아직 없습니다. 일찍이 (아버님께서) 홀로 서 계실 때에 제가 종종걸음으로 걸어서 뜰을 지나는데, '시를 배웠느냐?' 하고 물으시기에 '아직 안 배웠습니다.'라고 대답하였더니, '시를 배우지 않으면 말을 할 수 없다.'고 하셨습니다. 저(鯉)는 물러나와 시를 배웠습니다. 훗날 또 혼자 서 계시는데 제가 종종걸음으로 걸어서 뜰을 지나갔더니 '예를 배웠느냐?'고 물으시더군요. '아직 안 배웠습니다'라고 대답했더니 '예를 배우지 않으면 설 수가 없다'라고 하셨습니다. 저는 물러나와 예를 배웠습니다. 들은 것은 이 둘이었습니다."라고 대답했다.

陳亢이 問於伯魚曰 子亦有異聞乎아? 對曰 未也로라 嘗獨立어늘 鯉趨而過庭하여 曰 學詩乎아? 對曰 未也로라 不學詩면 無以言하시니 鯉退而學詩하리다 他日에 又獨立어늘 鯉趨而過庭하여 曰 學禮乎아? 對曰 未也로라 不學禮면 無以立하시니 鯉退而學禮하리다 聞斯二者니이다

242

진항이 물러나와서 기뻐하며 말했다. "한 가지를 물었다가 세 가지를 얻었다. 시에 관한 이야기를 들었고, 예에 관한 이야기를 들었고, 또 군자는 그 아들을 멀리한다는 이야기를 들었다."

陳亢이 退而喜日 問一得三하니라 聞詩聞禮하고 又聞君子之遠其子也하더라

[배경 설명]

누구에게나 차별 없는 평등한 교육과 시(詩)와 예(禮)에 집중하는 공자의 교육관이다. 異(이)는 특별한 가르침, 嘗(상)은 일찍이, 獨(독)은 홀로, 立(립)은 서 있다, 趨(추)는 종종걸음으로 걷다, 過(과)는 지나다, 庭(정)은 뜰, 無以(무이)는 ~할 수 없다, 他日(타일)은 훗날을 뜻한다.

진항(陳亢)은 춘추시대 말기 진(陳)나라 사람으로 공자의 제자이고, 백어(伯魚)는 공자의 아들로 이름은 리(鯉)이다. 진항이 백어에게 공자가 특별히 가르쳤는지를 물었다. 공자는 교육의 기본을 시와 예에 두고 있었다. 시를 배우면 사리를 통달하고 심기가 화평해져 말을 잘 할 수 있다. 예를 배우면 예의범절에 밝아 덕성이 굳게 정립되어 독립된 인격체로 남을 응대할 수가 있고 말을 제대로 할 수가 있다. 립(立)은 독립된 인격체로서 사회에 우뚝 서는 것이다. 공자는 아들에게도 다른 제자들처럼 시와 예를 강조하였다.

이문(異聞)은 남들 모르게 별도로 배우는 특별한 가르침이다. 진항은 백어가 공자의 아들인 관계로 자신들은 알지 못하는 특별한 가르침을 받았다고 생각하였다. 그러나 공자는 자신의 아들이라고 특별히 대해주지 않았다. 시와 예를 공부하라고 한 것은 어느 제자에게나 동일하였다. 백어의 대답에는 특이한 것이 아무 것도 없었다. 공자께서 아들에게 가르친 것이 다른 문인들과 차이가 없으셨다. 그런 까닭에 진항은 공자가 그의 아들을 멀리했다고 여겼다. 따라서 공자는 누구에게나 차별 없는 평등한 교육을 실시하였다.

[단문 설명]

▷ 子亦有異聞乎? 자역유이문호? 그대는 또한 (아버지로부터) 특별한 가르침을 들은 것이 있습니까? 子: 그대. 亦: 또한. 異: 특별한 가르침.

▷ 嘗獨立 상독립 일찍이 (아버님께서) 홀로 서 계실 때에. 嘗: 일찍이. 獨: 홀로. 立: 서 있다.

▷ 鯉趨 而過庭 리추 이과정 제(鯉)가 종종걸음으로 걸어서 뜰을 지나는데. 伯魚: 공자의 아들로 이름은 리(鯉)이다. 趨: 종종걸음으로 걷다. 而: 순접. 過: 지나다. 庭: 뜰.

▶ 學詩乎? 학시호? 시(詩)를 배웠느냐? 乎: 의문종결사.

▶ 不學詩 無以言 불학시 무이언 시(詩)를 배우지 않으면 말을 할 수 없다. 無以: ~할 수 없다.

▶ 鯉退 而學詩 리퇴 이학시 저(鯉)는 물러나와 시를 배웠습니다.

▶ 他日 又獨立 타일 우독립 훗날 또 혼자 서 계시는데. 他日: 훗날.

▶ 學禮乎? 학례호? 예를 배웠느냐? 乎: 의문종결사.

▶ 不學禮 無以立 불학례 무이립 예를 배우지 않으면 설 수가 없다

▶ 鯉退 而學禮 리퇴 이학례 저(鯉)는 물러나와 예를 배웠습니다.

▶ 聞斯二者 문사이자 들은 것은 이 두 가지었습니다. 斯: 이, 이것.

▶ 陳亢 退而喜曰 진항 퇴이희왈 진항이 물러나와서 기뻐하며 말했다.

▶ 問一得三 문일득삼 한 가지를 물었다가 세 가지를 얻었다.

▶ 聞詩聞禮 문시문례 시에 관한 이야기를 들었고, 예에 관한 이야기를 들었고.

▶ 聞君子之遠其子也 문군자지원기자야 군자는 그 아들을 멀리한다는 이야기를 들었다.

14. 임금의 부인에 대한 호칭을 정리하였다.

[해석 본문]

나라 임금의 처(妻)를 임금은 부인(夫人)이라 하고, 부인은 자신을 소동(小童)이라 하며, 나라 사람들은 군부인(君夫人)이라 하고, 다른 나라 앞에서 과소군(寡小君)이라 한다. 다른 나라 사람들은 일컫기를 역시 군부인(君夫人)이라 한다.

방군지처　　군　칭지왈 부인　　　부인　　자칭왈　소동　　　방인　칭지왈
邦君之妻를 **君**이 **稱之曰 夫人**이오 **夫人**이 **自稱曰 小童**이오 **邦人**이 **稱之曰**
군부인　　　칭저이방왈　과소군　이방인　　칭지　역왈 군부인
君夫人이오 **稱諸異邦曰 寡小君 異邦人**이 **稱之**에 **亦曰 君夫人**하니라

[배경 설명]

군주의 처에 대한 호칭을 정리한 것이다. 방군(邦君)은 나라 임금, 과(寡)는 덕이 모자란다, 소동(小童)은 철없는 어린아이처럼 무지(無知)하다는 뜻이다. 당시에 제후들의 부인에 대한 호칭이 일정하지 않아 공자가 예법에 맞게 부르는 호칭을 정리한 것으로 보인다.

[단문 설명]

▸ **邦君之妻** 방군지처 나라 임금의 처(妻)를.

▸ **君稱之曰 夫人** 군칭지왈 부인 임금이 이를 부인(夫人)이라 하고.

▸ **夫人自稱曰 小童** 부인자칭왈 소동 부인(夫人)이 자신을 소동(小童)이라 하며.

▸ **邦人稱之曰 君夫人** 방인칭지왈 군부인 나라 사람들이 이를 군부인(君夫人)이라 하고.

▸ **稱諸異邦曰 寡小君** 칭저이방왈 과소군 다른 나라 앞에서 과소군(寡小君)이라 하고.

▸ **異邦人稱之** 이방인칭지 다른 나라 사람들이 이를 일컫기를. 之: 임금의 처.

▸ **亦曰君夫人** 역왈군부인 역시 군부인(君夫人)이라 한다.

☞ 是의 다양한 용법

- 지시대명사: 이, 이것, 여기에
- 연계동사: 이다.
- 이유: 때문에
- 부사: 정말로
- 옳다, 바르다

第十七篇

陽貨(양화)

길에서 듣고 길에서 말하면 덕을 버리는 것이다.

陽貨篇(양화편)은 공자의 정치참여와 도덕교육을 다룬다. 주요 내용으로는 사회, 정치, 관리, 풍문, 타락, 인물, 기회, 환경, 교육, 훈육, 시학, 인생, 예절, 효도, 관계에 대하여 역사적 사건과 비유로 표현되어 있다. 해와 달이 흘러가니 세월은 사람을 기다려 주지 않는다. 나를 등용해 주는 나라가 있다면 그 나라를 훌륭한 나라로 만들 것이다. 사람에게 아부하여 덕이 있다고 칭송을 받는 자는 덕을 해치는 자이고, 남의 결점을 들추어내는 것을 정직으로 여기는 자를 미워한다(惡訐以爲直者). 가까이 하면 불손하고 멀리 하면 원망한다.

1. 해와 달이 흘러가니 세월은 나를 기다려 주지 않는다.
2. 사람의 성품은 서로 비슷하나 습관에 따라 다르게 된다.
3. 가장 지혜로운 사람과 어리석은 사람은 변화시킬 수 없다.
4. 닭을 잡는 데 어찌 소 잡는 칼을 쓰느냐?
5. 나를 써 주는 자가 있다면, 나라를 동방의 주나라로 만들 것이다.
6. 인은 공손, 관대, 신의, 민첩과 은혜이다.
7. 갈아도 닳지 않으니 견고하다고 하지 않겠느냐?
8. 육언(六言)을 배우지 않으면 육폐(六蔽)가 나타나기 마련이다.
9. 시(詩)는 흥(興), 관(觀), 군(群), 원(怨)을 표현한다.
10. 주남과 소남을 공부해야 사물을 제대로 볼 수 있다.
11. 예와 음악은 공경심과 조화가 깃들여 있어야 하느니라.
12. 소인은 벽을 뚫고 담을 넘는 도적과 같이 항상 불안하다.
13. 아부하여 덕이 있다고 칭송을 받는 자는 덕을 해치는 자이다.
14. 길에서 듣고 길에서 말하면 덕을 버리는 것이다.
15. 실직을 걱정한다면 못할 짓이 없을 것이다.
16. 옛날의 우둔한 사람은 정직했으나 지금의 우둔한 사람은 간사하다.
17. 교묘한 말과 아첨하는 얼굴을 하는 사람 중에는 어진 사람이 적다.
18. 교묘한 말로 나라를 전복시키는 사람을 싫어한다.
19. 사철이 운행되고 만물이 생장하는데, 하늘이 무슨 말씀을 하시는가?
20. 거문고를 가져다 노래를 부르시어 그로 하여금 듣게 하셨다.
21. 자식이 태어나서 삼 년이 지난 뒤에야 부모의 품에서 벗어난다.
22. 무엇이라도 하는 것이 오히려 하지 않는 것보다는 나을 것이다.
23. 용맹하나 의가 없다면 군자는 난을 일으키고, 소인은 도적질을 한다.
24. 남의 결점을 들추어내는 것을 정직으로 여기는 자를 미워한다.
25. 가까이 하면 불손하고 멀리 하면 원망한다.
26. 사십이 되어서도 남에게 미움을 받으면 아마 그것으로 끝날 뿐이다.

1. 해와 달이 흘러가니 세월은 나를 기다려 주지 않는다.

[해석 본문]

양화가 공자를 만나고자 하였으나 공자께서 만나주지 않으셨다. (양화가) 공자에게 (삶은) 새끼돼지를 (선물로) 보냈다. 공자께서도 그가 없는 때를 맞추어 사례하러 (그의 집에) 가시다가 길에서 마주치셨다.

양화 욕현공자　공자불견　귀공자돈　공자 시기무야 이왕배지
陽貨 欲見孔子하자 **孔子不見**하시다 **歸孔子豚**이니라 **孔子 時其亡也 而往拜之**시니

우저도
遇諸塗하시다

(양화가) 공자에게 말했다. "이리 오시오. 내가 당신과 함께 이야기하겠소. 보물을 품고서 나라를 혼미하게 버려둔다면 어질다고 할 수 있겠소?" 공자께서 말씀하셨다. "그렇다고 할 수 없습니다." 양화가 말했다. "일하기를 좋아하면서 자주 때를 놓치는 것을 지혜롭다고 할 수 있겠소?" 공자께서 말씀하셨다. "(그렇다고) 할 수 없습니다."

위공자왈 래　여여이언　왈 회기보 이미기방　가위인호　왈
謂孔子曰 來하라 **予與爾言**하리오 **曰 懷其寶 而迷其邦**이면 **可謂仁乎**아? **曰**

불가　호종사 이기실시 가위지호　왈 불가
不可하다 **好從事 而亟失時 可謂知乎**아? **曰 不可**하리다

양화가 말했다. "해와 달이 흘러가니, 세월은 나를 기다려 주지 않습니다." 공자께서 말씀하셨다. "알았습니다. 나는 장차 벼슬을 할 것입니다."

일 월　서의　세불아여　공자왈 낙　오장사의
日月이 **逝矣**니 **歲不我與**니라 **孔子曰 諾**다 **吾將仕矣**하리다

[배경 설명]

공자가 노나라의 정사를 전횡하는 양화의 등용 제의를 완곡하게 거절하는 내용이다. 欲(욕)은 하려고 하다, 歸(귀)는 보내다, 豚(돈)은 새끼돼지, 時(시)는 때를 맞추다, 亡(무)는 없다, 拜(배)는 사례하다, 遇(우)는 만나다, 塗(도)는 길, 爾(이)는 당신, 懷(회)는 품다, 寶(보)는 보물,

능력, 迷(미)는 혼미하다, 謂(위)는 이르다, 亟(기)는 자주, 逝(서)는 가다, 與(여)는 기다리다, 仕(사)는 벼슬하다를 뜻한다.

양화(陽貨)는 이름이 양호(陽虎)이고 계강자(季康子)의 가신이나 결국 계강자를 몰아내고 노(魯)나라의 실권을 장악했다. 양화는 난폭한 인물로 공자가 광(匡) 땅에서 봉변을 당한 것도 얼굴이 양호와 비슷했기 때문이다. 양화는 공자를 모셔와 자신의 권력을 강화하는데 도움을 받고자 하였다. 그래서 그는 공자를 만나고 싶어했으나 공자가 그를 만나러 가지 않았기 때문에 공자에게 삶은 돼지 한 마리를 갖다 주어서 공자를 만나려고 시도한 것이다.

대부가 선비에게 선물하면 선비가 자기 집에서 직접 받지 못하면 대부의 집에 찾아가 사례하는 것이 예이다. 양화는 공자께서 계시지 않은 틈을 엿보고서 삶은 돼지를 선물하여 공자로 하여금 사례하러 오게 한 뒤 공자를 만나려고 하였다. 공자는 양화를 만나는 것을 싫어했지만 선물에 대하여 답례를 하지 않을 수 없어 그가 집에 없는 틈에 그에게 인사를 갔는데 공교롭게도 돌아오는 길에 그와 마주쳤다.

양화는 공자에게 자신의 신하로 들어와 일을 도와달라는 말을 우회적으로 한 것이다. 보물을 품고서 나라를 어지럽게 방치한다는 것은 나라를 구원하지 않는 것이다. 보물은 공자의 훌륭한 재능이고, 나라를 혼미하게 버려둔다는 것은 어지러운 나라를 방치한다는 것을 비유한 것이다. 때를 놓친다는 것은 일할 기회를 잃는 것을 말한다.

양화는 공자가 벼슬길에 나서지 않는 것을 비판하면서 자기와 함께 일할 것을 제의하였다. 그러나 공자는 양화의 말 자체가 옳다고 긍정한 것뿐이지 양화와 더불어 함께 일하겠다고 한 것은 아니다. 따라서 공자는 난을 일으킨 양화와 논쟁을 피하고 양화의 제안을 사양했지만, 장차 적당한 때가 되면 벼슬 할 것이라고 하셨다.

[단문 설명]

▷ **陽貨 欲見孔子** 양화 욕현공자 양화가 공자를 만나고자 하였으나. 欲: 하려고 하다.

▷ **孔子不見** 공자불견 공자께서 만나주지 않으셨다.

▷ **歸孔子豚** 귀공자돈 공자에게 (삶은) 새끼돼지를 (선물로) 보냈다. 歸: 보내다. 豚: 새끼돼지.

▷ **時其亡也** 시기무야 그가 없는 때를 맞추어. 時: 때를 맞추다. 其: 그가. 亡(없을 무): 없다. 也: 때, 장소를 나타내는 후치사.

▷ **而往拜之** 이왕배지 사례하러 (그의 집에) 가시다가. 往: 가다. 拜: 사례하다. 之: 그것.

▷ **遇諸塗** 우저도 길에서 마주치셨다. 遇: 만나다. 諸: 之於. 塗: 길(途).

▶ 謂孔子曰 來 위공자왈 래 (양화가) 공자에게 말했다. "이리 오시오."

▶ 予與爾言 여여이언 내가 당신과 함께 이야기하겠오. 予: 나. 爾: 당신. 이인칭대명사.

▶ 懷其寶 而迷其邦 회기보 이미기방 보물을 품고서 나라를 혼미하게 버려둔다면. 懷: 품다. 寶: 보물, 능력. 迷: 혼미하다.

▶ 可謂仁乎? 가위인호? 어질다고 할 수 있겠소? 謂: 하다.

▶ 不可 불가 (그렇다고) 할 수 없습니다.

▶ 好從事 而亟失時 호종사 이기실시 일하기를 좋아하면서 자주 때를 놓치는 것을. 亟: 자주, 누차.

▶ 可謂知乎? 가위지호? 지혜롭다고 할 수 있겠소?

▶ 日月逝矣 일월서의 해와 달이 흘러가니. 逝: 가다.

▶ 歲不我與 세불아여 세월은 나를 기다려 주지 않습니다. 與: 기다리다.

▶ 孔子曰 諾 공자왈 낙 공자께서 "알았습니다."라고 하셨다.

▶ 吾將仕矣 오장사의 나는 장차 벼슬을 할 것입니다 仕: 벼슬하다.

 2. **사람의 성품은 서로 비슷하나 습관에 따라 다르게 된다.**

[해석 본문]

공자께서 말씀하셨다. "사람의 성품은 서로 비슷하나 습관에 따라 서로 다르게 되는 것이다."

　자　왈　　성　상　근　야　　　습　상　원　야
子曰 性相近也나 習相遠也니라

[배경 설명]

사람의 성품은 태어날 때 같더라도 습관에 따라서 변하여 다르게 된다는 교훈이다. 性(성)은 성품, 近(근)은 비슷하다, 習(습)은 습관, 遠(원)은 다르게 되다를 뜻한다.

성(性)은 인간이 타고난 성품이나 습(習)은 후천적으로 익히는 습관이다. 인간이 처음 태어날 때는 착하고 악한 것이 없지만, 환경과 교육에 따라 다르게 된다. 습상원야(習相遠也)는 습성이 서로 다르다는 뜻으로 사람은 서로 다른 모습으로 변해간다. 습(習)은 한 개인의 성품을 후천적으로 변화시키는 반복되는 행동이나 교육을 말한다. 타고난 본성은 누구나 비슷하지만

251

선을 익히면 선해지고, 악을 익히면 악해져서 결국 서로 다르게 된다. 따라서 인간은 타고난 본성은 비슷하더라도 주변 환경과 교육에 따라 많은 차이가 생긴다.

[단문 설명]

▶ **性相近也** 성상근야 사람의 성품(性品)은 서로 비슷하나. 性: 성품. 近: 비슷하다.

▶ **習相遠也** 습상원야 습관(習慣)에 따라 서로 다르게 되는 것이다. 習: 습관. 遠: 다르게 되다.

 3. **가장 지혜로운 사람과 어리석은 사람은 변화시킬 수 없다.**

[해석 본문]

공자께서 말씀하셨다. "오직 가장 지혜로운 사람과 가장 어리석은 사람은 변화시킬 수 없다."

자 왈　유 상 지 여 하 우　　불 이
子曰 唯上知與下愚는 不移니라

[배경 설명]

　변화시킬 수 없는 사람은 가장 지혜로운 사람과 가장 어리석은 사람이라는 교훈이다. 唯(유)는 오직, 知(지)는 지혜, 愚(우)는 어리석다, 移(이)는 변하다를 뜻한다.

　인간은 가능성이 있는 존재로 자신의 노력에 의해 변할 수 있지만 예외는 상지(上知)와 하우(下愚)이다. 상지(上知)와 하우(下愚)는 바뀌지 않는다. 상지(上知)는 태어나면서부터 가장 지혜로운 사람이나 하우(下愚)는 가장 어리석은 사람으로 곤경에 부딪쳐서도 배우려고 하지 않는 자이다. 상지는 이미 태어나면서부터 본성이 완전히 선한 사람이므로 더 이상 변화시킬 필요가 없으나 하우는 선한 사람과 어울리더라도 교화되지 않고 스스로 변화를 포기하는 사람이다. 따라서 상지와 하우는 아무리 성인(聖人)이라 하더라도 변화시킬 수 없다.

[단문 설명]

▶ **唯上知與下愚** 유상지여하우 오직 가장 지혜로운 사람과 가장 어리석은 사람은. 唯: 오직. 知: 지혜.

▶ **不移** 불이 변화시킬 수 없다. 移: 변하다.

4. 닭을 잡는 데 어찌 소 잡는 칼을 쓰느냐?

[해석 본문]

공자께서 무성에 가셨을 때 거문고와 노랫소리를 들으셨다. 선생님께서 빙그레 웃으시며 말씀하셨다. "닭을 잡는 데 어찌 소 잡는 칼을 쓰느냐?" 자유가 대답하였다. "예전에 제(언)가 선생님께 그것을 들었는데 '군자가 도를 배우면 사람을 사랑하고 소인이 도를 배우면 부리기가 쉽다.' 하셨습니다." 이에 공자께서 말씀하셨다. "얘들아! 언의 말이 옳다. 방금 (내가) 한 말은 그를 놀린 (말일) 뿐이다."

子之武城하사 聞弦歌之聲하시다 夫子 莞爾而笑曰 割鷄에 焉用牛刀리오?
子游對曰 昔者에 偃也 聞諸夫子하니 曰 君子 學道則愛人이오 小人
學道則易使也이다 子曰 二三子아! 偃之言이 是也니 前言은 戱之耳니라

[배경 설명]

제자가 대견하여 농담하고 제자의 지적을 인정하는 공자와 고지식한 자유 간의 대화이다. 之(지)는 가다, 弦(현)은 거문고, 莞(완)은 빙그레 웃다, 笑(소)는 웃다, 割(할)은 베다, 昔者(석자)는 예전에, 二三子(이삼자)는 얘들, 너희들, 戱(희)는 희롱하다를 뜻한다.

무성(武城)은 노나라의 작은 읍(邑)이다. 子游(자유)는 공문십철의 한 사람으로 성은 언(言), 이름은 언(偃)이고, 자하와 함께 문학에 능통하였고, 노나라 무성(武城)의 읍재(邑宰)로 벼슬하며 예악을 통한 교화를 중시하였다. 이삼자(二三子)는 제자들을 친근하게 부르는 말이다.

자유가 무성의 읍장이었을 때 예악을 가르치니 고을 사람들이 모두 거문고에 맞추어 노래를 부른 것이다. 이런 광경을 본 공자께서 "닭을 잡는데 어찌 소 잡는 칼을 쓰는가?" 하고 말하니, 이는 작은 고을을 다스리면서 大道를 쓸 필요가 없다는 뜻이다. 이에 자유가 진담으로 이를 듣고 예전에 "군자가 도를 배우면 사람을 사랑하고 소인이 도를 배우면 부리기가 쉽다."라고 하셔서 이를 실천하고 있다고 하니, 공자께서 그 때 그 말은 농담이라고 하시면서 예악의 도로써 나라를 다스리는 것을 기뻐하셨다. 따라서 제자가 대견하여 농담하는 공자, 맞서는 고지식한 자유, 자유의 지적을 인정하고 자신의 말을 취소하는 공자의 모습이 있는 글이다.

253

[단문 설명]

▶ 子之武城 자지무성 공자께서 무성에 가셨을 때. 之: 가다.

▶ 聞弦歌之聲 문현가지성 거문고와 노랫소리를 들으셨다. 弦: 거문고.

▶ 夫子莞爾 而笑曰 부자완이 이소왈 선생님께서 빙그레 웃으시며 말씀하셨다. 夫子: 선생님, 공자. 莞: 빙그레 웃다. 爾: 접미사. 笑: 웃다.

▶ 割鷄 焉用牛刀? 할계 언용우도? 닭을 잡는 데 어찌 소 잡는 칼을 쓰느냐? 割: 베다. 焉: 어찌.

▶ 昔者 석자 예전에.

▶ 偃也 聞諸夫子 언야 문저부자 제가 선생님께 그것을 들었는데. 偃: 子游. 諸: 之於. 之: 君子學道 ~ 易使也.

▶ 君子 學道則愛人 군자 학도즉애인 군자가 도를 배우면 사람을 사랑하고.

▶ 小人 學道則易使也 소인 학도즉이사야 소인이 도를 배우면 부리기가 쉽다. 使: 부리다.

▶ 二三子! 偃之言是也 이삼재! 언지언시야 얘들아! 언의 말이 옳다. 二三子: 얘들, 너희들, 여러분. 偃: 子游. 是也: 옳다, 맞다, 그렇다.

▶ 前言戱之耳 전언희지이 방금 (내가) 한 말은 그를 놀린 (말일) 뿐이다. 前言: 방금 내가 한 말. 戱: 희롱하다. 之: 子游. 耳: 뿐이다, 따름이다.

 5. 나를 써 주는 자가 있다면, 나라를 동방의 주나라로 만들 것이다.

[해석 본문]

공산불요가 비읍을 근거로 반란을 일으키고 (공자를) 부르자 공자께서 가려고 하셨다. 자로가 기뻐하지 않고 말했다. "가실 곳이 없으면 그만이지 어찌하여 꼭 공산씨에게 가시려 하십니까?" 공자께서 말씀하셨다. "나를 부르는 자가 어찌 부질없겠느냐? 나를 써 주는 자가 있다면 나는 (그 나라를) 동방의 주나라로 만들 것이로다!"

공산불요 이비반 소 자욕왕 자로 불열왈 말지야이
公山弗擾 以費畔하고 召어늘 子欲往이시다 子路 不說曰 末之也已니
하 필공산씨지지야 자왈 부소아자 이기도재 여유용아자
何必公山氏之之也리오? 子曰 夫召我者는 而豈徒哉리오? 如有用我者이면
오기위동주호
吾其爲東周乎리다!

[배경 설명]

도를 펼치려는 정치적 포부에 자로가 반대하는 내용이다. 畔(반)은 반란하다, 召(소)는 부르다, 以(이)는 근거하다, 往(왕)은 가다, 說(열)은 기뻐하다, 之(지)는 가다, 已(이)는 그만두다, 徒(도)는 부질없이, 爲(위)는 만들다를 뜻한다.

공산불요(公山弗擾)는 노나라 정공(定公) 때 계씨의 가신으로 당시 비읍(費邑)의 수장으로 있으면서 양호(陽虎)와 함께 계환자(季桓子)에게 반란을 일으켰다. 공산불요가 난을 일으킨 후 공자를 초청하자 공자는 이 기회를 이용하여 자신의 도를 펼치려 했다. 그러나 공자가 이에 응하려고 하자 자로가 매우 못마땅하게 여겨 공자는 결국 가지 않았다.

상전을 몰아내고 무도한 공산불요가 집권한 시기는 도가 이미 행해지지 아니하여 공자는 갈 곳이 없었다. "어찌 부질없이 그리하겠느냐?"는 꼭 나를 써 줄 것이라는 말이다. 동주(東周)를 만들겠다는 것은 동쪽에 위치한 비읍을 주나라에 비견할 수 있을 정도로 문왕과 무왕의 도가 잘 실현되는 훌륭한 나라로 만들겠다는 의지이다. 따라서 공자께서는 천하에 훌륭한 일을 할 수 없는 사람은 없고, 또 허물을 고칠 수 없는 사람도 없다고 생각하여 공산불요의 수하에서 벼슬을 하려고 하셨으나 자로의 만류로 끝내 찾아가지 않으신 것이다.

[단문 설명]

▷ **公山弗擾 以費畔** 공산불 이비반 공산불요가 비읍을 근거로 반란을 일으키고. 以: 의지하다, 근거하다. 費: 費邑. 畔: 반란하다. .

▷ **召 子欲往** 소 자욕왕 (공자를) 부르니, 공자께서 가려고 하셨다. 召: 부르다. 往: 가다.

▷ **子路不說曰** 자로불열왈 자로가 기뻐하지 않고 말하기를. 說: 기뻐하다.

▷ **末之也 已** 말지야 이 가실 곳이 없으면 그만이지. 末: ~할 곳(길)이 없다. 之: 가다. 已: 그만두다.

▷ **何必 公山氏之 之也?** 하필 공산씨지 지야? 어찌하여 꼭 공산씨에게 가시려 하십니까? 之: 강조하기 위해 목적어와 동사 사이에 쓰는 조사. 之: 가다. 也: 의문종결사.

▷ **夫召我者** 부소아자 나를 부르는 자가. 夫: 발어사. 召: 부르다.

▷ **而豈徒哉?** 이기도재? 어찌 부질없겠느냐? 豈: 어찌. 徒: 부사, 부질없이, 헛되이.

▷ **如有用我者** 여유용아자 나를 써 주는 자가 있다면. 如: 만약. 用: 쓰다, 등용하다.

▷ **吾其爲東周乎!** 오기위동주호! 나는 (그 나라를) 동방의 주나라로 만들 것이로다! 其: 장차. 爲: 만들다.

6. 인은 공손, 관대, 신의, 민첩과 은혜이다.

[해석 본문]

자장이 공자에게 인에 관하여 묻자, 공자께서 말씀하셨다. "천하에 다섯 가지를 행할 수 있으면 (그것이) 인이다." 자장이 다섯에 대하여 청해 물으니, 공자께서 대답하셨다. "이것은 공손, 관대, 신의, 민첩과 은혜이다. 공손하면 모욕당하지 않고, 관대하면 많은 사람이 따르고, 신의가 있으면 남이 일을 맡기고, 민첩하면 공이 있게 되고, 은혜로우면 남을 부릴 수 있다."

子張이 問仁於孔子하자 孔子曰 能行五者於天下면 爲仁矣니라 請問之하니
日恭寬信敏惠니라 恭則不侮하고 寬則得衆하고 信則人任焉하고 敏則有功하고
惠則足以使人이니라

[배경 설명]

인의 본질은 공손, 관대, 신의, 민첩과 은혜(恭寬信敏惠)라는 교훈이다. 爲(위)는 이다. 侮(모)는 모욕, 寬(관)은 관대, 衆(중)은 많은 사람, 信(신)은 신의, 任(임)은 일을 맡기다, 敏(민)은 민첩, 惠(혜)는 은혜롭다, 足以(족이)는 할 수 있다, 使(사)는 부리다를 뜻한다.

공자는 대인관계에서 지켜야 하는 다섯 가지 태도(恭寬信敏惠)를 가르쳤다. 공자는 사람과 상황에 따라 인(仁)을 다르게 대답했으나 여기서는 공손, 관대, 신의, 민첩과 은혜이다. 공자는 공관신민혜(恭寬信敏惠)를 행하는 것이 仁이라고 말하고 있다. 대인관계의 다섯 가지 태도를 행할 수 있다면 마음이 공평하여 두루 미쳐 인에 이르게 된다.

공관신민혜(恭寬信敏惠)에 대해서는 마음의 덕목이나 인의 조건으로 해석할 수 있다. 이중에 가장 중요한 것은 공(恭)이다. 공자는 문밖에 나가 사람을 대할 때는 큰 손님을 대접하듯이 공손히 하고, 백성을 부릴 적에는 큰 제사를 받드는 것처럼 공손해야 하고, 평상시 집에 거처할 때도 공손한 태도를 지녀야 한다고 했다. 따라서 인은 공손, 관대, 신의, 민첩과 은혜이다.

[단문 설명]

▷ 問仁於孔子 문인어공자 공자에게 인에 관하여 묻자.

▶ 能行五者 於天下 능행오자 어천하 천하에 다섯 가지를 행할 수 있으면.

▶ 爲仁矣 위인의 (그것이) 인이다. 爲: 이다. 되다.

▶ 請問之 청문지 다섯에 대하여 청해 물으니 請: 청컨대, 존경의 뜻이 있다. 之: 五者.

▶ 恭寬信敏惠 공관신민혜 공손, 관대, 신의, 민첩과 은혜이니.

▶ 恭則不侮 공즉불모 공손하면 모욕당하지 않고. 恭: 공손하다. 侮: 모욕당하다.

▶ 寬則得衆 관즉득중 관대하면 많은 사람을 얻고. 寬: 관대하다. 得: 얻다. 衆: 많은 사람.

▶ 信則人任焉 신즉인임언 신의가 있으면 남이 일을 맡기고. 信: 신의. 任: 일을 맡기다.

▶ 敏則有功 민즉유공 민첩하면 공이 있게 되고. 敏: 민첩.

▶ 惠則足以使人 혜즉족이사인 은혜로우면 남을 부릴 수 있다. 惠: 은혜롭다. 足以: 할 수 있다. 使: 부리다.

 7. 갈아도 닳지 않으니 견고하다고 하지 않겠느냐?

[해석 본문]

필힐이 부르자 공자께서 가려고 하셨다. 자로가 말하였다. "옛날에 제가 선생님께 들었사온데, '직접 자신이 착하지 않은 짓을 하는 자에게는 군자가 들어가지 않는다.'고 하셨습니다. 필힐이 중모읍을 근거지로 하여 반란하였는데 선생님께서 그에게 가시려 하시니 어찌된 일입니까?" 공자께서 말씀하셨다. "그렇다. 그런 말을 한 적이 있다. 그러나 갈아도 닳지 않으니 견고하다고 하지 않겠느냐? 검은 물을 들여도 검어지지 않으니 희다고 하지 않겠느냐? 내가 어찌 박이냐? 어찌 매달린 채 먹히지 않으냐?"

필힐 소   자욕왕   자로왈 석자 유야 문저부자   왈 친어기신
佛肸이 召어늘 子欲往이시다 子路 曰 昔者에 由也 聞諸夫子하니 曰 親於其身에

위불선자   군자불입야   필힐 이중모반   자지왕야   여지하   자왈
爲不善者어든 君子不入也니라 佛肸이 以中牟畔한데 子之往也는 如之何리오? 子曰

연   유시언야   불왈견호   마이불린   불왈백호   날이불치 오
然하다 有是言也니라 不曰堅乎아? 磨而不磷이니라 不曰白乎아? 涅而不緇니라 吾

기 포과야재   언능계 이불식
豈匏瓜也哉랴? 焉能繫而不食이리오?

257

[배경 설명]

　공자께서는 자신을 등용해주는 곳이 있으면 어디든 가서 도를 행할 포부를 밝히신 대화이다. 召(소)는 부르다, 親(친)은 직접, 以(이)는 근거하다, 畔(반)은 반란하다, 然(연)은 그러하다, 堅(견)은 견고하다, 磨(마)는 갈다, 磷(린)은 얇아지다, 不曰(불왈)은 하지 않다, 涅(날)은 검은 물을 들이다, 緇(치)는 검어지다, 匏瓜(포과)는 박, 繫(계)는 매달리다를 뜻한다.

　필힐(佛肸)은 진(晉)나라 대부 조간자(趙簡子)의 가신으로 당시 중모(中牟)의 읍재(邑宰)였다. 그는 진나라 정공 때 중모를 근거지로 삼아 조간자에게 반란을 일으켰다.

　자로(子路)는 不善을 행하는 자의 무리에는 들어가지 말라고 했던 공자의 말을 상기하여 필힐이 공자를 더럽힐까 걱정하여, 공자께서 가시려는 것을 저지하자 마침내 가시지 않으셨다.

　군자는 곤경에 처해도 결코 변하지 않는다고 공자는 말하면서 자신을 조롱박에 비유하여 정치에 참여하고 싶은 욕구를 표현했다. 공자는 자신이 매달려만 있을 뿐 맛이 써서 아무도 따먹으려고 하지 않는 박과 같은 존재는 아니라고 한다. 박은 식용으로 적합하지 않기 때문에 사람들이 따려고 들지 않는다. 포계(匏繫)란 쓸모 없는 사람을 비유하고, 포계지탄(匏繫之歎)이란 재능이 있어도 등용되지 못하는 것을 탄식하는 말이다.

　공자께서 공산불요나 필힐의 부름에 모두 가고자 하신 것은 천하에는 변할 수 없는 사람은 없고, 못할 일은 없다고 생각하셨기 때문이다. 갈아도 닳지 않고, 검은 물을 들여도 검어지지 않는 것이 군자이다. 不善人을 멀리 해야겠지만 不善人의 사이에 들어가더라도 그들을 선도할 수 있는 것이 군자이다. 반란자인 필힐과 어울리더라도 자신의 도를 지킬 수 있다는 뜻이다. 공산불요는 계씨를 배반하고 필힐은 조간자를 배반했지 나라를 배반한 것이 아니므로 공자가 그들에게 가려고 한 것은 명분에 어긋나지 않는다는 생각이다. 그러나 공자께서 그들이 변할 수 없고, 옳은 일이 이루어질 수 없음을 아셨기 때문에 가시지 않으셨다.

[단문 설명]

▷ **佛肸召** 필힐소　필힐(佛肸)이 부르자. 召: 부르다.

▷ **子欲往** 자욕왕　공자께서 가려고 하셨다. 往: 가다.

▷ **昔者 由也聞諸夫子** 석자 유야문저부자　옛날에 제가 선생님께 들었사온데. 由: 자로.

▷ **親於其身** 친어기신　직접 자신이. 親: 직접. 於: 以와 같다.

▷ **爲不善者** 위불선자　착하지 않은 짓을 하는 자에게는. 爲: 행하다, 실천하다.

▷ **君子不入也** 군자불입야　군자가 들어가지 않는다.

▶ 以中牟畔 이중모반 중모읍을 근거지로 하여 반란하였는데. 以: 근거하다. 畔: 반란하다.

▶ 如之何? 여지하? 어찌된 일입니까? 如何: 어떠하다(何如).

▶ 子曰 然 자왈 연 공자께서 말씀하셨다. 그렇다. 然: 그러하다.

▶ 有是言也 유시언야 그런 말을 한 적이 있다.

▶ 不曰堅乎? 불왈견호? 견고하다고 하지 않겠느냐? 曰: ~라 하다. 堅: 견고하다. 乎: 의문종결사.

▶ 磨而不磷 마이불린 갈아도 닳지 않으니. 磨: 갈다. 磷: 닳다, 얇아지다.

▶ 不曰白乎? 불왈백호? 희다고 하지 않겠느냐? 不曰: ~라 하지 않다.

▶ 涅而不緇 날이불치 검은 물을 들여도 검어지지 않으니. 涅: 검은 물을 들이다. 緇: 검어지다.

▶ 豈匏瓜也哉? 기포과야재? 어찌 박이랴? 匏: 박. 瓜: 오이. 匏瓜: 박.

▶ 焉能繫 而不食? 언능계 이불식? 어찌 매달린 채 먹히지 않으냐? 繫: 매달리다.

 8. 육언(六言)을 배우지 않으면 육폐(六蔽)가 나타나기 마련이다.

[해석 본문]

　공자께서 말씀하셨다. "유(由)야! 너는 육언(六言)과 육폐(六蔽)를 들어보았느냐?" 자로가 대답하였다. "아직 (듣지) 못하였습니다." 공자께서 말씀하셨다. "앉거라. 내가 너에게 말해 주겠다. 인만 좋아하고 배우기를 싫어하면 그 폐단은 우둔이요, 지혜만 좋아하고 배우기를 싫어하면 그 폐단은 방탕이요, 믿음만 좋아하고 배우기를 싫어하면 그 폐단은 사악이요, 정직을 좋아하고 배우기를 싫어하면 그 폐단은 비방이요, 용맹만 좋아하고 배우기를 싫어하면 그 폐단은 난폭이요, 강건을 좋아하고 배우기를 싫어하면 그 폐단은 무모이다."

자왈 유야　여문육언육폐의호　대왈 미야　거　오어녀
子曰 由也애! 女聞六言六蔽矣乎아? 對曰 未也로다 居하라 吾語女하라

호인불호학　기폐야우　호지불호학　기폐야탕　호신불호학
好仁不好學이면 其蔽也愚오 好知不好學이면 其蔽也蕩이오 好信不好學이면

기폐야적　호직불호학　기폐야교　호용불호학　기폐야난
其蔽也賊이오 好直不好學이면 其蔽也絞오 好勇不好學이면 其蔽也亂이요

호강불호학　기폐야광
好剛不好學이면 其蔽也狂이니라

[배경 설명]

　여섯 가지 덕목과 이에 대응하는 여섯 가지 폐단이 있는데 육언과 육폐에 관한 교훈이다. 女(여)는 너, 居(거)는 앉다, 語(어)는 ~에게 ~을 말하다, 蔽(폐)는 폐단, 愚(우)는 우둔, 知(지)는 지혜, 蕩(탕)은 방탕, 信(신)은 믿음, 賊(적)은 사악, 絞(교)는 비방, 勇(용)은 용맹, 亂(난)은 난폭, 剛(강)은 강건, 狂(광)은 무모를 뜻한다.

　육언(六言)을 배우지 않는다면 육폐(六蔽)가 나타나기 마련이다. 육언(六言)인 仁·知·信·直·勇·剛(인·지·신·직·용·강)을 싫어하면 그 폐단은 愚·蕩·賊·絞·亂·狂(우·탕·적·교·난·광)이 생기기 마련이다. 육언(六言)이 빛이라면 육폐(六蔽)는 그의 그림자이다. 빛과 그림자는 서로 대응하는데, 인은 우둔, 지혜는 방탕, 믿음은 사악, 정직은 비방, 용맹은 난폭, 강건은 무모로 나타난다.

[표] 육언(六言)과 육폐(六蔽)

六言	인	지혜	믿음	정직	용맹	강건
六蔽	우둔	방탕	사악	비방	난폭	무모

　인(仁)을 좋아하더라도 배우기를 싫어하면 사람만 어진 사람일 뿐 우둔해지는 폐해가 있다. 지혜를 좋아하더라도 배우기를 싫어하면 방탕해지는 폐단이 있다. 믿음을 좋아하더라도 배우기를 싫어하면 사람을 해치는 사악한 폐단이 있다. 정직을 좋아하더라도 배우기를 싫어하면 남을 비방하는 폐단이 있다. 용기를 좋아하더라도 배우기를 싫어하면 난폭해지는 폐단이 있다. 강건을 좋아하더라도 배우기를 싫어하면 무모해지는 폐단이 있다. 따라서 아름다운 덕이라고 하여 육언(六言)을 좋아하기만 하고 배우지 않으면 나타나는 폐단이 있게 된다.

[단문 설명]

▷ **女聞六言六蔽矣乎?** 여문육언육폐의호? 너는 육언과 육폐를 들어보았느냐? 女: 너.

▷ **未也 居** 미야 거 아직 (듣지) 못하였습니다. 앉거라. 未: 아직 ~하지 못하다. 居: 앉다.

▷ **吾語女** 오어녀 내가 너에게 말해 주겠다. 語: ~에게 ~을 말하다. 女: 너.

▷ **好仁 不好學** 호인 불호학 인만 좋아하고 배우기를 싫어하면.

▷ **其蔽也 愚** 기폐야 우 그 폐단은 우둔이요. 蔽: 폐단. 也: 주격후치사. 愚: 우둔.

▷ **好知 不好學** 호지 불호학 지혜만 좋아하고 배우기를 싫어하면. 知: 지혜.

▷ 其蔽也 蕩 기폐야 탕 그 폐단은 방탕이요. 蕩: 방탕.

▷ 好信 不好學 호신 불호학 믿음만 좋아하고 배우기를 싫어하면. 信: 믿음.

▷ 其蔽也 賊 기폐야 적 그 폐단은 사악이요. 賊: 사악.

▷ 好直 不好學 호직 불호학 정직을 좋아하고 배우기를 싫어하면. 直: 정직.

▷ 其蔽也 絞 기폐야 교 그 폐단은 비방이요. 絞: 비방.

▷ 好勇 不好學 호용 불호학 용맹만 좋아하고 배우기를 싫어하면. 勇: 용맹.

▷ 其蔽也 亂 기폐야 난 그 폐단은 난폭이요. 亂: 난폭.

▷ 好剛 不好學 호강 불호학 강건을 좋아하고 배우기를 싫어하면. 剛: 강건.

▷ 其蔽也 狂 기폐야 광 그 폐단은 무모이다. 狂: 무모.

 9. 시(詩)는 흥(興), 관(觀), 군(群), 원(怨)을 표현한다.

[해석 본문]

공자께서 말씀하셨다. "너희들은 어찌하여 시를 배우지 않느냐? 시는 (감흥을) 일으킬 수도 있고, (사물을) 살필 수 있고, 사람들과 어울릴 수 있고, (잘못을) 나무랄 수도 있다. 가까이는 어버이를 섬기고, 멀리는 임금을 섬기며, 새와 짐승, 풀과 나무의 이름을 많이 알게 한다."

자왈 소자   하막학부시   시   가이흥   가이관 가이군 가이원 이지사부
子曰 小子는 何莫學夫詩오? 詩는 可以興이며 可以觀 可以群 可以怨 邇之事父며
원지사군   다식 어조수초목지명
遠之事君이오 多識 於鳥獸草木之名이니라

[배경 설명]

시의 본질적인 효용인 흥관군원(興觀群怨)에 대한 설명이다. 興(흥)은 감흥을 일으키다, 莫(막)은 아니하다, 可以(가이)는 할 수 있다, 觀(관)은 살피다, 群(군)은 사람들과 어울리다, 怨(원)은 나무라다, 邇(이)는 가깝다, 識(식)은 알다, 鳥(조)는 새, 獸(수)는 짐승을 뜻한다.

시는 감흥을 일으키고, 사물이나 사람을 살피고, 사람들과 어울리고, 다른 사람의 잘못을 나무라는 것이다. 주자(朱子)는 원(怨)을 원망하되 노하지 않는 것이라고 한다. 시경(詩經)을 배

움으로써 비유를 사용하여 의미를 표현하고, 풍속, 사건, 인물, 사물의 본질이나 변화를 살필 수 있다. 따라서 시는 사람들과 어울리되 방탕한 데로 가지 않고, 다른 사람이나 자신의 잘못을 원망하되 분노하지 않으며, 가까이는 부모를 섬길 수 있고, 멀리는 임금을 섬겨 인륜을 지킬 수 있고, 사물에 대해 박식해진다는 것이다.

[단문 설명]

▷ 小子 何莫學夫詩? 소자 하막학부시? 너희들은 어찌하여 시를 배우지 않느냐? 小子: 젊은 사람, 제자들. 莫: 아니하다. 夫: 이, 그, 저.

▷ 詩可以興 시가이흥 시는 (감흥을) 일으킬 수도 있고. 可以: 할 수 있다.

▷ 可以觀 가이관 (사물을) 살필 수 있고. 觀: 살피다.

▷ 可以群 가이군 사람들과 어울릴 수 있고. 群: 사람들과 어울리다.

▷ 可以怨 가이원 (잘못을) 나무랄 수도 있다. 怨: 나무라다.

▷ 邇之事父 이지사부 가까이는 어버이를 섬기고. 邇: 가깝다. 之: 주격후치사. 事: 섬기다.

▷ 遠之事君 원지사군 멀리는 임금을 섬기며. 遠: 멀다.

▷ 多識 於鳥獸草木之名 다식 어조수초목지명 새와 짐승, 풀과 나무의 이름을 많이 알게 한다. 多: 많다. 識: 알다. 鳥: 새. 獸: 짐승. 草: 풀. 木: 나무. 名: 이름.

---

10. 주남과 소남을 공부해야 사물을 제대로 볼 수 있다.

[해석 본문]

공자께서 백어에게 말씀하셨다. "너는 (시경의) 주남과 소남을 공부하였느냐? 사람이 주남과 소남을 공부하지 않으면 아마 담장을 정면으로 마주하고 서 있는 것과 같으리라!"

子謂伯魚曰 女爲周南召南矣乎아? 人而不爲周南召南이면 其猶正牆面
而立也與리라!

[배경 설명]

　주남과 소남을 공부해야 사물을 제대로 볼 수 있다는 교훈이다. 女(여)는 너, 爲(위)는 공부하다, 正面(정면)은 마주보다, 牆(담)은 담장, 立(립)은 서 있다를 뜻한다.

　백어(伯魚)는 공자의 아들 공리(孔鯉)의 자이다. 주남(周南)과 소남(召南)은 주공단(周公旦)과 소공석(召公奭) 형제의 이름에서 따온 것으로「시경(詩經)」국풍(國風)의 첫 두 편의 편명이다. 주남은 남녀 간의 사랑과 여자의 행실이 얌전하고 정숙함을 노래한 것이고, 소남은 아름다운 자연을 읊은 노래부터 제후와 대부의 부인들이 왕후에게 감화받은 것을 노래한 것이다.

　正牆面而立(정장면이립)은 담장을 마주하고 서 있다는 것으로 아주 가까이 다가가서도 사물을 제대로 보지 못하고 거기서 한 걸음도 나아가지 못하는 것을 뜻한다. 따라서 시경은 사물을 제대로 보고 학문을 발전하는 역할을 한다.

[단문 설명]

▷ 子謂伯魚 曰 자위백어 왈 공자께서 백어에게 말씀하셨다.

▷ 女爲周南召南矣乎? 여위주남소남의호? 너는 (시경의) 주남과 소남을 공부하였느냐? 女: 너. 爲: 공부하다. 배우다. 學과 같다.

▷ 人而 不爲周南召南 인이 불위주남소남 사람이 주남과 소남을 공부하지 않으면.

▷ 其猶正牆面 而立也與! 기유정장면 이립야여! 아마 담장을 정면으로 마주하고 서 있는 것과 같으리라! 其: 아마. 牆: 담장. 正面: 마주보다. 與: 其와 함께 쓰여서 추측종결사.

 11. 예와 음악은 공경심과 조화가 깃들여 있어야 하느니라.

[해석 본문]

　공자께서 말씀하셨다. "예다 예다 (하지만) 그것이 구슬이나 비단만을 말하겠느냐? 음악이다 음악이다 (하지만) (그것이) 종이나 북만을 말하겠느냐?"

　　　자 왈　예 운 예 운　　　옥 백 운 호 재　　　악 운 악 운　　　종 고 운 호 재
　　子曰 禮云禮云이나 玉帛云乎哉아? 樂云樂云이나 鍾鼓云乎哉아?

[배경 설명]

예와 음악은 공경과 조화가 깃들여 있다는 설명이다. 云(운)은 이르다, ~이다, 玉(옥)은 구슬, 帛(백)은 비단, 鍾(종)은 종, 鼓(고)는 북을 뜻한다.

옥백(玉帛)은 구슬과 비단으로 옛날에 중국의 제후가 천자를 만날 때 가지고 가던 공경을 표시하는 예물이다. 예(禮)는 공경심을 절제 있게 표현한 것이나 악(樂)은 소리를 조화롭게 표현한 것이다. 예는 단순한 예물의 교환이 아니고 음악은 단순한 악기의 연주가 아니며 그 속에는 공경, 질서 및 조화가 있어야 한다.

예를 표현하기 위해 의복의 격식을 차리는데 구슬을 차고 비단옷을 걸치지만, 공경과 질서가 없다면 이미 예가 아니며, 음악을 표현하기 위해 종이나 북으로 소리를 내는데 조화가 없다면 이미 음악이 아니다. 예악은 국가의 공경, 질서 및 백성의 조화를 이루는 데 필요하다. 예는 공경과 질서로, 음악은 조화로 행해질 때 백성들이 교회되어 태평성대가 이루어질 것이라고 가르치신 것이다. 따라서 공자께서 예악의 근본은 수기치인(修己治人)인데, 오히려 구슬, 비단, 종이나 북 같이 형식에 얽매어 있어 한탄하신 것이다.

[단문 설명]

▷ 禮云禮云 예운예운 예다 예다 (하지만) 云: 이르다. ~이다.

▷ 玉帛云乎哉? 옥백운호재? (그것이) 구슬이나 비단만을 말하겠느냐? 玉: 구슬. 帛: 비단.

▷ 樂云樂云 악운악운 음악이다 음악이다 (하지만).

▷ 鍾鼓云乎哉? 종고운호재? (그것이) 종이나 북만을 말하겠느냐? 鍾: 종. 鼓: 북. 乎哉: 반어종결사.

 12. **소인은 벽을 뚫고 담을 넘는 도적과 같이 항상 불안하다.**

[해석 본문]

공자께서 말씀하셨다. "얼굴빛은 위엄이 있지만 (실제로는) 마음이 유약한 것을 소인에게 비유한다면 벽을 뚫고 담을 넘는 도적과 같으리라!"

자 왈 색 려 이 내 임   비 저 소 인   기 유 천 유 지 도 야 여

子曰 色厲而內荏을 譬諸小人하면 其猶穿窬之盜也與이니라!

[배경 설명]

　군자는 마음과 외모가 일치하나 소인은 표리부동하고 유약하다는 교훈이다. 色(색)은 얼굴빛, 厲(려)는 위엄이 있다, 內(내)는 마음, 荏(임)은 유약하다, 譬(비)는 비유하다, 穿(천)은 뚫다, 窬(유)는 담을 넘다, 盜(도)는 도적을 뜻한다.

　군자는 마음의 덕이 외모의 위엄으로 드러나 마음과 외모가 일치하지만 소인은 얼굴빛이 위엄스러운 듯하지만 마음은 유약하여 표리부동하다. 겉으로는 위엄이 있는 척하면서 속은 유약한 사람과 벽을 뚫고 담을 넘는 도둑은 둘 다 남에게 발각될까 봐 항상 마음을 졸이는 면에서는 모두 같다. 따라서 소인은 표리부동하여 벽을 뚫고 담을 넘는 도적과 같이 항상 불안하다는 것을 말씀한 것이다.

[단문 설명]

▷ 色厲而內荏 색려이내임 얼굴빛은 위엄이 있지만 (실제로는) 마음이 유약한 것을. 色: 얼굴빛. 厲: 위엄이 있다. 內: 마음. 荏: 유약하다.

▷ 譬諸小人 비저소인 그것을 소인에게 비유하면. 譬: 비유하다. 諸: 之於. 之: 色厲而內荏.

▷ 其猶穿窬之盜也與! 기유천유지도야여! 아마 벽을 뚫고 담을 넘는 도적과 같으리라! 其: 아마. 穿: 뚫다. 窬: 담을 넘다(逾). 盜: 도적. 與: 추측종결사.

 13. 아부하여 덕이 있다고 칭송을 받는 자는 덕을 해치는 자이다.

[해석 본문]

　공자께서 말씀하시길 "마을 사람에게 아부하여 덕이 있다고 칭송을 받는 자(향원)는 덕을 해치는 자이다."

　　자 왈　향 원　　덕 지 적 야
　　子曰 鄕原은 德之賊也니라

[배경 설명]

　선량을 가장하고 사람들에게 칭송을 받는 위선자는 덕을 해치는 위선 군자라는 교훈이다. 鄕

(향)은 마을, 시골, 原(원)은 언덕, 근원, 賊(적)은 해치다를 뜻한다.

鄕原(향원)은 마을의 신망을 얻기 위해 여론에 영합하는 위선자이다. 이러한 위선 군자는 자신의 말과 행동을 삼가는 척하면서 세속에 영합하여 마을 사람들로부터 칭찬받고, 마을 사람들을 미혹에 빠뜨린다. 사람들의 잘못을 보고도 지적하지 않고 눈감아 주어 마치 겉으로는 너그럽고 후덕한 사람처럼 행세한다. 공자께서는 鄕原(향원)의 행실은 덕을 어지럽히고 해치는 자라고 말씀하여 매우 미워하신 것이다. 따라서 가식적인 언행을 삼가고 선악을 냉정하게 판단하여 확고한 태도를 취해야 덕을 해치는 자가 아니다.

[단문 설명]

▶ **鄕原** 향원 마을 사람에게 아부하여 덕이 있다고 칭송을 받는 자는. 鄕原: 여론에 영합하는 자. 鄕: 마을. 原: 언덕, 근원.

▶ **德之賊也** 덕지적야 덕을 해치는 자이다. 賊: 해치다.

 14. 길에서 듣고 길에서 말하면 덕을 버리는 것이다.

[해석 본문]

공자께서 말씀하셨다. "길에서 듣고 길에서 말하면 덕을 버리는 것이다."

_{자 왈 도 청 이 도 설}　　_{덕 지 기 야}
子曰 道聽而塗說이면 德之棄也니라

[배경 설명]

길에서 들은 것을 옳고 그름의 판단 없이 그대로 남에게 전달하지 말라는 교훈이다. 塗(도)는 길, 聽(청)은 듣다, 說(설)은 말하다, 棄(기)는 버리다를 뜻한다.

길에서 들은 이야기의 진위를 확인하지 않고, 깊은 생각없이 그냥 다른 사람에게 전달하는 것은 덕을 버리는 것이다. 비록 좋은 말을 들었다 하더라도 훌륭한 말씀과 행실인지를 판단하지 않고 다른 사람에게 전달하면 설화(舌禍)를 겪게 된다. 따라서 남에게 들은 말을 신중하게 사실 여부를 판단해야 할 것이며, 경솔하게 남에게 그대로 전달하지 말아야 한다.

[단문 설명]

▶ **道聽而塗說** 도청이도설 길에서 듣고 길에서 말하면. 塗: 길(途). 聽: 듣다. 說: 말하다.

▶ **德之棄** 덕지기 덕을 버리는 것이다. 之: 목적격 후치사. 棄: 버리다.

 15. 실직을 걱정한다면 못할 짓이 없을 것이다.

[해석 본문]

공자께서 말씀하셨다. "비루한 사람과 함께 임금을 섬길 수 있겠는가? 그가 (관직을) 아직 얻지 못하면 얻으려고 걱정하고, 이미 그것을 얻었다면 잃을까 봐 걱정하고, 만일 그것을 잃을까 봐 걱정한다면 못할 짓이 없을 것이다."

子曰 鄙夫는 可與事君也與哉아? 其未得之也면 患得之하고 旣得之면 患失之하니
苟患失之면 無所不至矣니라

[배경 설명]

실직할까 봐 걱정하는 사람은 비루할 수 있다는 경고이다. 鄙(비)는 더럽다, 與(여)는 함께, 事(사)는 섬기다, 患(환)은 걱정하다, 苟(구)는 만약을 뜻한다.

비부(鄙夫)는 마음씨가 악하고 비속하고 졸렬한 사람이다. 무소부지(無所不至)는 이르지 않는 곳이 없다, 즉 못할 짓이 없다는 뜻으로 소인은 관직을 위해서라면 무슨 짓이든 못하는 것이 없다. 관직, 부귀, 권력에만 뜻을 둔 비부(鄙夫)는 못하는 짓이 없으니 임금을 함께 섬길 수 없다. 환득지(患得之)는 관직, 부귀, 권력이나 명예를 얻지 못하는 것을 근심하는 것이다. 군자는 관직이 없는 것을 걱정하지 않고, 다만 그 자리에 서 있을 능력이 있는가를 걱정해야 한다. 따라서 비부(鄙夫)와는 함께 임금을 섬길 수 없는 것이다.

[단문 설명]

▶ **可與事君也與哉?** 가여사군야여재? 과 함께 임금을 섬길 수 있겠는가? 與: 과 함께. 事: 섬기다.

哉: 반어종결사.

▷ **其未得之也** 기미득지야 그가 (관직을) 아직 얻지 못하면. 其: 鄙夫. 之: 관직.

▷ **患得之** 환득지 그것을 얻으려고 걱정하고. 患: 걱정하다.

▷ **旣得之** 기득지 이미 그것을 얻었다면.

▷ **患失之** 환실지 그것을 잃을까 봐 걱정하니.

▷ **苟患失之** 구환실지 만일 그것을 잃을까 봐 걱정한다면. 苟: 만약.

▷ **無所不至矣** 무소부지의 못하는 짓이 없을 것이다. 所不至: 이르지 않는 곳, 못하는 짓.

16. 옛날의 우둔한 사람은 정직했으나 지금의 우둔한 사람은 간사하다.

[해석 본문]

공자께서 말씀하셨다. "옛날에는 백성들에게 세 가지 병폐가 있었는데, 지금은 이것마저도 없어졌구나! 옛날의 광인은 제멋대로였는데 지금의 광인은 방탕하고, 옛날의 긍지 있는 사람은 청렴했었는데 지금의 긍지 있는 사람은 성내고 사납고, 옛날의 우둔한 사람은 정직했었는데 지금의 우둔한 사람은 간사할 뿐이다."

子曰 古者에 民有三疾인데 今也에 或是之亡也로다! 古之狂也는 肆인데 今之狂也는
蕩이오 古之矜也는 廉인데 今之矜也는 忿戾요 古之愚也는 直인데 今之愚也는
詐而已矣로다

[배경 설명]

백성들의 세 가지 병폐를 개탄한 말이다. 疾(질)은 병폐, 亡(무)는 없다, 狂(광)은 미치다, 肆(사)는 방자하다, 蕩(탕)은 방탕하다, 矜(긍)은 긍지, 廉(렴)은 청렴, 忿(분)은 성내다, 戾(려)는 사납다, 愚(우)는 우둔하다, 直(직)은 정직하다, 詐(사)는 간사하다를 뜻한다.

삼질(三疾)은 세 가지 병폐로 광긍우(狂矜愚)이다. 광(狂)은 미치광이, 사(肆)는 구애받지 않고 제멋대로 하는 것, 탕(蕩)은 한계를 넘어 방탕한 것, 긍(矜)은 자신의 능력을 지나치게 믿고

자랑하는 것, 염(廉)은 청렴한 것, 분려(忿戾)는 성내고 사나운 것이다. 우(愚)는 어리석게 행동하는 것, 직(直)은 정직하게 행동하는 것, 사(詐)는 간사하게 행동하는 것이다.

　옛사람들에게는 광긍우(狂矜愚)라는 세 종류의 병폐가 있었으나 좋은 점도 있었다. 뜻이 높은 자(狂者)는 말과 행동에서 남을 의식하지 않았고, 긍지가 큰 자(矜)는 행동에 줏대가 있었으며, 어리석은 자(愚者)는 남을 속이지는 않았다. 그러나 지금은 세태가 각박해져 광자(狂者)는 오직 방탕할 뿐이고, 긍자(矜者)는 남과 다투기나 하고, 우자(愚者)는 남을 속이려고만 할 뿐이다. 따라서 지금 사람들은 옛사람들에 비해 순박함을 잃어버렸다.

[단문 설명]

▶ 古者 고자 옛날에는. 者: 시간을 표시하는 말 뒤에 붙는 접미사.

▶ 民有三疾 민유삼질 백성들에게 세 가지 병폐가 있었는데. 疾: 병폐.

▶ 今也 或是之亡也! 금야 혹시지무야 지금은 이것마저도 없어졌구나! 亡: 없다.

▶ 古之狂也肆 고지광야사 옛날의 광인은 제멋대로였는데. 狂: 미치다. 肆: 방자하다.

▶ 今之狂也蕩 고지광야탕 지금의 광인은 방탕하고. 蕩: 방탕하다.

▶ 古之矜也廉 고지긍야렴 옛날의 긍지 있는 사람은 청렴했었는데. 矜: 긍지. 廉: 청렴.

▶ 今之矜也 忿戾 금지긍야 분려 지금의 긍지 있는 사람은 성내고 사납고. 忿: 성내다. 戾: 사납다.

▶ 古之愚也直 고지우야직 옛날의 우둔한 사람은 정직했었는데. 愚: 우둔하다. 直: 정직하다.

▶ 今之愚也 詐而已矣 금지우야 사이이의 지금의 우둔한 사람은 간사할 뿐이다. 詐: 간사하다.

 17. 교묘한 말과 아첨하는 얼굴을 하는 사람 중에는 어진 사람이 적다.

[해석 본문]

공자께서 말씀하셨다. "말을 교묘하게 잘하고 얼굴빛을 좋게 꾸미는 자는 인이 드물다."

교 언 영 색　　선 의 인
巧言令色이 鮮矣仁이니라

[배경 설명]

말과 표정을 지나치게 꾸민 사람은 어질지 아니한 사람으로 경계하라는 교훈이다. 巧(교)는

269

교묘하다, 令(영)은 잘하다, 色(색)은 얼굴빛, 鮮(선)은 드물다를 뜻한다.

巧言(교언)은 남의 환심을 얻기 위해 교묘히 꾸미는 말로「시경(詩經)」소아(小雅) 우무정(雨無正)의 교언여류(巧言如流)에 있다. 令色(영색)은 아첨하기 위해 좋게 꾸민 얼굴빛으로「시경(詩經)」대아(大雅) 증민(烝民)의 영의영색(令儀令色)에 있다. 교언영색은 남에게 좋은 인상을 보이는 것으로 죄는 되지 않지만 어진 자는 거의 없다는 뜻이다.

仁(인)은 남과 나를 구별하지 않고 강직하고 의연하고 소박하고 어눌하고, 이러한 사람은 仁에 가깝다. 말을 아름답게 잘 하여 아첨하고, 좋게 보이기 위해 안색을 꾸미는 것은 仁이 아니다. 교묘한 말과 아첨하는 얼굴을 하는 사람 중에는 어진 사람이 적다. 따라서 임기응변과 아첨을 잘 꾸미는 사람은 어진 자가 아니므로 그를 항상 조심하고 경계하라는 공자의 경고이다.

[단문 설명]

▶ **巧言** 교언 말을 교묘하게 하고. 巧: 교묘하게 하다.
▶ **令色** 영색 얼굴빛을 좋게 꾸미는 자는. 令: 아름답다. 色: 얼굴빛.
▶ **鮮矣仁** 선의인 어진 자가 드물다. 仁: 어진 자. 仁鮮矣의 도치. 鮮: 드물다.

 18. **교묘한 말로 나라를 전복시키는 사람을 싫어한다.**

[해석 본문]

공자께서 말씀하셨다. "(나는) 자주색이 붉은색을 빼앗는 것을 싫어하며, 정나라 음악이 아악을 어지럽히는 것을 싫어하며, 교묘한 말로 나라를 전복시키는 것을 싫어한다."

> 자 왈 오 자 지 탈 주 야 　 오 정 성 지 란 아 악 야 　 오 이 구 지 복 방 가 자
> **子曰 惡紫之奪朱也**하며 **惡鄭聲之亂雅樂也**하며 **惡利口之覆邦家者**하노라

[배경 설명]

겉으로 그럴듯해 보이는 것이 본질을 이기는 것을 경계하라는 교훈이다. 惡(오)는 싫어하다, 紫(자)는 자주색, 奪(탈)은 빼앗다, 朱(주)는 붉은색, 鄭聲(정성)은 정나라 음악, 亂(란)은 어지럽히다, 雅樂(아악)은 고대 중국의 주나라 이전의 음악으로 정통의 바른 음악, 利口(이구)는 교묘

한 말, 覆(복)은 전복시키다, 邦家(방가)는 나라를 뜻한다.

주색(朱色)은 정색(正色)으로서 담담한 빛깔이고, 자색(紫色)은 간색(間色)으로서 농염(濃艶)한 빛깔로 붉은색이다. 이구(利口)는 교묘한 말을 민첩하게 잘하는 것이다. 복(覆)은 기울고 망하게 하는 것이다. 방(邦)은 제후의 나라요, 가(家)는 대부의 집안이다.

정성(鄭聲)은 정나라의 음악으로 남녀 간의 사랑을 노래한 것이 많아 애절하고 음란한 음악이라고 한다. 아악(雅樂)은 정통의 바른 음악으로 질서를 유지하고 화합하는 음악이다. 사람들은 자색을 좋아하므로 주색(朱色)이 자색(紫色)에게 자리를 빼앗기고, 남녀 간의 음탕한 사랑을 노래하는 정성이 아악을 어지럽혔다.

말을 잘하는 사람은 옳은 것을 그르다 하고 그른 것을 옳다 하며, 훌륭한 사람을 무능하다 하고 무능한 사람을 훌륭하다 하니, 군주가 그런 사람을 믿는다면 나라가 전복될 것이다. 따라서 겉으로는 그럴 듯해 보이는 것이 본래의 것을 어지럽히고, 사람들을 미혹시키는 것을 공자께서 경계하신 말씀이다.

[단문 설명]

▶ 惡紫之 奪朱也 오자지 탈주야 (나는) 자주색이 붉은색을 빼앗는 것을 싫어하며. 惡: 싫어하다. 紫: 자주색. 之: 주격후치사. 奪: 빼앗다. 朱: 붉은색.

▶ 惡鄭聲之 亂雅樂也 오정성지 란아악야 정나라 음악이 아악을 어지럽히는 것을 싫어하며. 鄭聲: 정나라 음악. 亂: 어지럽히다. 雅樂: 아악.

▶ 惡利口之 覆邦家者 오이구지 복방가자 교묘한 말로 나라를 전복시키는 것을 싫어한다. 利口: 교묘한 말. 覆: 전복시키다. 뒤집다. 邦家: 나라. 者: 也(야)의 오자.

 19. 사철이 운행되고 만물이 생장하는데, 하늘이 무슨 말씀을 하시는가?

[해석 본문]

공자께서 말씀하셨다. "나는 말을 하지 않으려고 한다." 자공이 말하였다. "선생님께서 만일 말씀하지 않으시면 저희들이 어떻게 (도를) 전술하겠습니까?" 공자께서 말씀하셨다. "하늘이 무슨 말씀을 하시는가? 사철이 운행되고 만물이 생장하는데, 하늘이 무슨 말씀을 하시는가?"

자왈 여욕무언 자공 왈 자여불언 즉 소 자 하 술 언 자왈
子曰 予欲無言하노라 子貢이 曰 子如不言이면 則小子何述焉이리오? 子曰

천 하 언 재 사 시 행 언 백 물 생 언 천 하 언 재
天何言哉오? 四時行焉하며 百物生焉하니 天何言哉오?

[배경 설명]

말로 가르치지 않아도 알아야 되는데 제자들이 다 살피지 못하는 것을 경계하신 것이다. 子 (여)는 나, 欲(욕)은 하려고 하다, 如(여)는 만일, 小子(소자)는 저희들, 述(술)은 전술하다, 四時 (사시)는 사철, 百物(백물)은 만물을 뜻한다.

욕무언(欲無言)은 말로 가르치는 일을 그만두는 것, 소자(小子)는 저희 문인들을 말한다. 전 술((傳述)은 가르침을 더 설명하고 서술하여 전하는 것이다. 제자들이 말로써 성인(聖人)을 관 찰하기만 하고 실제는 말을 하지 않고도 드러나는 것을 살피지 못하였다. 제자들이 공자의 말 씀만을 듣고 말씀하신 이유를 알지 못하기 때문에 공자께서 깨우쳐 주신 것이다.

사시행언 백물생언(四時行焉 百物生焉)은 춘하추동 사계절이 바뀌고 만물이 생성한다는 의 미인데, 여기에 천도(天道)가 있다는 뜻이다. 사계절의 운행과 만물의 성장은 천도가 발현되어 있는 구체적인 사실이므로 말을 기다리지 않고도 볼 수 있다. 따라서 공자의 도는 구체적인 사 실인데도 오히려 제자들이 다 깨닫지 못하니 걱정하신 것이다.

[단문 설명]

▷ **予欲無言** 여욕무언 나는 말을 하지 않으려고 한다. 子: 나. 欲: 하려고 하다. 無: 하지 않다.
▷ **子如不言** 자여불언 선생님께서 만일 말씀하지 않으시면. 如: 가정부사, 만일.
▷ **小子 何述焉?** 소자 하술언? 저희들이 어떻게 (도를) 전술하겠습니까? 小子: 저희들. 述: 전술하다.
▷ **天何言哉?** 천하언재? 하늘이 무슨 말씀을 하시는가?
▷ **四時行焉** 사시행언 사철이 운행(運行)되고. 四時: 사철.
▷ **百物生焉** 백물생언 만물이 생장(生長)하는데. 百物: 만물.

 20. **거문고를 가져다 노래를 부르시어 그로 하여금 듣게 하셨다.**

[해석 본문]

유비가 공자를 뵙고자 하였는데, 공자께서는 병이 있다고 사양하시고 말을 전달하는 사람이

문밖으로 나가자 거문고를 가져다 노래를 부르시어 그로 하여금 듣게 하셨다.

유비 욕현공자　공자사이질　장명자출호　취슬이가　사지문지
孺悲 欲見孔子어늘 孔子辭以疾하고 將命者出戶니 取瑟而歌하고 使之聞之하다

[배경 설명]

　거문고를 가져다 노래를 부르시어 심부름꾼에게 듣게 하여 비례(非禮)를 깨닫게 하셨다. 辭(사)는 사양하다, 疾(질)은 병, 將(장)은 받들다, 戶(호)는 문밖, 瑟(슬)은 거문고를 뜻한다.

　유비(孺悲)는 노(魯)나라 사람으로 喪禮(상례)에 관해 공자에게 배우려고 찾아왔다. 그는 소개도 없이 공자를 즉시 곧 알현하려고 했으나 공자는 말을 전하는 사람에게 병이 나서 만날 수 없다고 전하게 했다. 그리고 말을 전하는 사람이 문밖을 나가자 공자는 거문고를 타면서 노래를 불러 자신이 병이 난 것이 아니라 만나기 싫어서 만나지 않았다는 사실을 유비로 하여금 간접적으로 알게 했다. 이것은 그로 하여금 비례(非禮)를 깨닫게 하려고 한 것이다. 따라서 공자께서는 유비(孺悲)가 결례되는 짓을 했던 것을 일깨워주려고 하셨다.

[단문 설명]

▷ 孺悲 欲見孔子 유비 욕현공자 유비가 공자를 뵙고자 하였는데.
▷ 孔子 辭以疾 공자 사이질 공자께서는 병이 있다고 사양하시고. 辭: 사양하다. 疾: 병.
▷ 將命者 出戶 장명자 출호 말을 전달하는 사람이 문밖으로 나가자. 將: 받들다. 戶: 문밖.
▷ 取瑟 而歌 취슬 이가 거문고를 가져다 노래를 부르시어. 取: 가지다. 瑟: 거문고.
▷ 使之聞之 사지문지 그로 하여금 그것을 듣게 하셨다. 使: 하게 하다. 之: 孺悲. 聞: 듣다. 之: 歌.

 21. 자식이 태어나서 삼 년이 지난 뒤에야 부모의 품에서 벗어난다.

[해석 본문]

　재아가 물었다. "삼년상(三年喪)은 기간이 너무 깁니다. 군자가 삼 년 동안 예를 행하지 않으면 예가 반드시 무너지고, 삼 년 동안 음악을 하지 않으면 음악이 반드시 무너질 것입니다. 묵은 곡식이 다 없어지고 햇곡식이 이미 오르며, 불을 피우는 도구를 바꾸어 새로 불을 (얻으니), 일

주기이면 그칠 만한 것입니다."

_{재아 문삼년지상 기이구이 군자삼년 불위례 예필괴 삼년}
宰我 問三年之喪이 **期已久矣**니이다 **君子三年**에 **不爲禮**면 **禮必壞**하고 **三年**에

_{불위악 악필붕 구곡기몰 신곡기승 찬수개화 기가이의}
不爲樂이면 **樂必崩**하리다 **舊穀旣沒**하고 **新穀旣升**하며 **鑽燧改火**하니 **期可已矣**니이다

공자께서 말씀하셨다. "쌀밥을 먹고 비단옷을 입는 것이 너에게는 편안하냐?" 재아가 대답하였다. "편안합니다." 공자께서 말씀하셨다. "네가 편안하면 그렇게 해라. 군자가 상중에 있을 때에 맛있는 것을 먹어도 달지 않으며, 음악을 들어도 즐겁지 않으며, 집 안에 가만히 있어도 편안하지 않기 때문에 (그렇게) 하지 않는 것이니, 이제 네가 편안하면 그렇게 해라."

_{자왈 식부도 의부금 어여 안호 왈 안 여안즉위지}
子曰 食夫稻하며 **衣夫錦**이 **於女**에 **安乎**아? **曰 安**니이다 **女安則爲之**하라

_{부군자지거상 식지불감 문악불락 거처불안고 불위야}
夫君子之居喪에 **食旨不甘**하며 **聞樂不樂 居處不安故**로 **不爲也**하니

_{금녀안즉위지}
今女安則爲之하라

재아가 밖으로 나가자 공자께서 말씀하셨다. "재아의 어질지 못함이여! 자식이 태어나서 삼년이 지난 뒤에야 부모의 품에서 벗어난다. 삼년상은 천하의 공통된 상례이다. 재아는 삼 년 사랑이 그의 부모에게 (받은 일이) 있는가?"

_{재아출 자왈 여지불인야 자생삼년연후 면어부모지회}
宰我出하자 **子曰 予之不仁也**여! **子生三年然後**에 **免於父母之懷**하니라

_{부삼년지상 천하지통상야 여야 유삼년지애어기부모호}
夫三年之喪은 **天下之通喪也**이니라 **予也 有三年之愛於其父母乎**아?

[배경 설명]

재아(宰我)가 삼년상이 너무 길다는 근거를 대며 일년상을 주장하는 것에 대한 공자의 삼년상에 대한 당위성의 근거이다. 期(기)는 일주기, 已(이)는 너무, 그치다, 久(구)는 길다, 爲(위)는 행하다, 壞(괴)는 무너지다, 舊(구)는 묵은, 崩(붕)은 무너지다, 穀(곡)은 곡식, 沒(몰)은 없어지다, 升(승)은 오르다, 鑽燧(찬수)는 불씨를 피우는 도구, 稻(도)는 쌀밥, 錦(금)은 비단옷, 居(거)는 있다, 旨(지)는 맛있는 음식, 甘(감)은 달다, 喪(상)은 초상, 免(면)은 벗어나다, 懷(회)는 품

다, 通喪(통상)은 공통된 상례를 뜻한다. 宰我(재아)는 공자의 제자로 이름은 여(子), 자는 자아(子我)이며, 공문십철의 한 사람으로 어학에 뛰어났다.

三年喪(삼년상)은 어머니 품속에 있는 것이 삼 년이니, 부모의 품속에 있는 것에 대한 보은으로 부모께서 돌아가시면 삼 년 동안 상복을 입는 것이 당연하다. 곡식의 순환은 자연 현상이므로 일 년을 주기로 비유한다. 쌀밥, 맛있는 음식과 비단옷은 의식(衣食) 중에서 제일 좋은 것이다. 일 년마다 새 불씨로 바꾼다는 것은 인간 생활도 자연 현상과 마찬가지로 일 년을 주기로 순환하니, 일년상을 주장한다. 재아가 삼년상은 너무 길어 일년상으로 단축할 것을 주장하였다. 군자는 삼년상 기간 동안 부모의 무덤 앞에 초막을 짓고 오직 부모를 기리는 것 이외에 일체의 일을 삼간다. 삼 년 동안 예악(禮樂)을 방치한다면 마침내 예악은 붕괴된다. 일 년이 되면 하늘의 운행이 한 바퀴를 돌고, 시물(時物: 절기에 따라 나오는 산물)이 모두 바뀌니 상(喪)도 일 년이 되면 그칠 수 있음을 주장한다.

일년설과 삼년설의 논란이 있자 공자는 삼년상을 주장하는 근거를 제시하였다. 즉, 자식이 태어난 후 삼 년이 지나야 부모 품을 벗어나므로 부모에 대한 상례도 삼 년은 해야 한다고 주장한 것이다. 처음에 '네가 편안하면 그렇게 해라.'라고 하신 것은 끊은 말씀인데, 단서를 말씀하여 재아의 불찰을 깨우쳐 주시고, 다시 '네가 편안하면 그렇게 해라.'라고 말씀하시어 깊이 나무라신 것이다. 따라서 공자께서는 재아에게 삼년상의 당위성을 스스로 터득하게 하셨다.

[단문 설명]

▷ 宰我問 재아문 재아가 물었다.

▷ 三年之喪 삼년지상 삼년상(三年喪)은.

▷ 期已久矣 기이구의 기간이 너무 깁니다. 期: 기간. 已: 너무. 久: 길다.

▷ 不爲禮 불위례 예를 행하지 않으면. 爲: 행하다, 실천하다.

▷ 禮必壞 예필괴 예가 반드시 무너지고. 壞: 무너지다.

▷ 三年不爲樂 삼년불위악 삼 년 동안 음악을 하지 않으면. 爲: 하다.

▷ 樂必崩 악필붕 음악이 반드시 무너질 것입니다. 崩: 무너지다.

▷ 舊穀旣沒 구곡기몰 묵은 곡식이 다 없어지고. 舊: 묵은. 穀: 곡식. 沒: 없어지다.

▷ 新穀旣升 신곡기승 햇곡식이 이미 오르며. 升: 오르다.

▷ 鑽燧改火 찬수개화 불을 피우는 도구를 바꾸어 새로 불을 (얻으니). 鑽燧: 불을 피우는 도구. 鑽: 부싯돌. 燧: 부싯돌.

▷ 期可已矣 기가이의 일주기이면 그칠 만한 것입니다. 期: 일주기. 已: 그치다, 그만두다.

▶ 食夫稻 식부도 쌀밥을 먹고. 稻: 벼, 쌀밥.

▶ 衣夫錦 於女安乎? 의부금 어녀안호? 비단옷을 입는 것이 너에게는 편안하냐? 錦: 비단옷.

▶ 女安則爲之 여안즉위지 네가 편안하면 그렇게 해라. 女: 너. 爲: 하다. 之: 그것.

▶ 君子之居喪 군자지거상 군자가 상중에 있을 때에. 之: 주격후치사. 居: 있다. 喪: 초상.

▶ 食旨不甘 식지불감 맛있는 것을 먹어도 달지 않으며. 旨: 맛있는 음식. 甘: 달다.

▶ 聞樂不樂 문악불락 음악을 들어도 즐겁지 않으며. 樂(악): 음악. 樂(락): 즐겁다.

▶ 居處不安故 거처불안고 집 안에 가만히 있어도 편안하지 않기 때문에. 居: 있다. 處: 집 안.

▶ 不爲也 불위야 (그렇게) 하지 않는 것이니.

▶ 今 女安則爲之 금 녀안즉위지 이제 네가 편안하면 그렇게 해라. 今: 이제, 지금.

▶ 予之不仁也! 여지불인야! 재아의 어질지 못함이여! 予: 너, 宰子.

▶ 子生三年然後 자생삼년연후 자식이 태어나서 삼 년이 지난 뒤에야. 然後: 된 후에.

▶ 免於父母之懷 면어부모지회 부모의 품에서 벗어난다. 免: 벗어나다. 懷: 품.

▶ 天下之通喪也 천하지통상야 천하의 공통된 상례이다. 通喪: 공통된 상례.

▶ 有三年之愛 於其父母乎? 유삼년지애 어기부모호? 삼 년 사랑이 그의 부모에게 (받은 일이) 있는가? 子: 너, 宰子. 也: 주격후치사.

 무엇이라도 하는 것이 오히려 하지 않는 것보다는 나을 것이다.

[해석 본문]

공자께서 말씀하셨다. "하루 종일 배부르게 먹고 마음을 쓰는 데가 없다면 곤란하다. 장기와 바둑이 있지 않은가? 그것을 하는 것이 오히려 하지 않는 것보다 나을 것이다."

자왈 포식종일 무소용심 난의재 불유박혁자호 위지유현호이
子曰 飽食終日하고 無所用心이면 難矣哉라 不有博奕者乎아? 爲之猶賢乎已니라

[배경 설명]

유익한 일을 하는 것이 어렵다고 하는 일 없이 헛되이 먹기만 하는 무위도식(無爲徒食)을 경계한 말이다. 飽(포)는 배부르다, 難(난)은 곤란하다, 博奕(박혁)은 장기와 바둑, 賢(현)은 낫다,

已(이)는 그치다를 뜻한다. 따라서 성인께서 하루 종일 하는 일 없이 시간만을 보내면서 노는 것을 경계하시고, 장기나 바둑과 같은 취미 활동이라도 하라는 것을 강조하신 것이다.

[단문 설명]

▶ 飽食終日 포식종일 하루 종일 배부르게 먹고. 飽: 배부르다.
▶ 無所用心 무소용심 마음을 쓰는 데가 없다면.
▶ 難矣哉 난의재 곤란하다. 難: 곤란하다. 哉: 감탄종결사.
▶ 不有博奕者乎? 불유박혁자호? 장기와 바둑이 있지 않은가? 博奕: 장기(將棋)와 바둑.
▶ 爲之猶賢乎已 위지유현호이 그것을 하는 것이 오히려 하지 않는 것보다 나을 것이다. 之: 博奕. 賢: 낫다. 乎: 보다. 已: 하지 않다.

 23. 용맹하나 의가 없다면 군자는 난을 일으키고, 소인은 도적질을 한다.

[해석 본문]

　자로가 말하였다. "군자는 용맹을 숭상합니까?" 공자께서 말씀하셨다. "군자는 의를 으뜸으로 삼는다. 군자가 용맹만 있고 의가 없으면 난을 일으키고, 소인이 용맹만 있고 의가 없으면 도적질을 할 것이다."

子路曰 君子 尙勇乎리오? 子曰 君子 義以爲上이니라 君子 有勇而無義면 爲亂이오
小人이 有勇而無義면 爲盜니라

[배경 설명]

　용맹만 하다면 군자는 반란을 일으키고 소인은 도적이 되어 백성들을 괴롭히는 것을 경계하신 것이다. 尙(숭)은 숭상하다, 勇(용)은 용맹, 爲(위)는 행하다, 亂(란)은 난, 以爲(이위)는 ~으로 삼다, 盜(도)는 도적질을 뜻한다.

　의(義)가 용(勇)보다 더 상위의 덕목으로 의로운 사람은 용감하다. 신분이 높은 자가 용맹이

있으면서도 의를 모른다면 권력을 갖기 위해 난(亂)을 일으키기 십상이다. 신분이 낮은 자가 용맹하면 재물을 취하기 위해 도둑이 되기 쉽다. 의가 없는 용맹은 자칫 커다란 해악을 낳게 된다. 용맹하고 의가 없다면 군자는 난을 일으키고 소인은 도적질을 한다. 자로는 의리를 실천하는 데 용맹했으나 학문을 깊게 하지 않아서 폐단에 빠질 우려가 있었다. 따라서 자로가 용맹을 좋아하므로 공자께서 그의 단점을 지적하신 것이다

[단문 설명]

▷ **尙勇乎?** 상용호? 용맹을 숭상합니까? 尙: 숭상하다. 勇: 용맹.

▷ **義以爲上** 의이위상 의를 으뜸으로 삼는다. 義以: 以義 도치. 以~爲~: ~으로 삼다.

▷ **有勇而無義爲亂** 유용이무의위란 용맹만 있고 의가 없으면 난을 일으키고. 爲: 행하다. 亂: 난.

▷ **有勇而無義爲盜** 유용이무의위도 용맹만 있고 의가 없으면 도적질을 할 것이다. 盜: 도적질.

24. 남의 결점을 들추어내는 것을 정직으로 여기는 자를 미워한다.

[해석 본문]

　자공이 물었다. "군자도 미워하는 것이 있습니까?" 공자께서 말씀하셨다. "미워하는 것이 있으니, 남의 잘못을 말하는 자를 미워하며, 밑에 있으면서 윗사람 비방하는 자를 미워하며, 용맹하고 예(禮)가 없는 자를 미워하며, 과감하고 융통성이 없는 자를 미워한다."

　　　자 공 왈　군 자 역 유 오 호　　　　자 왈　유 오　　　오 칭 인 지 악 자
　　子貢曰 君子亦有惡乎리오? **子曰 有惡**하니 **惡稱人之惡者**하며
　　　오 거 하 류 이 산 상 자　　　　오 용 이 무 례 자　　　오 과 감 이 질 자
　　惡居下流而訕上者하며 **惡勇而無禮者**하며 **惡果敢而窒者**니라

　공자께서 말씀하셨다. "사(賜)야! 너도 미워하는 것이 있느냐?" 자공이 말하였다. "엿보아 살피는 것을 지혜로 여기는 자를 미워하며, 겸손하지 않은 것을 용맹으로 여기는 자를 미워하며, (남의 결점을) 들추어내는 것을 정직으로 여기는 자를 미워합니다."

^왈 ^{사야} ^{역유오호} ^{자공왈} ^{오요이위지자} ^{오불손이위용자}
日 賜也 亦有惡乎아? (子貢曰) 惡徼以爲知者하며 惡不孫以爲勇者하며

^{오알이위직자}
惡訐以爲直者하니라

[배경 설명]

공자께서는 사람들이 비난받을 수 있는 증오의 다섯 가지 행동을 훈계하셨다. 惡(오)는 미워하다, 稱(칭)은 말하다, 下流(하류)는 밑에, 上(상)은 윗사람, 訕(산)은 비방하여 헐뜯다, 窒(질)은 앞뒤가 막혀 융통성이 없다, 果敢(과감)은 과단성 있게 일을 처리하다, 孫(손)은 겸손하다, 徼(요)는 엿보아 살피다, 訐(알)은 남의 비밀을 들추어내다를 뜻한다.

남의 단점을 말하면 어질고 후덕한 뜻이 없고, 아랫사람으로서 윗사람을 비방하면 성의를 다하여 공경하는 마음이 없다. 따라서 공자께서는 남의 잘못을 말하는 자, 비방하는 자, 예가 없는 자, 과감하고 꽉 막힌 자나 남의 결점을 들추어내는 자를 미워하신다고 하셨다.

[단문 설명]

▷ 君子亦 有惡乎? 군자역 유오호? 군자도 미워하는 것이 있습니까? 亦: 도. 惡: 미워하다.

▷ 惡稱人之惡者 오칭인지악자 남의 잘못을 말하는 자를 미워하며. 惡(오): 미워하다. 稱: 말하다. 惡(악): 잘못, 과오.

▷ 惡居下流 而訕上者 오거하류 이산상자 밑에 있으면서 윗사람 비방하는 자를 미워하며. 居: 있다. 下流: 밑. 上: 윗사람. 訕: 비방하다.

▷ 惡勇 而無禮者 오용 이무례자 용맹하고 예가 없는 자를 미워하며.

▷ 惡果敢 而窒者 오과감 이질자 과감하고 융통성이 없는 자를 미워한다. 窒: 융통성이 없다.

▷ 賜也 亦有惡乎? 사야 역유오호? 너도 미워하는 것이 있느냐? 賜: 子貢의 이름.

▷ 惡徼 以爲知者 오요 이위지자 엿보아 살피는 것을 지혜로 여기는 자를 미워하며. 徼: 엿보아 살피다. 以爲~: ~으로 여기다.

▷ 惡不孫 以爲勇者 오불손 이위용자 겸손하지 않은 것을 용맹으로 여기는 자를 미워하며. 孫: 겸손하다(遜).

▷ 惡訐 以爲直者 오알 이위직자 (남의 결점을) 들추어내는 것을 정직으로 여기는 자를 미워합니다. 訐(알): 들추어내다. 以爲: ~으로 여기다.

25. 가까이 하면 불손하고 멀리 하면 원망한다.

[해석 본문]

공자께서 말씀하셨다. "오직 여자와 소인은 다루기 어렵다. 가까이 하면 불손하고 멀리 하면 원망한다."

자 왈 유 여 자 여 소 인   위 난 양 야   근 지 즉 불 손   원 지 즉 원
子曰 唯女子與小人이 爲難養也니라 近之則不孫하고 遠之則怨이니라

[배경 설명]

공자의 남존여비(男尊女卑) 시각으로 다루기 어려운 대상을 거론했으나 여자라는 말을 제거하고, 남녀평등과 인간존중에 합당한 의미로 대체해야 한다. 즉, 여자와 소인은 품성이 비열하고 어질지 않은 사람으로 이러한 사람은 여자와 소인이 아니라 오늘날 소인이거나 정신적 질환이 있는 사람일 것이다. 성격이 비정상적이고 관심을 받고 싶어하는 사람과 친하게 지내면 경계가 허물어져 크게 충돌할 수 있으며, 이들을 멀리하면 의리가 없다고 비난받을 수 있다. 따라서 품성이 비열하고 어질지 않은 사람과 교류하기 어려운 것이다.

[단문 설명]

▷ 唯女子與小人 유여자여소인 오직 여자와 소인은. 唯: 오직. 與: 와.
▷ 爲難養也 위난양야 다루기 어렵다. 爲: 이다. 難: 어렵다. 養: 다루다.
▷ 近之則不孫 근지즉불손 가까이 하면 불손하고. 近: 가까이 하다. 之: 女子與小人
▷ 遠之則怨 원지즉원 멀리 하면 원망한다. 遠: 멀리하다. 怨: 원망하다.

 26. 사십이 되어서도 남에게 미움을 받으면 아마 그것으로 끝날 뿐이다.

[해석 본문]

공자께서 말씀하셨다. "나이가 사십이 되어서도 (남에게) 미움을 받으면 그는 아마 (그것으

로) 끝일 뿐이다."

子曰 年四十而見惡焉_{이면} 其終也已_{니라}
자 왈 연 사 십 이 견 오 언　　　　기 종 야 이

[배경 설명]

　불혹의 나이에도 남에게 미움을 받는다면 인생을 헛되이 산 것이라는 경고이다. 見(견)은 당하다, 惡(오)는 미움, 終(종)은 끝이다, 也已(야이)는 ~뿐을 뜻한다.

　공자는 사십이불혹(四十而不惑)이라 하였다. 나이가 사십이 되어서도 남에게 칭찬받지 못하고 미움만 받는다면 그 사람은 세상을 헛되이 살은 것이니, 그 이후는 기대할 희망도 없다. 따라서 선으로 나아가 덕을 행하고 허물을 고칠 것을 권면하신 것이다.

[단문 설명]

▷ 年四十 而見惡焉 연사십 이견오언 나이가 사십이 되어서도 (남에게) 미움을 받으면. 見: 피동.

▷ 其終也已 기종야이 그는 (그것으로) 끝일 뿐이다. 其: 그것. 終: 끝나다. 也已: 뿐, 따름이다.

　☞ 自의 다양한 용법

- 전치사: ~로부터
- 명사, 대명사: 자기, 자신
- 부사: 스스로, 저절로
- 숙어: 自A至B (A로부터 B까지)
- 가정: 만약

第十八篇

微子(미자)

한 사람에게 완전함을 바라지 않는다.

　　微子篇(미자편)은 주로 현인이나 은자와 관련된 내용을 다루고 있다. 주요 내용으로는 현자, 정치, 인재, 사회, 미래, 지식, 부패, 정치, 학식, 예절, 정의, 인성, 세월, 예악과 우정에 관한 교훈이다. 지나간 것은 고칠 수 없지만 오는 것은 오히려 따라갈 수 있다. 세상이 혼탁한 물로 넘쳐 흐르니 세상을 바로잡는 일은 의를 실천하는 것이다. 옛 친구가 큰 잘못이 없으면 버리지 말고, 한 사람에게 완전함을 바라지 않는다.

1. 은나라에 세 현자는 미자, 기자, 비간이었다.
2. 유하혜는 정도(正道)를 지키고 항상 올바름을 잃지 않았다.
3. 내가 이미 늙어서 공자를 등용할 수 없구나.
4. 계환자가 도를 행할 사람이 못되어 공자가 노나라를 떠났다.
5. 지나간 것은 고칠 수 없지만 오는 것은 오히려 따라갈 수 있다.
6.1. 그는 나루터를 알고 있을 것이요.
6.2. 세상이 혼탁한 물로 넘쳐 흐르니 세상을 피하는 은자를 따르라.
6.3. 천하에 도가 있다면 세상을 바로잡는 일을 함께 하지 않을 것이다.
7.1. 사지가 제 구실을 못하고 오곡을 분별하지 못하는데 누가 선생이란 말이오?
7.2. 도가 무너진 나라의 형세를 분별하고 더 깊은 곳으로 은거하였다.
7.3. 군자가 벼슬하는 것은 자기 의리를 실천하는 것이다.
8. 벼슬할 것도 없고 벼슬하지 않을 것도 없다.
9. 나라가 망할 때는 예악이 붕괴하여 악인(樂人)들이 흩어진다.
10. 옛 친구가 큰 잘못이 없으면 버리지 말고, 한 사람에게 완전함을 바라지 않는다.
11. 주나라에 여덟 선비가 있었다.

1. **은나라에 세 현자는 미자, 기자, 비간이었다.**

[해석 본문]

미자는 (주왕을) 떠났고 기자는 (미친 척하여) 종이 되고, 비간은 간하다가 죽었다. 공자께서
말씀하셨다. "은나라에 세 어진 사람이 있었다."

미 자   거 지   기 자   위 지 노   비 간   간 이 사   공 자 왈
微子는 去之하고 箕子는 爲之奴하고 比干은 諫而死하니라 孔子曰
은 유 삼 인 언
殷有三仁焉이니라

[배경 설명]

은(殷)나라의 폭군 주왕(紂王)에게 바른 정치를 간하던 미자, 기자, 비간에 대한 공자의 인물
평이다. 去(거)는 떠나다, 爲(위)는 되다, 奴(노)는 종, 노비, 諫(간)은 간하다를 뜻한다.

주왕(紂王)은 은(상)나라의 마지막 임금으로 이름은 제신(帝辛)이고 시호는 주(紂)이다. 그는
총명하고 신체가 장대하고 외모가 준수하였다. 연못을 술로 가득 채우고[酒池] 주변의 나무에
고기를 매달아 놓고[肉林] 벌거벗은 남녀들이 놀게 하고 달기와 함께 배를 타고 노닐면서 손이
가는 대로 고기를 따 먹고 노는 주지육림(酒池肉林)으로 지냈다. 그는 하(夏)나라의 마지막 왕
인 걸왕(桀王)과 함께 악한 폭군의 전형이고, 달기(妲己)에게 빠져 주색을 일삼고 포악한 정치
를 하여 나라가 어지럽게 되어 마침내 주(周)나라 무왕(武王)에게 토벌되어 살해되었다.

세 어진 사람은 은나라 말의 혼란기에 덕을 실천한 인물이었다. 미자는 주왕의 서형(庶兄: 아
버지의 첩에서 낳은 형)이고, 기자와 비간은 주왕의 숙부이다. 미자는 주왕이 무도한 것을 보고
간하다 듣지 않자 떠나갔다. 비간은 간하다 주왕에 의해 피살되었고, 기자는 주왕의 무도함을
보고 여러 차례 간하다가 듣지 않자 미치광이를 가장하여 종 노릇을 하다가 은나라가 망하자
주왕이 조선(箕子朝鮮)의 왕으로 임명하였다. 따라서 덕이 있는 신하는 군주가 도를 행하도록
목숨을 걸고 간해야 한다.

[단문 설명]

▷ 微子去之 미자거지 미자는 (주왕을) 떠났고. 去: 떠나다. 之: 주왕(紂王).
▷ 箕子爲之奴 기자위지노 기자는 (미친 척하여) 종이 되고. 爲: 되다. 之: 주왕. 奴: 종, 노비.

▶ 比干諫而死 비간간이사 비간은 간하다가 죽었다. 諫: 간하다.
▶ 殷有三仁焉 은유삼인언 은나라에 세 어진 사람이 있었다.

 2. 유하혜는 정도(正道)를 지키고 항상 올바름을 잃지 않았다.

[해석 본문]

유하혜가 사사가 되었다가 세 번이나 쫓겨났다. 어떤 사람이 말하였다. "그대는 아직도 떠나지 않았습니까?" 이에 유하혜가 대답하였다. "도를 곧게 하고 (군주를) 섬기면 어디 간들 세 번 쫓겨나지 않겠습니까? 도를 굽혀 (군주를) 섬긴다면 어찌 굳이 부모의 나라를 떠나겠소?"

유 하 혜　위 사 사　　삼 출　　　인　　왈　자 미 가 이 거 호　　왈　직 도 이 사 인
柳下惠 爲士師하여 **三黜**하니라 **人**이 **曰 子未可以去乎**아? **曰 直道而事人**이면
언 왕 이 불 삼 출　　왕 도 이 사 인　　하 필 거 부 모 지 방
焉往而不三黜이며 **枉道而事人**이면 **何必去父母之邦**이리오?

[배경 설명]

유하혜(柳下惠)에 대한 인물평이다. 爲(위)는 되다, 士師(사사)는 법을 집행하는 관리, 黜(출)은 쫓겨나다, 子(자)는 그대, 可以(가이)는 할 수 있다, 去(거)는 떠나다, 直(직)은 곧게 하다, 事(사)는 섬기다, 往(왕)은 가다, 枉(왕)은 굽히다, 邦(방)은 나라를 뜻한다.

유하혜(柳下惠)는 노(魯)나라의 대부로 성은 전(展)이고 이름은 금(禽)이며, 유가에서 매우 숭상하는 현인(賢人)이다. 유하혜는 더러운 임금을 섬기는 것을 부끄러워하지 않았고, 작은 벼슬을 낮게 여기지 않았고, 벼슬에 나가서는 자신의 현명을 숨기지 않고, 반드시 도리를 다하였으며, 벼슬길에서 버림받아도 원망하지 않고, 곤경을 당해도 근심하지 않았다.

유하혜가 관직에서 세 번이나 쫓겨나니 지인들이 노나라를 떠날 것을 권유했다. 그러자 유하혜는 도를 곧게 하여 군주를 섬긴다면 어디 간들 쫓겨날 수밖에 없을 것이라고 말했다. 그는 도를 굽힌다면 이곳에서도 받아들여질 것인데 굳이 부모의 나라를 떠날 이유가 없다고 생각했다. 따라서 유하혜는 정도(正道)를 지키고 항상 올바름을 잃지 않았다.

[단문 설명]

▶ 爲士師三黜 위사사삼출 사사가 되었다가 세 번이나 쫓겨났다. 爲: 되다. 士師: 법을 집행하는

관리. 黜: 쫓겨나다.

▶ 子未可以去乎? 자미가이거호? 그대는 아직 떠나지 않습니까? 子: 당신, 그대. 可以: 할 수 있다.

去: 떠나다. 乎: 의문종결사.

▶ 直道而事人 직도이사인 도를 곧게 하여 (군주를) 섬기면. 直: 곧게 하다. 事: 섬기다.

▶ 焉往而不三黜? 언왕이불삼출? 어디 간들 세 번 쫓겨나지 않겠습니까? 焉: 어디. 往: 가다.

▶ 枉道而事人 왕도이사인 도를 굽혀 (군주를) 섬긴다면. 枉: 굽히다.

▶ 何必去父母之邦? 하필거부모지방? 어찌 굳이 부모의 나라를 떠나겠소? 邦: 나라.

 3. 내가 이미 늙어서 공자를 등용할 수 없구나.

[해석 본문]

제나라 경공이 공자를 대우하는 것에 대해 "계씨처럼 나는 (대우)할 수 없지만 계씨와 맹씨의 중간 정도로 공자를 대우하겠다."고 말하고는 또 "내가 이미 늙어서 (공자를) 등용할 수 없구나."라고 말하자 이 말을 듣고 공자께서 (제나라를) 떠나셨다.

齊景公이 待孔子曰 若季氏則吾不能이나 以季孟之間으로 待之이니라 曰 吾老矣라
不能用也하자 孔子行하시니라

[배경 설명]

제나라 경공이 공자를 등용하려 했으나 안영의 반대로 공자를 등용할 수 없다는 말을 듣자 공자께서 뜻을 펴실 수 없다고 생각하시고 제나라를 떠나셨다. 若(약)은 ~처럼, 待(대)는 대우하다, 用(용)은 등용하다, 行(행)은 떠나다를 뜻한다.

제경공(齊景公)은 제나라 군주로 사치스러운 생활을 즐겼으며, 백성들에게 많은 세금을 부과하고, 형벌을 가혹하게 집행하여 원성이 심하였다. 계씨(季氏)는 노나라의 국정을 전횡하고 있던 계손씨(季孫氏)다. 계맹(季孟)은 계손씨(季孫氏)와 맹손씨(孟孫氏)로 이들은 모두 노나라의 대부이다. 삼환(三桓) 중 계손씨(季孫氏)가 가장 세력이 컸고 맹손씨(孟孫氏)가 가장 작았다.

공자가 제나라에 갔을 때 경공이 공자를 등용하려 했으나 제나라 재상 안영(晏嬰)이 반대하여 결국 좌절되었다. 그 후 경공이 다시 노나라 계씨와 맹씨 수준으로 대우하겠다고 말하고도 제나라 대부들이 계속 반대하자 자신이 늙었음을 핑계로 등용하지 못했다. 따라서 공자께서는 뜻을 펼 수 없다는 것을 알고 결국 제나라를 떠나셨다.

[단문 설명]

▷ **齊景公 待孔子** 제경공 대공자 제나라 경공이 공자를 대우하는 것에 대해. 待: 대우하다.
▷ **若季氏則吾不能** 약계씨즉오불능 계씨처럼 나는 (대우)할 수 없지만. 若: 처럼, 같이. 若季氏: 若季氏待의 생략형. 則: 이지만. 不能: 不能待의 생략형.
▷ **以季孟之間待之** 이계맹지간대지 계씨와 맹씨의 중간 정도로 공자를 대우하겠다. 以: 으로. 季孟: 季氏와 孟氏. 之: 공자.
▷ **吾老矣** 오노의 내가 이미 늙어서.
▷ **不能用也** 불능용야 (공자를) 등용할 수 없겠구나. 用: 등용하다.
▷ **孔子行** 공자행 공자께서 (제나라를) 떠나셨다. 行: 떠나다.

 4. **계환자가 도를 행할 사람이 못되어 공자가 노나라를 떠났다.**

[해석 본문]

제나라 사람이 여자 악공들을 보내니, 계환자가 그들을 받고는 사흘 동안 조회하지 않아 공자께서 떠나셨다.

제 인　　　귀 여 악　　　　계 환 자　수 지　　　삼 일 부 조　　　공 자 행
齊人이 **歸女樂**이어니 **季桓子 受之**하고 **三日不朝**하니 **孔子行**하시다

[배경 설명]

공자가 노(魯)나라의 사구(司寇)를 그만두고 노나라를 떠난 이유를 기록한 것이다. 歸(귀)는 보내다, 受(수)는 받다, 朝(조)는 조회하다, 行(행)은 떠나다를 뜻한다.

여악(女樂)은 여자 가무단이다. 계환자(季桓子)는 정공 때부터 애공 때까지 노나라의 대부로

삼환(三桓)의 으뜸인 계손씨이고, 계강자(季康子)의 아버지이며 노나라 국정을 전횡하였다.

　공자는 노나라의 대사구(大司寇: 형조판서)가 된 지 7일 후 정치를 문란시킨 소정묘를 처형하여 그 시체를 3일 간 궁정에 내걸었다. 소정묘(少正卯)는 노나라 대부(大夫)로 5대악을 갖고 있었다. 5대악(五大惡)은 마음으로는 거역하면서도 사악하고(心逆而險), 행동은 공정하지 않으면서 고집은 세고(行僻而堅), 말은 거짓이면서 변명은 잘하고(言僞而辯), 기괴한 말은 기억하면서 박식을 과시하고(記醜而博), 비리를 저지르면서 특혜만을 누리는 것(順非而澤)이다. 이 중에 하나만 범하여도 죽음을 면치 못할 것인데 소정묘는 5대악을 모두 범하였다. 오늘날로 치면 소정묘는 부패한 관리와 가짜 뉴스 생산자의 원조인 셈이다.

　공자가 노나라의 대사구(大司寇: 형조판서)가 되어 나라를 잘 다스리자 이웃한 제나라가 두려운 생각에 팔십 명의 미녀 악단을 보냈다. 노나라 상경대부인 계환자는 악단을 받아들여 주악(酒樂)에 빠져들어 노나라 군주 정공(定公)과 함께 조회를 사흘이나 중단했다.

　공자는 정공과 계환자가 향락에 빠져 도를 행할 수 없다는 사실을 깨닫고 사구(司寇) 직을 사직하고 노나라를 떠났다. 따라서 계환자가 여자와 음악에 빠져 정사를 멀리하니, 도를 행할 만한 사람이 아니라는 것을 공자께서는 아시고 노나라를 떠나신 것이다.

[단문 설명]

▶ 齊人歸女樂 제인귀여악　제나라 사람이 여자 악공(樂工)들을 보내오니. 歸: 보내다.
▶ 季桓子受之 계환자수지　계환자가 그들을 받고는. 受: 받다. 之: 여자 악공(樂工).
▶ 三日不朝 삼일부조　사흘 동안 조회(朝會)하지 않아. 朝: 조회하다, 정사를 집행하다.
▶ 孔子行 공자행　공자께서 떠나셨다. 行: 떠나다.

 5. 지나간 것은 고칠 수 없지만 오는 것은 오히려 따라갈 수 있다.

[해석 본문]

　초나라 광인 접여가 노래하면서 공자 (앞을) 지나가며 말했다. "봉황새야! 봉황새야! 어찌하여 덕이 쇠하였는가? 지나간 것은 고칠 수 없지만 오는 것은 오히려 따라갈 수 있으니, 그만둘지어다. 그만둘지어다! 오늘날 정사에 종사하는 자들은 위태롭구나!" 공자께서 (수레에서) 내리시어 그와 말하려고 하셨는데, (그가) 종종걸음으로 걸어 공자를 피하므로 그와 함께 말씀하시지 못하였다.

초광접여 가이과공자왈 봉혜 봉혜 하덕지쇠 왕자 불가간 래자
楚狂接輿 歌而過孔子曰 鳳兮! 鳳兮여! 何德之衰오? **往者**는 **不可諫**이나 **來者**는
유가추 이이 이이 금지종정자 태이 공자하 욕여지언
猶可追니 **已而 已而**어다! **今之從政者 殆而**니라! **孔子下**하사 **欲與之言**인데
추이피지 부득여지언
趨而辟之하니 **不得與之言**하시다

[배경 설명]

　난세를 피하여 은둔하라는 은자의 충고이다. 狂(광)은 광인, 過(과)는 지나가다, 鳳(봉)은 봉황, 衰(쇠)는 쇠하다, 往(왕)은 지나다, 諫(간)은 고치다, 已(이)는 그만두다, 殆(태)는 위태롭다, 下(하)는 내리다, 趨(추)는 종종걸음으로 걷다, 辟(피)는 피하다, 不得(부득)은 할 수 없다를 뜻한다. 접여(接輿)는 성이 육(陸)이고 이름이 통(通)이며, 학덕이 높은데도 세상을 등지고 미친 체하며 세상을 피해 사는 은자였는데, 초나라 왕이 기용하려 하자 성명을 바꾸고 운둔하였다. 그는 공자께서 초나라로 가실 때 그가 노래하며 수레 앞을 지나갔다.

　봉(鳳)은 봉황의 수컷이고 암컷은 황(凰)이다. 봉황은 세상에 도가 있으면 나타나고 도가 없으면 숨는데, 접여는 공자를 봉황에 비유한 것이다. 접여는 공자가 은둔하지 못하는 것은 덕이 쇠했기 때문이라고 비난했으나 그래도 공자를 태평성세에나 나타나는 길조인 봉황(鳳凰)에 비유하여 공자에게 난세를 피하여 은둔하라고 충고한다.

　何德之衰(하덕지쇠)는 공자가 별다른 성과도 없이 천하를 주유하고 다녀 봉황의 덕을 쇠퇴하게 한 것을 뜻한다. 往者不可諫(왕자불가간)은 이제껏 헛되이 정치에 뜻을 두고 천하를 주유한 것은 이미 지나간 일이니, 탓하지 않겠다는 뜻이나, 來者猶可追(래자유가추)는 오는 일은 따라갈 수 있고, 지금이라도 늦지 않았으니 정치에 뜻을 두지 말고 은거하라는 뜻이다.

　공자는 은자의 입장에 공감하면서도 스스로는 당시의 정치현실을 바로잡으려는 뜻을 버리지 않았다. 은자는 공자가 나라를 다스려 보겠다는 욕심이 부질없다고 한 것인데, 이 말을 들은 공자는 은자를 만나 이야기하고 싶었으나 은자는 피하고 자취를 감추고 말았다. 따라서 접여는 인의 정치를 베풀고자 군주를 찾아 유세하는 공자에게 정치를 그만두라고 충고한다.

[단문 설명]

▶ **楚狂接輿** 초광접여 초나라 광인인 접여가. 狂: 광인.

▶ 歌而過孔子曰 가이과공자왈 노래하면서 공자 (앞을) 지나가며 말했다. 過: 지나가다.

▶ 鳳兮! 鳳兮! 봉혜! 봉혜! 봉황새야! 봉황새야! 鳳: 봉황(공자). 兮: 감탄종결사.

▶ 何德之衰? 하덕지쇠? 어찌하여 덕이 쇠하였는가? 之: 주격후치사. 衰: 쇠하다, 줄다.

▶ 往者不可諫 왕자불가간 지나간 것은 고칠 수 없지만. 往: 지나다. 者: 것. 諫: 고치다.

▶ 來者猶可追 래자유가추 오는 것은 오히려 따라갈 수 있으니. 追: 따라가다. 이루다.

▶ 已而! 已而! 이이! 이이! 그만둘지어다. 그만둘지어다! 已: 그만두다. 而: 감탄종결사.

▶ 今之 從政者殆而! 금지 종정자태이! 오늘날 정사(政事)에 종사하는 자들은 위태롭구나! 而: 감탄종결사.

▶ 孔子下 공자하 공자께서 (수레에서) 내리시어. 下: 내리다.

▶ 欲與之言 욕여지언 그와 말하려고 하셨는데. 之: 그.

▶ 趨而辟之 추이피지 (그가) 종종걸음으로 걸어 공자를 피하므로. 趨: 종종걸음으로 걷다.

▶ 不得與之言 부득여지언 그와 함께 말씀하시지 못하였다. 不得: 할 수 없다.

 6.1. 그는 나루터를 알고 있을 것이요.

[해석 본문]

장저와 걸닉이 함께 밭을 가는데 공자께서 그들을 지나시다가 자로를 시켜 나루터가 어디에 있는지 묻게 하시었다. 장저가 말하였다. "저 수레를 잡고 있는 사람은 누구요?" 자로가 말하였다. "공구이십니다." 장저가 대답하였다. "이 분이 노나라의 공구인가요?" 자로가 "그렇습니다." 하고 말하니, 이에 장저가 "그는 나루터를 알고 있을 것이요."라고 말했다.

장저걸닉 우이경 공자과지 사자로 문진언 장저왈
長沮桀溺이 耦而耕인데 孔子過之하실새 使子路하여 問津焉하시다 長沮曰

부집여자위수 자로왈 위공구 왈시로공구여 왈시야 왈시지진의
夫執輿者爲誰오? 子路曰 爲孔丘니라 曰是魯孔丘與아? 曰是也니라 曰是知津矣니라

[배경 설명]

자기의 뜻을 펴지 못하고 천하를 떠돌아다니는 것에 대한 장저의 비판이다. 耦(우)는 나란히

291

가다, 耕(경)은 밭을 갈다, 使(사)는 시키다, 津(진)은 나루터, 焉(언)은 어디, 執(집)은 잡다, 輿(여)는 수레, 爲(위)는 이다, 誰(수)는 누구, 是(시)는 맞다, 그렇다, 이것을 뜻한다.

　장저(長沮)와 걸익(桀溺)은 모두 은자(隱者)였다. 공자께서 초(楚)나라로부터 채(蔡)나라로 돌아오시는 길에 은자인 장저와 걸닉을 만났다. 원래 자로가 고삐를 잡았으나 나루터를 물으러 수레에서 내렸으므로 공자가 대신 고삐를 잡았다.

　問津(문진)은 나루터를 묻다는 뜻이니, 상황 등을 묻거나 학문의 길을 가르쳐 달라고 청하는 것이다. 是知津矣(시지진의)는 공자가 천하를 여러 번 주유하였으니, 나루터가 어디에 있는지 이미 알고 있을 것이란 말이다. 따라서 무도한 세상을 구원하려고 수레를 타고 천하를 돌아다니는 철환천하(轍環天下)에 대해 장저가 공자를 비판한 것이다.

[단문 설명]

▷ **長沮桀溺** 장저걸닉 장저와 걸닉이. 長沮·桀溺: 당시의 은자들.

▷ **耦而耕** 우이경 함께 밭을 가는데. 耦: 나란히 가다. 耕: 밭을 갈다.

▷ **孔子過之** 공자과지 공자께서 그들을 지나시다가. 之: 長沮·桀溺

▷ **使子路問津焉** 사자로문진언 자로에게 나루터가 어디에 있는지 묻게 하시었다. 使: 시키다. 津: 나루터. 焉: 어디.

▷ **夫執輿者爲誰?** 부집여자위수? 저 수레를 잡고 있는 사람은 누구요? 夫: 저. 執: 잡다. 輿: 수레. 爲: ~이다. 誰: 누구.

▷ **爲孔丘** 위공구 공구이십니다. 爲: ~이다.

▷ **是魯孔丘與?** 시로공구여? 이 분이 노나라의 공구인가요? 與: 의문종결사. 孔丘: 공자.

▷ **是也** 시야 그렇습니다. 是: 맞다, 그렇다.

▷ **是知津矣** 시지진의 그는 나루터를 알고 있을 것이오. 津: 나루터, 학문의 길.

 6.2. 세상이 혼탁한 물로 넘쳐 흐르니 세상을 피하는 은자를 따르라.

[해석 본문]
걸닉에게 물으니, (오히려) 걸닉이 물었다. "그대는 누구인가요?" 자로가 대답하였다. "중유라

하오." 그가 다시 물었다. "그대가 (바로) 노나라 공구의 제자인가요?" 자로가 "그렇소." 하고 대답하였다. 그가 말하였다. "천하가 다 (혼탁한 물로 넘쳐 흐르는 데), 누구와 함께 세상을 바꾼단 말이오? 또 그대는 사람(임금)을 피하는 선비(공자)를 따르는 것보다는 세상을 피하는 선비(은자)를 따르는 것이 더 낫지 않겠소?" 라고 하고 쉬지 않고 씨앗에 흙을 덮어 나갔다.

문어걸닉 　 걸닉 　 왈자위수 　 왈위중유 　 왈시노공구지도여
問於桀溺하니 **桀溺**이 **曰子爲誰**오? **曰爲仲由**로다 **曰是魯孔丘之徒與**아?

대왈연 　 왈도도자 　 천하개시야 　 이수이역지 　 차이여기종피인지사야
對曰然하다 **曰滔滔者 天下皆是也**인데 **而誰以易之**리오? **且而與其從辟人之士也**론

기약종피세지사재 　 우이불철
豈若從辟世之士哉하고 **耰而不輟**하더라

[배경 설명]

걸닉은 난세를 바꾸려고 하는 공자를 따르는 자로를 조롱하고 세상을 피하는 선비(은자)를 따르라고 충고한다. 徒(도)는 제자, 滔(도)는 물이 넘쳐 흐르다, 以(이)는 함께, 而(이)는 그대, 耰(우)는 곰방메로 흙덩이를 부수어 씨앗을 덮다, 輟(철)은 그치다를 뜻한다.

仲由(중유)는 공문십철(孔門十哲)의 한 사람으로 성은 仲(중), 이름은 由(유), 자는 子路(자로)이다. 그는 노나라의 경대부 가문인 삼환(三桓)의 하나인 계씨(季氏)의 읍재(邑宰)를 지냈다. 그는 성격이 거칠고, 용맹스러운 일과 힘쓰는 일을 좋아하고, 의지가 강하고 정직하였다.

辟人之士(피인지사)는 무도한 임금이 마음에 안 든다고 해서 그를 피해 다니는 인사로 공자를 가리킨다. 辟世之士(피세지사)는 세상을 피하는 선비로 장저와 걸닉 같은 은자를 가리킨다. 곰방메는 흙덩이를 깨뜨리거나 골을 다듬거나 씨 뿌린 뒤에 흙을 덮는 데 사용하는 농기구이다. 혼탁한 세상을 바꿀 수 있는 인재가 없으니 씨앗을 흙으로 덮어 나가듯이 은자를 따르라는 충고이다. 씨앗을 은자에, 흙은 은신처에 비유했다. 따라서 걸닉은 임금을 피하는 선비(공자)를 따르는 것보다는 세상을 피하는 선비(은자)를 따르는 것이 더 낫다고 말한다.

[단문 설명]

▷ **問於桀溺** 문어걸닉 걸닉에게 물으니.

▷ **子爲誰?** 자위수? 그대는 누구인가요?

▷ **是魯孔丘之徒與?** 시노공구지도여? 그대가 (바로) 노나라 공구의 제자인가요?

▷ **滔滔者** 도도자 혼탁한 물로 넘쳐 흐르는 것. 滔: 물이 넘쳐 흐르다.

▷ **天下皆是也** 천하개시야 천하가 다 이렇게(혼탁한 물이 넘치게 흐르는 데). 是: 滔滔者

▶ 而誰以易之? 이수이역지? 누구와 함께 그것을 바꾼단 말이오? 誰以: 누구와 함께, 以誰.

▶ 而與其從辟人之士也 이여기종피인지사야 그대는 사람(임금)을 피하는 선비(공자)를 따르는 것보다는. 而: 이인칭대명사(爾). 與其 ~豈若~: ~하는 것보다 ~하는 것이 낫다. 辟人之士: 사람(임금)을 피해 다니는 선비(공자). 辟: 피하다(避).

▶ 豈若從辟世之士哉? 기약종피세지사재? 세상을 피하는 선비(은자)를 따르는 것이 더 낫지 않겠소? 辟世之士: 세상을 피하는 선비(은자). 즉 장저와 걸익.

▶ 耰而不輟 우이불철 쉬지 않고 씨앗(은자)에 흙(은신처)을 덮어 나갔다. 耰: 곰방메로 흙덩이를 부수어 씨앗을 덮다. 輟: 그치다.

6.3. 천하에 도가 있다면 세상을 바로잡는 일을 함께 하지 않을 것이다.

[해석 본문]

자로가 돌아와서 말씀드리니, 선생님께서 한 동안 멍하게 계시다가 말씀하셨다. "(사람은) 새나 짐승과 함께 떼지어 살 수 없으니, 내가 이 사람들과 함께 살지 않으면 누구와 함께 (살겠는가)? 천하에 도가 있다면 나는 (너희들과) 함께 (세상을) 바로잡으려고 하지 않을 것이다."

> 자로행   이고   부자무연왈   조수   불가여동군   오비사인지도여
> 子路行하여 以告하니 夫子憮然曰 鳥獸는 不可與同群이니 吾非斯人之徒與이면
> 이 수 여   천 하 유 도   구 불 여 역 야
> 而誰與리오? 天下有道면 丘不與易也니라

[배경 설명]

은둔을 거부하고 현실에 참여하면서 세상을 바꾸겠다는 공자의 포부이다. 以(이)는 ~하여, 憮(무)는 멍하다, 鳥獸(조수)는 새나 짐승, 與(여)는 함께, 同(동)은 같이하다, 群(군)은 떼를 짓다, 徒(도)는 무리, 易(역)은 바로잡다를 뜻한다.

무연(憮然)은 멍하게 있는 것이니, 자신의 뜻을 알아주지 못해 애석해 하는 것이다. 사람과 더불어 이 세상을 살아야지, 새나 짐승과 떼지어 산 속에서 은거하며 지낼 수는 없다. 함께 어울려야 할 것은 사람뿐이니, 어찌 사람과 단절하고 세상을 피하는 것이 도라고 할 수 없다. 천하가

이미 잘 다스려지고 있다면 내가 굳이 세상을 바꾸려고 하지 않았을 것이다. 따라서 천하에 도가 없어 어지럽기 때문에 내가 세상을 도로써 바꾸려고 하는 것이다.

[단문 설명]

▶ 子路行以告 자로행이고 자로가 돌아와서 말씀드리니 以: 순접, ~하여.

▶ 憮然曰 무연왈 한 동안 멍하게 계시다가 말씀하셨다. 憮: 멍하다.

▶ 鳥獸不可與同群 조수불가여동군 (사람은) 새나 짐승과 함께 떼지어 살 수 없으니. 鳥獸: 새나 짐승. 與: 與鳥獸의 생략형. 同: 같이하다. 群: 떼를 짓다.

▶ 吾非斯人之徒與 오비사인지도여 내가 이 사람들과 함께 살지 않으면. 非: ~하지 않다, 非群 생략형. 徒: 무리. 與: 함께. 人之徒與: 사람들의 무리와 함께하다, 사람들과 함께 살다.

▶ 而誰與? 이수여? 누구와 함께 (살겠는가)? 與: 의문종결사.

▶ 天下有道 천하유도 천하에 도가 있다면.

▶ 丘不與易也 구불여역야 나는 (너희들과) 함께 (세상을) 바로잡으려고 하지 않을 것이다. 丘: 공자. 易: 바로잡다.

 7.1. 사지가 제 구실을 못하고 오곡을 분별하지 못하는데 누가 선생이란 말이오?

[해석 본문]

자로가 (공자를) 수행하던 중 뒤에 처졌는데 이때 한 노인을 만났다. (그 노인은) 지팡이를 짚고 삼태기를 메고 있었다. 자로가 "노인께서는 선생님을 보셨습니까?" 물으니, 이에 노인이 "사지가 제 구실을 못하고 오곡을 분별하지 못하는데 누가 선생이란 말이오?" 말하고 나서, 지팡이를 꽂아놓고 김을 매었다.

子路從而後러니 遇丈人인데 以杖荷蓧하니라 子路問曰 子見夫子乎아? 丈人이 曰
四體를 不勤하며 五穀을 不分하니 孰爲夫子오? 植其杖而芸하더라

[배경 설명]

한 은자가 도가 무너진 나라의 형세를 분별하지 못하는 공자를 따라 다니는 자로를 책망한
것이다. 後(후)는 뒤지다, 遇(우)는 만나다, 장인(丈人)은 노인, 以(이)는 ~하고, 杖(장)은 지팡
이, 荷(하)는 메다, 조(蓧)는 삼태기, 四體(사지)는 두 팔과 두 다리, 不勤(불근)은 제 구실을 못
하다, 穀(곡)은 곡식, 분(分)은 분별하다, 植(식)은 꽂다, 芸(운)은 김을 매다를 뜻한다.

장인(丈人)은 은자(隱者)이다. 자로가 은자에게 공자를 보았느냐고 묻자, 은자는 공자가 세
상에 대한 분별력이 없는 것을 비판하였다. 오곡(五穀)을 분별하지 못한다는 것은 도가 무너진
나라의 형세를 분별하지 못한다는 의미이니, 농사를 일삼지 않고 스승을 따라 노는 것을 책망
한 것이다. 사지(四肢)는 나라의 도이고 오곡은 나라의 형세이니, 은자는 나라에 도가 없어 나
라가 어지러운 형세를 분별하고 은거하고 있는 것을 비유한 것이다. 따라서 한 은자가 나라의
형세를 분별하지 못하고 공자와 함께 주유하는 자로를 깨우친 것이다.

[단문 설명]

▸ **子路 從而後** 자로 종이후 자로가 (공자를) 수행하던 중 뒤에 처졌는데. 後: 뒤지다.

▸ **遇丈人** 우장인 한 노인을 만났는데. 遇: 만나다. 丈: 노인, 어른.

▸ **以杖荷蓧** 이장하조 (그는) 지팡이를 짚고 삼태기를 메고 있었다. 杖: 지팡이. 荷: 메다. 蓧: 삼태기.

▸ **子見夫子乎?** 자견부자호? 노인께서는 선생님을 보셨습니까? 子: 그대, 노인. 夫子: 선생님, 공자.

▸ **四體不勤** 사체불근 사지(四肢)가 제 구실을 못하고. 四肢: 나라의 도. 不勤: 제 구실을 못하다.

▸ **五穀不分** 오곡불분 오곡을 분별하지 못하는데. 穀: 곡식. 五穀: 나라의 형세. 分: 분별하다.

▸ **孰爲夫子?** 숙위부자? 누가 선생이란 말이오?

▸ **植其杖而芸** 식기장이운 지팡이를 꽂아놓고 김을 매었다. 植: 꽂다. 芸: 김을 매다.

 7.2. **도가 무너진 나라의 형세를 분별하고 더 깊은 곳으로 은거하였다.**

[해석 본문]

자로는 두 손을 마주잡고 서 있었다. (노인이) 자로를 머물러 묵게 하고, 닭을 잡고 기장밥을
지어 먹이고, 그의 두 아들을 (자로에게) 알현시켰다. 다음날 자로가 돌아와서 (공자께) 이를 아

뢰니, 공자께서 "은자이시다." 하시고, 자로에게 돌아가 그 노인을 만나보게 하시었는데, (그 곳에) 도착해 보니 (노인은) 떠나버렸다.

_{자로공이립} 子路拱而立하다 _{지자로숙} 止子路宿하고 _{살계위서} 殺鷄爲黍 _{이식지} 而食之 _{현기이자언} 見其二子焉하다 _{명일} 明日에
_{자로행} 子路行하여 _{이고} 以告하다 _{자왈 은자야} 子曰 隱者也하시다 _{사자로} 使子路하고 _{반견지} 反見之하시니 _{지즉행의} 至則行矣니라

[배경 설명]

자로가 노인을 만나 융숭한 대접을 받고 와서 이를 공자에게 고하니, 공자가 자로에게 돌아가 노인을 만나라고 한 내용이다. 拱(공)은 두 손을 잡다, 殺(살)은 죽이다, 鷄(계)는 닭, 爲(위)는 만들다, 黍(서)는 기장밥, 以(이)는 ~하고, 反(반)은 돌아가다, 至(지)는 도착하다, 行(행)은 떠나다를 뜻한다. 殺鷄爲黍(살계위서)는 남을 극진히 대접한다는 의미이다.

노인이 자로를 집에 데려가 극진히 음식으로 대접하고 하룻밤을 묵게 하였다. 또한 자신의 두 아들을 자로에게 알현시켰다. 자로가 노인으로부터 환대받은 사실을 공자에게 알리자 공자는 그가 은자임을 감탄하고 자로에게 다시 그 노인에게 가보라고 시켰다. 자로가 도착해 보니 노인은 자로가 올 줄 알고서 먼저 집을 떠나 종적을 감췄다. 따라서 세상으로부터 은둔해 사는 이 노인은 도가 무너진 나라의 형세를 분별하고 더 깊은 곳으로 은거하려고 집을 떠났다.

[단문 설명]

▶ 子路拱而立 자로공이립 자로는 공손하게 두 손을 마주잡고 서 있었다. 拱: 두 손을 잡다.

▶ 止子路宿 지자로숙 (노인이) 자로를 머물러 묵게 하고. 宿: 묵다.

▶ 殺鷄爲黍而食之 살계위서이식지 닭을 잡고 기장밥을 지어 먹이고. 殺: 죽이다. 鷄: 닭. 爲: 만들다. 黍: 기장밥. 之: 黍

▶ 見其二子焉 현기이자언 그의 두 아들을 (자로에게) 알현시켰다. 其: 子路.

▶ 明日 子路行以告 명일 자로행이고 다음날 자로가 돌아와서 (공자께) 아뢰니. 行: 돌아오다. 以: 하고.

▶ 隱者也 은자야 은자이시다.

▶ 使子路 사자로 자로로 하여금.

▶ 反見之 반견지 돌아가 그 노인을 만나보게 하시었는데. 反: 돌아가다. 之: 노인.

▶ 至則行矣 지즉행의 (그곳에) 도착해 보니 (노인은) 떠나버렸다.

7.3. 군자가 벼슬하는 것은 자기 의리를 실천하는 것이다.

[해석 본문]

자로가 (노인의 남아 있는 아들에게) 말하였다. "벼슬하지 않는 것은 의가 없는 것이다. 어른과 아이의 예절을 폐지할 수 없거늘 임금과 신하의 의를 어떻게 폐지할 수 있겠는가? (그것은) 자기 몸을 깨끗이 하려고 중대한 인륜을 어지럽히는 짓이다. 군자가 벼슬하는 것은 자기 의리를 실천하는 것이다. 도가 행하여지지 않는다는 것을 (나도) 이미 알고 있었다."

자 로 왈　불 사 무 의　　　　장 유 지 절　　불 가 폐 야　　　군 신 지 의　　　여 지 하 기 폐 지
子路曰 不仕無義하다 **長幼之節**은 **不可廢也**거늘 **君臣之義**를 **如之何其廢之**리오?

욕 결 기 신　이 란 대 륜　　　군 자 지 사 야　　행 기 의 야　　도 지 불 행　　이 지 지 의
欲潔其身 而亂大倫이로다 **君子之仕也**는 **行其義也**니 **道之不行**을 **已知之矣**하시다

[배경 설명]

공자는 자로가 노인에게 君臣의 義를 말하고 오도록 했으므로 자로는 다시 찾아갔으나 노인이 종적을 감춰 노인의 두 아들에게 공자의 가르침을 전하였다. 長(장)은 어른, 幼(유)는 아이, 節(절)은 예절, 廢(폐)는 폐지하다, 潔(결)은 깨끗이 하다, 亂(란)은 어지럽히다, 大倫(대륜)은 중대한 인륜, 仕(사)는 벼슬하다, 已(이)는 이미를 뜻한다.

자로가 남아 있는 노인의 아들에게 공자를 대신하여 전달한 내용이다. 세상이 어지러우니 자기 몸만 깨끗이 하면 된다고 여겨 중대한 인륜을 어지럽혀서는 안 된다고 한 것이다. 군자가 벼슬에 나서는 것은 입신출세를 위해서가 아니라 천하의 의(義)를 행하기 위해서이다. 자로가 노인의 아들에게 말하기를, 장유(長幼)의 예절은 지키면서 어찌하여 천하의 큰 대의(大義)인 군신의 의(義)는 무시하려고 하느냐? 군자가 벼슬길에 나아가는 것은 의를 행하기 위해서이다. 따라서 공자는 자로를 통해서 의의 현실적인 정치 참여를 밝혔다.

[단문 설명]

▶ **不仕無義** 불사무의 벼슬하지 않는 것은 의가 없는 것이다.
▶ **長幼之節** 장유지절 어른과 아이의 예절을. 長: 어른. 幼: 아이. 節: 예절.
▶ **君臣之義** 군신지의 임금과 신하의 의를.

▶ 如之何其廢之? 여지하기폐지? 어떻게 그것을 폐지할 수 있겠는가? 如之何: 어떻게. 廢: 폐지.

▶ 欲潔其身 욕결기신 (그것은) 자기 몸을 깨끗이 하려고. 潔: 깨끗이 하다.

▶ 而亂大倫 이란대륜 중대한 인륜을 어지럽히는 짓이다. 亂: 어지럽히다. 大倫: 중대한 인륜.

▶ 君子之仕也 군자지사야 군자가 벼슬하는 것은. 之: 주격후치사. 仕: 벼슬하다.

▶ 行其義也 행기의야 자기 의를 실천하는 것이다.

▶ 道之不行 도지불행 도가 행하여지지 않는다는 것을.

▶ 已知之矣 이지지의 (나도) 이미 그것을 알고 있었다. 已: 이미. 之: 道之不行.

8. 벼슬할 것도 없고 벼슬하지 않을 것도 없다.

[해석 본문]

　세속을 초월한 사람(일민)은 백이·숙제·우중·이일·주장·유하혜·소련이었다. 공자께서 말씀하셨다. "자기 뜻을 굽히지 않고 자기 몸을 욕되게 하지 않는 자는 백이와 숙제로다!" 유하혜와 소련을 평하여 말씀하셨다. "뜻을 굽히고 몸을 욕되게 하였으나 말이 윤리에 맞고 행실이 (다른 사람의) 생각에 맞았으니, 아마 이것뿐이다." 또 우중과 이일을 평하여 말씀하셨다. "숨어살면서 말을 함부로 하였으나 그 처신이 청렴했고 (세속을) 떠난 것이 권도에 맞았다. 나는 이들과 달라서 (벼슬)할 것도 없고 (벼슬)하지 못할 것도 없다."

逸民은 伯夷와 叔齊 虞仲 夷逸 朱張 柳下惠와 少連이니라 子曰 不降其志하며
不辱其身은 伯夷叔齊與로다! 謂柳下惠少連하니 降志辱身矣나 言中倫하며
行中慮하니 其斯而已矣니라 謂虞仲夷逸하시니 隱居放言하나 身中淸하며
廢中權이니라 我則異於是하여 無可無不可하시다

[배경 설명]

　은자(隱者)들과 달리 공자는 세상을 등지지 않고 때가 되면 도덕정치를 하겠으나 현실이 생각과 같지 않으니 때에 따라 벼슬을 할 수도 있고, 안할 수도 있다는 입장으로 후퇴한 것이다.

逸(일)은 숨다, 謂(위)는 평하여 말하다, 降(강)은 굽히다, 辱(욕)은 욕되게 하다, 中(중)은 맞다, 倫(윤)은 윤리, 慮(려)는 생각, 居(거)는 살다, 放(방)은 함부로 행동하다, 淸(청)은 청렴, 權(권)은 권도, 異(이)는 다르다, 廢(폐)는 버리다를 뜻한다.

일민(逸民)은 높은 덕을 갖고서도 세상으로부터 은거해 사는 사람이고, 민(民)은 지위가 없는 자이다. 윤(倫)은 세상의 도리이며 방언(放言)은 거리낌 없이 함부로 내놓는 말이다. 권(權)은 권도(權道)로 그때그때의 형편에 따라 일을 처리하는 방도이다.

백이(伯夷)와 숙제(叔齊)는 고죽군의 두 아들이다. 주나라 무왕(武王)이 은나라를 치려고 하는 것을 반대하다가 이를 듣지 않자 두 형제는 주나라의 녹을 먹는 것을 부끄럽게 여기고 수양산에 들어가 고사리를 캐 먹으며 숨어 살다가 채미가(采薇歌)를 남기고 죽었다.

우중(虞仲)과 이일은 숨어 살면서 방언을 했는데, 방언(放言)은 거리낌 없이 함부로 내놓는 말이다. 우중(虞仲)은 주(周)나라 태왕(太王)의 둘째 아들 중옹(仲雍)이다. 그는 아우인 태백(泰伯)과 함께 왕위를 사양하고 오나라로 숨어버렸으나 또 다른 아우인 계력(季歷)은 왕위를 계승하였다. 중옹은 오나라에서 머리를 깎고 문신을 하고 벌거벗고 살았다. 은거하여 자기 혼자만을 선하게 한 것은 도의 이치에 맞고, 방언(放言)하여 스스로 폐한 것은 도의 권도(權道)에 맞다. 이일(夷逸)과 주장(朱張)에 대해서는 거의 알려진 바가 없다.

유하혜(柳下惠)는 어지러운 조정에 출사하여 세 번이나 쫓겨났다. 비록 그 뜻을 굽히고 몸을 욕되게 하였으나 그 언행은 사려 깊고 도리에 맞았다. 그는 노나라 대부 장문중(臧文仲)에게 작은 나라로서 큰 나라를 섬기는 방도를 일러주었다.

소련(少連)은 동이(東夷)의 자손으로 부모께서 돌아가셨을 때 거상(居喪)을 잘했다고 하여 공자가 칭송한 바 있다. 그의 행실이 사려에 맞았다고 평할 수 있다. 세속을 초월한 사람들은 윤리나 조리에 맞게 말하고, 행실은 사람들의 생각을 벗어나지 않았다.

無可無不可(무가무불가)는 꼭 해야 하는 것도 없고 꼭 안할 것도 없다는 뜻이다. 즉, 벼슬하고 싶으면 벼슬하고 은거하고 싶으면 은거하겠다는 뜻이다. 따라서 공자께서는 벼슬을 할 수 있으면 벼슬을 하고 벼슬을 하고 싶지 않으면 그만두며, 오래 머물 수 있으면 오래 머물고 속히 떠날 수 있으면 속히 떠나 도의에 따라서 행동하였다.

[단문 설명]

▷ **逸民** 일민 세속을 초월한 사람, 은거한 현자. 逸: 숨다.

▷ **伯夷 · 叔齊** 백이 · 숙제 백이와 숙제: 마음이 맑고 곧은 사람.

▶ 不降其志 불강기지 자기 뜻을 굽히지 않고. 降: 굽히다.

▶ 不辱其身 불욕기신 자기 몸을 욕되게 하지 않는 자는. 辱: 욕되게 하다. 其: 자기.

▶ 伯夷叔齊與! 백이숙제여! 백이와 숙제로다!

▶ 謂柳下惠少連 위유하혜소련 유하혜와 소련을 평하여 말하기를. 謂: 평하여 말하다.

▶ 降志辱身矣 강지욕신의 뜻을 굽히고 몸을 욕되게 하였으나.

▶ 言中倫 언중륜 말이 윤리에 맞으며. 中: 맞다. 倫: 윤리.

▶ 行中慮 행중려 행실이 (다른 사람의) 생각에 맞았으니. 慮: 생각.

▶ 其斯而已矣 기사이이의 아마 이것뿐이다. 其: 아마. 斯: 言中倫, 行中慮. 而已矣: 뿐, 따름.

▶ 隱居放言 은거방언 숨어살면서 말을 함부로 하였으나. 隱: 숨다. 居: 살다. 放: 함부로 하다.

▶ 身中淸 신중청 그 처신이 청렴했고. 身: 처신. 中: 해당하다, 맞다. 淸: 청렴.

▶ 廢中權 폐중권 (세속을) 떠난 것이 권도에 맞았다. 權: 권도(權道)

▶ 我則異於是 아즉이어시 나는 이들과 달라서. 則: 주격조사. 異: 다르다. 於: 비교.

▶ 無可無不可 무가무불가 (벼슬)할 것도 없고 (벼슬)하지 못할 것도 없느니라.

 9. **나라가 망할 때는 예악이 붕괴하여 악인(樂人)들이 흩어진다.**

[해석 본문]

태사 지는 제나라로 가고, 아반 간은 초나라로 가고, 삼반 료는 채나라로 가고, 사반 결은 진나라로 가고, 북을 치는 방숙은 황하로 들어가고, 작은 북을 흔드는 무는 한중으로 들어가고, 소사 양과 경쇠를 치는 양은 바다의 섬으로 들어갔다.

태 사 지　　적 제　　　아 반 간　　적 초　　　삼 반 료　　적 채　　　사 반 결　　적 진
大師摯는 **適齊**하고 **亞飯干**은 **適楚**하고 **三飯繚**는 **適蔡**하고 **四飯缺**은 **適秦**하고

고 방 숙　　입 어 하　　파 도 무　　입 어 한　　소 사 양　　격 경 양　　입 어 해
鼓方叔은 **入於河**하고 **播鼗武**는 **入於漢**하고 **少師陽**과 **擊磬襄**은 **入於海**하니라

[배경 설명]

나라가 망할 때는 예악이 붕괴되어 악인(樂人)들이 각지로 흩어진다는 교훈이다. 適(적)은 가다, 鼓(고)는 북 치다, 播(파)는 흔들다, 鼗(도)는 작은 북, 擊(격)은 치다를 뜻한다.

태사(大師)는 궁정의 악사장(樂師長)이며 소사(少師)는 태사를 돕는 악관(樂官)이다. 아반(亞飯)은 군주가 두 번째 식사(점심 식사)를 할 때 음악을 연주하는 악사이다. 삼반(三飯), 사반(四飯)은 각각 세 번째 식사(새참), 네 번째 식사(저녁 식사) 때에 음악을 연주하는 악사이다. 지(摯), 간(干), 요(繚), 결(缺), 방숙(方叔), 무(武), 양(陽)과 양(襄)은 사람 이름이다. 하(河)는 지명으로 하내(河內) 지방, 한(漢)은 지명으로 한중(漢中), 해(海)는 바다 속에 있는 섬이다. 따라서 노나라가 망할 때가 멀지 않자 악인(樂人)들이 각지로 흩어져 세상을 은거하였다.

[단문 설명]

▶ 大師摯適齊 태사지적제 태사 지는 제나라로 가고. 大師(태사: 클 태): 악사의 우두머리. 適: 가다.
▶ 亞飯干適楚 아반간적초 아반 간(干)은 초나라로 가고.
▶ 三飯繚適蔡 삼반료적채 삼반 료繚)는 채나라로 가고.
▶ 四飯缺適秦 사반결적진 사반 결(缺)은 진나라로 가고.
▶ 鼓方叔入於河 고방숙입어하 북을 치는 방숙은 황하로 들어가고. 鼓: 북 치다. 方叔: 이름.
▶ 播鼗武入於漢 파도무입어한 작은 북을 흔드는 무는 한중으로 들어가고. 播: 흔들다. 鼗: 작은 북.
▶ 少師陽 擊磬襄 入於海 소사양 격경양 입어해 소사 양(陽)과 경쇠를 치는 양(襄)은 바다의 섬으로 들어갔다. 少師: 태사의 부관. 擊: 치다. 磬: 경쇠.

10. 옛 친구가 큰 잘못이 없으면 버리지 말고, 한 사람에게 완전함을 바라지 않는다.

[해석 본문]

주공이 (아들) 노공에게 말했다. "군자는 자기 친척을 버리지 말고, 대신들로 하여금 임용해 주지 않는 것을 원망하지 않도록 하고, 옛 친구는 큰 잘못이 없으면 버리지 말며, 한 사람에게 완전함을 바라지 않는다."

周公이 謂魯公曰 君子 不施其親하며 不使大臣으로 怨乎不以하며 故舊
無大故則不棄也하며 無求備於一人이니라

[배경 설명]

주공(周公)이 노공(魯公)에게 정치를 할 때 유의해야 할 일을 훈계한 것이다. 謂(위)는 말하다, 施(시)는 버리다, 怨(원)은 원망하다, 以(이)는 쓰다, 임용하다, 故舊(고구)는 옛 친구, 大故(대고)는 큰 잘못, 棄(포)는 포기하다, 備(비)는 완전함, 求(구)는 바라다를 뜻한다.

주공(周公)은 주(周)나라 초기의 정치가로 노나라의 시조이고 문왕(文王)의 아들이며 무왕(武王)의 동생이다. 그는 무왕을 도와 은(殷)나라를 멸망시키고 주왕조를 강화하였으며, 예악, 법도를 정비하고 역경을 완성하고, 주례를 지었다고 한다. 그는 무왕의 왕위를 계승한 어린 성왕을 섭정으로 잘 보좌하고 7년 후 정권을 돌려주었다. 공자는 주공을 이상적인 인물로 추앙하여 성인의 한 사람으로 떠받들었다.

주공이 노나라에 봉해졌으나 성왕을 보필하게 되어 주공의 아들 노공(魯公)이 주공을 대신하여 노나라에 부임할 때 주공이 노공에게 훈계한 말이다. 공자는 주공을 성인으로 추앙했다. 대신(大臣)은 왕의 친척이라도 적임자가 아니라고 생각하면 임용하지 말아야 한다. 그러나 주공은 노공에게 신하를 사소한 일로 버리지 말고 완전한 사람을 기대하지 말라고 훈계한다. 따라서 적임자가 아니면 친척이라도 등용하지 말고, 옛 친구가 큰 잘못이 없으면 버리지 말고, 적재적소에 사람을 잘 배치하여 원망이 없도록 훈계한 것이다.

[단문 설명]

▷ 周公 謂魯公曰 주공 위노공왈 주공이 (아들) 노공에게 말했다. 謂: 말하다.

▷ 不施其親 불시기친 자기 친척을 버리지 말고. 施: 버리다.

▷ 不使大臣 怨乎不以 불사대신 원호불이 대신들로 하여금 임용해 주지 않는 것을 원망하지 않도록 하고. 使: 하여금. 怨: 원망하다. 乎: 於. 以: 쓰다, 임용하다.

▷ 故舊無大故 則不棄也 고구무대고 즉불기야 옛 친구는 큰 잘못이 없으면 버리지 말며. 故舊: 옛 친구. 大故: 큰 잘못. 則: ~하면. 棄: 포기하다.

▷ 無求備 於一人 무구비 어일인 한 사람에게 완전함을 바라지 않는다. 備: 완전함. 求: 바라다.

11. 주나라에 여덟 선비가 있었다.

[해석 본문]

주나라에 여덟 선비가 있었다. 백달, 백괄, 중돌, 중홀, 숙야, 숙하, 계수와 계와이다.

주 유 팔 사　　백 달　백 괄　중 돌　중 홀　숙 야　숙 하　계 수　　계 와
周有八士하니 伯達 伯适 仲突 仲忽 叔夜 叔夏 季隨와 季騧니라

[배경 설명]

나라에 도가 있으면 어진 사람이 많이 나오는데, 주(周)나라에서는 쇠락한 세상을 걱정하는 선비가 여덟 명이 있었다. 주나라의 여덟 선비는 백달(伯達), 백괄(伯适), 중돌(仲突), 중홀(仲忽), 숙야(叔夜), 숙하(叔夏), 계수(季隨)와 계와(季騧)이다.

한 어머니가 네 차례에 걸쳐 아이를 낳을 때마다 쌍둥이를 낳아 여덟 명이었다고 하고, 공자가 많은 선인들을 칭찬한 것이라고도 한다. 군자 역시 모두 높은 선비였으며, 그들이 성인의 도를 힘써 수양하여 그들의 경지는 더욱 고양되었다.

[단문 설명]

▷ 周有八士 주유팔사 주나라에 여덟 선비가 있었다.

☞ 如의 다양한 용법

- 비교 형용사: 같다(=若), 마치 ~와 같다.
- 가정부사: 만약(=若), 만약~이라면
- 동사: 가다(=之).
- 의문 어구: 어떠하냐?

第十九篇

子張(자장)

일과 학문을 병행한다.

子張篇(자장편)은 제자들의 언행을 기록한 것이다. 주로 국가, 정의, 교우관계, 관점, 학문, 교육, 현장, 위선, 자세, 시기, 원리, 산학, 효도, 인격과 심리에 관한 내용이다. 나라가 위급한 것을 보면 목숨을 바치고, 이득을 보면 의를 생각해야 한다. 새것을 배우고, 배운 것을 익히고, 널리 배우고, 확고한 뜻이 있고, 간절하게 묻고, 가까운 것부터 연관성을 찾는 것이 학습 비결이다. 현장에 문제와 답이 있으며, 신임을 얻은 후에 상사나 동료에게 충고한다면 문제가 해결되고 관계가 더욱 좋아질 것이다.

1. 나라가 위급한 것을 보면 목숨을 바치고, 이득을 보면 의를 생각한다.
2. 덕을 넓게 지키고, 도를 독실하게 믿어야 한다.
3. 내가 어질지 못하다면 남들이 나를 거절할 것이다.
4. 작은 기예에 빠져 드는 것이 염려된다.
5. 학문을 좋아하는 자는 새것을 배우고 배운 것을 익히는 자이다.
6. 학문을 하는 방법으로 박학(博學), 독지(篤志), 절문(切問)과 근사(近思)가 있다.
7. 모든 기술자들은 공장에 있으면서 자신의 일을 이룬다.
8. 소인은 잘못이 있으면 반드시 변명을 꾸미고 잘못을 감춘다.
9. 외모는 근엄하고 안색은 온화하고 언어는 명확하다.
10. 신임을 얻은 후에 백성을 부리고, 군주에게 간해야 한다.
11. 큰 덕목이 법도를 어기지 않으면 작은 덕목은 조금 어긋나도 괜찮다.
12. 자하는 배우는 자의 수준과 능력에 따라 달리하는 교육을 중시했다.
13. 벼슬과 학문을 병행해야 한다.
14. 상례(喪禮)는 슬픔을 극진히 할 뿐이다.
15. 자장은 어려운 일을 잘하나 아직은 인하지는 못하다.
16. 외모가 당당하다고 해서 인을 잘 실천하는 것은 아니다.
17. 최소한 부모상만은 끝까지 정성을 다하라.
18. 아버지의 좋은 점을 본받아 고치지 않은 것은 효도라고 할 만하다.
19. 죄를 범한 실정을 알면 불쌍히 여기고 기뻐하지 말아야 한다.
20. 천하의 악은 낮은 곳으로 모여든다.
21. 잘못을 고치면 사람들이 모두 우러러본다.
22. 어디에선들 배우시니 어찌 정해진 스승이 있겠습니까?
23. 문을 찾아 들어 가지 못하면 종묘의 아름다움과 백관의 많음을 볼 수가 없다.
24. 공자는 해와 달과 같아 넘을 수 없다.
25. 살아계시면 영광이요 돌아가시면 슬픔이다.

1. **나라가 위급한 것을 보면 목숨을 바치고, 이득을 보면 의를 생각한다.**

[해석 본문]

자장이 말하였다. "선비는 (나라가) 위급한 것을 보면 목숨을 바치고, 이득을 보면 의(義)를 생각하고, 제사를 지낼 때는 공경을 생각하고, 상(喪)을 치를 때는 슬픔을 생각한다면 그것만으로도 괜찮을 것이다."

자장 왈 사 견위치명 견득사의 제사경 상사애 기가이의
子張이 曰 士 見危致命하며 見得思義하며 祭思敬하며 喪思哀면 其可已矣니라

[배경 설명]

선비의 자세에 관한 교훈이다. 危(위)는 위급하다, 致(치)는 주다, 이르다, 得(득)은 이득, 敬(경)은 공경, 哀(애)는 슬픔, 可(가)는 괜찮다, 좋다를 뜻한다.

子張(자장)은 공자의 만년 제자로 성은 전손(顓孫), 이름은 사(師), 자는 子張(자장)이다. 그는 성격이 몹시 너그러워 사람들과 사귀는 것을 좋아했고, 잘생긴 외모와 적극적인 성격이었다. 그는 문학이 뛰어나고 웅변에도 능하고 풍채도 좋았으나 편향되고 어질지 못했다.

견위(見危)는 나라의 위급한 상황을 목도하는 것, 치명(致命)은 목숨을 바친다는 뜻이다. 견득(見得)은 이익에 직면하고, 사의(思義)는 도의적으로 옳은지 생각한다, 사경(思敬)은 경건한 마음을 가지려고 하는 것이다. 사애(思哀)는 망자의 죽음을 진정으로 슬퍼하는 마음을 가지는 것이다. 기가이의(其可已矣)는 그것으로 괜찮다를 말한다. 따라서 치명(致命), 사의(思義), 사경(思敬)과 사애(思哀)를 지킬 수 있다면 선비라 말할 수 있다.

[단문 설명]

▶ 見危致命 견위치명 (나라가) 위급한 것을 보면 목숨을 바치고. 危: 위급. 致: 주다.

▶ 見得思義 견득사의 이득을 보면 의를 생각한다. 得: 이득.

▶ 祭思敬 제사경 제사를 지낼 때는 공경을 생각하고. 敬: 공경.

▶ 喪思哀 상사애 상을 치를 때는 슬픔을 생각한다면. 哀: 슬픔.

▶ 其可已矣 기가이의 그것만으로도 괜찮을 것이다. 其: 그것. 可: 괜찮다. 矣: 서술종결사.

2. 덕을 넓게 지키고, 도를 독실하게 믿어야 한다.

[해석 본문]

자장이 말하였다. "덕을 지키되 (그것이) 넓지 않고, 도를 믿되 (그것이) 독실하지 않으면, (그런 사람이) 어찌 있다고 하며, 어찌 없다고 하겠는가?"

자 장　 왈　 집 덕 불 홍　 　신 도 부 독　 　 언 능 위 유　 　언 능 위 무
子張이 **曰 執德不弘**하며 **信道不篤**이면 **焉能爲有**며 **焉能爲亡**리오?

[배경 설명]

자장(子張)은 인간으로서 덕을 지키는 것이 넓지 못하고 도를 믿는 것이 독실하지 못하면 인간됨을 상실하게 된다고 불인과 도의 수양 자세를 경고했다. 執(집)은 지키다, 弘(홍)은 넓다, 篤(독)은 독실하다, 亡(무)는 없다를 뜻한다.

도는 사람을 사람답게 하는 이치를 말한다. 부독(不篤)은 서로의 관계, 사랑이나 인정이 많지 못하고 깊지 못함이다. 언능위망(焉能爲亡)은 "어찌 없다고 하겠는가?"라는 뜻으로 반어법이다. 따라서 덕을 넓게 지키고 도를 독실하게 행해야 인간이라고 할 수 있다.

[단문 설명]

▶ **執德不弘** 집덕불홍　덕을 지키되 (그것이) 넓지 않고. 執: 지키다. 弘: 넓다.
▶ **信道不篤** 신도부독　도를 믿되 (그것이) 독실하지 않으면. 篤: 독실.
▶ **焉能爲有 焉能爲亡?** 언능위유 언능위무?　(그런 사람이) 어찌 있다고 하며, 어찌 없다고 하겠는가? 焉: 어찌. 爲: 하다. 亡(없을 무): 없다.

 3. 내가 어질지 못하다면 남들이 나를 거절할 것이다.

[해석 본문]

자하의 제자가 자장에게 (벗을) 사귀는 일에 대하여 묻자, 자장이 "자하 선생께서 무엇이라고

하던가?" 하고 되물었다. 이에 "스승께서 좋은 사람은 사귀고 좋지 않은 사람은 거절하라고 하셨습니다." 하고 대답하였다.

_{자 하 지 문 인   문 교 어 자 장   자 장   왈 자 하 운 하   대 왈 자 하 왈 가 자}
子夏之門人이 **問交於子張**하자 **子張**이 曰 **子夏云何**오? 對曰 **子夏曰 可者**를
_{여 지   기 불 가 자   거 지}
與之하고 **其不可者**를 **拒之**하라

자장이 또 말하였다. "내가 들은 것과는 다르다. 군자는 어진이를 존경하고 대중을 포용하며, 좋은 사람을 칭찬하되 좋지 않은 사람을 불쌍히 여긴다. 내가 매우 어질다면 어찌 남을 포용하지 못할 것인가? 내가 어질지 못하다면 남들이 장차 나를 거절할 것이니, 어떻게 (내가) 남을 거절할 수 있겠는가?"

_{자 장   왈 이 호 오 소 문   군 자 존 현 이 용 중   가 선 이 긍 불 능}
子張이 曰 **異乎吾所聞**이오 **君子 尊賢而容衆**하며 **嘉善而矜不能**이니다
_{아 지 대 현 여   여 인   하 소 불 용   아 지 불 현 여   인 장 거 아}
我之大賢與면 **於人**에 **何所不容**이요? **我之不賢與**면 **人將拒我**니
_{여 지 하 기 거 인 야}
如之何其拒人也리오?

[배경 설명]

교우관계에서 선별과 포용의 문제를 언급하나 손해되는 벗은 마땅히 거절하라는 교훈이다. 交(교)는 사귀다, 云(운)은 말하다, 可者(가자)는 좋은 사람, 與(여)는 사귀다, 拒(거)는 거절하다, 異(이)는 다르다, 尊(존)은 존경하다, 容(용)은 포용하다, 嘉(희)는 칭찬하다, 善(선)은 좋다, 矜(긍)은 불쌍히 여기다, 大(대)는 매우, 與(여)는 ~라면을 뜻한다.

교우관계에 대한 자하와 자장의 견해는 차이가 있다. 자하는 좋은 사람은 사귀고 좋지 않은 사람은 사귀지 말아야 하나 자장은 좋은 사람뿐만 아니라 좋지 않은 사람도 포용하라는 견해이다. 자하는 새가 앉을 나뭇가지를 가리듯 교우관계도 마찬가지로 좋지 않은 사람은 멀리하고 살피지 않으면 안 된다는 주장이다. 그러나 자장은 선별적인 자하의 교우관을 비판한다. 사귈 수 있는 자와 사귈 수 없는 자가 구별되는 것이 아니라 문제는 자신에게 있다는 자장의 견해이다. 주자(朱子)는 큰 잘못이 있거나 해를 주는 자와는 거리를 멀리하는 것이 올바르다고 말한다. 따라서 교우관계에서 자하는 선별주의자이나 자장은 포용주의자이다.

[단문 설명]

▶ 問交於子張 문교어자장 자장에게 (벗을) 사귀는 일에 대하여 묻자. 交: 사귀다.

▶ 子夏云何? 자하운하? 자하 선생께서 무엇이라고 하던가? 云: 말하다.

▶ 可者與之 가자여지 좋은 사람을 사귀고. 可者: 좋은 사람. 與: 사귀다.

▶ 其不可者拒之 기불가자거지 좋지 않은 사람을 거절하라. 不可者: 좋지 않은 사람. 拒: 거절하다.

▶ 異乎吾所聞 이호오소문 내가 들은 것과는 다르다. 異: 다르다.

▶ 尊賢而容衆 존현이용중 어진이를 존경하고 대중을 포용하며. 尊: 존경. 容: 포용.

▶ 嘉善而矜不能 가선이긍불능 좋은 사람을 칭찬하되 좋지 않은 사람을 불쌍히 여긴다. 嘉: 칭찬하다. 善: 좋다. 矜: 불쌍히 여기다. 不能: 좋지 않은 사람.

▶ 我之大賢與 아지대현여인 내가 매우 어질다면. 之: 주격후치사. 大: 매우. 與: ~라면.

▶ 於人 何所不容? 여인 하소불용? 어찌 남을 포용하지 못할 것인가? 於: 을. 何所: 何와 같다.

▶ 我之不賢與 아지불현여 내가 어질지 못하다면. 與: 가정접속사, ~라면.

▶ 人將拒我 인장거아 남들이 장차 나를 거절할 것이니. 將: 장차. 拒: 거절하다.

▶ 如之何 其拒人也? 여지하 기거인야? 어떻게 (내가) 남을 거절할 수 있겠는가? 如之何: 어떻게, 어찌..

 4. **작은 기예에 빠져 드는 것이 염려된다.**

[해석 본문]

자하가 말하였다. "비록 작은 기예라도 거기에는 반드시 본받을 만한 것이 있다. (그러나) 깊이 들여다 보면 (학문연마에) 장애가 될까 염려된다. 이 때문에 군자는 (작은 기예를) 추구하지 않는다."

자 하 왈　수 소 도　　필 유 가 관 자 언　　치 원 공 니　　시 이　　군 자 불 위 야
子夏曰 雖小道나 必有可觀者焉이나 致遠恐泥다 是以로 君子不爲也니라

[배경 설명]

군자가 작은 일에 집중하면 원대한 진리를 깨달을 수 없다는 교훈이다. 小道(소도)는 작은 기예, 잡기, 기술, 재주, 觀(관)은 본받다, 거울삼다, 致(치)는 이르다, 遠(원)은 깊다, 恐(공)은 염려되다, 泥(니)는 진흙, 장애, 爲(위)는 추구하다를 뜻한다.

주자는 小道(소도)를 농사일, 의술, 점술, 잡기와 같은 기술과 재주라고 한다. 致遠(치원)은 깊이 들여다 보는 것을 뜻하며 이는 도를 이루는 것이다. 결국 小道(소도)는 도를 이루는데 장애가 되니 군자는 이를 추구하지 않는다. 군자가 작은 일에 집중하면 기예(技藝: 기술과 재주)는 진리를 깨우치는 데 장애가 될 수 있다는 교훈이다. 따라서 원대한 이상을 실현하려고 하기보다 小道(소도)에 빠져 있는 이가 많았으므로 자하는 그 폐해를 경고한 것이다.

[단문 설명]

▷ **雖小道** 수소도 비록 작은 기예(技藝)라도. 雖: 비록. 小道: 작은 기예. 한 가지 전문적인 특기.

▷ **必有可觀者焉** 필유가관자언 거기에는 반드시 본받을 만한 것이 있다. 可觀者: 본받을 만한 것. 焉: 거기에, 於是와 같다.

▷ **致遠恐泥** 치원공니 (그러나) 깊이 들여다 보면 (학문연마에) 장애가 될까 염려된다. 致: 이르다, 나아가다. 遠: 깊다. 恐: 염려되다. 泥: 장애.

▷ **君子不爲** 군자불위 군자는 (작은 기예를) 추구하지 않다. 爲: 추구하다.

 5. **학문을 좋아하는 자는 새것을 배우고 배운 것을 익히는 자이다.**

[해석 본문]

자하가 말하였다. "날마다 자기가 모르는 것을 알며 달마다 자기가 아는 것을 잊지 않으면 학문을 좋아한다고 할 만하다."

_{자 하 왈} _{일 지 기 소 무} _{월 무 망 기 소 능} _{가 위 호 학 야 이 의}
子夏日 日知其所亡하며 月無忘其所能이면 可謂好學也已矣니라

[배경 설명]

학문은 모르는 것을 배우고, 배워 아는 것을 잊지 않으려고 하는 것으로 지신온고(知新溫故)이다. 日(일)은 날마다, 亡(무)는 모르다, 月(월)은 달마다, 忘(망)은 잊다를 뜻한다.

학문을 좋아하는 자는 날마다 새것을 배우고, 이 배운 것을 잊지 않기 위해 달마다 복습하는 것을 좋아하는 자이다. 日知其所亡(일지기소무)는 날마다 자기가 모르는 것을 아는 것으로 이는 새로운 것을 아는 것(知新)이다. 月無忘其所能(월무망기소능)은 달마다 자기가 아는 것을 잊지 않는 것으로 아는 것을 복습하는 것(溫故)이다. 다산(茶山) 정약용(丁若鏞)은 학문은 새것을 아는 것부터 시작하므로 지신온고(知新溫故)를 주장한다. 따라서 학문을 좋아하는 자는 새것을 배우고 배운 것을 익히는 자이다.

[단문 설명]

▸ 日知其所亡 일지기소무 날마다 자기가 모르는 것을 알며. 日: 날마다. 其: 자기. 所亡: 모르는 것. 亡(없을 무): 없다. 모르다.

▸ 月無忘其所能 월무망기소능 달마다 자기가 아는 것을 잊지 않으면. 月: 달마다. 無忘: 잊지 않다. 其: 자기. 所能: 所能知, 아는 것.

▸ 可謂好學也已矣 가위호학야이의 학문을 좋아한다고 할 만하다. 可謂: 할 만하다. 也已矣: 한정 종결사.

 6. 학문을 하는 방법으로 박학(博學), 독지(篤志), 절문(切問)과 근사(近思)가 있다.

[해석 본문]

자하가 말하였다. "널리 배우고 뜻을 독실히 하고 간절하게 묻고 가까이 (유추하여) 생각하면 인이 그 가운데 있다."

자하왈　박학이독지　　절문이근사　　인재기중의
子夏曰 博學而篤志하며 切問而近思하면 仁在其中矣니라

[배경 설명]

문학에 뛰어났던 자하(子夏)는 학문을 하는 방법으로 박학(博學), 독지(篤志), 절문(切問)과 근사(近思)를 강조한다. 博(박)은 넓다, 篤(독)은 독실하다, 志(지)는 뜻, 切(절)은 간절하다, 問(문)은 묻다, 近(근)은 가깝다, 思(사)는 생각하다.

배우는 과정은 박학과 독지이다. 박학(博學)은 널리 배우는 것으로 군자는 육예(六藝)를 널리 배우고, 독지(篤志)는 배우겠다는 뜻이 독실한 것으로 뜻이 진실해야 극진히 행할 수가 있다. 篤實(독실)은 열성이 있고 진실하고 극진한 것이다. 배우고 난 후에는 학문을 더 넓히는 방법이 절문(切問)과 근사(近思)이다. 절문(切問)은 배운 것을 절실하게 깊이 찾고 의문스런 곳은 자신에게 또는 남에게 묻는 것이고, 근사(近思)는 배운 것과 관련 있는 것을 미루어 다른 것을 생각하는 것으로 유추하는 것이다. 유추(類推)는 유비추리(類比推理)의 준말로 두 개의 사물이 속성이나 관계가 공통점이 있을 경우 다른 사물도 그와 같은 속성이나 관계가 있을 것이라고 추리하는 것이다. 따라서 자하는 박학·독지·절문·근사(博學·篤志·切問·近思)의 학문하는 방법 속에 인이 있다고 교훈했다.

[단문 설명]

▶ **博學而篤志** 박학이독지 널리 배우고 뜻을 독실히 하고. 博: 넓다, 篤: 독실하다, 志: 뜻.
▶ **切問而近思** 절문이근사 간절하게 묻고 가까이 (유추하여) 생각하면. 切: 간절하다, 問: 묻다, 近: 가깝다, 思: 생각하다.
▶ **仁在其中矣** 인재기중의 인이 그 가운데 있다.

 7. 모든 기술자들은 공장에 있으면서 자신의 일을 이룬다.

[해석 본문]

자하가 말하였다. "모든 기술자들은 공장에 있으면서 자신의 일을 이루고, 군자는 배워서 자신의 도를 이룬다."

자 하 왈 백 공　거 사　　이 성 기 사　　군 자 학　　이 치 기 도
子夏曰 百工이 **居肆**하여 **以成其事**하고 **君子學**하여 **以致其道**니라

[배경 설명]

자하(子夏)는 군자가 학문하여 실천할 것을 교훈하였다. 百工(백공)은 모든 기술자, 居(거)는 있다, 肆(사)는 작업장, 공장, 致(치)는 이루다를 뜻한다.

313

도는 사람이 마땅히 지켜야 할 도리이다. 학문과 덕을 수양함으로써 도에 이룰 수 있다. 배우지 않으면 도를 알지 못한다. 공인(工人)이 공장에 있지 않으면 다른 일에 마음이 빼앗겨 일이 정밀하지 못하고, 군자가 배우지 않으면 외물(外物)에 유혹되고 마음을 빼앗겨 뜻이 독실하지 못하다. 자하는 군자를 기술자에 비유하였다. 공인들이 공장에서 성과를 내듯이 군자는 도를 배워서 정사에 잘 활용해야 한다. 따라서 백공(百工)은 공장에 있으면 반드시 그 일을 이루는 데에 힘써야 하고, 군자는 학문하여 도를 이루어야 한다는 교훈이다.

[단문 설명]

▶ 百工居肆 백공거사 모든 기술자들은 공장에 있으면서. 百工: 모든 기술자. 居: 있다. 肆: 공장.

▶ 以成其事 이성기사 자신의 일을 이루고. 以: 순접, ~하여.

▶ 君子學 군자학 군자는 배워서.

▶ 以致其道 이치기도 자신의 도를 이룬다. 以: 순접, ~하여. 致: 이루다. 其: 자기.

 8. **소인은 잘못이 있으면 반드시 변명을 꾸미고 잘못을 감춘다.**

[해석 본문]

자하가 말하였다. "소인은 잘못하면 반드시 (그럴 듯하게) (변명을) 꾸미고 (잘못을) 감춘다."

　자 하 왈　소 인 지 과 야　　필 문
子夏曰 小人之過也면 **必文**이니라

[배경 설명]

덕이 없는 사람은 잘못을 저지르면 반드시 저지른 잘못을 은폐하기 위해 변명을 꾸미거나 잘못을 감춘다는 교훈이다. 過(과)는 잘못, 文(문)은 꾸미다를 뜻한다.

소인(小人)은 덕이 없는 사람이다. 소인은 잘못을 고치는 것을 꺼리고, 스스로 속이는 것도 꺼리지 않는다. 소인은 잘못을 감추거나 잘못이 없는 것처럼 꾸며 남을 속인다. 공자께서는 잘못이 있으면 고치는 것을 두려워하지 말 것이며, 허물을 고치려 하지 않는 것도 허물이라고 하셨다. 따라서 소인은 반드시 잘못이 있으면 변명하기 위해 꾸미고 잘못을 은폐하여 잘못을 더욱 무겁게 만들지 말 것을 교훈하신 것이다.

[단문 설명]

▷ 小人之過也 소인지과야 소인은 잘못이 있으면. 之: 주격후치사. 過: 잘못, 허물.

▷ 必文 필문 반드시 (그럴 듯하게) (변명을) 꾸미고 (잘못을) 감춘다. 文: 꾸미다.

 9. 외모는 근엄하고 안색은 온화하고 언어는 명확하다.

[해석 본문]

자하가 말하였다. "군자는 세 가지 변화가 있다. 군자를 멀리서 바라보면 근엄하고, 군자를 가까이 보면 온화하고, 그 말을 들으면 엄격하다."

　 자 하 왈 　 군 자 유 삼 변 　　　 망 지 엄 연 　　　 즉 지 야 온 　 청 기 언 야 려
　 子夏曰 君子有三變하니 望之儼然하고 卽之也溫 聽其言也厲니라

[배경 설명]

군자의 외관과 태도는 보는 용모, 안색과 언어의 관점에 따라서 세 가지 변화가 있다는 교훈이다. 變(변)은 변화하다, 望(망)은 멀리 바라보다, 儼(엄)은 근엄하다, 卽(즉)은 가까이하다, 溫(온)은 온화하다, 厲(려)는 엄격하다를 뜻한다.

군자는 보는 사람의 관점에 따라 세 가지 국면이 드러난다. 즉, 상황에 따라서 적합한 용모를 근엄, 온화와 엄격(儼溫厲)으로 표현한다. 군자의 외모는 근엄하고, 안색은 온화하고, 언어는 명확하게 상황에 적합한 자세를 나타낸다. 이는 군자가 그때 그때 변한다는 뜻이 아니라 상황에 적합한 용모를 보이는 것을 의미한다. 따라서 의연하면 온화하지 않고, 온화하면 명확하지 않지만, 오로지 공자께서는 모두를 갖추셨다.

[단문 설명]

▷ 君子 有三變 군자 유삼변 군자는 세 가지 변화가 있다. 變: 변화.

▷ 望之儼然 망지엄연 멀리서 바라보면 근엄하고. 望: 멀리 바라보다. 之: 군자. 儼: 근엄하다.

315

▶ 卽之也溫 즉지야온 군자를 가까이 보면 온화하고. 卽: 가까이하다. 之: 군자. 溫: 온화하다.
▶ 聽其言也厲 청기언야려 그 말을 들으면 엄격하다. 厲: 엄격하다.

10. 신임을 얻은 후에 백성을 부리고, 군주에게 간해야 한다.

[해석 본문]

자하가 말하였다. "군자는 (백성들에게) 신임을 얻은 후에 백성을 부려야 하는 것이니, 신임을 (백성들에게) 얻지 못하면 (백성들은) 자기를 학대한다고 여긴다. 신임을 얻은 후에 간해야 하는 것이니, 신임을 얻지 못하고 (간하면) 자기를 비방한다고 여긴다."

자하왈 군자신이후 노기민 미신즉이위려기야 신이후 간
子夏曰 君子信而後에 勞其民이니 未信則以爲厲己也니라 信而後에 諫이니
미신즉이위방기야
未信則以爲謗己也니라

[배경 설명]

신임을 얻은 후에 백성을 부리거나 간하라는 교훈이다. 信(신)은 신임을 얻다, 而後(이후)는 한 후, 勞(노)는 부리다, 以爲(이위)는 ~라고 여기다, 厲(려)는 학대하다, 갈다, 사납다, 엄격하다, 諫(간)은 간하다, 謗(방)은 비방하다를 뜻한다.

신임은 성의가 간곡하여 진실하여 남들이 믿는 것이다. 신임이 있은 후에 직언(直言)과 예의(禮義)를 가지고 윗사람의 잘못을 바로잡는 것이다. 간(諫)은 웃어른이나 임금에게 옳지 못하거나 잘못된 일을 고치도록 말하다는 것이다. 백성에게 신임이 없을 때 백성들에게 노역을 시키면 백성을 괴롭히는 것이니, 이는 학대하는 것이고, 백성들은 이런 군주를 비방한다. 군자는 위로 임금을 섬기고, 아래로 백성을 다스리는 데 있어 그들로부터 신뢰를 얻는 것이 매우 중요하다. 공자는 나라를 다스리는 데 군대나 식량보다 백성의 신뢰가 더 중요하다고 말하고 있다. 따라서 신임을 얻은 후에 백성을 부리거나 군주에게 간해야 한다.

[단문 설명]

▶ 信而後 勞其民 신이후 노기민 (백성들에게) 신임을 얻은 후에 백성을 부려야 하는 것이니. 信:

신임을 얻다. 而後: ~한 후. 勞: 부리다.

▷ 未信 則以爲厲己也 미신 즉이위려기야 신임을 (백성들에게) 얻지 못하면 (백성들은) 자기를 학대한다고 여긴다. 則: 하면. 以爲: ~라고 여기다. 厲: 학대하다.

▷ 信而後諫 신이후간 신임을 얻은 후에 간해야 하는 것이니. 諫: 간하다.

▷ 未信 則以爲謗己也 미신 즉이위방기야 신임을 얻지 못하고 (간하면) 자기를 비방한다고 여긴다. 以爲: ~라고 여기다. 謗: 비방하다.

11. 큰 덕목이 법도를 어기지 않으면 작은 덕목은 조금 어긋나도 괜찮다.

[해석 본문]

자하가 말했다. "큰 덕목이 법도를 어기지 않으면 작은 덕목은 조금 어긋나도 괜찮다."

_{자 하 왈 대 덕   불 유 한   소 덕   출 입   가 야}
子夏曰 大德이 不踰閑이면 小德은 出入이라도 可也니라

[배경 설명]

큰 원칙이 확고하게 지켜진다면 사소한 사항들은 융통성이 있을 수 있다는 교훈이다. 踰(유)는 넘다, 閑(한)은 법도, 出入(출입)은 조금 어긋나다를 뜻한다.

대덕(大德)과 소덕(小德)은 대절(大節: 큰 일)과 소절(小節: 작은 일)이다. 대덕(大德)은 삼강오상(三綱五常)의 인륜을 말하여 이를 대절이라 하고, 소덕(小德)은 일상에서 손님의 응대와 진퇴 등 작은 예절이니, 이를 소절이라 한다. 자하는 대덕과 소덕을 구별하여 사람이 먼저 큰 것을 확립하면 작은 일이 간혹 이치에 부합되지 않더라도 무방하다고 말한다. 따라서 작은 잘못을 저지른다고 하더라도 널리 포용하라는 뜻이다.

[단문 설명]

▷ 大德不踰閑 대덕불유한 큰 덕목이 법도를 어기지 않으면. 踰: 넘다. 閑: 법도, 규칙.

▷ 小德出入 可也 소덕출입 가야 작은 덕목은 조금 어긋나도 괜찮다. 出入: 조금 어긋나다.

12. 자하는 배우는 자의 수준과 능력에 따라 달리하는 교육을 중시했다.

[해석 본문]

자유가 말하였다. "자하의 제자들이 물 뿌리고 비로 쓸고, (손님을) 응대하고 나아가고 물러가는 일을 맡으면 괜찮으나 그러나 (이것은) 하찮은 것이다. (도를 전하는) 근본이 결국 없으니 어찌 하겠는가?"

자유왈 자하지문인소자 당쇄소응대진퇴 즉가의 억말야 본지즉무
子游曰 子夏之門人小子 當灑掃應對進退 則可矣나 抑末也라 本之則無하니
여지하
如之何오?

자하가 듣고서 말하였다. "아아! 자유의 (말이) 지나쳤구나. 군자의 도를 전하는데 어느 것이 먼저이고, 어느 것을 뒤로 하여 게을리 하겠는가? (이것을) 초목에 비유하면 종류에 따라 분별하는 것이다. 군자의 도를 (제자들에게) 어찌 왜곡할 수 있겠느냐? 시작도 있고 끝도 있게 (순서대로 가르칠 수 있는) 사람은 아마 오직 성인이실 것이다."

자하 문지왈 희 언유과의 군자지도 숙선전언 숙후권언
子夏 聞之曰 噫라 言游過矣로다 君子之道 孰先傳焉이며 孰後倦焉이리오?
비저초목 구이별의 군자지도 언가무야 유시유졸자
譬諸草木하면 區以別矣니라 君子之道 焉可誣也리오? 有始有卒者는
기유성인호
其惟聖人乎이니라

[배경 설명]

자유(子游)가 자하(子夏)의 제자들이 용모와 범절에 있어서는 괜찮으나 정심이나 성의는 없다고 평한 것이다. 小子(소자)는 제자, 當(당)은 맡다, 灑(쇄)는 물 뿌리다, 掃(소)는 쓸다, 可(가)는 괜찮다, 抑(억)은 그러나, 末(말)은 하찮다, 보잘것없다, 낮다, 천하다, 過(과)는 지나치다, 傳(전)은 전하다, 倦(권)은 게으르다, 譬(비)는 비유하다, 區(구)는 종류, 以(이)는 ~에 따라, 別(별)은 분별하다, 誣(무)는 왜곡하다, 속이다를 뜻한다.

자하와 자유의 교육 방법은 차이가 있다. 자하는 학문의 순서에, 자유는 학문의 도에 중점을 두었다. 자하는 작은 일상적인 것으로부터 가르침을 시작하였고, 자유는 근본적인 학문의 도리

에 중점을 두었다. 자유는 자하의 제자들이 일상 예절에는 밝으나 그것은 하찮은 일일 뿐, 학문의 근본 도리와는 거리가 멀다고 한다.

　자하는 학문은 제자들의 자질과 능력에 따라 교육하는 순서가 있으니, 처음 시작하는 사람에게 심오한 도리를 교육할 수는 없다고 한다. 그래서 우선 이해하기 쉽도록 지엽적인 것부터 가르치는 것이지, 학문의 근본 도리를 가르치지 않으려는 것이 아니라고 주장한다. 말단의 일과 근본 도리를 처음부터 꿰고 있어 시작도 있고 끝도 있게 순서대로 가르칠 수 있는 사람은 성인 뿐이기 때문이다. 따라서 자유는 학문의 근본 도리를 중시했으나 자하는 제자의 자질과 능력에 따라 달리하는 교육을 중시했다.

[단문 설명]

▶ **子夏之門人小子** 자하지문인소자　자하의 제자들이. 小子: 아이, 제자.

▶ **當灑掃應對進退** 당쇄소응대진퇴　물 뿌리고 비로 쓸고, (손님을) 응대하고 나아가고 물러가는 일을 맡으면. 當: 맡다. 灑: 물 뿌리다. 掃: 쓸다. 應對: 응대하다. 進退: 나아감과 물러남.

▶ **則可矣** 즉가의　괜찮으나. 則: ~하면. 可: 괜찮다.

▶ **抑末也** 억말야　그러나 (이것은) 하찮은 것이다. 抑: 그러나. 末: 하찮다, 중요하지 않다.

▶ **本之則無** 본지즉무　(도를 전하는) 근본은 결국 없으니. 之: 주격후치사.

▶ **如之何?** 여지하?　어찌 하겠는가? 之: 當灑掃應對進退.

▶ **噫! 言游過矣** 희! 언유과의　아아! 자유의 (말이) 지나쳤구나. 噫: 아. 言游: 子游. 言은 성이고 游는 이름이다. 過: 지나치다.

▶ **君子之道** 군자지도　군자의 도를.

▶ **孰先傳焉** 숙선전언　전하는데 어느 것이 먼저이고. 傳: 전하다.

▶ **孰後倦焉?** 숙후권언?　어느 것을 뒤로 하여 게을리 하겠는가? 倦: 게으르다.

▶ **譬諸草木** 비저초목　이것을 초목에 비유하면. 譬: 비유하다. 諸: 之於와 같다.

▶ **區以別矣** 구이별의　종류에 따라 분별하는 것이다. 區: 종류. 以: ~에 따라. 別: 분별하다.

▶ **焉可誣也?** 언가무야?　(제자들에게) 어찌 왜곡할 수 있겠느냐? 焉: 어찌. 誣: 왜곡하다, 속이다.

▶ **有始有卒者** 유시유졸자　시작도 있고 끝도 있게 (순서대로 가르칠 수 있는) 사람은.

▶ **其惟聖人乎** 기유성인호　아마 오직 성인이실 것이다. 其: 아마. 惟: 오직.

319

13. 벼슬과 학문을 병행해야 한다.

[해석 본문]

자하가 말하였다. "벼슬하면서 여유가 있으면 학문하고, 학문하면서 여유가 있으면 벼슬한다."

자 하 왈　사 이 우 즉 학　　　학 이 우 즉 사
子夏曰 仕而優則學하고 **學而優則仕**니라

[배경 설명]

벼슬과 학문을 함께 병행하라는 교훈이다. 仕(사)는 벼슬하다, 而(이)는 ~하면서, 優(우)는 여유가 있다, 則(즉)은 ~하면을 뜻한다.

벼슬하면서 학문하면 학문이 벼슬하는 데 활용되는 것이 더욱 깊어지고, 학문하고서 벼슬하면 그 배운 것이 더욱 넓어져 상호보완적이다. 仕而優則學(사이우즉학)은 벼슬하고 여유가 있으면 학문한다는 것인데, 당시 세도가들의 자식들이 학문에 의하지 않고 세습에 의해 벼슬길에 올랐기 때문이다. 자하는 학문과 벼슬을 함께 할 것을 권하나 공자는 벼슬보다 학문을 쌓는 것이 우선이었다. 따라서 벼슬과 학문을 함께 병행하는 것이다.

[단문 설명]

▷ **仕而優則學** 사이우즉학 벼슬하면서 여유가 있으면 학문하고. 仕: 벼슬하다.
▷ **學而優則仕** 학이우즉사 학문하면서 여유가 있으면 벼슬한다. 優: 여유가 있다.

 14. 상례(喪禮)는 슬픔을 극진히 할 뿐이다.

[해석 본문]

자유가 말하였다. "상례(喪禮)는 슬픔을 극진히 할 뿐이다."

자 유 왈　상　　치 호 애 이 지
子游曰 喪은 **致乎哀而止**니라

[배경 설명]

　상은 산 자와 죽은 자의 이별이니 슬프다. 상을 당했을 때는 진심으로 슬픔을 다 해야지 허례 허식에 메일 필요는 없다. 致(치)는 극진(極盡)하다, 哀(애)는 슬프다를 뜻한다.

　상은 죽은 자와의 이별을 슬픔으로 떠나 보내는 매우 엄숙한 애도 예절이다. 상을 치를 때는 형식과 예절도 중요하고 진심으로 애통해야 하나 몸이 상해서는 안 된다. 따라서 상(喪)을 당했을 때는 가슴 속 깊이 진정으로 슬퍼하는 것이 가장 중요하다.

[단문 설명]

▶ 致乎哀而止 치호애이지 슬픔을 극진히 할 뿐이다. 致: 다하다, 극진히 하다. 乎: ~에서, ~을. 哀: 슬프다. 而止: 뿐이다.

 15. 자장은 어려운 일을 잘하나 아직은 인하지는 못하다.

[해석 본문]

자유가 말하였다. "나의 벗 자장은 어려운 일을 잘하나 아직은 인하지 못하다."

　　자 유 왈　오 우 장 야　위 난 능 야　　　　연 이 미 인
　　子游曰 吾友張也 爲難能也이나 然而未仁이니라

[배경 설명]

　자유(子游)가 친구인 자장(子張)의 장점과 단점을 평한 것이다. 爲(위)는 하다, 難(난)은 어려운 일, 能(능)은 잘, 잘하다, 然而(연이)는 그러나를 뜻한다.

　자장은 행동이 지나치게 높으나 성실하고 간곡한 뜻이 부족하였다. 자유는 자장을 남이 하기 어려운 일은 잘하지만 仁하지는 못하다고 평한다. 爲難能也(위난능야)는 남이 하기 어려운 일을 잘한다는 것이고, 未仁(미인)은 아직 인을 이루지 못했다는 말이다. 따라서 자유는 자장이 유능하나 남을 사랑하고 어질게 행동하는 인의 경지까지는 이르지 못했다고 평한다.

[단문 설명]

▶ 吾友張也 오우장야 나의 벗 자장은. 張: 子張.

▶ 爲難能也 위난능야 어려운 일을 잘하나. 爲: 하다. 難: 어려운 일. 能: 잘, 잘하다.

▶ 然而未仁 연이미인 그러나 아직은 어질지 못하다. 然而: 그러나. 未: 아직은 ~아니다.

16. 외모가 당당하다고 해서 인을 잘 실천하는 것은 아니다.

[해석 본문]

증자가 말씀하였다. "당당하구나! 자장이여! (그와) 함께 인을 실천하기 어렵다."

증자왈 당당호   장여   난여병위인의
曾子曰 堂堂乎라! 張也여! 難與竝爲仁矣로다

[배경 설명]

증자가 외모보다는 내면을 기준으로 자장을 평한 글이다. 堂堂(당당)은 위엄(威嚴)이 있고 떳떳한 용모, 爲(위)는 실천하다를 뜻한다. 증자는 자장이 용모가 장중하고 훌륭해서 당당해 보이므로 남들이 그와 더불어 서로 도와 인을 실천하기 어렵다고 말했다. 따라서 인을 실천할 수 있는 것은 당당한 외모가 아니라 내면의 덕과 예이다.

[단문 설명]

▶ 堂堂乎! 張也! 당당호! 장야! 당당하구나! 자장이여! 張: 子張. 乎, 也: 감탄종결사.

▶ 難與竝爲仁矣 난여병위인의 (그와) 함께 인을 실천하기 어렵다. 與: 與之의 생략형. 爲: 실천하다.

17. 최소한 부모상만은 끝까지 정성을 다하라.

[해석 본문]

증자가 말씀하였다. "내가 그것을 선생님께 들으니, '사람이 아직까지 자신의 (정성을) 다하

는 일이 없지만, (정성을 다하는 일이 있다면) 반드시 부모의 상일 것이다.'고 하셨다.

증 자 왈   오 문 저 부 자   인 미 유 자 치 자 야   필 야 친 상 호
曾子曰 吾聞諸夫子하니 **人未有自致者也**나 **必也親喪乎**니라

[배경 설명]

부모의 상은 정성을 다해야 한다는 교훈이다. 致(치)는 정성을 다하다, 必也(필야)는 반드시,
親喪(친상)은 부모의 상, 乎(호)는 추정과 감탄종결사이다. 사람들이 모든 일에 최선의 정성을
다하기 어렵다. 따라서 사람들이 평소에는 일을 소홀히 하여 정성을 다하지 않더라도 최소한
부모상만은 끝까지 정성을 다하라는 훈계이다.

[단문 설명]

▷ **聞諸夫子** 문저부자 그것을 선생님께 들으니. 諸: 之於. 之: 親喪.
▷ **人未有自致者也** 인미유자치자야 사람이 아직까지 자신의 (정성을) 다하는 일이 없지만. 致: 정
성을 다하다. 者: 일, 것.
▷ **必也親喪乎** 필야친상호 (정성을 다하는 일이 있다면) 반드시 부모의 상일 것이다. 必也: 반드
시. 親喪: 부모의 상. 乎: 추정과 감탄종결사.

18. 아버지의 좋은 점을 본받아 고치지 않은 것은 효도라고 할 만하다.

[해석 본문]

중자가 말씀하였다. "내가 그것을 선생님께 들으니, '맹장자의 효도 (가운데) 다른 일은 할 수
있으나 아버지의 가신과 아버지의 정책을 바꾸지 않은 것은 (다른 사람들이) 하기 어렵다.'라고
하셨다."

증 자 왈   오 문 저 부 자   맹 장 자 지 효 야   기 타   가 능 야   기 불 개 부 지 신
曾子曰 吾聞諸夫子하니 **孟莊子之孝也 其他**는 **可能也**이나 **其不改父之臣**과
여 부 지 정   시 난 능 야
與父之政이 **是難能也**니라

323

[배경 설명]

삼 년 동안 아버지가 하던 것을 바꾸지 않아야 효라고 할 수 있다. 諸(저)는 그것을 ~에게, 夫子(부자)는 선생님, 공자, 改(개)는 바꾸다, 臣(신)은 가신, 政(정)은 정책을 뜻한다.

맹장자(孟莊子)는 노나라 대부로 이름은 속(速)이며, 그 아버지는 맹헌자(孟獻子)로 이름은 멸(蔑)이다. 맹장자는 부친이 죽은 뒤에도 계속하여 부친이 쓰던 가신과 정책을 바꾸지 않았다. 맹헌자가 훌륭한 덕이 있어 맹장자가 아버지의 가신을 등용하고 그 정책을 그대로 지켰다. 따라서 맹장자가 아버지의 좋은 점을 본받아 고치지 않은 것은 효도라고 할 만하다.

[단문 설명]

▶ 吾聞諸夫子 오문저부자 내가 그것을 선생님께 들으니. 諸: 그것을 ~에게. 夫子: 선생님, 공자.
▶ 孟莊子之孝也 맹장자지효야 맹장자의 효도는. 孟莊子: 노나라 대부.
▶ 其他可能也 기타가능야 (가운데) 다른 것은 다 할 수 있으나. 其: 孟莊子之孝. 也: 주격후치사. 可能: 할 수 있다.
▶ 其不改父之臣 與父之政 기불개부지신 여부지정 아버지의 가신과 아버지의 정책을 바꾸지 않은 것은. 改: 바꾸다. 臣: 가신. 政: 정책.
▶ 是難能也 시난능야 (다른 사람들이) 하기 어렵다. 是: 其不改父之臣與父之政.

19. 죄를 범한 실정을 알면 불쌍히 여기고 기뻐하지 말아야 한다.

[해석 본문]

맹씨가 양부를 사사(士師)로 임명하자, (양부가) 증자에게 (옥사 처리에 관하여) 물으니, 증자께서 말씀하였다. "윗사람이 도리를 잃어 백성들이 흩어진 지 오래 되었다. 만일 (그들이) (죄를 진) 실정을 알게 되면 불쌍히 여기고 기뻐하지 말아야 한다."

孟氏 使陽膚로 爲士師라 問於曾子하니 曾子曰 上失其道하여 民散이 久矣니
如得其情 則哀矜而勿喜니라

[배경 설명]

범죄자를 적발하더라도 기뻐하지 말 것이며, 그런 백성의 처지를 불쌍히 여기는 마음을 가지라는 증자의 교훈이다. 士師(사사)는 법을 집행하는 사법관(司法官), 情(정)은 범죄의 실상, 如(여)는 만일, 得(득)은 알다, 哀矜(애긍)은 불쌍히 여기다를 뜻한다. 맹씨(孟氏)는 노나라의 대부 맹손(孟孫)씨요, 양부(陽膚)는 증자의 제자이다.

民散(민산)은 가혹한 정치로 백성이 여기저기로 흩어지는 것이고, 그들은 각지를 떠돌다가 도적이 되도 한다. 당시 노나라는 삼환의 세력다툼으로 나라가 어지럽고 백성들은 뿔뿔이 흩어져 버린 상태였다. 삼환이 무도한 정치를 펴 백성들은 어려움이 컸기 때문이다.

양부가 사법관이 되어 증자에게 옥사 처리에 관하여 묻자, 증자가 대답한 것이다. 윗사람이 도를 잃었다는 것은 위정자가 마땅히 지켜야할 도리를 저버리고 나라 일을 마음대로 처리하거나 형벌이나 부세가 공정하지 못한 것이다. 정치가 이러하니 백성들이 뿔뿔이 흩어지고 그에 따라 범죄가 발생하게 되었다. 따라서 백성을 불쌍히 여기고, 죄인을 잡았다고 기뻐하지 말고, 범죄의 정황을 파악하여 형벌에 공정을 기하도록 당부한 것이다.

[단문 설명]

▷ 問於曾子 문어증자 (양부가) 증자에게 (獄事 처리에 관하여) 물으니

▷ 使陽膚爲士師 사양부위사사 양부를 사사(士師)로 임명하자. 士師: 법을 집행하는 관리.

▷ 上失其道 상실기도 윗사람이 도리를 잃어.

▷ 民散久矣 민산구의 백성들이 흩어진 지 오래 되었다. 散: 흩어지다.

▷ 如得其情 여득기정 만일 (그들이) (죄를 진) 실정을 알면. 如: 만일. 得: 알다. 其: 죄를 진. 情: 실정.

▷ 則哀矜 而勿喜 즉애긍 이물희 불쌍히 여기나 기뻐하지 말아야 한다. 哀矜: 불쌍히 여기다.

 20. 천하의 악은 낮은 곳으로 모여든다.

[해석 본문]

자공이 말하였다. "주왕의 악함이 이처럼 심하지는 않았다. 이런 까닭에 군자는 하류에 처하는 것을 싫어하니, 천하의 악명이 모두 그에게로 돌아가기 때문이다."

자공 왈 주지불선　불여시지심야　　시이　군자오거하류　천하지악
子貢이曰 紂之不善이 不如是之甚也니라 是以로 君子惡居下流하니 天下之惡이

개 귀 언
皆歸焉이니라

[배경 설명]

　물이 낮은 곳으로 모여들 듯이 더럽고 악한 행실도 오명이 있는 사람에게 다 모인다는 비유
이다. 甚(심)은 심하다, 居(거)는 처하다, 歸(귀)는 돌아가다를 뜻한다.

　주(紂)왕은 은나라의 마지막 임금으로 포악무도하였고, 주(周)나라 무왕(武王)에게 멸망당했
다. 주왕은 하(夏)나라의 마지막 임금 걸(桀)왕과 더불어 폭군으로 이름이 높았다. 하류(下流)
는 낮고 비속한 자리로 도덕적으로 평판이 나쁜 곳을 뜻한다. 낮고 비속한 자리에는 온갖 천하
고 악한 것들이 마치 물이 아래로 흐르듯 모여든다는 비유이다.

　주왕이 악하다고 하나 전해지고 있는 것처럼 심하지는 않았으나 한 번 폭군으로 악명이 세상
에 나게 되니 모든 악행들이 부풀려지고 전부 그의 것이 되었다. 따라서 한 번 세상에 오명이 나
면, 온갖 나쁜 일들이 모두 그의 탓으로 돌려지니, 군자는 오명이 나는 것을 두려워해야 한다.

[단문 설명]

▶ **紂之不善** 주지불선 주왕의 악함이.

▶ **不如是之甚也** 불여시지심야 이처럼 심하지는 않았다. 不: 아니다. 如是之: 이처럼.

▶ **是以** 시이 이런 까닭에. 以: 까닭에.

▶ **君子惡 居下流** 군자오 거하류 군자는 하류에 처하는 것을 싫어한다. 居: 처하다.

▶ **天下之惡** 천하지악 천하의 악명이.

▶ **皆歸焉** 개귀언 모두 그에게로 돌아가기 때문이다. 皆: 다. 歸: 모이다.

 21.　잘못을 고치면 사람들이 모두 우러러본다.

[해석 본문]

　자공이 말하였다. "군자의 잘못은 일식(日蝕)이나 월식(月蝕)과 같아서 잘못을 저지르면 사
람들이 모두 보게 되고, 잘못을 고치면 사람들이 모두 우러러본다."

^{자공} ^왈 ^{군자지과야} ^{여일월지식언} ^{과야} ^{인개견지} ^{경야}
子貢이 曰 君子之過也는 如日月之食焉이라 過也면 人皆見之하고 更也면
^{인개앙지}
人皆仰之니라

[배경 설명]

군자의 잘못은 일식이나 월식과 같아 감추려고 해도 감출 수가 없다. 잘못은 반드시 밝게 드
러나기 마련이고, 잘못은 거짓으로 감추거나 없앨 수 없다. 過(과)는 허물, 잘못, 蝕(식)은 일식,
월식, 更(경)은 고치다, 也(야)는 ~하면, 仰(앙)은 우러러보다를 뜻한다.

해와 달은 본래 밝은 것이지만 일식과 월식이 나타나면 어두워지는 것과 마찬가지로 사람의
본성은 착하고 선하지만, 잘못이 있으면 본성이 흐려지게 되고 이를 고치면 다시 본래의 착한
심성으로 돌아오는 것이다. 군자는 자신의 잘못이 있으면 고치기를 꺼리지 말 것이며(過則勿憚
改), 잘못을 고치지 않는다면 잘못이다(過而不改 是謂過矣). 따라서 잘못을 고치지 않는 것도
잘못이나, 잘못을 고치면 덕행이 더욱 높아 사람들이 모두 우러러본다

[단문 설명]

▶ 君子之過也 군자지과야 군자의 잘못은. 過: 허물, 잘못. 也: 주격후치사.
▶ 如日月之食焉 여일월지식언 일식(日蝕)이나 월식(月蝕)과 같아서. 蝕: 일식, 월식.
▶ 過也 人皆見之 과야 인개견지 잘못을 저지르면 사람들이 모두 보게 되고. 也: 가정, ~하면.
▶ 更也 人皆仰之 경야 인개앙지 잘못을 고치면 사람들이 모두 우러러본다. 更: 고치다. 也: 가정,
~하면. 仰: 우러러보다.

22. 어디에선들 배우시니 어찌 정해진 스승이 있겠습니까?

[해석 본문]

위나라 공손조가 자공에게 물었다. "공자는 어디서 배우셨습니까?" 자공이 말하였다. "(주나
라) 문왕과 무왕의 도가 아직 땅에 떨어지지 않고 사람들에게 (남아) 있습니다. 현명한 사람은
그 큰 것을 기억하고, 현명하지 못한 사람은 그 작은 것을 기억하고 있으니, 문왕과 무왕의 도

가 있지 않음이 없습니다. 공자께서는 어디에선들 배우지 않겠습니까? 또 어찌 정해진 스승이 있겠습니까?"

衛公孫朝 問於子貢曰 仲尼는 焉學고? 子貢이 曰 文武之道 未墜於地하여
在人이라 賢者는 識其大者하고 不賢者는 識其小者하니 莫不有文武之道焉하니라
夫子焉不學이시며 而亦何常師之有리오?

[배경 설명]

공손조(公孫朝)는 위(衛)나라 대부이며, 노나라와 초나라에도 공손조(公孫朝)가 있었기 때문에 위공손조(衛公孫朝)라고 했다. 문무(文武)는 주(周)나라를 건국한 문왕(文王)과 무왕(武王)이다. 문무지도(文武之道)는 주나라의 문물 제도로 주나라 문왕과 무왕이 실천한 도이고 공자 학문의 뿌리이다. 문왕과 무왕은 堯·舜·禹·湯(요·순·우·탕)의 이념을 계승하여 발전시켜 유학의 학문이념을 문무지도(文武之道)라고 한다.

재인(在人)이란 사람에게 있다는 것으로 기억하는 자가 있음을 말한다. 墜(추)는 떨어지다, 識(지)는 기억하다, 莫不(막불)은 아닌 것이 없다, 焉(언)은 어디, 何(하)는 어찌, 常(상)은 정해진을 뜻한다. 夫子(부자)는 공자(孔子)를 가리키고, 仲尼(중니)는 공자의 자(字)이다.

공자는 훌륭한 선인을 찾아가 말씀을 듣고 학문을 익혔고, 깨달은 바를 정리하여 학문의 체계를 완성하였으니 이러한 공자의 학문탐구가 성인을 이룬 것이다. 공자는 특정한 스승으로부터 학문을 배운 적이 없었으나 사람들과의 교류에서 많은 것을 배웠으며, 옛날의 기록을 통하여 스스로 체득하여 세상 모두의 스승이 되었다. 따라서 공자는 배우는 것을 좋아하여 어디에서나 배웠지만, 그 특정한 스승을 따라 배운 것은 아니다.

[단문 설명]

▷ **仲尼焉學?** 중니언학? 공자는 어디서 배우셨습니까? 仲尼: 공자의 자. 焉(언): 어디.

▷ **未墜於地** 미추어지 아직 땅에 떨어지지 않고. 墜: 떨어지다.

▷ **在人** 재인 사람들에게 (남아) 있습니다.

▷ **賢者 識其大者** 현자 지기대자 현명한 사람은 그 큰 것을 기억하고. 識: 기억하다.

▷ **不賢者 識其小者** 불현자 지기소자 현명하지 못한 사람은 그 작은 것을 기억하고 있으니.

▶ 莫不 有文武之道焉 막불 유문무지도언 문왕과 무왕의 도가 있지 않음이 없습니다.

▶ 夫子焉不學 부자언불학 공자께서는 어디에선들 배우지 않겠습니까? 夫子: 공자. 焉: 어찌.

▶ 何常師之有? 하상사지유? 어찌 정해진 스승이 있겠습니까? 何: 어찌. 常: 정해진.

 23. 문을 찾아 들어 가지 못하면 종묘의 아름다움과 백관의 많음을 볼 수가 없다.

[해석 본문]

숙손무숙이 조정에서 다른 대부들에게 말하였다. "자공이 공자보다 더 현명하다." 자복경백이 (이 말을) 자공에게 일러주자 자공이 말하였다. "그것을 대궐의 담장에 비유하면 나의 담장은 어깨에 미치므로 집안의 아름다움을 들여다 볼 수 있지만, 부자의 담장은 여러 길이나 된다. (그래서) 그 문을 찾아 들어가지 못하면 종묘의 아름다움과 백관의 많음을 볼 수가 없다. 그 문을 찾는 자가 항상 드물다. 숙손무숙의 말씀이 또한 마땅하지 않겠는가?"

숙 손 무 숙　　어 대 부 어 조 왈　 자 공 　현 어 중 니　　　　자 복 경 백　　이 고 자 공　　자 공
叔孫武叔이 語大夫於朝曰 子貢 賢於仲尼하니라 子服景伯이 以告子貢하자 子貢이
왈 　비 지 궁 장 　　　사 지 장 야　 급 견　　 규 견 실 가 지 호　　　　부 자 지 장　　수 인
曰 譬之宮牆하면 賜之牆也는 及肩이라 窺見室家之好이니와 夫子之牆은 數仞이라
부 득 기 문 이 입　　　불 견 종 묘 지 미　 백 관 지 부　　　득 기 문 자　혹 과 의　부 자 지 운
不得其門而入이면 不見宗廟之美와 百官之富니라 得其門者 或寡矣 夫子之云이
불 역 의 호
不亦宜乎아?

[배경 설명]

공자의 학덕은 높고 깊어서 그의 학문의 세계로 들어가지 않으면 알 수가 없다는 교훈이다. 朝(조)는 조정, 賢(현)은 현명하다, 譬(비)는 비유하다, 宮牆(궁장)은 대궐의 담장, 及(급)은 미치다, 肩(견)은 어깨, 窺(규)는 엿보다, 室家(실가)는 집, 好(호)는 아름답다, 仞(인)은 길이, 得(득)은 찾다, 宗廟(종묘)는 왕실의 사당, 寡(과)는 드물다, 宜(의)는 마땅하다를 뜻한다.

숙손무숙(叔孫武叔)은 노나라의 대부로 이름은 주구(州仇), 시호는 武(무), 자는 叔(숙)이다. 자복경백(子服景伯)도 노나라 대부로 맹손씨 일족이고, 성이 子服(자복), 이름이 하(何), 자가 伯(백), 시호는 景(경)이다.

得其門而入(득기문이입)은 그 문을 찾아 들어가다는 뜻으로 공자의 문하에 들어가 가르침의 본질을 보는 일을 비유한다. 宗廟之美(종묘지미)는 종묘의 아름다움으로 이는 공자의 도덕의 아름다움을 비유한다. 百官之富(백관지부)는 종묘에서 일하는 관리가 많다는 말로 이는 공자의 지덕(智德)의 충실함을 비유한다.

자공이 애공 때 등용되어 여러 차례 어려운 일을 해내자 대부인 숙손무숙이 공자보다 자공을 더 높이 평가하였다. 그러나 자공은 담장에 비유하여 자기 담장은 사가(私家)의 작은 담장으로 안이 훤히 보이지만, 공자의 담장은 궁궐의 담장과 같아서 그 전부를 알지 못하는 것이라고 한 것이다. 마치 공자는 해와 같고 자신은 반딧불 같아 감히 비교조차 할 수 없다는 말이다. 숙손무숙이 조정에서 자공이 공자보다 낫다고 공자를 폄하했다. 따라서 필부는 공자를 알기는 어려우니, 숙손무숙이 공자를 폄하하는 것도 당연한 일이라고 자공이 대답한 것이다.

[단문 설명]

▷ 語大夫於朝 曰 어대부어조 왈 조정에서 대부들에게 말하기를. 朝: 조정.
▷ 賢於仲尼 현어중니 공자보다 더 현명하다. 賢: 현명하다. 於: ~보다. 仲尼: 공자.
▷ 以告子貢 이고자공 (이 말을) 자공에게 일러주자.
▷ 譬之宮牆 비지궁장 그것을 대궐의 담장에 비유하면. 譬: 비유하다. 之: 그것. 宮牆: 대궐의 담장.
▷ 賜之牆也 及肩 사지장야 급견 나의 담장은 어깨에 미치므로. 賜: 子貢. 牆: 담장. 也: 주격후치사. 及: 미치다. 肩: 어깨.
▷ 窺見 室家之好 규견 실가지호 집안의 아름다움을 들여다 볼 수 있지만. 窺: 엿보다. 室家: 집. 好: 아름답다.
▷ 夫子之牆數仞 부자지장수인 부자의 담장은 여러 길이나 된다. 牆: 담장. 仞: 길이.
▷ 不得其門而入 부득기문이입 (그래서) 그 문을 찾아 들어가지 못하면. 得: 알다, 찾다.
▷ 不見 宗廟之美百官之富 불견 종묘지미백관지부 종묘의 아름다움과 백관의 많음을 볼 수가 없다. 宗廟: 왕실의 사당. 百官: 모든 벼슬아치. 富: 많다.
▷ 得其門者 或寡矣 득기문자 혹과의 그 문을 찾는 자가 항상 드물다. 或: 항상. 寡: 드물다.
▷ 夫子之云 不亦宜乎 부자지운 불역의호 숙손무숙의 말씀이 또한 마땅하지 않겠는가? 夫子: 숙손무숙. 云: 말씀. 不亦 ~乎: 또한 ~하지 않겠는가? 宜: 마땅하다.

24. 공자는 해와 달과 같아 넘을 수 없다.

[해석 본문]

숙손무숙이 공자를 헐뜯자 자공이 말하였다. "그렇게 하지 마십시오. 공자를 헐뜯을 수 없습니다. 다른 사람의 현명함은 언덕이라 마땅히 넘을 수 있지만, 공자는 해와 달이라 넘을 수 없습니다. 사람들이 비록 스스로 (해와 달과 관계를) 끊고자 하여도 그것이 어찌 해와 달에 손상이 되겠습니까? 다만 그가 (자기의) 분수를 알지 못함을 더욱 잘 드러낼 뿐입니다."

숙손무숙 훼중니 자공 왈 무이위야 중니 불가훼야
叔孫武叔이 毁仲尼하자 子貢이 曰 無以爲也하라 仲尼는 不可毁也니라

타인지현자 구릉야 유가유야 중니 일월야 무득이유언
他人之賢者는 丘陵也라 猶可踰也이나 仲尼는 日月也라 無得而踰焉이니라

인수욕자절 기하상어일월호 다견기부지량야
人雖欲自絶이나 其何傷於日月乎리오? 多見其不知量也로다

[배경 설명]

공자는 하늘에 높이 떠있는 해와 달과 같아서 도저히 넘을 수 없으므로 자공은 자신이 공자와 비교할 수조차 없다고 하였다. 毁(훼)는 헐뜯다, 以(이)는 이것, 丘陵(구릉)은 언덕, 猶(유)는 마땅히, 踰(유)는 넘다, 無得而(무득이)는 ~할 수 없다, 傷(상)은 해치다, 多(다)는 다만 더욱 ~ 할 뿐이다, 見(견)은 드러나다, 量(량)은 분수를 뜻한다.

공자는 성이 공(孔), 이름이 구(丘), 자가 중니(仲尼)이다. 구(丘)는 땅이 높은 것, 능(陵)은 큰 언덕을 뜻한다. 해와 달은 지극히 높은 것을 비유한다. 자절(自絶)은 헐뜯어 스스로 관계를 끊음을 말한다. 자공은 사람이 해와 달과의 관계를 끊으려 한다고 해서 해와 달의 빛에 손상을 입힐 수 없듯이 공자와의 관계를 끊는다고 해도 공자의 덕에는 손상을 입힐 수 없다고 말했다. 따라서 공자의 학문과 도는 해와 달처럼 높아 그의 학문과 도는 손상될 수 없다.

[단문 설명]

▶ **毁仲尼** 훼중니 공자를 헐뜯자. 毁: 헐뜯다. 仲尼: 공자.

▶ **無以爲也** 무이위야 그렇게 하지 마십시오. 無: ~하지 말라. 以: 이것, 이렇게. 也: 명령종결사.

▶ **不可毁也** 불가훼야 (공자를) 헐뜯을 수 없습니다. 毁: 헐뜯다, 비방하다.

▶ 他人之賢者丘陵也 타인지현자구릉야 다른 사람의 현명함은 언덕이라. 丘陵: 언덕.

▶ 猶可踰也 유가유야 마땅히 넘을 수 있지만. 猶: 마땅히. 踰: 넘다.

▶ 日月也 일월야 해와 달이라.

▶ 無得而踰焉 무득이유언 넘을 수 없습니다. 無得而: ~할 수 없다. 踰: 넘다.

▶ 人雖欲自絶 인수욕자절 사람들이 비록 스스로 (해와 달과 관계를) 끊고자 하여도.

▶ 其何傷 於日月乎? 기하상 어일월호? 그것이 어찌 해와 달에 손상이 되겠습니까? 傷: 해치다.

▶ 多見其不知量也 다견기부지량야 다만 그가 (자기의) 분수를 알지 못함을 더욱 잘 드러낼 뿐입니다. 多(다만 다): 다만 더욱 ~할 뿐이다. 見: 드러나다. 量: 분수(分數).

25. 살아계시면 영광이요 돌아가시면 슬픔이다.

[해석 본문]

진자금이 자공에게 말하였다. "그대는 공손하군요. 공자가 어찌 선생보다 현명합니까?" 자공이 말하였다. "군자는 한 마디 말로 지혜로운 사람으로 여겨지고 한 마디 말로 지혜롭지 못한 사람으로 여겨지는 것이니, 말은 신중히 하지 않을 수 없습니다. 선생님을 따라갈 수 없는 것은 마치 하늘을 사다리로 오르지 못하는 것과 같습니다.

陳子禽이 謂子貢曰 子爲恭也이라 仲尼豈賢於子乎리오? 子貢이 曰 君子一言에 以爲知하며 一言에 以爲不知니 言不可不愼也니라 夫子之不可及也는 猶天之不可階而升也니라

선생님께서 만약 나라를 다스리신다면, 이른바 (예를) 세우면 (예가) 서고, (백성을) 인도하면 (백성이) 따르고, (백성을) 편안하게 해주면 (백성이) 오고, (백성을) 고무하면 (백성이) 교화할 것이요. 살아 계시면 영광이요 돌아가시면 슬픔이니, 어찌 (내가) 그것을 따라갈 수 있겠습니까?"

_{부 자 지 득 방 가 자} _{소 위 입 지 사 립} _{도 지 사 행} _{수 지 사 래} _{동 지 사 화}
夫子之得邦家者이면 **所謂立之斯立**하며 **道之斯行**하며 **綏之斯來**하며 **動之斯和**이오
_{기 생 야 영} _{기 사 야 애} _{여 지 하 기 가 급 야}
其生也榮하고 **其死也哀**니 **如之何其可及也**리오?

[배경 설명]

　백성을 다스리면, 백성이 따르고 교화되어 백성이 풍족해질 것이라는 칭찬이다. 爲(위)는 하다, 여기다, 恭(공)은 공손하다, 愼(신)은 신중하다, 階(계)는 사다리, 升(승)은 오르다, 得(득)은 다스리다, 者(자)는 만약, 立(립)은 세우다, 道(도)는 인도하다, 斯(사)는 ~하면, 行(행)은 따르다, 綏(수)는 편안하다, 動(동)은 고무하다, 和(화)는 교화하다, 榮(영)은 영광을 뜻한다.

　진자금(陳子禽)은 공자의 제자인 진항(陳亢)이다. 방(邦)은 제후의 나라, 가(家)는 대부의 집안이니, 방가(邦家)는 나라이다. 사람들은 노력하면 대인(大人)은 될 수 있어도 성인(聖人)이 되는 것은 사다리로도 오를 수 없다. 공자가 정치적 이상을 설파한 것이다. 즉, 공자가 예를 세우면 예가 서고, 백성을 이끌면 백성이 따르고, 백성을 편안하게 해주면 백성이 오고, 백성을 고무하면 백성이 교화할 것이라는 주장이다. 따라서 자공은 공자께서 살아 계시면 영광이요 돌아가시면 슬픔(其生也榮 其死也哀)이라는 극진한 칭찬을 한다.

[단문 설명]

▶ **子爲恭也** 자위공야 그대는 공손하군요. 爲: 하다. 恭: 공손하다.
▶ **仲尼豈賢於子乎** 중니기현어자호 공자가 어찌 선생보다 현명합니까? 仲尼: 공자. 豈: 어찌.
▶ **一言以爲知** 일언이위지 한 마디 말로 지혜로운 사람으로 여겨지고. 一言以: 以一言. 爲: 여기다. 知: 지혜로운 사람.
▶ **一言以爲不知** 일언이위부지 한 마디 말로 지혜롭지 못한 사람으로 여겨지는 것이니.
▶ **言不可不愼也** 언불가불신야 말은 신중하지 않을 수 없습니다. 愼: 신중하다.
▶ **夫子之不可及也** 부자지불가급야 선생님을 따라갈 수 없는 것은. 之: 목적격 후치사. 及: 따라가다.
▶ **猶天之不可階而升也** 유천지불가계이승야 마치 하늘을 사다리로 오르지 못하는 것과 같습니다. 猶: 마치~같다, 오히려. 之: 목적격 후치사. 階: 사다리. 升: 오르다.
▶ **夫子之得邦家者** 부자지득방가자 선생님께서 만약 나라를 다스리신다면. 之: 주격후치사. 得: 얻다, 다스리다. 者: 가정, 만약.
▶ **所謂立之斯立** 소위입지사립 이른바 (예를) 세우면 (예가) 서고. 立: 세우다.

▶ 道之斯行 도지사행 (백성을) 인도하면 (백성이) 따르고. 道: 인도하다. 斯: ~하면. 行: 따르다.

▶ 綏之斯來 수지사래 (백성을) 편안하게 해주면 (백성이) 오고. 綏: 편안하다. 來: 오다.

▶ 動之斯和 동지사화 (백성을) 고무하면 (백성이) 교화할 것이요. 動: 고무하다. 和: 교화하다.

▶ 其生也榮 기생야영 살아 계시면 영광이요. 也: ~하면. 榮: 영광.

▶ 其死也哀 기사야애 돌아가시면 슬픔이니. 也: ~하면. 哀: 슬픔.

▶ 如之何 其可及也? 여지하 기가급야? 어찌 (내가) 그것을 따라갈 수 있겠습니까? 如之何: 어떠
하다. 也: 의문종결사.

☞ 者의 다양한 용법: 수식어가 앞에 놓인다.

- 사람: ~이라는 사람, ~하는 사람
- 사물이나 사실: ~라는 것, ~하는 것
- 접미사: 시기, 시간을 뜻하는 말 뒤에 붙어 부사어

    昔者, 近者, 嚮者(석자, 근자, 향자): 예전, 요즘, 지난 번
- 접속사: ~하면

第二十篇

堯曰(요왈)

공정하면 백성들이 기뻐할 것이다.

堯曰篇(요왈편)은 옛 고사와 나라를 다스리는 방법을 다루고 있다. 주요 내용으로는 정치, 책임, 정의, 미덕, 악덕, 재정, 복지, 민의나 심리 등이다. 정책의 실패와 책임은 지도자에게 있는 것이니, 만방의 백성에게 죄가 있더라도 그것은 지도자의 악덕이다. 지도자가 관대하면 많은 사람들을 얻을 수 있고 공정하면 백성들이 기뻐할 것이다. 백성들에게 재물을 베풀되 나라의 재물을 낭비하지 않아야 하고, 백성들이 이롭다고 여기는 것에 따라 이롭게 해준다. 지도자가 백성들의 여론을 알아 듣지 못하면 백성들을 알 수 없다.

1.1. 만방의 백성에게 죄가 있다면 그 죄는 짐에게 있는 것이다.

1.2. 관대하면 많은 사람들을 얻을 수 있고, 공정하면 백성들이 기뻐할 것이다.

2.1. 오미(五美)를 존중하고, 사악(四惡)을 물리친다면 정치할 수 있다.

2.2. 백성들에게 은혜를 베풀되 재물을 낭비하지 않는다.

2.3. 백성들이 이롭다고 여기는 것에 따라 이롭게 해준다.

2.4. 마땅히 줄 것을 주면서 인색하게 주는 것을 속이 좁다라고 한다.

3. 상대방의 말을 알아 듣지 못하면 그 사람을 알 수 없다.

1.1. 만방의 백성에게 죄가 있다면 그 죄는 짐에게 있는 것이다.

[해석 본문]

(요임금이 순임금에게 왕위를 물려줄 때) 요임금이 말씀하셨다. "아! 너 순(舜)아! 하늘의 운수가 너의 몸에 있으니 진실로 중용을 지켜라. 만방의 백성이 곤궁해지면 하늘이 내리신 복록이 영원히 끝날 것이다." (순임금이 우임금에게 왕위를 물려줄 때) 순임금도 역시 우임금에게 이렇게 명하셨다.

요왈 자 이순 천지력수재이궁 윤집기중 사해곤궁 천록
堯曰 咨! 爾舜아! 天之曆數在爾躬하니 允執其中하라 四海困窮하면 天祿이

영종 순 역이명우
永終하리라 舜이 亦以命禹하니라

(탕왕이 걸왕을 추방하고 천제께) 말씀하셨다. "나 소자 리(履)는 감히 검은 수소를 (희생)으로 써서 감히 거룩하신 천제께 아룁니다. 죄가 있는 사람을 감히 용서하지 못하며, 천제의 신하를 등용할 것이며, (신하를) 선택하는 것은 천제의 뜻에 달려 있습니다."

왈 여소자리 감용현모 감소고우황황후제 유죄 불감사
曰 予小子履는 敢用玄牡하여 敢昭告于皇皇后帝하리다 有罪를 不敢赦하며

제신불폐 간재제심
帝臣不蔽니 簡在帝心니이다

(이후 제후에게 말하였다.) "짐의 몸에 죄가 있다면 만방의 (백성) 때문이 아니고, 만방의 (백성에게) 죄가 있다면 그 죄는 짐에게 있는 것이다."

짐궁유죄 무이만방 만방유죄 죄재짐궁
朕躬有罪는 無以萬方이오 萬方有罪는 罪在朕躬이니라

[배경 설명]

요임금이 순임금에게 또 순임금이 우임금에게 왕위를 물려줄 때, 탕왕이 걸왕을 추방할 때 한 훈화이다. 咨(자)는 아, 曆數(력수)는 운수, 允(윤)은 진실로, 執(집)은 지키다, 天祿(천록)은 하늘이 내리는 복록, 終(종)은 끝나다, 玄牡(현모)는 검은 수소, 昭(소)는 밝히다, 皇皇(황황)은

거룩하다, 后帝(후제)는 천제, 赦(사)는 용서하다, 蔽(폐)는 덮다, 簡(간)은 선택하다를 뜻한다.

　요(堯)임금과 순(舜)임금은 모두 전설상의 태평성대를 이끈 임금이다. 요임금은 순임금에게 제위(帝位)를 세습하지 않고 덕이 있는 자에게 주었는데 이를 선양(禪讓)이라 한다. 선양 때에 요임금은 순임금에게, 순임금은 또 우(禹)임금에게 훈화를 전했다.

　요임금이 순임금에게 왕위를 선양할 때 훈화의 핵심은 윤집기중(允執其中)이다. 진실로 중용을 지키라는 것이다. 그대 몸에 천명이 내렸고(在爾躬), 중(中)은 중용(中庸)의 도이다. 역수(曆數)는 제왕(帝王)의 지위가 계승되는 순서이다. 춘하추동이나 이십사절기에 순서가 있듯이 왕위에 오르는 순서가 정해져 있다. 만백성이 곤궁하게 되면 천록, 즉 하늘이 준 임금의 자리도 영원히 끝난다. 또한 순임금이 우임금에게 왕위를 선양할 때도 요임금과 같이 훈화하였다.

　탕왕(湯王)은 중국 고대 은나라의 초대 왕으로 본명은 리(履) 또는 천을(天乙)이다. 하(夏)의 걸왕(傑王)이 포악무도하여 제후들이 덕망이 있는 탕을 왕으로 섬기게 되었다. 탕왕이 왕이 되어 군사를 이끌고 하를 멸망시켜 걸왕을 추방하였다.

　탕왕이 걸왕을 추방하고서 내린 훈화의 핵심은 신상필벌과 책임이다. 탕왕이 혁명을 했을 때 천제에게 고한 말이다. 만방의 백성이 곤궁하게 되면 하늘이 준 임금의 자리도 영원히 끝나게 된다. 검은 색은 하왕조를, 흰색은 은왕조를 나타낸다. 죄 있는 자는 하나라의 폭군 걸왕(桀王)이다. 천하의 어진 사람이 모두 천제의 신하이니, 그들을 버려두지 않고 천제의 뜻에 따라 선택할 것이고, 불폐(不蔽)는 덮어둘 수 없다는 말이니, 등용한다는 뜻이다.

　탕왕이 제후에게 자신의 각오를 밝혔다. 짐의 몸에 죄가 있다면 백성과는 무관한 일이지만, 백성에게 죄가 있다면 그 죄는 짐에게 있는 것이다. 포악무도한 걸왕의 죄는 용서할 수 없으며 걸왕을 정벌한 것이 백성들을 위한 길이다. 따라서 모든 잘못의 책임은 탕왕에게 있다.

[단문 설명]

▶ **咨! 爾舜!** 자! 이순! 아! 너 순아! 咨: 아, 감탄사. 爾: 너. 舜: 순임금.
▶ **天之曆數在爾躬** 천지력수재이궁 하늘의 운수가 너의 몸에 있으니. 曆數: 운수, 운명. 躬: 몸.
▶ **允執其中** 윤집기중 진실로 중용을 지켜라. 允: 진실로. 執: 지키다. 中: 중용.
▶ **四海困窮** 사해곤궁 만방의 백성이 곤궁해지면. 四海: 만방. 困窮: 곤궁.
▶ **天祿永終** 천록영종 하늘이 내리신 복록이 영원히 끝날 것이다. 天祿: 하늘이 내리는 복록, 즉 임금의 자리. 終: 끝나다.
▶ **舜亦以命禹** 순역이명우 (우임금에게 왕위를 물려줄 때) 순임금도 역시 우임금에게 (이렇게)

명하셨다. 以: 다음에 天之歷數와 天祿永終 생략.

▶ **予小子履** 여소자리 나 소자 리는. 子: 나. 小子: 아이. 履: 은나라를 세운 탕왕의 이름.

▶ **敢用玄牡** 감용현모 감히 검은 수소를 (희생)으로 써서. 玄牡: 검은 수소.

▶ **敢昭告 于皇皇后帝** 감소고 우황황후제 감히 거룩하신 천제께 아룁니다. 昭: 밝히다. 皇皇: 거룩하다. 后帝: 천제, 하느님.

▶ **有罪不敢赦** 유죄불감사 죄가 있는 사람을 감히 용서하지 않을 것이며. 赦: 용서하다.

▶ **帝臣不蔽** 제신불폐 천제의 신하를 버려두지 않을 것이오나(등용할 것이오나). 蔽: 덮다.

▶ **簡在帝心** 간재제심 (신하를) 선택하는 것은 천제의 뜻에 달려 있습니다. 簡: 선택하다.

▶ **朕躬有罪** 짐궁유죄 짐의 몸에 죄가 있다면. 朕: 황제의 자칭. 躬: 몸.

▶ **無以萬方** 무이만방 그것은 만방의 (백성) 때문이 아니고. 以: 때문에.

▶ **萬方有罪** 만방유죄 만방의 (백성에게) 죄가 있다면.

▶ **罪在朕躬** 죄재짐궁 그 죄는 짐에게 있는 것이다.

 1.2. 관대하면 많은 사람들을 얻을 수 있고, 공정하면 백성들이 기뻐할 것이다.

[해석 본문]

주나라는 (하늘이 내려준) 큰 상이 있으니 훌륭한 인물들이 정말로 많았다. (주무왕이 무도한 은나라 주왕을 칠 때에 말하였다.) "(내게) 비록 지극히 친한 사람들이 있더라도 어진 사람만 못하며, 백성들의 잘못은 나 한 사람에게 있습니다."

주유대뢰　선인　시부　수유주친　불여인인
周有大賚하니 **善人**이 **是富**니라 **雖有周親**이나 **不如仁人**이오
백성유과재여일인
百姓有過在予一人이니라

(무왕께서) 도량형을 바로잡고 법과 제도를 살피고 폐지된 관직을 고치자, 사방의 정치가 (제대로) 시행되었다. 멸망한 나라를 일으켜 세우고 끊어진 세대를 이어주고 초야에 묻힌 인재를 등용하시니, 천하의 백성이 마음을 돌렸다.

^{근 권 량} ^{심 법 도} ^{수 폐 관} ^{사 방 지 정} ^{행 언} ^{흥 멸 국} ^{계 절 세}
謹權量하며 審法度하며 修廢官하자 四方之政이 行焉하니라 興滅國하며 繼絶世하며
^{거 일 민} ^{천 하 지 민} ^{귀 심 언}
擧逸民하니 天下之民이 歸心焉하니라

중요한 것은 백성의 식량, 장례와 제사였다. 관대하면 (많은) 백성들을 얻을 수 있고, 신의가
있으면 백성들이 신임하며, 민첩하면 공을 이룰 수 있고, 공정하면 (백성들이) 기뻐할 것이다.

^{소 중} ^{민 식 상 제} ^{관 즉 득 중} ^{신 즉 민 임 언} ^{민 즉 유 공} ^{공 즉 열}
所重은 民食喪祭이다 寬則得衆하고 信則民任焉하고 敏則有功하고 公則說이니라

[배경 설명]

주(周) 무왕(武王)이 무도한 은(殷)나라 주왕(紂王)을 칠 때에 백성의 잘못은 자신의 잘못이
라는 명분과 무왕의 공적을 칭송한 내용이다.

賚(뢰)는 상, 是(시)는 정말로, 富(부)는 많다, 周(주)는 지극하다, 謹(근)은 바로잡다, 권량(權
量)은 도량형, 審(심)은 살피다, 法度(법도)는 법과 제도, 修(수)는 고치다, 廢(폐)는 폐지하다,
官(관)은 관직, 行(행)은 시행되다, 興(흥)은 일으키다, 滅(멸)은 멸망하다, 繼(계)는 잇다, 絶
(절)은 끊다, 世(세)는 세대, 擧(거)는 등용하다, 逸民(일민)은 초야에 묻혀 사는 현인, 歸(귀)는
돌아오다, 寬(관)은 관대하다, 任(임)은 신임하다, 맡기다, 敏(민)은 민첩하다, 公(공)은 공정하
다, 說(열)은 기뻐하다를 뜻한다.

주나라가 하늘로부터 큰 은혜를 입어 착한 사람들이 많았다. 백성들의 잘못은 자신의 잘못이
라는 말은 주(周) 무왕(武王)이 무도한 은나라 주왕(紂王)을 칠 때에 한 말이다. 대뢰(大賚)는
하늘이 크게 복을 내려주는 것이다.

무왕(武王)의 치적이 있었다. 없어진 관직 중 좋은 것을 다시 살리고, 없어진 나라를 다시 일
으켜 세우고, 끊어진 집안의 대를 이어주었다. 요순에 이어 하나라, 은나라와 주나라로 이어준
것이다. 백성에게 중요한 것은 식(食), 상(喪), 제(祭)이다.

도량형을 규정하고 법도를 정비하고 해이해진 관제를 손보니 사방의 정치가 제대로 행해졌
다. 멸망한 나라를 일으켜 주고, 끊어진 계통을 잇고, 숨은 인재를 등용하자 천하 백성의 마음이
군주에게 돌아왔다. 군주가 민첩하면 공적을 세우고 은혜로우면 충분히 사람을 부릴 수 있었
다. 군주가 공평무사하면 백성들이 기뻐한다. 따라서 주나라 무왕이 은나라를 멸망시키고 천하
를 다스린 치적을 칭송한 것이다.

[단문 설명]

▶ 周有大賚 주유대뢰 주나라는 (하늘이 내려준) 큰 상이 있으니. 賚: 상, 주다.

▶ 善人是富 선인시부 훌륭한 인물들이 정말로 많았다. 是: 실로, 정말로. 富: 많다.

▶ 雖有周親 수유주친 (내게) 비록 지극히 친한 사람들이 있더라도. 周: 지극하다.

▶ 不如仁人 불여인인 어진 사람만 못하며.

▶ 百姓有過在予一人 백성유과재여일인 백성들의 잘못은 나 한 사람에게 있습니다.

▶ 謹權量 근권량 (무왕께서) 도량형을 바로잡고. 謹: 바로잡다. 권량(權量): 도량형.

▶ 審法度 심법도 법과 제도를 살피며. 審: 살피다. 法度: 법과 제도.

▶ 修廢官 수폐관 폐지된 관직을 고치자. 修: 고치다. 廢: 폐지하다. 官: 관직.

▶ 四方之政行焉 사방지정행언 사방의 정치가 (제대로) 시행되었다. 行: 시행되다.

▶ 興滅國 흥멸국 멸망한 나라를 일으켜 세우고. 興: 일으키다. 滅: 멸망하다.

▶ 繼絶世 계절세 끊어진 세대를 이어주고. 繼: 잇다. 絶: 끊다. 世: 세대

▶ 擧逸民 거일민 초야에 묻힌 인재를 등용하시니. 擧: 등용하다. 逸民: 초야에 묻혀 사는 현인.

▶ 天下之民歸心焉 천하지민귀심언 천하의 백성이 마음을 돌렸다. 歸: 돌리다.

▶ 所重民食喪祭 소중민식상제 중요한 것은 백성의 식량, 장례와 제사였다.

▶ 寬則得衆 관즉득중 관대하면 (많은) 백성들을 얻을 수 있고. 寬: 관대하다.

▶ 信則民任焉 신즉민임언 신의가 있으면 백성들이 신임하며. 任: 신임하다.

▶ 敏則有功 민즉유공 민첩하면 공을 이룰 수 있고. 敏: 민첩하다.

▶ 公則說 공즉열 공정하면 (백성들이) 기뻐할 것이다. 公: 공정하다. 說: 기뻐하다.

2.1. 오미(五美)를 존중하고, 사악(四惡)을 물리친다면 정치할 수 있다.

[해석 본문]

자장이 공자께 "어떻게 하면 정치를 잘할 수 있습니까?" 하고 묻자, 공자께서 "다섯 가지 미덕을 존중하고, 네 가지 악덕을 물리친다면 정치를 잘할 수 있다." 하고 하셨다.

子張이 問於孔子曰 何如면 斯可以從政矣리오? 子曰 尊五美하며 屛四惡이면

사 가 이 종 정 의
斯可以從政矣니라

[배경 설명]

정치를 잘하는 기본적인 방도에 관한 자장의 질문에 대하여 공자가 오미(五美)와 사악(四惡)이라고 답한다. 從(종)은 하다, 尊(존)은 높여 받들고 존중하다, 屛(병)은 물리치다, 斯(사)는 조건 접속사로 ~하면을 뜻한다. 따라서 정치를 잘하려면 다섯 가지 미덕(美德)을 존중하고 네 가지 악덕(惡德)을 물리치는 것이다.

[단문 설명]

▸ **何如 斯可以從政矣?** 하여 사가이종정의? 어떻게 하면 정치를 잘할 수 있습니까? 斯: 조건 접속사, ~하면. 從: 하다. 矣: 의문종결사.

▸ **尊五美 屛四惡** 존오미 병사악 다섯 가지 미덕을 존중하고, 네 가지 악덕을 물리친다면. 尊: 존중하다. 屛: 물리치다.

2.2. 백성들에게 은혜를 베풀되 재물을 낭비하지 않는다.

[해석 본문]

자장이 "무엇을 오미(五美)라 합니까?" 하고 묻자, 공자께서는 대답하셨다. "군자는 (백성들에게) 은혜를 베풀되 (재물) 낭비하지 않으며, 노역을 시키되 원망을 사지 않으며, 소망하되 탐욕하지 않으며, 태연하되 교만하지 않으며, 위엄이 있되 사납지 않은 것이다."

자 장 왈 하 위 오 미 　 자 왈 군 자 혜 이 불 비 　 노 이 불 원 　 욕 이 불 탐
子張이 曰 何謂五美리오? 子曰 君子 惠而不費하며 勞而不怨하며 欲而不貪하며
태 이 불 교 　 위 이 불 맹
泰而不驕하며 威而不猛이니라

[배경 설명]

정치를 잘하는 방도는 오미(五美)를 높이고 사악(四惡)을 물리치는 것이라는 교훈이다. 이에

자장이 오미를 묻자, 공자가 오미의 세부적인 내용을 열거하였다. 謂(위)는 하다, 惠(은)은 은혜를 베풀다, 費(비)는 낭비하다, 勞(노)는 노역을 시키다, 怨(원)은 원망하다, 欲(욕)은 원하다, 바라다, 貪(탐)은 탐내다, 泰(태)는 태연하다, 驕(교)는 교만하다, 威(위)는 위엄이 있다, 猛(맹)은 사납다를 뜻한다.

재물을 낭비하지 않아야 하니, 은혜를 베풀 때는 백성들이 반드시 필요로 하는 것을 그들에게 주면 재물을 낭비하지 않는다. 노역을 시킬 만한 백성이나 일을 택하면 노역의 정당성과 공평성이 문제되지 않는다. 노역이 공평하고 정당하면 백성들은 군주를 원망하지 않는다. 바라는 대상은 소망이나, 바라지 않는 대상은 정당하지 않는 권력이나 부정한 재물이다.

군주는 인덕으로 정치를 하고 재물이나 권세를 탐하지 않는다. 국가의 재물을 군주가 소유하고 지배하던 시기에 군주의 탐욕을 억제하기 위한 덕목이다. 군주는 백성들에게 위엄이 있어서 질서와 존중이 서지만 백성들을 대할 때, 노역을 시킬 때나 조세를 부과할 때 가혹하지 않아야 한다. 따라서 군주가 오미를 높여 실천할 때 나라가 잘 다스려 질 것이라는 교훈이다.

[단문 설명]

▷ 何謂五美? 하위오미? 무엇을 오미라 합니까? 何謂: 謂何의 도치. 謂: 하다.

▷ 惠而不費 헤이불비 (백성들에게) 은혜를 베풀되 (재물을) 낭비하지 않으며. 惠: 은혜를 베풀다. 費: 낭비하다.

▷ 勞而不怨 노이불원 노역을 시키되 원망을 사지 않으며. 勞: 노역을 시키다. 怨: 원망하다.

▷ 欲而不貪 욕이불탐 소망하되 탐욕하지 않으며. 欲: 원하다. 貪: 탐내다.

▷ 泰而不驕 태이불교 태연하되 교만하지 않으며. 泰: 태연하다. 驕: 교만하다.

▷ 威而不猛 위이불맹 위엄이 있되 사납지 않은 것이다. 威: 위엄이 있다. 猛: 사납다.

2.3. 백성들이 이롭다고 여기는 것에 따라 이롭게 해준다.

[해석 본문]

자장이 "어찌해야 (백성들에게) 은혜를 베풀되 재물을 (낭비하지) 않습니까?" 하고 묻자, 공자께서는 "백성들이 이롭다고 여기는 것 대로 그들을 이롭게 해주니 이 또한 은혜를 베풀되 낭비하겠느냐? 노역을 시킬 수 있는 일을 선택하여 노역을 시키니 또한 누가 원망하겠는가? 인을 하고자 하여 인을 얻으니 또한 무엇을 탐하겠는가?"라고 말씀하셨다.

자장 왈 하위 혜이불비　　자왈 인민지소리이이지　사불 역혜이불비호
子張이 曰 何謂 惠而不費리오? 子曰 因民之所利而利之니 斯不亦惠而不費乎아?
택 가 로 이 로 지　　우 수 원　　욕 인 이 득 인　　우 언 탐
擇可勞而勞之어니 又誰怨이리오? 欲仁而得仁이니 又焉貪이리오?

"군자는 (백성들이) 많거나 적거나 또 (권세가) 크거나 작거나와 관계없이 함부로 교만하지 않으니, 이 역시 태연하되 교만하겠는가? 군자는 의관을 바르게 하고, 바라보는 것을 공경하게 하여, (언행이) 점잖으면 백성들이 바라보고 두려워하니, 이 또한 위엄이 있되 사납겠는가?" 하고 대답하셨다.

군자 무중과　　무소대　　무감만　　사불역태이불교호　군자　정기의관
君子 無衆寡하며 無小大히 無敢慢하니 斯不亦泰而不驕乎아? 君子는 正其衣冠하며
존기첨시　　엄연인망이외지　사불역위이불맹호
尊其瞻視하여 儼然人望而畏之하니 斯不亦威而不猛乎아?

[배경 설명]

자장이 오미(五美)를 구체적으로 요청하자 공자가 설명한 것이다. 因(인)은 따르다, 貪(탐)은 탐하다, 無(무)는 ~에 관계없이, 衆(중)은 많다, 寡(과)는 적다, 敢(감)은 함부로, 慢(만)은 교만하다, 正(정)은 바르게 하다, 尊(존)은 공경하다, 瞻(첨)은 보다, 儼(엄)은 점잖다를 뜻한다.

백성들이 스스로 이익으로 여기는 것에 근거해서 정책을 시행하면, 그들을 이롭게 해주는 것이다. 백성들이 이롭다고 여기는 것은 백성들이 필요로 하는 것으로 재물이 낭비되지 않을 것이다. 노역의 정당성과 공평성이 확보되면 백성들은 군주를 원망하지 않을 것이다.

군자는 백성의 재물을 탐내는 것이 아니라 인으로 정치를 해야 한다. 군주는 정사에는 태연하지만 백성들에게는 교만해서는 안 된다. 다스리는 백성의 수가 많으면 교만해지기 쉽다. 군자는 의관을 단정히 하고, 용모를 바르게 해야 중후하고 위엄이 있다. 따라서 군자는 행동을 바르게 하고, 언행이 품위가 있고 겸손하고 온화해야 백성들이 따르고 존경할 것이다.

[단문 설명]

▷ 何謂 惠而不費? 하위 혜이불비? 어찌해야 (백성들에게) 은혜를 베풀되 재물을 (낭비하지) 않

습니까?

▶ 因民之所利 而利之 인민지소리 이이지 백성들이 이롭다고 여기는 것 대로 그들을 이롭게 해주니. 因: 따르다.

▶ 斯不亦 惠而不費乎? 사불역 혜이불비호? 이 또한 은혜를 베풀되 낭비하겠는가?

▶ 擇可勞 而勞之 택가로 이로지 노역을 시킬 수 있는 일을 선택하여 노역을 시키니.

▶ 又誰怨? 우수원? 또한 누가 원망하겠는가? 又: 또한.

▶ 欲仁而得仁 욕인이득인 인을 하고자 하여 인을 얻으니.

▶ 又焉貪? 우언탐? 또한 무엇을 탐하겠는가? 貪: 탐하다.

▶ 無衆寡 무중과 (백성들이) 많거나 적거나와 관계없이. 無: ~와 관계없이. 衆: 많다. 寡: 적다.

▶ 無小大 무소대 (권세가) 크거나 작거나와 관계없이.

▶ 無敢慢 무감만 함부로 교만하지 않으니. 敢: 함부로. 慢: 교만하다.

▶ 斯不亦 泰而不驕乎? 사불역 태이불교호? 이 역시 태연하되 교만하겠는가? 不亦: 역시 ~하지 아니한가?

▶ 正其衣冠 정기의관 의관을 바르게 하며.

▶ 尊其瞻視 존기첨시 바라보는 것을 공경하게 하여. 尊: 공경하다. 瞻: 보다.

▶ 儼然人望而畏之 엄연인망이외지 (언행이) 점잖으면 사람들이 바라보고 두려워하니. 儼: 점잖다.

▶ 斯不亦 威而不猛乎? 사불역 위이불맹호? 이 또한 위엄이 있되 사납겠는가?

 2.4. 마땅히 줄 것을 주면서 인색하게 주는 것을 속이 좁다라고 한다.

[해석 본문]

자장이 "무엇을 네 가지 악이라고 합니까?" 물으니, 공자께서 말씀하셨다. "(백성을) 가르치지 않고 죽이는 것을 학정이라고 하고, 미리 훈계하지 않고 성공을 보려는 것을 난폭하다고 하고, 법령을 완만하게 하고 기한을 임박하게 하는 것을 해친다고 한다. 마땅히 남에게 줄 것을 주면서 인색하면 속이 좁다고 한다."

子張이 曰 何謂四惡이오? 子曰 不敎而殺을 謂之虐이오 不戒視成을 謂之暴오

만 령 치 기　위 지 적　　유 지 여 인 야　　출 납 지 린　위 지 유 사

慢令致期를 謂之賊이오 猶之與人也면서 出納之吝을 謂之有司니라

[배경 설명]

자장(子張)이 사악(四惡)에 대해서 묻자, 공자께서 말씀해 주신 것이다. 사악(四惡)이란 무교, 무훈, 기한 임박, 인색을 포함한다.

謂(위)는 ~이라고 하다, 殺(살)은 죽이다, 虐(학)은 잔학하다, 戒(계)는 훈계하다, 暴(포)는 난폭하다, 慢(만)은 느리다, 賊(적)은 해치다, 猶之(유지)는 마땅히, 與(여)는 주다, 有司(유사)는 출납을 맡는 관리처럼 속이 좁다를 뜻한다.

사악(四惡)이란 가르치지 않고, 미리 훈계하지 않고, 법령을 완만하게 하고, 인색하게 주는 것이다. 백성을 가르치지 않고 법을 어기면 잔혹하게 죽이는 것이니, 어질지 못한 것이다. 백성을 훈계하지 않고 결과를 내리고 법령을 느슨하게 해놓고 형벌을 가한다면 이는 백성을 해치는 것이다. 유사(有司)는 출납을 맡는 관리로 속이 좁은 것이니, 마땅히 줄 것을 인색하게 주는 것이다. 따라서 공자께서는 五美를 높이고 四惡을 물리치면 정치할 수 있다고 말씀하셨다.

[단문 설명]

▷ **何謂四惡?** 하위사악? 무엇을 네 가지 악이라고 합니까? 謂: ~이라고 하다.

▷ **不敎而殺 謂之虐** 불교이살 위지학 (백성을) 가르치지 않고 죽이는 것을 학정이라고 하고. 殺: 죽이다. 虐: 잔학하다.

▷ **不戒視成 謂之暴** 불계시성위지포 미리 훈계하지 않고 성공을 보려고 하는 것을 난폭하다고 하고. 戒: 훈계하다. 暴: 난폭하다.

▷ **慢令致期 謂之賊** 만령치기 위지적 법령을 완만하게 하고 기한을 임박하게 하는 것을 해친다고 한다. 慢: 느리다. 令: 법령. 致: 임박하게 하다, 끌어당기다. 賊: 해치다.

▷ **猶之與人也** 유지여인야 마땅히 남에게 줄 것을. 猶之: 마땅히. 與: 주다.

▷ **出納之吝 謂之有司** 출납지린 위지유사 주면서 인색하면 속이 좁다고 한다. 有司: 출납을 맡는 관리처럼 속이 좁다.

3. 상대방의 말을 알아 듣지 못하면 그 사람을 알 수 없다.

[해석 본문]

공자께서 말씀하셨다. "운명을 알지 못하면 군자가 될 수 없고, 예를 알지 못하면 (사회에) 나설 수 없고, (남의) 말을 알아 듣지 못하면 그 사람을 알 수 없다."

　　자 왈　부 지 명　　무 이 위 군 자 야　　부 지 례　　무 이 립 야　　부 지 언
子曰 不知命이면 無以爲君子也오 不知禮면 無以立也오 不知言이면
　무 이 지 인 야
無以知人也니라

[배경 설명]

군자의 세 가지 조건은 지명(知命), 지례(知禮)와 지언(知言)이다. 천명을 알고, 사회의 질서와 규범을 알고, 상대방의 말을 알면 군자가 될 수 있다.

지명(知命)은 천명을 아는 것이며, 천명을 아는 사람은 편안하다. 천명(天命)은 자신이 하늘로부터 받은 소명이나 자신의 타고난 운명이다. 타고난 운명에 순응하는 것은 자연에 순응하는 것이다. 하늘이 명한 것은 타고난 本性이니, 사람은 자신의 힘으로는 어쩔 수 없는 불가항력적인 운명이 있다. 군자는 인간 본성과 삶의 의미를 깨닫고 현실에 최선을 다한다.

지례(知禮)는 사회에서 요구되는 질서와 규범을 아는 것이다. 예(禮)는 개인이 살아가기 위해 수양해야 할 사회에서 요구되는 질서일 뿐만 아니라 사회의 질서를 유지하고 대인관계를 유지하고 확대할 수 있는 규범이다. 개인이 예를 알지 못하거나 지키지 않는다면 사회에서 하나의 독립된 인격체로 대접받기 어렵다.

지언(知言)은 다른 사람의 말을 듣고 그 말의 의미와 맥락을 올바르게 파악하는 일이다. 말은 말한 사람의 본성과 인격을 나타내고 관계를 유지하는 소통과 교류의 도구이다. 말에는 잘 보이거나 속이기 위해 하는 교언영색이나 인격과 정보를 전달하는 진실된 언어가 함축되어 있다. 말에는 조롱, 비방, 험담, 평가나 칭찬, 격려, 공감, 교훈 등의 부정과 긍정이 포함된다. 따라서 천명을 알고, 예를 알고, 말을 알 수 있어야 진정한 군자이다.

[단문 설명]

▷ 不知命 부지명 운명을 알지 못하면. 命: 운명.

▶ 無以爲君子也 무이위군자야 군자가 될 수 없으며. 無以: ~할 수 없다.

▶ 不知禮 부지례 예를 알지 못하면.

▶ 無以立也 무이립야 (사회에) 나설 수 없고.

▶ 不知言 부지언 (남의) 말을 알아 듣지 못하면.

▶ 無以知人也 무이지인야 그 사람을 알 수 없다.

☞ 所의 다양한 용법

- **불완전 명사**: ~하는 바, ~하는 것, ~하는 곳
- 이유 · 원인 · 까닭: ~한 것, ~한 까닭
- 장소: ~에
- 피동: 당하다
- 가정: ~하면

부록

주요 인물

● 공자(孔子)

공자(孔子: BC 551~BC 479)는 노(魯)나라 사람으로 사상가이자 학자이고, 이름은 구(丘)요 자는 중니(仲尼)이다. 공자는 부친 숙량홀(叔梁紇)과 세 번째 부인인 모친 안징재(顏徵在) 사이에서 태어났다. 부친이 60세, 모친이 16세에 공자를 낳았으나 공자가 3세 때에 부친이 돌아가시고 24세에 모친마저 돌아가셨으니 어린 시절은 극히 어려워 잡다한 일을 할 수밖에 없었다. 공자께서는 어디에선들 학문을 배웠다. 사람들과의 교류에서 많은 것을 배웠으며, 옛날의 기록을 통하여 스스로 체득하여 세상 모두가 스승이 되었으니 성인의 업적은 실로 위대하시다.

공자는 주나라가 붕괴되고 대부가 제후의 권력을 전횡하는 하극상의 시대를 목격하고 명목적 군주와 실질적 군주가 일치하는 정명론(正名論)을 예(禮)로써 지켜야 한다고 설파했다. 공자는 귀족 이외의 자제까지 교육을 허용하여 교육을 통한 군자를 양성하고, 학문과 도덕적 인격을 갖춘 군자가 정치를 담당할 것을 실현하려고 했다.

공자의 사상은 인(仁)인데, 인(仁)은 이상 사회의 덕목으로 다른 사람을 사랑하고 배려하는 마음이다. 즉, 인(仁)은 남에 대한 사랑[愛]과 극기복례(克己復禮)이다. 사랑에는 부모에 대한 효, 형제에 대한 우애, 남에 대한 공손과 배려가 있다. 예(禮)란 공손, 예의, 올바른 행동을 통해 사회 규범과 질서를 지키는 것으로 예의 행동 기준은 바로 의(義)이다. 인(仁)을 실현하기 위한 행동적 기반은 덕(德)으로 공자는 인간의 덕을 수양하기 위해 교육과 자기 성찰을 강조했다. 따라서 공자의 사상은 인(仁)을 기반으로 한 덕치(德治)를 실천하여 이상 사회를 구현하는 것이다.

● 공문십철(孔門十哲)

공자의 제자는 3,000여 명에 이르지만 그 중에서 뛰어난 공문칠십이현((孔門七十二賢)과 가장 뛰어난 공문십철(孔門十哲)이 있다. 공문십철(孔門十哲)은 공자의 제자 중에 가장 뛰어난 10명의 제자들로 덕행(德行)에는 안연(顏淵), 민자건(閔子騫), 염백우(冉伯牛)와 중궁(仲弓), 언어(言語)에는 재아(宰我)와 자공(子貢), 정사(政事)에는 염유(冉有)와 계로(季路), 문학(文學)에는 자유(子游)와 자하(子夏)이다. 덕행·언어·정사·문학을 사과(四科)라고 한다.

배고픔과 굶주림 속에서 학문을 게을리 하지 않았으나 젊은 나이에 요절한 안연(顏淵), 문둥병에 걸려 비참하게 죽은 염백우(冉伯牛), 덕망이 높고 어질었지만 말재주는 없었던 중궁(仲弓)과 효행이 뛰어났던 민자건(閔子騫)을 가장 덕행(德行)이 뛰어난 인물로 공자께서는 평하시었다.

● 공문칠십이현((孔門七十二賢)

공문칠십이현((孔門七十二賢)은 공자의 제자 중에 뛰어난 72명의 제자들로 공문십철과 자장(子張), 증삼(曾參), 담대멸명(澹臺滅明), 칠조개(漆雕開), 공야장(公冶長), 남궁괄(南宮括), 공서화(公西華), 임방(林放), 유약(有若), 원헌(原憲), 고시(高柴), 번수(樊須) 등이 있다.

● 계강자(季康子)

계강자(季康子)는 노(魯)나라의 대부로 삼환(三桓) 중에서 가장 큰 세력을 가지고 있던 계손씨(季孫氏)의 가주(家主)이다. 그는 아버지 계환자(季桓子)를 이어 재상인 대부가 되어 국정을 전담했고 공실(公室: 왕실)을 무력하게 만들었다. 삼가(三家) 또는 삼환(三桓)은 맹손씨(孟孫氏), 숙손씨(叔孫氏)와 계손씨(季孫氏)의 삼대부인데, 이중에 계손씨(季孫氏)가 가장 세도가 컸고, 이들은 노(魯)나라 제16대 제후인 환공(桓公: 재위 BC 685~BC 643)의 후예이기 때문에 삼환(三桓)이라 한다.

● 공서화(公西華)

공서화(公西華: BC 509~미상)는 공문칠십이현 중 한 사람으로 성은 공서(公西), 이름은 적(赤), 자는 화(華)이다. 그는 공자가 외교에 재능이 있다고 평가한 인물로 예절이 밝아 공자가 제나라로 심부름을 보냈으며, 공자가 사망하셨을 때 장례절차를 주관하였다.

● 남궁괄(南宮括) 남용(南容)

남용(南容)이라고도 불리는 남궁괄(南宮括)은 공자의 조카 사위이자 공문칠십이현 중 한 사람으로 성은 남궁(南宮)이요 이름은 괄(括)이다. 공자는 그를 덕을 숭상하는 사람으로 평가할 정도로 신망이 높았다.

● 노정공(魯定公)

노정공(魯定公: 미상~BC 495)은 춘추시대 노나라의 군주로 이름은 송(末)이요 소공(昭公)의 동생이다. 제경공(齊景公)이 그를 협곡에서 위협하였으나 재상의 일을 수행했던 공자가 예로써 설파하니 위협을 중단하고 침탈했던 노나라의 땅도 반환하였다.

● 노애공(魯哀公)

노애공(魯哀公: BC 494 ~ BC 468)은 춘추시대 노나라 군주로 성은 희(姬), 이름 장(將)이요 정공(定公)의 아들이다. 그는 결정할 수 있는 실권이 없으니 위(衛)나라에서 노나라로 돌아온 공자를 삼환의 반대로 등용하지 못했다. 국내적으로는 삼환(三桓)의 세력이 강하여 국정을 전횡하였고 대외적으로는 오(吳)·제(齊)나라의 공격으로 국력이 위축되었어 그는 월(越)나라의 도움으로 삼환을 제거하려다 오히려 왕위에서 쫓겨나 유산지(有山氏)에서 죽었다.

● 맹경자(孟敬子)

맹경자(孟敬子)는 노나라 삼환의 한 사람으로 이름은 첩(捷), 자는 의(儀), 시호는 경자(敬子)이다. 공자 시대에는 삼환이 노의 공실(公室)을 어느 정도 인정하였으나 공자 사후 노애공 말년에는 이를 인정하지 않고 계손씨, 맹손씨와 숙손씨의 삼환이 노나라의 실권을 더욱 장악하고 전횡하였다.

● 맹의자(孟懿子)

맹의자(孟懿子)는 노나라에서 세도가 있던 대부(大夫)의 한 사람으로 성은 하기(何忌), 시호(諡號)는 의(懿)이다. 맹손(孟孫)이라고도 하는 맹손씨의 후계자이다.

● 민자건(閔子騫)

민자건(閔子騫)은 공문십철의 한 사람으로 이름은 손(損), 자는 자건(子騫)이요, 덕행, 효행과 우애가 뛰어났다. 그는 아버지의 후처와 그의 형제로부터 냉대를 받았으나 불평하지 않고 부모에게 효도하고 형제를 아꼈다. 공자는 그가 평상시에는 말이 없으나 말은 하면 반드시 옳은 말만을 한다고 평하였다.

● 백이(伯夷)와 숙제(叔齊)

백이(伯夷)와 숙제(叔齊)는 나라를 다스리던 고죽군(孤竹君)의 두 아들이다. 백이와 숙제는 형 이공(夷公)과 아우 제공(齊公)을 가리키는 호칭이다. 백(伯)은 맏이라는 뜻이고 숙(叔)은 아우라는 뜻이다. 백이(伯夷)는 성이 묵(墨), 이름은 윤(允), 시호가 이(夷)이다. 숙제(叔齊)는 그의 아우로서 이름은 지(智)요 시호는 제(齊)이다.

고죽군(孤竹君)이 숙제(叔齊)를 왕으로 세우니 숙제는 그것이 예법에 어긋나는 것이라고 형인 백이에게 왕위를 양보하였으나 백이도 역시도 거절하였다. 이들은 주문왕(周文王)의 명성을 듣고 주나라로 갔으나 이미 문왕은 죽었다. 그의 아들 무왕(武王)이 은(殷)나라 주왕(紂王)을 정벌하려 하였으니 백이와 숙제가 정벌의 적절치 못함을 간(諫)하였는데도 무왕(武王)이 은나라를 멸망시켰다. 이에 백이와 숙제는 주나라의 녹(祿)을 먹는 것을 부끄럽게 여기고, 주나라를 떠나 수양산(首陽山)에 숨어 살다가 끝내 굶어 죽었으니, 후대에서 이들을 청절지사(淸節之士)로 추앙한다.

● 순(舜)임금

순(舜)임금은 고대 중국의 전설적인 제왕인 오제(五帝)의 한 사람으로 성은 우(虞)요 이름은 중화(重華)이다. 그는 효행이 뛰어나 요(堯)임금으로부터 천하를 물려받았다. 순임금은 즉위 후에 요임금의 사상을 전승하고, 천하의 뛰어난 인재를 등용하여 정치를 항상 신하들과 논의하고 태평성대를 열었다.

● 안회(顏回)

안회(顏回: BC 521~미상)는 이름은 회(回), 자는 연(淵)이고, 공문십철 중 한 사람으로 덕행에서 가장 뛰어났다. 그는 성품이 어질었으며 가난을 이겨내고 학문을 좋아하였으나 32세에 요절하였으니 공자는 그가 열매를 맺지 못한 것을 안타깝게 생각하였다.

● 염구(冉求)

염구(冉求: BC 522~BC 489)는 공문십철의 한 사람으로 이름은 구(求), 자는 자유(子有)이고, 염유(冉

有)라고도 한다. 그는 재예(才藝)가 뛰어났으나 성격은 소극적이며 나약하였다.

● 염옹(冉雍)

염옹(冉雍)은 덕행이 뛰어난 공자의 제자로 성은 염(冉), 이름은 옹(雍), 자는 중궁(仲弓)이다. 그는 말 재주가 부족하고 그의 아버지는 어질지 않은 미천한 신분이나 학문과 덕행이 뛰어나고 덕망이 높고 어질어 공자로부터 군주감으로 인정받은 인물이었다.

● 요(堯)임금

요(堯)임금은 고대 중국의 전설상의 제왕으로 검소하고 근면하여 나라를 덕으로 다스려 태평성대를 이끌었던 성군의 한 사람이다. 요임금은 임금의 지위에 올라 칠십 년 동안이나 세상을 잘 다스리고 순(舜)임금에게 왕위를 선양(禪讓)한 성군이었다.

● 우(禹)임금

우(禹)임금은 이름이 문명(文命)으로 중국 역사상 최초의 왕조 국가였던 하(夏)나라의 시조이며, 민첩하고 의지가 강하며 근면했고, 순임금의 명을 받아 홍수를 해결했다. 우임금의 치수 사업이 성공하여 백성들은 가뭄에도 물을 사용할 수 있었으며 홍수에도 배수가 잘 되어 물 걱정을 하지 않게 되었다.

● 원사(原思)

원사(原思: BC 515~미상)는 공자의 제자로 성은 원(原), 이름은 헌(憲), 자는 자사(子思)이다. 그는 올바른 길이 아닌 일을 하는 것을 부끄럽게 여길 줄 아는 인물이었다.

● 위영공(衛靈公)

위영공(衛靈公: 미상~BC 493)은 어리석고, 부인 남자(南子)는 남색을 즐겼고 음탕했다. 영공의 아들인 괴외(蒯聵)는 남자(南子)를 죽이려다 실패하여 송나라로 망명했다. 영공이 죽은 뒤 남자(南子)는 괴외(蒯聵)의 아들인 첩(輒)을 왕으로 세웠는데, 그가 출공(出公)이다. 출공(出公)은 왕위를 차지하고 있다가 아버지 괴외(蒯聵)가 위나라로 돌아오자 왕위를 내놓고 노나라로 망명하였다.

● 유자(有子)

유자(有子: BC 518~BC 420)는 노(魯)나라 사람으로 공자의 제자이고, 이름은 약(若)이며 용모가 공자를 닮았다. 그는 제자 중에서 높은 덕망으로 존경받았으며, 恭敬(공경)은 예(禮)의 근본, 효제(孝悌)는 인(仁)의 근본으로 여겼다.

● 임방(林放)

임방(林放)은 공문칠십이현 중 한 사람으로 자는 자립(子立)이다. 그는 주(周)나라 경왕 때 노나라의 대부를 역임하였다.

부록

● 자공(子貢)

자공(子貢: BC 520~BC 456)은 공문십철의 한 사람으로 성은 단목(端木), 이름은 사(賜), 자(字)는 자공(子貢)이다. 그는 정치와 언어에 뛰어나 노(魯)나라와 위(衛)나라의 재상이 되었다. 또한 그는 경제에 대한 예측 능력이 뛰어나 돈을 많이 벌었고, 경제적으로 공자를 도왔으며, 공문의 번영은 그의 경제적 원조에 의한 바가 컸다고 한다.

● 자로(子路)

자로(子路: BC 543~BC 480)는 공문십철의 한 사람으로 성은 仲(중), 이름은 由(유), 자(字)는 子路(자로) 또는 季路(계로)이다. 그는 노나라의 경대부(卿大夫) 가문인 삼환(三桓)의 하나인 계씨(季氏)의 읍재(邑宰)를 지냈다. 그는 성격이 거칠고 용맹스러운 일과 힘쓰는 일을 좋아하고 의지가 강하고 정직하여 공자는 그의 꾸밈없고 소박한 인품을 칭찬하였으나, 성급하고 거친 성격을 주의하도록 훈계하였다.

● 자유(子游)

자유(子游: BC 506~미상)는 공문십철의 한 사람으로 성은 언(言), 이름은 언(偃)이고, 자하와 함께 문학에 능통하였고, 노나라 무성의 읍재(邑宰)를 하며 예악(禮樂)을 통한 교화를 중시하였다. 공자께서 자유가 예악의 도로써 나라를 다스리는 것을 기뻐하셨다.

● 자장(子張)

자장(子張: BC 506~미상)은 공자의 만년 제자로 성은 전손(顓孫), 이름은 사(師), 자는 子張(자장)이다. 그는 성격이 매우 관대하고 사람들과 교제하는 것을 좋아했고, 수려한 외모와 적극적인 성격에 걸맞은 출세와 명성을 원했다. 그는 공자에게 출세할 수 있는 방법과 명성을 얻을 수 있는 방법을 질문한 제자였다.

● 자하(子夏)

자하(子夏: BC 507~BC 420)는 공문십철의 한 사람으로 성은 복(卜), 이름은 상(商)이고, 문학(文學)이 뛰어나 후세까지 가장 많은 영향을 끼친 공자의 제자이다. 또한 그는 주관적 내면성을 존중하는 증자(曾子)와 달리 예(禮)의 객관적 형식을 존중했고, 군주는 색을 멀리 하고, 신하는 충성으로 군주를 모시고, 붕우는 신의로 사귀라고 주장했다. 그러나 공자는 자하가 예를 지키는데 엄격하지 못하다고 비판하였다.

● 재여(宰予)

재여(宰予: BC 515~미상)는 공문십철의 한 사람으로 이름이 여(予), 자(字)는 자아(子我) 또는 재아(宰我)이다. 일찍이 제나라에서 벼슬하여 대부가 되었으나 뜻이 달랐던 원항에 의해 살해되었다. 그는 언변에는 능했지만 매우 게을러서 낮에 번번이 낮잠을 즐겼다.

● 제경공(齊景公)

제경공(齊景公: 미상~BC 490)은 춘추 시대 제나라의 임금으로 이름은 저구(杵臼)이고, 영공(靈公)의

355

아들이며 장공(莊公)의 이복동생이다. 대부 최저(崔杼)가 장공을 살해하고 경공이 군주가 되어 재위 중에 대신들이 서로 죽고 죽이는 등 조정이 극히 혼란했다. 그는 궁실 건축을 좋아했고, 사냥개와 말을 길렀으며, 세금을 가혹하게 부과하고, 혹형을 가해 백성들의 고통이 심하였다.

● 증자(曾子)

증자(曾子: BC 506~BC 436)는 노(魯)나라 사람으로 효경(孝經)을 지은 공자의 제자이고, 성은 증(曾), 이름은 삼(參)이다. 공자는 그를 노둔하다고 하였다. 그는 일정한 격식에 속박되지 않는 광자(狂者)의 기질이었으나 공자의 충서(忠恕)의 도를 실천하려고 노력했다. 그의 아버지 증점(曾點)도 공자의 제자이다.

찾아보기

(ㅈ)

평생 읽는 이야기
論語해설 下篇

초판인쇄	2023년 11월 08일
초판발행	2023년 11월 15일

저　　자	유순근
발 행 인	윤석현
발 행 처	박문사
책임편집	최인노
등록번호	제2009-11호

우편주소	서울시 도봉구 우이천로 353 성주빌딩
대표전화	02) 992 / 3253
전　　송	02) 991 / 1285
전자우편	bakmunsa@hanmail.net

ⓒ 유순근 2023 Printed in KOREA.

ISBN 979-11-92365-42-8　 04150　　　　　　　　　　정가 24,000원
　　　 979-11-92365-40-4　 (Set)